新羅下代 政治史 研究

권 영 오 지음

혜안

머리말

780년 선덕왕의 즉위에서부터 935년 경순왕이 고려에 항복하기까지 155년간의 신라 사회를 『삼국사기』는 하대 시기로 구분하였다. 필자는 이 시기를 천년왕국 신라의 쇠퇴기로 보는 기존 연구의 인식과는 조금 다른 생각을 가지고 있다. 하대에는 왕위계승 분쟁이 자주 일어났고, 그것은 중앙과 지방의 혼란을 가져와 왕조교체에 이르게 되었다는, 진골왕조 중심의 혐의가 짙은 사관에 선뜻 동의할 수 없는 부분이 있기 때문이다.

발해는 793년 문왕이 사망하면서 내분이 발생하여 818년 10대 선왕이 즉위할 때까지 25년 동안 6명의 왕이 재위하는 불안정한 상태가 있었지만, 선왕 때 해동성국의 번영을 맞이하였다. 신라 말기의 농민봉기가 한계에 이른 체제 모순에 저항하고 새로운 사회 건설의 동력으로 평가되어야 하듯이, 하대 사회의 역사적 의의도 한국사의 발전적 맥락에서 자리매김할 필요가 있을 것이다.

이 책은 신라하대 시기의 정치변동을 고찰하고, 하대 사회 인식에 대해 고찰한 필자의 학위논문에 약간의 증감을 더한 것이다. 하대 특정 시기의 사건과 인물을 부조적으로 부각하여 하대 시기의 사회상을 언급한 기존 연구 방법으로는 논리적 비약이 개입될 여지가 있다고 생각하였다. 때문에 필자는 하대의 시작에서부터 후삼국시기 직전까지의 정치 변동을 면밀히 검토하고, 하대 사회의 역사적 해석이 이러한 사실 연구의 축적 위에서 근거해야 한다고 보았다.

이를 바탕으로 필자는 본서에서 하대의 왕위계승과 상대등과의 관계, 하대의 인식 등에서 기존 연구와는 다른 관점을 제시하기 위해 선학의 업적에 머무르지 않고 사료를 所依經으로 삼아 苦戰을 하였다. 하대 사회에 대한 기존 학설은 매우 굳건한 편이어서 이에 대한 문제제기는 조심스러울 수밖에 없었고, 쉽지 않은 과정이었다.

이 책을 내기까지 여러 분들께 學恩을 입었다. 석사과정 때 정용숙 선생님께 논문쓰기의 엄격함을 배울 수 있었다. 박사과정 공부에서 김기섭 선생님께서는 필자의 논지를 밀어주시고 필자의 조급함과 논리의 허술함을 잡아 주었다. 채상식 선생님의 지적은 박사학위논문을 만드는 뼈대를 세우는 기초가 되었고, 권덕영 선생님의 사료를 다루는 모습은 필자에게 좋은 본보기가 되었다. 백승충 선생님의 말씀은 구멍 많고 허술한 논지를 메우는 데 훌륭한 재료를 주셨으며, 전기웅 선생님께는 논문의 어려운 길목에서 여러 번 도움을 받았다. 이 책에 수록된 논문은 모두 필자가 고집스럽게 논문 발표와 토론, 심사를 거쳤다. 그 과정에서 지도 편달해 주신 여러 선생님께 감사드린다. 그리고 존경하는 윤용출 선생님께 이 책을 드릴 수 있게 되어 기쁘다.

1991년부터 2007년까지 긴 세월을 빠지지 않고 매주 토요일에 모여 한문과 사료 강독, 답사를 같이한 牛耳모임 여러 선생님과의 공부가 필자의 논문을 떠받치는 든든한 바탕이 되었다. 그 질긴 학연 때문에 지루하고 귀찮은 교정을 허승호, 서성희 선생님이 도와 주셨다.

이 책을 내면서도 지금 이 땅의 역사발전을 '실천'하시는 연구자와 역사 선생님들이 힘들어하고 있을 때, 필자는 과거 역사 발전을 '실증'하는 일에 매달렸다는 마음의 짐을 지고 있다. 『논어』 술이편에서 공자는 "배우고 싫어하지 않으며, 남을 가르치는 것을 게을리 하지 않는 것"(學

而不厭 誨人不倦)이 자신에게 있느냐고 물었다. "역사는 배우기 힘들고, 역사를 가르치는 것은 더 힘들다." 필자의 궁색한 변명이다.

"아빠 흰머리 많이 났지?"
지난 봄날 둘째 딸에게 물었다.
"그건, 아빠가 우리에게 애를 먹였기 때문에 그런거야."
역사의 당위성과 명분에 매달리는 동안 인연 깊은 사람들과 지금 해야 할 소중한 일들에 소홀하였다. 최근식의『신라해양사 연구』(고려대학교출판부, 2005) 서문은 그래서 진한 울림을 남긴다. 아빠와 꼭 닮은 큰딸 수현, 둘째딸 수인, 필자의 모자란 부분을 채워주는 서성희님께 미안하고 감사한 마음을 전한다.

만덕터널을 나와 우장춘로를 접어들면 은행나무 가로수 길이 이어졌다. 푸른 은행잎들이 노랗게 물들고, 바람과 비가 그 잎들을 무수히 떨어뜨린 만큼, 글을 쓰고, 지우고, 고쳐 쓰고 하였다. 논문을 쓸 때마다 겪는 금단증세는 최루탄처럼 면역이 되지 않는다. 강석경의 글처럼, '겨울 나무엔 실존의 깊이가 있다'(강석경,『능으로 가는 길』, 창작과비평사, 2000).

2010년 겨울의 또 하루를 보내며, 임알정에서
권 영 오

차 례

10

표 차례

Ⅰ. 서론 : 하대 정치사 연구의 성과와 과제

『삼국사기』에서는 國人의 말을 인용하여 신라사를 上代·中代·下代의 세 시기로 나누고, 37대 선덕왕의 즉위(780년)부터 56대 경순왕이 고려에 항복하는 935년까지를 下代로 설정하였다.[1] 三代의 신라사 시기 구분은 『삼국유사』에서는 언급하지 않았지만 오늘날 한국사학계에서 일반적인 역사용어처럼 정착되어 있다.

하대의 사회변동은 왕조교체의 의미를 넘어 한국사의 시대구분과 관련되어 언급되기도 하였다. 그러나 한국사의 고대와 중세의 전환기로까지 그 시기적 중요성을 주목하면서도 하대의 설정 기준을 구체적인 사료를 근거로 분석하거나 하대 정치의 성격에 대해 활발한 논의가 진행되었다고는 할 수 없다.

그동안 하대 정치사 연구는 특정 시기의 사건과 인물을 대상으로 한 고찰과, 특정 주제를 중심으로 하대 시기를 개관하고 그 성격을 규정하려는 연구들이 꾸준히 이어져 왔었다. 연구 논저의 증가와 연구 시기와 분야가 차츰 세분화, 전문화되어갔지만 하대 정치사 연구에서의 논쟁은 찾기 어려웠다. 개별 연구 성과의 축적에도 불구하고 기존의 연구, 특히 이기백의 신라사 인식과 연구 관점에서 차별성이 드러나는

---

1) 『삼국사기』 권12, 경순왕 말미 기사.

연구가 드물었기 때문이다. 서론에서는 기준 연구들의 성과와 한계를 검토하고, 향후 연구 과제로 하대 정치의 성격에 대한 확대된 연구 시각과 방법이 필요함을 언급하고자 한다.

하대가 신라 왕조의 멸망으로 귀결되었다고 하여 당시의 정치적 사건과 인물의 성격을 그에 환원시킨 접근법만을 고집한다면 하대 정치사 이해 수준은 편협해질 뿐 아니라 역사상의 왜소화도 피할 수 없을 것이다. 본장에서는 중대와 하대의 연결과 단절의 문제를 고려하면서 기존의 하대 정치사와 주변 자료의 연구 성과를 정리하고, 이에 대한 몇 가지 문제 제기와 전망을 하고자 한다. 하대 정치가 경제, 문화, 사회제도 등과 관련되지 않을 수 없겠지만 이의 검토는 차후의 과제로 남겨 둔다. 정치사와 관련된 주제들과 하대 사회의 정치적 성격을 언급한 연구들을 대상으로 개략적으로 정리하는 과정에서 필자의 능력 부족과 제한된 지면으로 연구자들의 의도가 제대로 전달되지 못하거나 소홀하게 다루어진 것이 있고, 중요한 성과들이 간과되기도 하였다. 질정과 넓은 양해를 바란다.

1. 하대 정치사 연구의 성과

1) 시기별 연구 성과 검토

(1) 하대의 시작과 왕위계승 분쟁기의 연구 성과

780년 혜공왕이 피살되고 宣德王이 즉위하면서 하대가 시작되었다. 『삼국사기』가 설정한 하대는 그로부터 56대 경순왕이 고려에 항복하는 935년까지 155년간, 20명의 국왕이 재위하였던 시기이다. 선덕왕이 혜공왕의 피살 후 즉위하였기 때문에 혜공왕대 정국 동향을 살핀 여러 논고들이 나왔으며[2] 선덕왕대의 정치적 성격도 지속적인 연구 대상이

되고 있다. 혜공왕의 시해 주체에 대해서는『삼국유사』의 기록에 따라
김양상(선덕왕)이 혜공왕을 살해하고 즉위하였다고 보는 견해와 난병
에 의해 혜공왕이 피살되고 김양상 등이 이를 진압한 후 즉위하였다고
보는 주장으로 나뉘고 있다.3)

　김수태는 혜공왕 사후 선덕왕은 과도기적 성격을 가지고 귀족들의
추대를 통하여 즉위하였으며, 이로 인하여 당시의 정국이 매우 불안정
하였다고 하였다.4) 신정훈은『신당서』신라전의 기사를 인용하여 혜공
왕대 김양상을 제1골, 김경신은 제2골의 신분으로 혜공왕 16년 志貞의
반란에 대한 진압과 왕의 시해에 공동으로 군사를 일으켜 참여하였다고
하였다.5)

　선덕왕대를 과도기로 보고 하대의 '실질적' 시조로서 원성왕을 지적
하는 논고도 많았다.6) 하대가 원성왕과 그 후손에 의해 계승된 만큼,
원성왕 김경신의 즉위가 하대를 실질적으로 열어 놓았다는 평가는
설득력을 가질 수 있다. 반면 김경애는 선덕왕 김양상은 혜공왕 10년

---

2) 李基白, 1958,「新羅 惠恭王代의 政治的 變革」『社會科學』2 ; 李泳鎬, 1990,
　「新羅 惠恭王代 政變의 새로운 解釋」『歷史敎育論集』13 · 14 ; 李泳鎬, 1990,
　「新羅 惠恭王12年 官號復故의 意味」『大丘史學』39 ; 申政勳, 2001,「新羅 惠恭王
　代 政治的 推移와 天災地變의 性格」『동서사학』8.

3) 이에 대해서는 李泳鎬, 1990,「新羅 惠恭王代 政變의 새로운 解釋」『歷史敎育論
　集』13 · 14 참고.

4) 金壽泰, 1985,「新羅 宣德王 · 元聖王의 王位繼承」『東亞硏究』6, 302쪽.

5) 申政勳, 2001,「新羅 宣德王代 政治的 推移와 天災地變의 性格」『大丘史學』
　65, 10쪽.

6) 末松保和, 1954,「新羅三代考」『新羅史의 諸問題』, 東洋文庫, 31쪽 ; 申瀅植, 1977,
　「新羅史의 時代區分」『한국사연구』18, 42쪽 ; 申瀅植, 1984,「武烈王系의 成立
　과 活動」『韓國古代史의 新硏究』, 일조각, 131~132쪽 ; 주보돈, 1994,「남북국
　시대의 지배체제와 정치」『한국사 3』, 한길사, 328쪽 ; 김영하, 1994,「삼국과
　남북국의 사회성격」『한국사 3』, 한길사, 99쪽 ; 金壽泰, 1996,『新羅中代 政治史
　硏究』, 일조각, 158쪽 ; 이기동, 1996,「신라하대의 사회변화」『한국사 11』,
　국사편찬위원회, 18쪽.

14

상대등으로 취임한 이후 반무열·반전제주의 운동을 주도하는 등 활발한 활동을 하였고, 혜공왕을 시해하고 즉위하였다고 여겨지는 인물로 그의 왕권에 대한 재평가가 이루어져야 한다고 주장하였다.[7] 신정훈은 원성왕 6년에 1골인 김주원의 아들 宗基가 시중에 취임하면서 제1골과 제2골이라는 신분적 관념이 원성왕대에 완전히 무너졌다고 하였다.[8]

이기백은 서열상의 정당한 계승자가 아닌 김경신이 선덕왕의 뒤를 이어 왕위에 오른 데는 상대등이 가지는 정치적인 힘에 의한 억지가 작용했다고 하였다.[9] 김수태는 선덕왕 사후 왕위계승 서열은 김주원보다는 상대등 김경신이 더 유력했다고 하였다.[10]

권영오는 중대 왕권의 상징인 만파식적이 원성왕에게 계승되었다는 설화를 통해 원성왕이 즉위 후에도 중대 왕실의 정치 이념을 계승하였다고 하였으며,[11] 김창겸은 김경신이 혈연적으로는 反武烈王系이면서, 정치적 성향은 反惠恭王權으로 도리어 전제화된 왕권을 추구하였다고 하였다.[12] 김경애는 선덕왕대는 중대와 하대의 과도기이나, 원성왕은 중대 무열왕계를 극복하고자 하였다고 보았다.[13]

원성왕의 死後, 왕위는 원성왕 장자인 인겸의 아들과 손자들에게

7) 金敬愛, 2006,「新羅 元聖王의 即位와 下代 王室의 成立」『한국고대사연구』 41, 284쪽.
8) 신정훈, 2003,「新羅 元聖王 即位初의 政治的 推移와 그 性格」『白山學報』 68, 158~159쪽.
9) 李基白, 1962,「上大等考」『역사학보』 19 : 1974,『新羅政治社會史硏究』, 일조각, 119~120쪽.
10) 金壽泰, 1985,「新羅 宣德王·元聖王의 王位繼承」『東亞硏究』 6, 304쪽.
11) 權英五, 1995,「新羅 元聖王의 즉위과정」『釜大史學』 19, 165~167쪽.
12) 金昌謙, 1995,「新羅 元聖王의 即位와 金周元系의 動向」『阜村 申延澈教授停年退任 史學論叢』, 일월서각, 453쪽.
13) 金敬愛, 2006,「新羅 元聖王의 即位와 下代 王室의 成立」『한국고대사연구』 41, 294쪽.

이어졌다. 애장왕 10년(809) 김언승은 동생 김수종과 함께 조카인 애장
왕을 죽이고 헌덕왕으로 즉위하였다.[14] 이로써 원성왕—소성왕—애장
왕으로 이어진 3대 20여 년 동안 왕위의 父子 계승이 깨어지는 단초를
열었다. 김동수는 애장왕 6년 이후의 개혁을 김언승과 그의 동생인
수종이 주도한 것으로 파악하면서 그들의 권력을 강화하기 위한 작업이
었다고 하였다.[15] 최병헌은 애장왕 6년 이후의 개혁 정책들을 왕의
親政과 관련시켰으며,[16] 이기동은 이를 애장왕에게 권력을 집중시키기
위한 조치라고 하였다.[17] 이명식은 당시 애장왕이 친정체제를 구축할
목적으로 왕제 체명과 더불어 모의하고 김언승 세력을 타도할 목적으로
먼저 군대를 동원하였을 가능성을 제기하였다.[18] 최홍조는 애장왕
6년(805)부터 왕의 親政이 시작되었으며, 애장왕 6년 8월의 公式 20조
頒示, 7년의 創寺 금지와 佛事 규제 조치, 9년의 지방제도 개편 등을
애장왕 친정세력이 주도한 것으로 보았다.[19]

822년(헌덕왕 14) 웅천주도독 김헌창은 그의 父 김주원이 왕이 되지
못한 것을 이유로 반란을 일으켰다. 최병헌은 이를 김주원계와 김경신
계 사이의 왕위 쟁탈전의 연장으로써 이 양대 친족공동체세력 사이의
두 번째 대결의 성격을 갖는다고 하였다.[20] 김창겸은 지방에 새로운
왕조를 건국하여 종래 무열왕계 왕통을 복구함으로써 신라왕실의 정통

14) 『삼국유사』 왕력 제40 애장왕.
15) 金東洙, 1982, 「新羅 憲德·興德王代의 개혁정치」 『한국사연구』 39, 29~31쪽.
16) 崔柄憲, 1976, 「新羅 下代社會의 動搖」 『한국사 3』, 국사편찬위원회, 444쪽.
17) 李基東, 1980, 「新羅 下代의 王位繼承과 政治過程」 『역사학보』 85 : 1984, 『新羅骨品制社會와 花郎徒』, 일조각, 153~154쪽.
18) 李明植, 1992, 「新羅 元聖王系의 分枝化와 王權崩壞」 『中齋張忠植博士 華甲紀念論叢』, 86~87쪽.
19) 최홍조, 2004, 「新羅 哀莊王代의 政治變動과 金彦昇」 『한국고대사연구』 34, 350~355쪽.
20) 崔柄憲, 1976, 「新羅 下代社會의 動搖」 『한국사 3』, 국사편찬위원회, 464~465쪽.

16

성을 회복하려 한 무열왕계의 왕위부흥운동이었다고 하였다.21) 황선영은 김헌창의 난이 옛 백제의 故土에 새로운 국가를 건국하여 반도의 남부를 신라와 양분하려는 것이었다고 하였다.22) 주보돈은 김헌창의 난을 대외적인 정세를 어느 정도 읽고 있던 중앙귀족이 지방의 분립적 동향을 활용하여 일으킨 반란으로 보고, 9세기 말부터 전개되는 후삼국의 분립은 이미 김헌창의 난에서 예고되고 있었다고 하였다.23)

흥덕왕은 전왕의 동모제로 副君이 되었다가 즉위하였다. 이기동은 신라가 흥덕왕이 죽은 뒤 두 명의 국왕과 왕위계승자를 희생시킨 한국판 장미전쟁을 겪고서도 진성여왕 3년(889)의 대파국이 도래할 때까지 50년 이상 그런대로 유지될 수 있었던 데는 흥덕왕·충공 형제의 집권체제 정비의 노력이 어느 정도 주효했기 때문이라고 하였다.24) 흥덕왕대의 청해진의 설진과 사치금지령 등에 주목한 연구25)도 있었다.

836년 12월 흥덕왕 사후 희강왕-민애왕-신무왕으로 이어지는 839년 1월까지 신라 사회는 전례 없는 왕위계승 분쟁에 휘말렸다. 하대의 왕위계승 분쟁은 원성왕의 諸孫을 시조로 하는 여러 家系의 연립과 대항 속에서 진행되었다.26) 서영교는 희강왕-민애왕-신무왕으로 이어지는 왕위계승 분쟁 시기에 거듭된 혜성의 출현은 사람들을 불안하게 했고, 정치적 혼란은 이러한 상황을 이용하려는 야심가의 불만과 갈등

21) 金昌謙, 1994,「新羅 下代 王位簒奪型 叛逆에 대한 一考察」『韓國上古史學報』 17, 241~242쪽.

22) 黃善榮, 1998,「新羅 下代 金憲昌 亂의 성격」『釜山史學』 35, 6쪽.

23) 朱甫暾, 2008,「新羅 下代 金憲昌의 亂과 그 性格」『한국고대사연구』 51, 255~265쪽.

24) 李基東, 1991,「新羅 興德王代의 정치와 사회」『國史館論叢』 21 : 1997,『新羅社會史研究』, 일조각, 181쪽.

25) 武田幸男, 1995,「新羅興德王代の色服·車騎·器用·屋舍制ーとくに唐制との關連を中心に」『榎一雄還曆記念 東洋史論叢』, 山川出版社.

26) 李基白, 1974,「新羅 下代의 執事省」『신라정치사회사연구』, 일조각, 181쪽.

이 배출될 수 있는 출로를 터놓았다고 해석하였다.[27) 上大等은 정당한 왕위계승자가 없을 경우 왕위를 계승할 제1후보자로 간주되고 있었다는 주장[28)은 이후 많은 연구자들의 지지를 받았는데, 특히 흥덕왕 사후 벌어진 김균정·김우징 대 김제륭·김명 세력간의 왕위계승 분쟁을 보는 시각에서 잘 드러난다.

윤병희는 왕자가 없을 경우 상대등이 곧 왕위계승자라고 보았고, 따라서 왕자가 없었던 흥덕왕의 경우 상대등 충공이 왕위계승자였고, 충공이 죽은 후 균정이 상대등이 됨으로써 왕위계승권은 균정에게 넘어갔다고 하였다.[29) 이기동은 하대에 들어와 거의 정형화되다시피 한 왕위계승의 관례에 따르면 일정한 왕위계승권자가 없을 경우에는 상대등 자리에 있는 사람이 가장 유력했다고 보았다. 흥덕왕이 죽을 당시의 상대등은 김균정으로, 만약 그가 이 같은 관례에 따라서 평화적으로 즉위할 수 있었다면 왕위계승쟁탈전 따위는 일어나지 않았을 것이라고 하였다.[30) 주보돈도 하대에 들어와 거의 고정되다시피 한 왕위계승법에 의한다면 상대등에 있는 균정이 당연히 즉위해야 하였다고 보았다.[31) 반면 권영오는 하대 상대등과 왕위계승과의 관계에 대한 이기백의 논지에 의문을 제기하면서, 소성왕 이후 왕위를 독점한 인겸계의 유일한 적자인 金明의 왕위계승 구도가 다져지기 전에 흥덕왕이 사망하였으며, 이에 예영계의 김균정이 왕위에 도전함으로써 분쟁이 일어났다고 하였다.[32)

27) 서영교, 2007, 「혜성의 출현과 신라하대 왕위쟁탈전」『역사와 경계』62, 17쪽.
28) 李基白, 1962, 「上大等考」『역사학보』19 : 1974, 『신라정치사회사연구』, 일조각, 99쪽.
29) 尹炳喜, 1982, 「新羅 下代 均貞系의 王位繼承과 金陽」『역사학보』96, 65쪽.
30) 李基東, 1985, 「張保皐와 그의 海上王國」『張保皐의 新硏究』, 莞島文化院 : 1997, 『신라사회사연구』, 일조각, 222쪽.
31) 주보돈, 1994, 「남북국시대의 지배체제와 정치」『한국사 3』, 한길사, 335쪽.

(2) 하대 안정기에서 쇠퇴기까지의 연구 성과

치열한 왕위계승 분쟁 끝에 839년 신라 45대 신무왕이 즉위한 후 하대의 왕위계승은 신라의 멸망 때까지 표면적으로는 무력분쟁 없이 이어졌다. 이기백도 신무왕 이후 귀족들에게 일반적으로 공인되는 왕위계승의 원칙이 세워졌다고 보았다.[33] 김창겸은 헌안왕을 하대의 정치적 혼란에서 경문왕가에 의한 일시적인 평화와 안정으로 가는, 즉 신라 김씨 왕통을 연장시킨 충실한 가교자의 역할을 하였다고 평가하였다.[34] 권영오는 신무왕 즉위에서 진성여왕 2년까지를 하대 중기로 시기구분하고, 이 시기를 정국의 안정기로 보았다.[35] 왕위계승이 안정된 후 헌안왕을 거쳐 왕의 사위인 김응렴이 경문왕으로 즉위하였으며, 대부분의 연구들도 경문왕 이후에는 왕위계승 분쟁이 종결되었다고 보고 있다.[36]

하대 왕실 중 특히 경문왕가 시기는 많은 연구자들이 주목하였으며 연구 성과도 풍부하다. 경문왕은 왕권강화 정책을 시행하면서 문한기구와 근시기구의 확장을 통한 개혁정치와,[37] 국학의 개편을 통한 두품 신분층의 지지확보와 왕권의 강화,[38] 고유신앙적 요소의 증대와 이와 결부된 왕실혈통의 신성화를 통해,[39] 그리고 기존의 왕실 내지 여타

32) 權英五, 「新羅下代 왕위계승분쟁과 閔哀王」『한국고대사연구』19, 2000, 283쪽.
33) 李基白, 1962, 「上大等考」『역사학보』19 : 1974, 『신라정치사회사연구』, 일조각, 124쪽.
34) 김창겸, 2005, 「신라 헌안왕의 즉위와 그 治積」『新羅文化』26, 34쪽.
35) 권영오, 2009, 「신라하대 중기(839~888) 왕위계승과 정국의 안정」『지역과 역사』24.
36) 盧泰敦, 1978, 「羅代의 門客」『한국사연구』21 · 22, 8쪽 ; 李培鎔, 1985, 「新羅下代 王位繼承과 眞聖女王」『千寬宇先生還曆紀念 韓國史學論叢』, 353~354쪽 ; 全基雄, 1991, 「羅末麗初 政治社會史의 理解」『考古歷史學志』7, 295쪽.
37) 李基東, 1978, 「羅末麗初 近侍機構와 文翰機構의 擴張」『역사학보』77.
38) 田美姬, 1989, 「新羅 景文王 · 憲康王代 「能官人」 登用政策과 國學」『東亞研究』17.

김씨와의 차별성을 강조하기 위한 노력도 있었던 것으로 알려져 있
다.40) 경문왕대 이루어진 원탑 건립과 修造役事를 통해서41) 또는 불교세
력과의 제휴를 통해 왕권의 강화를 시도했다고 본 연구도 있다.42)
경문왕가의 왕위계승이나 정치 상황도 주목되었다.43)

　헌강왕대 신라 사회는 매우 번영하는 모습으로 기록에 나타나는데,
이를 둘러싸고 몇 가지 해석들이 제시되었다.44) 전기웅은 헌강왕 후반
기에는 왕실의 고유신앙에 대한 경사와 신성한 왕실혈통이 더욱 강조되
었으며 국정을 장악한 위홍이 이를 주도하였다고 하였다.45) '新羅全盛之
時'라고 표현46)될 만큼의 번영의 모습을 보이던 신라가 불과 10년도
지나지 않은 진성여왕 3년의 농민봉기로 '급격히' 무너지거나,47) 전국이
동요하는 정치 사회적 대혼란기로 상황이 '급변'하였다고 보고,48) 헌강

---

39) 全基雄, 1989, 「新羅 下代末의 政治社會와 景文王家」『釜山史學』 16.

40) 李文基, 1999, 「新羅 金氏王室의 小昊金天氏 出自觀念의 標榜과 變化」『歷史教育
論集』 23 · 24.

41) 丁元卿, 1982, 「新羅景文王代의 願塔建立」『釜山直轄市立博物館年報』 5 ; 金昌謙,
1988, 「新羅 景文王代 「修造役事」의 政治史的 考察」『溪村閔丙河教授停年紀念
史學論叢』.

42) 曺凡煥, 1999, 「新羅 下代 景文王의 佛教政策」『新羅文化』 16 ; 金志垠, 2002,
「新羅 景文王의 王權強化政策」『慶州史學』 21.

43) 全基雄, 1994, 「新羅下代의 花郎勢力」『新羅文化』 10 · 11 ; 黃善榮, 2006, 「新羅下
代 景文王家의 王位繼承과 政治的 推移」『新羅文化』 27 ; 張日圭, 2006, 「숭복사
비명과 경문왕계 왕실」『역사학보』 192 ; 宋銀日, 2007, 「新羅 下代 景文王系
집권기의 정치운영」, 전남대 박사학위논문.

44) 李佑成, 1969, 「三國遺事所載 處容說話의 一分析」『金載元博士回甲紀念論叢』 ;
李龍範, 1969, 「處容說話의 一考察」『震檀學報』 32.

45) 全基雄, 2005, 「憲康王代의 정치사회와 '處容郎望海寺'條 설화」『新羅文化』
26, 78쪽.

46) 『삼국유사』 권1, 기이 진한.

47) 全基雄, 2005, 「憲康王代의 정치사회와 '處容郎望海寺'條 설화」『新羅文化』
26, 62쪽.

48) 宋銀日, 2007, 「新羅 下代 景文王系 집권기의 정치운영」, 전남대 박사학위논문,
8쪽.

왕대의 기록에 의문을 제기하기도 하였다. 그러나 신라는 진성여왕 3년의 농민봉기로부터 46년이 지난 935년에 고려에 항복하였으며, 그동안 5명의 왕이 더 재위에 있었다. 때문에 신라가 진성여왕 3년의 농민봉기로 몰락했다고 하기 보다는 쇠퇴하기 '시작'했다고 표현하는 것이 더 적절하다는 주장도 있었다.[49]

진성여왕의 즉위 배경에 대해서는 다양한 견해들이 제시되고 있다. 이배용은 헌강왕계의 왕실을 유지하기 위해서는 어린 헌강왕의 아들 嶢가 성장할 동안 진성여왕을 내세워 왕위를 지키기 위한 것[50]으로 이해하였다. 하지만 이문기는 진성여왕이 임시로 王事를 맡았다는 인식은 진성여왕 재위 중에 요를 '헌강왕의 정당한 계승자'로 보게 되면서 나타났던 것이며, 따라서 진성여왕의 즉위는 당시로서는 정통성을 바탕으로 한 것으로 임시적인 성격의 즉위라고 하기는 어렵다고 하였다.[51] 전기웅은 정강왕의 유조에 의한 진성여왕의 즉위는 경문왕가의 혈통의식의 소산이며, 예영계 왕실의 유지를 위한 고육책으로 나타난 것이라고 하였다.[52] 이종욱은 여왕은 한 대에 한하여 부계성원권을 가졌기에 왕위에 오를 수 있다고 하였고,[53] 김창겸은 왕위계승 원칙상 父子상속이 불가능하면 형제상속을, 그것마저 어려우면 숙부상속이 순서이기에 숙부 위홍보다는 여제 진성여왕이 먼저 유조를 받았고, 이를 인정한 위홍은 진성여왕의 즉위 후 섭정자의 역할을 한 듯하다고 하였다.[54]

49) 權英五, 2007, 「진성여왕대 농민 봉기와 신라의 붕괴」 『新羅史學報』 11.
50) 李培鎔, 1985, 「新羅 下代 王位繼承과 眞聖女王」 『千寬宇先生還曆紀念 韓國史學論叢』, 正音文化社, 350쪽.
51) 李文基, 2007, 「新羅 孝恭王(嶢)의 太子冊封과 王位繼承」 『歷史敎育論集』 39, 197쪽.
52) 全基雄, 1989, 「新羅 下代末의 政治社會와 景文王家」 『釜山史學』 16, 11~12쪽.
53) 李鍾旭, 1990, 「新羅下代의 骨品制와 王京人의 住居」 『新羅文化』 7, 173쪽.
54) 金昌謙, 1999, 「新羅 下代 孝恭王의 卽位와 非眞骨王의 王位繼承」 『史學研究』

전기웅은 진성여왕 8년 최치원의 時務策 일부가 시행되어 지방사회는 都督體制를 대신하여 知州諸軍事·城主를 중심으로 하는 체제로 전환하였다고 하였다.[55] 신호철은 知軍事를 신라 지방통치제도의 일환으로 국왕이 임명한 지방관이라기 보다는 오히려 지방세력들이 자신의 권위를 내세우기 위하여 자칭한 경우가 더 많았던 것으로 보았다.[56] 진성여왕대는 지나치게 부정적으로 묘사된 측면이 많고, 실제 연구도 그런 경향을 띠고 있다고 지적되기도 한다.[57] 권영오는 김위홍과 진성여왕에 대한 기존의 부정적 시각들을 비판하고, 어린 헌강왕이 즉위하자 상대 등 김위홍은 당대를 성대로 자찬할 만큼 성공적으로 국정을 이끌었으며, 진성여왕은 이러한 숙부 김위홍에게 정국운영을 맡긴 것으로 해석해야 한다고 하였다.[58]

889년(진성여왕 3) 이후의 농민봉기는 신라 정치체제를 붕괴시키고 왕조교체를 이끈 동력이었다. 이인철은 이때 주군의 관리들이 조세를 착복하고는 중앙정부가 다시 내라고 한다고 농민에게 독촉하여, 이에 농민들이 일어나 조세납부를 거부하면서 정부에 반기를 들었던 것이라 여겨진다고 하였다.[59] 북한 학계는 이에 더하여 왕경으로 통하는 주요 길목에서 농민군들이 조세와 공물 등을 빼앗는 투쟁을 힘차게 벌이고 있어 운반할 수 없었던 데에 보다 중요한 원인이 있었다고 하였다.[60]

58·59, 418쪽.

55) 全基雄, 1987, 「羅末麗初의 地方社會와 知州諸軍事」 『慶南史學』 4, 33~34쪽.
56) 신호철, 2000, 「後三國時代 豪族과 國王」 『震檀學報』 89 : 2002, 『後三國時代 豪族硏究』, 개신, 286~287쪽.
57) 정호섭, 2006, 「신라 하대의 사회변동」 『한국고대사입문 3』, 신서원, 255쪽.
58) 權英五, 2004, 「김위홍과 진성왕대 초기 정국운영」 『大丘史學』 76.
59) 이인철, 1992, 「8·9세기 新羅의 支配體制」 『한국고대사연구』 6, 151쪽.
60) 사회과학원력사연구소, 1991(개정판), 『발해 및 후기 신라사』, 과학백과사전출판사 : 1997(재발행), 백산자료원, 『발해 및 후기 신라사』, 277쪽.

이정신은 진성여왕대 지방토호들이 국가의 조세를 마음대로 유용하였으며, 이에 국고가 비어 다급해진 진성여왕은 사신을 파견하여 자영소 농민에게서 다시 공부를 거두려고 하자 분노한 농민들이 봉기하였다고 보았다.[61]

신호철은 당시의 사회적 분위기가 여왕의 즉위를 매우 부정적으로 받아들이고 있음이 분명하며, 여왕의 즉위 사실이 농민봉기의 기폭제가 되었다고 하였다.[62] 반면 권영오는 여동생 김만에게 왕위를 물려주려는 정강왕의 유조가 내려질 무렵은 경문왕, 헌강왕 때 정국운영의 연장에서 諸州郡의 조세를 1년간 면제시킬 수 있을 만큼 안정되어 있었다고 하였다.[63]

진성여왕은 자신의 조카이자 헌강왕의 서자인 김요(효공왕)에게 왕위를 선양하였다. 이배용은 진성여왕이 화랑세력을 이용하여 왕권의 안정을 꾀하려 하였고, 불교적 행사를 통해 국가의 위기를 구해 보려고 노력을 하였으나 결국 수습에 실패하고 조카에게 양위하였다고 보고 있다.[64] 김창겸은 진성여왕이 실정과 당시 정치적 문란, 사회적 혼란의 책임을 지고 물러나면서 반드시 경문왕계 인물에게 왕위를 물려주겠다는 강력한 의지를 가지고 김요를 태자로 책봉하였다가 선위하였다고 보았다.[65] 전기웅은 효공왕대의 정치사회는 경문왕가 왕실과 가까웠던

61) 이정신, 2000, 「신라하대 농민항쟁의 특징」 *International Journal of Korean History* 1, 고려대 민족문화연구원, 121쪽.

62) 申虎澈, 1994, 「호족세력의 성장과 후삼국의 정립」 『한국고대사연구』 7, 142~143쪽 ; 申虎澈, 2008, 「신라의 멸망원인」 『한국고대사연구』 50, 162쪽.

63) 權英五, 2007, 「진성여왕대 농민봉기와 신라의 붕괴」 『新羅史學報』 11, 241~42쪽.

64) 李培鎔, 1985, 「新羅 下代 王位繼承과 眞聖女王」 『千寬宇先生還曆紀念 韓國史學論叢』, 正音文化社.

65) 金昌謙, 1999, 「新羅 下代 孝恭王의 卽位와 非眞骨王의 王位繼承」 『史學硏究』 58 · 59, 423쪽.

준흥, 효종과 예겸세력의 경휘, 계강이 상대등과 시중을 맡아가며 정국
을 이끌었던 시기로 파악한다.[66]

효공왕 사후 왕위는 박씨인 신덕왕에게 이어졌는데, 末松保和는 신덕
왕이 박씨를 칭한 것은 外家에 기인한 것이라 하였고,[67] 井上秀雄도
신덕왕의 성이 원래 김씨였는데, 헌강왕의 딸 의성왕후와의 결혼과
침체한 신라를 중흥시키려는 개혁의지의 표현으로 박씨로 바꾸었다고
하였다.[68] 문경현은 하대 박씨 왕들은 실제는 박씨가 아니고 김씨였으
며, 아울러 신라 박씨는 왕족도 왕비족도 아닐 뿐만 아니라 진골도
아닌 두품족이라고 하였다.[69]

반면 李鍾恒은 신라의 진골왕통이 헌강왕대 이후에 멸절되었으므로
신덕왕은 김씨 진골일 수 없고 그의 성은 박씨임이 분명하다고 하였
다.[70] 조범환도 신덕왕이 박씨라고 한『삼국사기』와『삼국유사』의
기록을 신뢰하며, 박씨 신덕왕은 繼康, 乂兼, 母族 등 당시의 정치적
실권자들과 결합하여 金孝宗을 누르고 왕위를 계승하였다고 하였다.[71]
이기동은 박씨임에도 불구하고 신덕왕의 즉위가 진골귀족사회에서
허용될 수 있었던 가장 큰 요건은 역시 헌강왕의 사위였다는 점이라고
하였다.[72]

권덕영은 하대에 박씨족이 과연 김씨 왕실로부터 왕권을 획득하고

66) 全基雄, 2006,「신라말 효공왕대의 정치사회 변동」『新羅文化』27, 52~73쪽.
67) 末松保和, 1954,「新羅三代考」『新羅史の諸問題』, 東洋文庫, 33~35쪽.
68) 井上秀雄, 1968,「新羅朴氏王系の成立」『朝鮮學報』47 : 1974,『新羅史基礎硏究』,
   東出版, 365~369쪽.
69) 文暻鉉, 1990,「新羅 朴氏의 骨品에 대하여」『歷史敎育論集』13 · 14.
70) 李鍾恒, 1975,「新羅의 下代에 있어서의 王種의 絶滅에 대하여」『法史學硏究』
   2, 191~214쪽.
71) 曺凡煥, 1991,「新羅末 朴氏王의 登場과 그 政治的 性格」『역사학보』129.
72) 李基東, 2006,「후삼국시대의 전개와 新羅의 終焉」『新羅文化』27, 15쪽.

24

유지할 수 있었을까 하는 의문을 제기하고, 견훤에 의해 불법적으로 세워진 경순왕으로부터 선양을 받아 건국한 고려 왕조가 신라 왕실의 정통을 이었다는 사실을 부각시키기 위하여 신덕왕을 박씨로 변개했을 가능성을 제기하였다.[73] 전기웅은 신덕왕 경휘가 예겸세력의 도움으로 왕위에 올랐으며, 이러한 왕권의 한계성을 극복하기 위해 전왕실과 구별되는 박씨 왕실을 표방하게 되었다고 보았다.[74] 하지만 신라 말 박씨 왕실의 재등장은 하나의 수수께끼와 같은 사실[75]이거나 일종의 이변[76]이라고 할 만큼 이에 대해서는 아직 많은 연구가 필요하다.

경애왕이 견훤의 군사들에 의해 해를 입은 후 경순왕이 고려에 항복하는 과정에 대해 조범환은 古昌전투를 계기로 親고려로 정책을 바꾼 경순왕이 후당 외교에서 정통성을 인정받는 것에 실패하고 견훤이 왕건에게 귀부를 하자 친왕건파와 손을 잡고 고려에 귀부하였다[77]고 하였다. 신호철은 견훤이 쉽게 도성에 진입한 것이나 경애왕이 酒宴會場에서 견훤군을 맞은 것 등은 신라 내의 호응 내지 정보의 제공 등과 같은 경애왕의 반대 세력인 김씨 왕족과의 사전 협력 하에서 이루어진 사건[78]이라고 하였다. 음선혁은 신라가 고려에 귀부하게 된 이유를 신라사회 내부에서 찾아야 한다고 하고, 경순왕은 정치 지배세력의 고려에 대한 호의적 반응과 경주인들의 고려에 대한 신뢰와 기대가

73) 권덕영, 2008, 「신라 하대 朴氏勢力의 동향과 '朴氏 王室'」『한국고대사연구』 49.
74) 전기웅, 2008, 「신라의 멸망과 朴氏王室」『韓國民族文化』 31, 부산대 한국민족문화연구소, 358쪽.
75) 全基雄, 1989, 「新羅 下代末의 政治社會와 景文王家」『釜山史學』 16, 16쪽.
76) 李基東, 2006, 「후삼국시대의 전개와 新羅의 終焉」『新羅文化』 27, 7쪽 ; 조인성, 2007, 「신라 하대·후삼국」『한국고대사연구의 새 동향』, 서경문화사, 166쪽.
77) 曺凡煥, 1994, 「新羅末 敬順王의 高麗歸附」『李基白先生古稀紀念 韓國史學論叢(上)』, 일조각.
78) 申虎澈, 1989, 「신라의 멸망과 견훤」『忠北史學』 2, 26쪽.

증폭되어 현실적으로 신라의 국정을 제대로 유지해 나가기 어려웠을 것으로 보았다.[79] 그리고 후삼국시기 호족이나 통일전쟁 과정도 주요 연구 주제로 다루어지고 있다.[80]

2) 주제별 연구 성과와 연구 자료의 검토

하대의 정치에 대해서는 신라사 전체를 서술한 개설서나 연구 저서,[81] 논문에서 하대의 정치 흐름을 개관하거나, 특정 주제를 중심으로 하대의 정치변동 과정을 고찰하면서 하대 사회의 성격을 언급한 연구들이 많았다. 최근에는 연구의 시기와 분야도 차츰 세분화, 전문화되어 하대를 세밀하고 깊이 있게 분석한 연구들이 나오고 있다. 그러나 기존 연구의 시각이나 방법론과 큰 차이 없이 대동소이한 결론에 이르는 연구들도 있어 정치사 인식의 틀을 확대시키는 논의가 필요할 것으로 보인다. 문창로는 한국고대사 연구의 문제점을 지적하면서 몇몇 주제에만 연구자들의 관심이 집중되면서 취급 자료 및 논리 전개가 유사한

---

79) 음선혁, 1997, 「新羅 敬順王의 卽位와 高麗歸附의 政治的 性格」『全南史學』 11.

80) 이에 대한 연구사적 정리는 다음과 같은 것이 있다.
신호철, 2002, 「호족의 종합적 이해」『후삼국시대 호족연구』, 개신 ; 趙法鍾, 2006, 「후백제와 태봉관련 연구동향과 전망」『新羅文化』 27 ; 조인성, 2007, 「신라하대 · 후삼국」『한국고대사연구의 새 동향』, 서경문화사.

81) 今西龍, 1933,『新羅史研究』, 近澤書店 ; 末松保和, 1954,『新羅史の諸問題』, 東洋文庫 ; 李基白, 1974,『新羅政治社會史研究』, 일조각 ; 井上秀雄, 1974,『新羅史基礎研究』, 東出版 ; 文暻鉉, 1983,『新羅史研究』, 경북대 출판부 ; 李基東, 1984,『新羅骨品制社會와 花郎徒』, 일조각 ; 신형식, 1985,『新羅史』, 이화여대 출판부 ; 申瀅植, 1990,『統一新羅史研究』, 三知院 ; 崔根泳, 1990,『統一新羅時代의 地方勢力研究』, 신서원 ; 李明植, 1992,『新羅政治史研究』, 螢雪出版社 ; 李仁哲, 1993,『新羅政治制度史研究』, 一志社 ; 李基東, 1997,『新羅社會史研究』, 일조각 ; 濱田耕策, 2002,『新羅國史の研究』, 吉川弘文館, ; 李明植, 2003,『新羅政治變遷史研究』, 螢雪出版社 ; 신형식, 2004,『新羅通史』, 주류성.

연구 성과가 제출되거나, 연구 주제가 중첩되는 현상 등으로 독창성이 떨어지는 글들이 적지 않게 발표되었다고 하였다.[82] 하대 정치사 연구에 대한 검토는 신라사 전체에서 다루어지다가[83] 최근에야 하대만을 연구사적으로 정리한 논고들이 나오고 있으며,[84] 김창겸은 경문왕대 연구 성과를 주목하여 이를 정리하기도 하였다.[85]

왕조국가에서 왕위계승 문제는 정치사에 있어 가장 중요한 주제 중의 하나였으며,[86] 김창겸에 의해 하대 왕위계승 유형 및 과정이 정리되었다.[87] 또한 신라에서 太子는 일반적으로 왕의 적장자를 일컫는 혈연적 의미보다는 다음 왕위계승자라는 정치법제적 의미만 갖게 되었

---

82) 문창로, 2007, 「한국 고대사 연구의 주요 성과와 과제」『한국 역사학의 성과와 과제』, 일조각, 110쪽.

83) 申瀅植, 1993, 「統一新羅와 渤海」『韓國史論』 23, 국사편찬위원회 ; 朱甫暾, 1997, 「新羅史研究 50年의 성과와 전망」『慶州史學』 16.
북한에서는 신라사보다는 발해사에 중점을 두기 때문에 신라사에 대한 연구 성과물은 거의 없는 형편이다(宋基豪, 1991, 「北韓의 渤海史·統一新羅史 研究」『北韓의 古代史 研究』, 일조각, 166쪽 ; 정운용, 1994, 「북한의 통일신라사 서술」『북한의 고대사 연구와 성과』, 대륙연구소출판부, 408쪽). 일본에서의 신라사 연구에 대한 개략적인 정리는 濱田耕策, 2002, 「序論」『新羅國史の研究』, 吉川弘文館 참고.

84) 全基雄, 1991, 「羅末麗初 政治社會史의 理解」『考古歷史學志』 7 ; 정호섭, 2006, 「신라 하대의 사회변동」『한국고대사입문 3』, 신서원 ; 조인성, 2007, 「신라 하대·후삼국」『한국고대사연구의 새 동향』, 서경문화사 ; 조인성, 2008, 「고대사회의 해체」『새로운 한국사 길잡이 (上)』, 지식산업사.

85) 김창겸, 2009, 「신라 경문왕에 대한 연구의 현황과 제안」『한국고대사연구의 현단계』(石門 李基東敎授 停年紀念論叢), 주류성.

86) 申瀅植, 1971, 「新羅王位繼承考」『柳洪烈博士華甲紀念論叢』 ; 최재석·안호룡, 1990, 「新羅 王位繼承의 系譜認識과 政治勢力」『한국의 사회조직과 종교사상』, 文學과知性社 ; 김창겸, 2001, 「新羅 下代 王位繼承의 性格」『慶州文化研究』 4 ; 권영오, 2002, 「신라하대 왕위계승과 상대등」『지역과 역사』 10 ; 선석열, 2007, 「신라의 왕위계승 원리」『역사와 세계』 32.

87) 金昌謙, 1994, 「新羅 下代 王位繼承 研究」, 성균관대 박사학위논문 : 2003, 『新羅 下代 王位繼承 研究』, 景仁文化社.

으며, 그 지위는 冊封에 의해서만 주어졌다고 하였다.[88]

하대 왕실은 원성왕의 아들인 인겸과 예영을 家祖로 하는 家系가 형성되었다. 그리고 왕통이 인겸계에서 예영계로 넘어간 뒤에는 다시 예영의 두 아들 김헌정, 김균정 두 家系로 나뉘어졌다. 이들 가계들은 독립적인 家系意識을 가지고 있었다.[89] 또한 왕실의 가계로 경문왕가와 박씨왕가도 설정할 수 있다. 크게는 원성왕계로부터 인겸계, 예영계, 균정계, 헌정계, 그리고 경문왕가와 박씨 왕가까지, 하대 왕실에 대한 세부적인 검토가 이루어졌다.

김주원 가계의 인물에 대해서도 김주원,[90] 김헌창,[91] 김양,[92] 김흔[93] 등의 개별 연구가 있었고, 경문왕과 그 자녀들로 이어진 왕위계승과 정국 운영에서 중요한 비중을 차지한 김위홍[94]의 역할이 주목되기도 하였다. 金崇斌,[95] 처용,[96] 후삼국시기 인물들,[97] 김유신 가계[98]와 더불

---

88) 金昌謙, 1993, 「新羅時代 太子制度의 性格」 『韓國上古史學報』 13, 176~177쪽.

89) 채미하, 2001, 「新羅 下代의 五廟制」 『종교연구』 25, 147~148쪽.

90) 金貞淑, 1984, 「金周元世系의 成立과 變遷」 『白山學報』 28 ; 李明植, 1984, 「新羅 下代 金周元系의 정치적 입장」 『大丘史學』 26 ; 金昌謙, 1995, 「新羅 元聖王의 卽位와 金周元系의 動向」 『卓村 申延澈敎授停年退任 史學論叢』, 일월서각 ; 金昌謙, 1997, 「신라 '溟洲群王'考」 『成大史林』 12·13 ; 金興三, 2008, 「신라말 崛山門 梵日과 金周元系 관련설의 비판적 검토」 『한국고대사연구』 50.

91) 황선영, 1998, 「新羅下代 金憲昌 亂의 성격」 『釜山史學』 35 ; 박용국, 2005, 「新羅 憲德王代 金憲昌의 亂과 晉州地域」 『退溪學과 韓國文化』 37 ; 朱甫暾, 2008, 「新羅 下代 金憲昌의 亂과 그 性格」 『한국고대사연구』 51.

92) 尹炳喜, 1982, 「新羅下代 均貞系의 왕위계승과 金陽」 『역사학보』 96 ; 李喜寬, 2001, 「聖住寺와 金陽」 『성주사와 낭혜』, 서경문화사 ; 孫興鎬, 2003, 「9世紀 前半 新羅의 政局變化와 金陽의 政治活動」 『歷史敎育論集』 30.

93) 文暻鉉, 1992, 「神武王의 등장과 金昕」 『趙恒來교수화갑기념 한국사학논총』.

94) 權英五, 2004, 「김위홍과 진성왕대 초기 정국운영」 『大丘史學』 76 ; 宋銀日, 2005, 「신라 하대 憲康王의 친정체제 구축과 魏弘」 『新羅史學報』 5 ; 전기웅, 2008, 「신라말의 두 기둥-위홍과 예겸-」 『동아시아사의 인물과 라이벌』, 아세아문화사.

95) 김창겸, 2004, 「新羅 下代의 仁謙系 王權과 金崇斌」 『新羅史學報』 창간호.

어 최근에는 최치원[99)]과 장보고[100)]에 관한 연구들도 꾸준히 나오고
있다. 이러한 인물들의 연구를 통해 이들 정치세력과 왕위계승과의
관계가 검토되기도 하였다.

정치세력들 간의 이해관계가 충돌되거나 당시 사회의 구조적 모순이
표출될 때, 그러한 갈등을 정치적으로 해결하지 못하면 반란의 형태로
나타나게 된다. 강성원은 신라시대의 반란사건 50건을 유형별로 분류하
고, 각 반란사건을 분석하였으며,[101)] 김창겸도 당시 왕을 축출하고
주모자가 직접 왕위를 차지하겠다는 목적이 분명한 하대의 왕위찬탈형
반란에 대해 정치사적 영향을 고찰하였다.[102)] 서의식은 통일신라기의

96) 李佑成, 1969,「三國遺事所載 處容說話의 一分析」『金載元博士回甲紀念論叢』;
    李龍範, 1969,「處容說話의 一考察」『震檀學報』32 ; 金基興, 2001,「신라 處容說
    話의 역사적 진실」『역사교육』80 ; 全基雄, 2005,「憲康王代의 정치사회와
    '處容郎望海寺'條 설화」『新羅文化』26.
97) 이에 대한 연구사 정리는 申虎澈, 2002,「호족의 종합적 이해」『後三國時代
    豪族研究』, 개신 참고. 그후 李在範, 2007,『後三國時代 弓裔政權 研究』, 혜안 ; 조인
    성, 2007,『태봉의 궁예정권』, 푸른역사 ; 김용선 엮음, 2008,『궁예의 나라
    태봉』, 일조각이 출간되었다.
98) 신형식, 1983,「김유신가문의 성립과 활동」『梨花史學研究』13 · 14 ; 曺凡煥,
    2007,「金庾信의 가계와 후손들의 활동」『新羅史學報』11 ; 김수미, 2009,「신라
    金庾信系의 정치적 위상과 추이」『歷史學研究』35 ; 金昌謙, 2010,「신라시대
    金庾信의 興武大王 追封과 '新金氏'」『新羅史學報』18.
99) 이에 대한 연구사 정리는 최병헌, 1997,「최치원 연구사에 대한 분석」『원불교
    사상』21 ; 엄원대, 1997,「최치원 연구사에 대한 분석」『고운의 사상과
    문학』, 신지서원 ; 장일규, 2002,「최치원 연구의 성과와 전망」『북악사론』
    9 ; 장일규, 2008,『최치원의 사회사상 연구』, 신서원 참고.
100) 이에 대한 최근의 연구 성과는 권덕영, 2005,「張保皐 研究의 現況과 課題」
    『장보고 연구논총』IV ; 高慶錫, 2006,「淸海鎭 張保皐勢力 研究」, 서울대학교
    박사학위논문 ; 拜根興, 2007,「장보고의 해상활동과 중국학계의 연구동향」
    『장보고 대사의 활동과 그 시대에 관한 문화사적 연구』; 井上直樹, 2007,
    「일본에서의 장보고 연구의 현황과 과제」『장보고 대사의 활동과 그 시대에
    관한 문화사적 연구』 참고.
101) 姜聲媛, 1983,「新羅時代 叛逆의 歷史的 性格」『한국사연구』43.
102) 金昌謙, 1994,「新羅下代 王位簒奪型 叛逆에 대한 一考察」『韓國上古史學報』

府를 受封眞骨들이 재산을 관리하기 위해 설치를 허여받은 기관으로
파악하고, 金入宅은 開府한 受封眞骨家를 일컫는 용어였다고 하였다.[103]
하대 말기 지역세력들은 중앙 정부의 통제를 벗어나 독자적인 세력으로
자립하였고, 이들에 의해 왕조교체가 이루어졌다. 지역세력의 성장은
특히 패강진[104]과 청해진 등의 軍鎭[105] 사례가 주목되었으며, 후삼국기
의 호족 세력 기반들에 대한 사례 연구도 있었다.

　이기백은 상대등[106]과 집사성[107]에 대한 검토를 통해 중대에 그
정치적 지위가 하락하였던 상대등이 하대에 다시 정치적 실권을 장악하
였으며, 중대의 전제왕권시대에는 왕권의 옹호자로서 그 전위적 구실을
하던 侍中이 귀족적 성격의 것으로 변화하였다고 하였다. 이에 대해
이영호는 상대등은 신라 최고의 관직으로 결코 국왕과 대립적으로
파악할 수는 없으며, 중대에서도 정치적 실권을 중시에게 넘겨준 방관
적인 입장에 선 것이 아니었다고 하였으며,[108] 이인철은 집사부는 수상
관부였다기보다는 국왕의 비서기관에 해당하는 관부였으며, 집사부의
장관인 中侍도 수상이었다기보다는 국왕의 執事長 곧 비서실장의 위치
에 있었다고 보았다.[109] 전덕재는 통일기에 상대등이 아니라 상재상이

17.

103) 徐毅植, 1996, 「統一新羅期의 開府와 眞骨의 受封」『역사교육』59, 110쪽.
104) 李基東, 1976, 「新羅 下代의 浿江鎭」『韓國學報』4 ; 方東仁, 1979, 「浿江鎭의
　　管轄範圍에 관하여」『靑坡盧道陽博士古稀紀念論文集』; 木村誠, 1979, 「統一
　　新羅의 郡縣制와 浿江地方經營」『旗田巍先生古稀記念 朝鮮歷史論集 (上)』; 趙
　　二玉, 1996, 「統一新羅 北方開拓과 浿江鎭」『白山學報』46 ; 姜鳳龍, 1997,
　　「新羅下代 浿江鎭의 設置와 運營」『한국고대사연구』46.
105) 全德在, 1997, 「新羅下代 鎭의 設置와 性格」『軍史』35.
106) 李基白, 1962, 「上大等考」『역사학보』19 : 1974, 『신라정치사회사연구』, 일조
　　각.
107) 李基白, 1964, 「新羅 執事部의 成立」『震檀學報』25 · 26 · 27 ; 李基白, 1974,
　　「新羅 下代의 執事省」『신라정치사회사연구』, 일조각.
108) 李泳鎬, 1992, 「新羅 貴族會議와 上大等」『한국고대사연구』6, 113쪽.

국사를 총괄한 집정자였다고 하였다.[110]

『삼국사기』 직관지에 기재되어 있지는 않지만 하대 시기 宰相의 역할에 대해 주목한 연구들도 있었다. 木村誠은 8세기 말 이후에 상대등 · 병부령 · 시중 · 내성사신 · 어룡성사신 등이 재상의 지위를 가졌고, 이런 관직을 갖지 않은 자로서 재상이 된 경우도 있었다고 하였다.[111] 이인철은 20여 명의 중앙행정관부의 장관들 가운데 6명 정도로 구성된 재상회의가 국가 중대사를 결정하게 되자 여기에 제외된 고급 관료들간의 사이에 갈등관계가 나타나게 되었는데, 그 갈등이 겉으로 표면화되었던 것이 하대의 왕위계승쟁탈전이었던 것으로 이해하였다.[112] 전덕재는 국왕권과 재상권의 상호 견제와 균형이 자주 파괴되는 것을 하대의 정치적 불안이 일상화되었던 원인의 하나로 지목하였다.[113]

새로운 자료의 발굴이나 기존 사료의 재해석은 하대 정치사 연구의 범위를 확장시키고 문제의식을 심화시켜 주었다. 1980년대 이후 한국고대사 전반에 대한 기초 자료의 안내는 권덕영이 정리한 것이 있다.[114] 최근 금석문을 이용한 연구 성과들이 축적되고 있어 문헌자료의 공백을 메워주고 기존 연구의 이해방식을 재검토하는 계기가 될 수 있을 것이다.[115]

---

109) 李仁哲, 1992, 「8 · 9세기 新羅의 支配體制」『한국고대사연구』6, 128쪽.
110) 全德在, 2004, 「新羅 和白會議의 성격과 그 변화」『역사학보』182, 18쪽.
111) 木村誠, 1977, 「新羅의 宰相制度」『人文學報』118, 東京都立大學, 31~33쪽.
112) 李仁哲, 1991, 「新羅의 群臣會議와 宰相制度」『韓國學報』65, 65쪽.
113) 全德在, 2004, 「新羅 和白會議의 성격과 그 변화」『역사학보』182, 22쪽.
114) 權悳永, 2007,「한국고대사 기초자료 정리와 편찬 현황」『文化史學』27 ; 권덕영, 2007, 「기초자료의 정리와 편찬」『한국고대사연구의 새 동향』, 서경문화사.
115) 이 시기 금석문 자료에 대한 전반적인 검토는 시노하라 히로카다, 2006, 「신라와 발해의 문자자료」『한국고대사입문 3』, 신서원 참고. 최근 금석문 연구에 대한 목록이나 색인은 趙東元 編著, 1998, 『韓國 古代金石論著總覽』, 성균관대 출판부 ; 權悳永 편저, 2002, 『韓國古代金石文綜合索引』, 學硏文化

금석문 사료를『조선금석총람』에 의존하던 하대 정치사 연구는 이난영, 황수영, 허흥식, 조동원, 김영태 등의 금석문 자료의 수집과 판독,116) 한국고대사회연구소와 이지관, 한국역사연구회 등의 역주 작업117)이 이어지면서 문헌사료의 제약에서 벗어나 훨씬 풍부한 자료와 내용으로 다양한 분야의 연구들을 가능하게 만들었다. 곽승훈, 김상현은 문헌에 전하는 신라의 금석문 사례를 유형별로 정리하여 소개하였으며118) 권덕영도 신라 관련 당의 금석문을 검토119)하고 새로운 자료들을 발굴하기도 하였다.120) 특히 난해한 문장으로 연구자들에게 제한적으로 인용되던 최치원 찬「사산비명」의 역주가 이루어졌으며,121) 이에 대한 연구122)가 활발해지면서 향후 금석문의 활용가치는 더욱 커질 것이고

社 ; 국립문화재연구소 미술공예실, 2005,『한국금석문자료집 (상)』, 국립문화재연구소 참고.

116) 朝鮮總督府 編, 1919,『朝鮮金石總覽 (上)』(1976, 亞細亞文化社 영인) ; 李蘭暎, 1968,『韓國金石文追補』, 中央大出版部 ; 黃壽永, 1976,『韓國金石遺文』, 一志社 ; 許興植, 1984,『韓國金石全文 古代』, 亞細亞文化社 ; 趙東元 編著, 1979~1998,『韓國金石文大系 (1~7권)』, 원광대 출판부 ; 金煐泰, 1992,『三國新羅時代佛敎金石文考證』, 民族社 ; 國史編纂委員會, 1996,『韓國金石文資料集 Ⅲ(統一新羅·渤海篇)』.

117) 韓國古代社會研究所 編, 1992,『譯註 韓國古代金石文 Ⅲ』, 가락국사적개발연구원 ; 李智冠, 1993,『校勘 譯註 歷代高僧碑文 新羅篇』, 伽山文庫 ; 한국역사연구회 편, 1996,『譯註 羅末麗初金石文 (上·下)』, 혜안.

118) 郭丞勳, 2003,「문헌에 실린 신라 불교 금석문 연구」『實學思想研究』25 ; 郭丞勳, 2004,「문헌에 실린 신라 금석문 연구」『實學思想研究』26 ; 金相鉉, 2004,「文獻으로 본 韓國古代 金石文」『文化史學』21.

119) 권덕영, 2008,「新羅 관련 唐 金石文의 기초적 검토」『한국사연구』142 ; 권덕영, 2010,「한국고대사 관련 中國 金石文 조사 연구」『史學研究』97.

120) 권덕영, 2009,「「大唐故金氏夫人墓銘」과 관련한 몇 가지 문제」『한국고대사연구』54.

121) 崔英成 註解, 1987,『註解 四山碑銘』, 亞細亞文化社 ; 李佑成 校譯, 1995,『新羅四山碑銘』, 亞細亞文化社 ; 崔英成, 1998,『譯註 崔致遠全集 1 四山碑銘』, 亞細亞文化社.

122) 張日圭, 2006,「숭복사비명과 경문왕계 왕실」『역사학보』192 ; 곽승훈, 2005,

연구의 활성화에도 적지 않은 기여를 할 것이다.

또한 어렵게 하대 시기의 문헌자료가 발굴되거나 재해석되는 경우도 있었다. 최근 해인사 목조비로자나불의 墨書銘이 발견되어 이에 보이는 大角干을 김위홍으로 보는 견해[123]와 이를 부정하는 주장[124]으로 나뉘어져 있다. 1490년 봄 해인사의 비로전을 중창하다가 도료장 박중석이 들보에서 43통의 신라시기의 전권문기를 발견하였고, 이를 해인사를 방문한 조위가 보고 언급한 내용[125]이 『매계집』에 남아 있다.[126] 『동문선』을 비롯한 여러 문헌에 산재되어 있는 최치원의 문장도 정리[127] 역주되었다.[128] 『조당집』[129]과 『경덕전등록』[130]에 실린 신라승의 기록은 불교자료이지만, 「사산비명」과 마찬가지로 하대의 정치상황을 파악하는데 도움을 주며, 엔닌의 『입당구법순례행기』도 장보고와 관련된 연구 자료로 활용되었다.[131]

하대 시기의 古文書로는 신라 執事省에서 일본에 보낸 牒의 내용이 일본측 기록에 전하기도 하지만[32] 전체 내용을 확인할 수 있는 자료는

『최치원의 중국사 탐구와 사산비명 찬술』, 韓國史學.

123) 金昌謙, 2005, 「합천 해인사 비로자나좌불상의 '大角干銘 墨書」『新羅史學報』 4, 305쪽.

124) 金相鉉, 2006, 「九世紀 후반의 海印寺와 新羅王室의 후원」『新羅文化』 28, 252쪽.

125) 이 전권에 대해서는 今西龍, 1933, 「伽耶山海印寺の新羅時代の田券に就きて」『新羅史研究』, 近澤書店 ; 旗田巍, 1972, 「新羅・高麗の田券」『朝鮮中世社會史の研究』, 法政大學出版局 ; 李弘稙, 1971, 「羅末의 戰亂과 緇軍」『韓國古代史의 研究』, 新丘文化社 ; 하일식, 1997, 「해인사전권(田券)과 妙吉祥塔記」『역사와 현실』 24 등의 연구가 있다.

126) 국역은 이동재 옮김, 2009, 『매계집(梅溪集)』, 평사리 참고.

127) 成均館大 大東文化研究院, 1972, 『崔文昌侯全集』.

128) 崔英成, 1999, 『譯註 崔致遠全集 2 孤雲文集』, 亞細亞文化社.

129) 韓基汶, 1999, 「『祖堂集』과 新羅・高麗 高僧의 行蹟」『한국중세사연구』 6.

130) 동국역경원, 1987(신판), 『한글대장경 傳燈錄 (1・2・3)』.

131) 역주본으로 申福龍 번역 주해, 1991, 『入唐求法巡禮行記』, 정신세계사 ; 김문경 역주, 2001, 『엔닌의 입당구법순례행기』, 중심 등이 있다.

희소하며, 촌락문서처럼 작성연대에 논란이 있어 이용에 제한이 있
다.133) 하지만 최근 발굴 성과가 늘어난 목간134)에 대해 거는 기대도
크다. 외국 문헌에 산재한 신라 자료 정리135)는 연구자들에게 시각의
확대와 아울러 연구 사료의 발굴이라는 점에서 큰 도움을 주고 있다.

근대적 연구방법을 이용하여 신라사 연구를 시작한 해방 이전의
일본인 연구 성과와 한계점도 반드시 검토하고 넘어갈 과제였다. 최근
서구의 근대적인 역사 연구방법론에 입각하여 쓰여진 그의 신라사
논문들은 연구사에서 무시할 수 없는 개척적 가치를 갖고 있다고 평가받
은136) 今西龍의 저서137)를 비롯하여, 일제시기 신라사 관련 논문들을
번역하는 작업138)은 신라사 연구 기초를 위하여 의미있는 작업이 될
것이다. 장보고 관련 외국 학계의 주요 논문 번역139)도 연구자들의

132) 이인철, 2003, 「신라 집사성의 위상과 역할」 『신라 정치 경제사 연구』, 일지사.
133) 李基白 編著, 1993(제2판), 『韓國上代古文書資料集成』, 一志社 ; 노명호 외, 2000,
　　 『한국고대중세고문서연구 (상)』, 서울대 출판부.
134) 국립창원문화재연구소, 2004, 『韓國의 古代木簡』; 이용현, 2006, 『韓國木簡基礎
　　 硏究』, 신서원 ; 윤선태, 2007, 「목간연구의 현황과 전망」 『한국고대사연구의
　　 새 동향』, 서경문화사 ; 주보돈, 2008, 「한국 목간 연구의 현황과 전망」 『목간과
　　 문자연구』 1, 주류성.
135) 국사편찬위원회, 1987, 『中國正史 朝鮮傳 譯註 (1 · 2 · 3)』; 崔根泳 외, 1994,
　　 『日本 六國史 韓國關係記事 譯註』, 駕洛國史蹟開發硏究院 ; 해상왕장보고연구
　　 회 편, 2001, 『7~10世紀韓中日交易硏究文獻目錄 · 資料集』, 해상왕장보고기념
　　 사업회 ; 해상왕장보고연구회 편, 2003, 『7~10世紀 韓 · 中 · 日交易關係資料
　　 譯註－韓國 · 中國篇』, 해상왕장보고기념사업회 ; 해상왕장보고연구회 편,
　　 2003, 『7~10世紀 韓 · 中 · 日交易關係資料 譯註－日本篇』, 해상왕장보고기념
　　 사업회 ; 장동익, 2004, 『日本古中世高麗資料硏究』, 서울대 출판부 ; 김기섭 외,
　　 2005, 『일본 고중세 문헌 속의 한일관계사료집성』, 혜안 ; 국사편찬위원회,
　　 2006, 『韓國古代史料集成 (中國篇 5~7)』, 학연문화사.
136) 李基東, 2009, 「新羅史 연구 百年을 되돌아보며」 『新羅文化祭學術論文集』 30,
　　 7쪽.
137) 今西龍, 1933, 『新羅史硏究』, 近澤書店 ; 이부오 · 하시모토 시게루(橋本繁) 옮김,
　　 2008, 『이마니시 류의 신라사 연구』, 서경문화사.
138) 新羅史學會에서 발행하는 『新羅史學報』에서 이 작업을 꾸준히 하고 있다.

수고를 덜어준 일이었다.

그러나 사료 인용에 있어 단편적인 부분을 확대 해석하거나 사서적 검토와 사료 비판이 좀더 필요한 부분이 있었다. 김주원 가계를 분석함에 있어『江陵金氏世譜』를 근거로 한다든가,[140] 조선 순조 14년(1814)에 세워진「新羅敬順王殿碑」에 따라 文聖王-金安-金敏恭-金實虹-金孝宗-敬順王의 계보를 세우는 것이나,[141] 1940년 金台濟가 경주 김씨 분파의 여러 족보들을 참고하여 편찬한『新羅玉牒』에 상당한 신빙성을 두고 논지를 전개한 것은,[142] 족보류에 대한 사료적 가치를 생각할 때 보다 신중한 해석이 요구되는 부분이다.

논란의 여지가 있는『화랑세기』를[143] 하대와 관련하여 언급할 때도 사료의 가치가 객관적으로 인정될 때까지 더 많은 검토가 필요한 부분이 있다. 최근『화랑세기』의 사료적 가치를 긍정하는 입장에서 이를 인용하는 연구들이 다소 나오는 반면 위작설에 동조하는 연구자들은 이에 대한 언급을 자제하고 있는데, 이것이『화랑세기』의 사료적 가치를 인정하는 것이 아님은 물론이다. 권덕영은 僞書『帝王年代歷』을 검토하

---

139) 해상왕장보고연구회 편, 2002,『張保皇關係研究論文選集-中國篇·日本篇-』, 해상왕장보고기념사업회.

140) 『江陵金氏世譜』에 대한 사료 비판은 文暻鉉, 1992,「神武王의 登極과 金昕」 『趙恒來敎授華甲紀念 韓國史學論叢』, 63쪽 ; 全德在, 2003,「서평 : 金昌謙 著 『新羅 下代 王位繼承研究』」『한국사연구』123, 391~392쪽 ; 金興三, 2008,「신라말 崛山門 梵日과 金周元系 관련설의 비판적 검토」『한국고대사연구』50, 311~319쪽 참고.

141) 「新羅敬順王殿碑」의 사료적 한계에 대해서는 권영오, 2002,「신라하대 왕위계승과 상대등」『지역과 역사』10, 9~10쪽 및 2009,「신라하대 중기(839~888) 왕위계승과 정국의 안정」『지역과 역사』24, 171~173쪽 참고.

142) 金哲埈, 1968,「新羅時代의 親族集團」『한국사연구』1 : 1990,『韓國古代社會研究』, 서울대 출판부, 283~284쪽.

143) 『화랑세기』를 둘러싼 사료적 논쟁에 대해서는 권덕영, 2000,「筆寫本『花郎世紀』진위논쟁 10년」『한국학보』99 ; 강종훈, 2007,「신라 상대」『한국고대사연구의 새 동향』, 서경문화사 참고.

면서 사서 비판의 중요성을 언급하였다.[144] 조선 영조 16년(1740) 活菴東
隱이 편찬한『佛國寺古今創記』에는 최치원의 글로 전하는 문장이 협주
와 함께 실려 있는데, 이것은 후대의 가필이나 조작이 의심스러운 내용
과 착란되어 있어 이를 인용하여 당대의 인물들을 복원할 경우 역시
엄격한 사료 검증이 선행되어야 할 것이다.[145]

2. 하대 정치사 연구의 과제와 전망

1) 하대의 인식

國人의 말을 인용하여 신라사를 三代로 시기구분한『삼국사기』에서
는 中代를 부조적으로 부각하였다.[146] 중대를 신라의 전성기로 설정하
고 하대에 와서는 국운이 쇠퇴하여 귀족 간에 왕위쟁탈이 벌어져 기강이
해이해지고 문물은 쇠퇴했다는 인식은 이미 일제시기 今西龍의 연구에
서 볼 수 있다.[147] 그 후의 연구자들도 하대는 중대에 이르러 그 절정에
도달하였던 전제주의 왕권이 쇠퇴하고 신라 국가가 점차 해체되어
가던 과도기로 파악되거나,[148] 한국사에 있어 고대사회의 종말기로
여러 가지 사회 모순이 노출된 시기로 인식하고 있다.[149] 그리고 권력

---

144) 권덕영, 2004,「僞書 "帝王年代歷"의 發見과 그 意味」『史學硏究』75.
145) 이에 대한 사료 검증은 金相鉉, 1994,「佛國寺에 관한 文獻資料의 검토」『芝村金甲
     周敎授華甲紀念 史學論叢』; 崔英成, 1999,『譯註 崔致遠全集2 孤雲文集』, 아세
     아문화사 ; 李文基, 2005,「崔致遠 撰 9세기 후반 佛國寺 關聯資料의 檢討」
     『新羅文化』26 참고.
146) 權英五, 2007,「新羅史 時期區分과『三代目』」『한국고대사연구』45.
147) 今西龍, 1933,「新羅史通說」『新羅史研究』, 近澤書店, 54쪽.
148) 李基東, 1984,「新羅 下代의 王位繼承과 政治過程」『新羅骨品制社會와 花郎徒』,
     일조각, 144쪽 ; 李基東, 1995,「韓國史 時代區分의 여러 類型과 問題點」『韓國史
     時代區分論』, 소화, 110쪽.
149) 孫晋泰, 1948,『朝鮮民族史槪論 (上)』, 乙酉文化社, 224~228쪽 ; 李丙燾, 1948,

구조면에서 중대는 전제왕권 시기, 하대는 귀족들의 치열한 권력다툼 시기로 파악하는 것[150]이 일반적이다.

대체로 기존의 연구들은 중대의 전제왕권을 바탕으로 안정된 정치체제가 하대에 들어와 혼란이 있었고, 이것은 지방세력이 대두할 근거를 제공하여 신라는 이를 통제할 능력을 상실하고 멸망에 이르게 되었다고 보고 있다. 그리고 그 정치적 혼란의 원인으로 이 시기의 왕위계승 분쟁을 들고 있다. 그러나 고대 정치사 연구에서 국왕 권력을 국가 권력과 동일시하는 경향이 있었으며, 지난 세기 고대사학계에서는 왕권 강화는 곧 사회 안정이고, 왕권 강화의 실패는 귀족들의 발호로 인한 '혼란'처럼 인식하는 경향도 일부 있었다는 지적[151]을 생각해볼 필요가 있다. 이러한 시각은 중앙 곧 왕의 권력 집중=안정, 진골귀족들 간의 왕위계승 분쟁=중앙의 혼란으로 보거나, 농민봉기와 지방세력의 성장을 정국의 혼란으로만 인식하는 단선적인 역사관을 만들어낼 우려도 있는 것이다.[152]

무엇보다 하대의 왕위계승 분쟁은 839년 신무왕의 즉위로 일단락되었으며, 그 뒤 숙부나 사위·여동생·조카와 심지어는 박씨에게 후계왕위가 계승될 때에도 무력분쟁이 없었다는 점에서 역사적 사실과도 차이가 있다. 하대 초기의 왕위계승 분쟁의 단편적인 사례를 확대

『朝鮮史大觀』, 同志社, 141쪽 ; 旗田巍, 1951, 『朝鮮史』, 岩波書店, 59쪽 ; 李基白, 1961, 『國史新論』, 泰成社, 118쪽 ; 崔柄憲, 1976, 「新羅 下代社會의 動搖」『한국사 3』, 국사편찬위원회, 437쪽 ; 金哲埈, 1990, 「新羅 貴族勢力의 基盤」『韓國古代社會研究』, 서울대 출판부, 325쪽 ; 申瀅植, 1996, 「개요」『한국사 11』, 국사편찬위원회, 1쪽.

150) 裵琮道, 1995, 「전제왕권과 진골귀족」『한국역사입문 2』, 풀빛, 38쪽.
151) 하일식, 2005, 「고대사 연구의 주요 쟁점과 과제」『한국사연구 50년』, 혜안, 108쪽.
152) 권영오, 2006, 「국사교과서의 신라하대 서술 내용과 개선 방향」『역사와 경계』 59, 81쪽.

적용하여 하대를 왕위계승 분쟁의 혼란기로 일반화하는 것은 신무왕 즉위 이후의 정치사 해석을 커다란 공백으로 남길 수 있다. 때문에 하대의 왕위계승이 혼란스러웠다는 것은 중대에 비해 상대적으로, 그리고 하대 초기에 한정하여 사용되어야 할 것이다.[153]

중대 이후의 정치 변동을 고찰함에 있어서 전제왕권과 진골귀족의 대립이라는 구도를 설정하고, 후자의 세력을 대변하는 인물의 등장을 하대의 시작으로 보는 연구는, 신라 사회의 변동을 단순히 王系의 교체만이 아니라 정치적 요인을 분석하여 이후 연구에 많은 영향을 끼쳤다. 이기백은 역사적 인물에 대한 유형화 작업의 필요성을 말하고, 신라시대의 인물들도 그들이 專制政治의 지지자였는가 혹은 貴族政治의 지지자였는가를 가려서 그 성격에 따른 유형화를 할 필요가 있다고 주장하였다.[154] 하지만 이러한 분석이 당시 정치세력들의 형성과 대립을 이분론적으로 단순화시켰다는 우려도 받고 있다.[155] 중대 정치사의 흐름을 국왕과 진골귀족의 역관계, 또는 외척과 여타 진골귀족과의 역관계에 초점을 맞추어 조망하는 연구방법 역시 중대 정치사의 흐름을 지나치게 단순하고 도식적으로 설명할 위험성이 있다는 우려[156]는 하대 정치사 연구에도 고민해야 할 문제인 것이다.

진골귀족들이라고 해서 반드시 왕권과 대립한 것은 아닐 것이고, 귀족들간에도 서로 입장을 달리하는 세력도 있었을 것이기 때문에 이들 사이의 차별성과 내부의 분열 없이 하대 시기 하나의 정치세력으로

---

153) 권영오, 2009,「신라하대 중기(839~888) 왕위계승과 정국의 안정」『지역과 역사』 24, 190쪽.
154) 李基白 1993,「統一新羅時代의 專制政治」『韓國史上의 政治形態』, 일조각, 74쪽.
155) 李泳鎬, 1990,「新羅 惠恭王代 政變의 새로운 解釋」『歷史教育論集』 13·14, 358쪽.
156) 전덕재, 2007,「신라 중대」『한국고대사연구의 새 동향』, 서경문화사, 143쪽.

만 파악하는 것은 좀더 신중한 검토가 요구된다. 하대 정치사는 사상 · 문화 특히 경제사의 지원을 받는 것도 필요하지만 왕권과 진골귀족들간의 갈등구조 뿐만 아니라 6두품 이하와 지방세력까지도 포함하는 정치사의 외연을 확장시키는 것도 필수적이다. 향후의 신라 정치사 연구가 질적인 발전을 이루기 위해서는 '왕권론'을 벗어나서 정치체제, 더 나아가 토지와 인민을 포괄하는 지배체제를 염두에 둔 인식방법이 요구된다는 지적[157]에도 귀 기울여야 할 것이다.

　이우성은 하대를 초기(선덕왕~신무왕) · 중기(문성왕~헌강왕) · 말기(진성왕~경순왕)의 세 시기로 구분하였으며,[158] 井上秀雄은 선덕왕~정강왕을 王權爭奪, 진성여왕~경순왕을 지방세력의 自立으로 구분하였다.[159] 주보돈은 김헌창의 난이 지방민을 정치세력화하는 하나의 중요한 계기가 되었다고 보고, 이를 기준으로 하대 사회를 전기와 후기로 구분하였다.[160] 하대 불교계의 동향을 정치 변동과 관련하여 고찰한 곽승훈은 하대를 前期(원성왕~흥덕왕) · 中期(희강왕~신무왕) · 後期(문성왕 이후)로 나누었다.[161] 권영오는 선덕왕에서 민애왕까지를 하대 초기(왕위계승 분쟁기), 신무왕에서 진성여왕 2년까지를 하대 중기(하대 정국 안정기), 진성여왕 3년에서 경순왕까지를 하대 말기로 세분하여 신라의 쇠퇴를 하대 말기부터 찾고 있으며,[162] 신호철의 견해[163]도

---

157) 하일식, 1996, 「신라 정치체제의 운영원리」『역사와 현실』 20, 37쪽.

158) 李佑成, 1969, 「三國遺事所載 處容說話의 一分析」『金載元博士回甲紀念論叢』: 1991, 『韓國中世社會研究』, 일조각, 179~180쪽.

159) 井上秀雄, 1974, 「新羅政治體制의 變遷過程」『新羅史基礎研究』, 東出版, 427쪽.

160) 주보돈, 1994, 「남북국시대의 지배체제와 정치」『한국사 3』, 한길사, 332쪽.

161) 郭丞勳, 1995, 「新羅 元聖王의 政法典 整備와 그 意義」『震檀學報』 80 : 2002, 『統一新羅時代의 政治變動과 佛教』, 國學資料院, 99~100쪽.

162) 權英五, 2007, 「新羅下代 政治變動 研究」, 부산대 박사학위논문.

163) 신호철, 2008, 「신라의 멸망원인」『한국고대사연구』 50, 160~161쪽 ; 신호철, 2008, 『후삼국사』, 개신, 21~22쪽.

이와 비슷하다. 하대를 하나로 보던 관점에서 벗어나 진성여왕대의
농민봉기를 기점으로 하대를 후삼국인 신라 말기와 구분해서 보려는
경향이 제기된 것이다.[164]

나말여초라는 시기는 연구자에 따라서 넓게는 신라하대에서부터
고려 성종 무렵까지를 대상으로 삼기도 하고, 좁게는 후삼국시대라고
할 수 있는 진성여왕대에서 고려 태조에 의한 통일의 완성까지를 기술하
기도 한다.[165] 대체로 하대로부터 고려 초(경종대)까지를 흔히 나말여
초라고 부르며, 이 시기를 고대사회가 해체되고 중세사회가 시작되는
전환기로 본다.[166] 반면 북한에서는 하대사회란 용어를 사용하지 않고
'9세기'와 '후삼국'이라는 용어를 병용하고 있다.[167] 한국사에서도 후
삼국시대를 '羅末麗初'라는 애매하고 몰역사적 용어를 사용하기보다는
'後三國史'라는 용어를 통해 앞으로 하나의 '독립된 시기'로 인식 · 사용
할 것을 제안하거나[168] 후삼국사는 마땅히 독립된 시기구분 아래에서
독자적인 시대로 자리매김 되어야 한다는 주장[169]은 경청할 만하다.
그동안 하대를 羅末과 혼돈하여 사용하기도 하였지만, 이른바 '羅末'의
시간적 범위와 정치적 성격을 분명히 하고, 이를 하대와 동일시하는
시각은 지양되어야 할 것이다.

그리고 신라의 중앙 정부가 지방세력을 통제하지 못하는 시기를

---

164) 金昌謙, 2006, 「확대되는 한국고대사, 2005년 회고와 전망」『역사학보』191,
43쪽.
165) 全基雄, 1996, 「羅末麗初 政治史의 硏究와 理解方向」『지역과 역사』1, 191쪽.
166) 조인성, 2008, 「고대사회의 해체」『새로운 한국사 길잡이 (上)』, 지식산업사,
183쪽.
167) 宋基豪, 1991, 「北韓의 渤海史 · 統一新羅史 硏究」『北韓의 古代史硏究』, 일조각,
210쪽.
168) 신호철, 2000, 「후백제 견훤 왕의 역사적 평가와 그 의미」『후백제와 견훤』,
서경문화사, 16쪽.
169) 신호철, 2008, 『후삼국사』, 개신, 14쪽.

하대의 시작부터 설정하거나, 중대 말에서부터 그 단초를 찾으려는 연구들도 있었다. 그러나 이러한 이해는 이 시기를 신라의 멸망과 연결지우면서 말기의 사회혼란을 소급하여 하대＝나말이라고 인식한 것에 기인한 것으로 생각된다. 이인철은 하대의 사회가 전기간에 걸쳐 혼란 속에 있었던 것처럼 이해하는 것은 옳지 않다고 지적하고, 신라의 지방사회가 혼란에 빠지게 된 것은 9세기말 이후라고 하였고,[170] 이명식도 진성여왕대가 정치적으로 혼란기였다고 하더라도 쉽게 쓰러질 정도는 아니었으며 신라가 회복불능의 지경에 이른 것은 박씨왕대부터라고 하였다.[171]

변태섭은 始祖廟에서 神宮, 5廟制로의 전환은 骨에서 族, 다시 家로의 분화를 반영한 것으로서, 통일 이후 골품제가 해체되면서 家가 분립 성장하여 下代에는 유력가를 중심으로 한 族黨의 결합이 생겨나고 이것이 귀족간에 전개된 치열한 항쟁의 배경이 되었다고 하였다.[172] 하대를 진골귀족들의 왕위계승 분쟁기로 본 것은 기존의 견해와 같지만, 그동안 흔히 혼란으로만 인식되어온 하대의 사회 현상을 骨品制의 분화에 따른 家의 성장을 기반으로 한 발전의 한 형태로 이해할 수 있는 입각점을 마련하게 되었다는 평가를 받기도 한다.[173]

채웅석은 신라에서 고려로의 왕조교체 시기 연구들이 골품제의 한계와 지방세력의 독립성을 강조한 나머지 신라하대 중앙정치에서 모색한 개혁, 새로운 제도의 수용 등에 대해서 충분히 살피지 못했다고 하였다.

---

170) 李仁哲, 1992, 「8·9세기 新羅의 支配體制」『한국고대사연구』 6, 168쪽.

171) 李明植, 2006, 「新羅末 朴氏王代의 展開와 沒落」『大丘史學』 83, 41쪽.

172) 邊太燮, 1964, 「廟制의 變遷을 통하여 본 新羅社會의 發展過程」『歷史敎育』 8.

173) 徐毅植, 2003, 「古代史와 歷史敎育」『강좌 한국고대사 1』, 가락국사적개발연구원, 315쪽.

비록 골품제가 유지되는 한 그런 개혁조치들이 한계를 갖기는 하였더라
도, 그것들을 소홀하게 취급하면 신라하대 정치제도사 분야는 거의
공백으로 계속 남아 있게 될 것이라고 하였다.174) 송은일은 景文王系가
추진한 개혁을 골품제 질서에 적용하기보다는 이 낡은 질서를 깨고
새로운 지배체제를 구축하기 위한 것으로 평가하였다.175)

　하대를 한국사의 시대구분적 의미를 지닌 시기로 연결하려는 시각도
있었다. 김철준은 나말여초의 왕조교체 시기를 한국사에 있어 고대와
중세의 전환기로 파악하였다.176) 이기동은 하대 근시기구와 문한기구
가 확장되거나 혹은 그 전성을 구가하던 시대는 개혁정치의 시대이며,
특히 왕권강화를 목표로 삼던 시대였다고 하고, 그것은 구체적으로
국왕 측근의 소위 內朝 강화의 방향으로 추진되었던 만큼 中世的 側近政
治의 志向으로 파악하였다.177) 고려를 중세의 시작으로 자리매김하면
하대는 고대사회의 해체기가 되지만, 통일신라를 중세로 설정할 경우
하대는 중세사회체제의 재편성 과정으로 해석할 수 있다.178) 한국사
전체의 시각에서 하대 정치변동의 의미를 파악할 필요가 있는 것이다.

　기존의 연구들은 하대 초기에 나타나는 개별적 현상들에 주목하여

---

174) 채웅석, 2007, 「통일신라에서 고려로의 왕조교체를 어떻게 평가할 것인가」
　　『한국사시민강좌』 40, 91쪽.
175) 宋銀日, 2007, 「新羅 下代 景文王系 집권기의 정치운영」, 전남대 박사학위논문,
　　213쪽.
176) 金哲埈, 1968년 겨울, 「羅末麗初의 사회전환과 中世知性」『창작과 비평』 12 ; 金
　　哲埈, 1969, 「韓國古代政治의 성격과 中世政治思想의 성립과정」『東方學志』
　　10 ; 金哲埈, 1970, 「韓國古代社會의 性格과 羅末·麗初의 轉換期에 대하여」
　　『韓國史時代區分論』, 乙酉文化社.
177) 李基東, 1980, 「新羅 下代의 王位繼承과 政治過程」『역사학보』 85 : 1984, 『新羅骨
　　品制社會와 花郎徒』, 일조각, 280쪽.
178) 고대와 중세의 분기에 대한 최근의 논의는 노태돈, 2003, 「古·中世 분기를
　　둘러싼 제 논의」『강좌 한국고대사 1』: 2009, 『한국 고대사의 이론과 쟁점』,
　　집문당 참고.

42

중대와의 차별성을 강조하였다. 그러나 하대를 단절론적이고 부정적으
로만 볼 것이 아니라 중대와의 계기적인 과정을 염두에 두면서 하대
사회가 지향하는 정치체제가 무엇이었는지를 고찰하는 발전론적인
연구 시각도 필요할 것으로 보인다. 하대가 그 정치적인 지향에 있어서
도 중대와의 차이를 구별하기 어려울 정도라고 하거나,[179] 하대에 새로
운 정치운영 원리가 제시되기 보다는 중대 왕실 이념의 상징물인 만파식
적이 원성왕 즉위 과정에서 다시 등장한 것을 주목하기도 하고,[180]
宣德王代가 중대와 단절적으로 시기구분될 만큼의 사회 변화가 있었는
지 의문을 제기하며 중대와 하대의 연속성을 지적한 논문[181]도 있었다.

　하대 정치사를 연구함에 있어 왕위의 교체나 왕조의 혼란을 부각하기
보다는 하대 정치세력의 존재 형태와 정치운영 원리의 변화에 주목해야
할 것이다. 그리고 사료에 나타나는 현상적인 사실 뿐만 아니라 하대
정치 구조를 이루는 여러 요소들이 어떻게 상호작용을 하였는지 고찰하
고, 하대 정치체제의 성격에 대해서도 종합적인 분석이 필요할 것이다.

2) 상대등의 왕위계승과 귀족연립정치

　통일기 신라 정치사 연구는 주로 이기백이 쌓아 올린 연구 성과를
토대로 출발했다고 평가되기도 한다.[182] 이기백은 신라 정치사 이해의
열쇠가 상대등과 집사부(중시)에 있다고 하였는데,[183] 특히 귀족세력을

179) 李基東, 1991,「新羅 興德王代의 政治와 社會」『國史館論叢』21 : 1997,『신라사회
　　사연구』, 일조각, 147쪽.
180) 權英五, 1995,「新羅 元聖王의 즉위과정」『釜大史學』19, 165~167쪽.
181) 濱田耕策, 2000,「新羅の下代初期における王權確立過程と性格」『朝鮮學報』176·
　　177, 247쪽.
182) 李基東, 1989,「古代」『國史館論叢』10, 17쪽.
183) 이기백, 1989,「연구생활의 회고」『한국사시민강좌』4, 일조각, 180쪽.

대표하는 상대등과 왕위계승 관계를 해명하는 것은 하대의 정치 성격을
파악하는 핵심으로 간주되었다. 이기백이 상대등은 정당한 왕위계승자
가 없을 경우 '능히 실력으로 후계자가 될 수 있는 존재'였다[184]고
한 이후, 하대를 귀족들의 무력에 의한 왕위계승 분쟁의 시기로 파악하
고 그 중심에 상대등을 둔 견해가 주류를 이루었다.

　이기백은 선덕여왕 16년 비담의 난과 진덕여왕 사후 알천의 섭정을
근거로 '왕위의 정당한 계승자가 없을 경우에 상대등은 왕위를 계승할
제1후보자로 간주되고 있었다'[185]는 결론을 이끌어 내었지만, 그러한
사례를 상대등의 왕위계승과 연결시키거나 하대의 왕위계승에까지
적용하기 위해서는 좀더 구체적인 논증 과정이 필요할 것으로 보인다.
그러나 그 뒤의 연구자들은 이 결론의 연장선상에서, 혹은 다른 의미로
확대 적용하여, 하대에 왕이 嗣子가 없을 경우 상대등이 왕위에 오를
수 있는 '원칙'[186]이나 '관례',[187] '전례'[188]가 있는 것처럼 해석하거나,
상대등의 성격을 副王的 존재로 파악[189]하기도 하였다. 이러한 견해는
상대등에서 즉위한 선덕왕과 원성왕, 그리고 홍덕왕 사후 왕위계승
분쟁 등 하대 정치사를 살피는 주요한 이해의 틀로 이용되었다.

---

184) 李基白, 1962, 「上大等考」 『역사학보』 19 : 1974, 『신라정치사회사연구』, 일조
　　각, 120쪽.
185) 이기백, 1974, 『신라정치사회사연구』, 일조각, 99쪽.
186) 李培鎔, 1985, 「新羅 下代 王位繼承과 眞聖女王」 『千寬宇先生還曆紀念 韓國史學論
　　叢』, 347쪽.
187) 李基東, 1984, 「新羅 下代의 王位繼承과 政治過程」 『新羅骨品制社會와 花郎徒』,
　　일조각, 148쪽 ; 이기동, 1996, 「중대에서 하대로」 『한국사 11』, 국사편찬위원
　　회, 18쪽 ; 정호섭, 2006, 「신라 하대의 사회변동」 『한국고대사입문 3』, 신서원,
　　242~243쪽.
188) 尹炳喜, 1982, 「新羅 下代 均貞系의 왕위계승과 金陽」 『역사학보』 96, 65쪽.
189) 井上秀雄, 1962, 「新羅政治體制의 變遷過程」 『古代史講座 4』 : 1974, 『新羅史基礎
　　硏究』, 東出版, 433쪽.

이에 대해 이인철은 先王이 死去하고 왕위를 계승할 자손이 없을 경우 上宰相이 왕위를 잇도록 되어 있었다고 하였고,[190] 박남수는 하대 에도 신료들이 전통적인 방식에 따라 국왕을 추대할 수 있었지만, 국왕 의 顧命이 있었을 경우 대체로 그에 따라 왕위가 이어졌다고 하였다.[191] 김창겸은 하대에 상대등을 역임한 자가 즉위하는 경우가 더러 있었는데 이는 상대등이기 때문에 그 직에 따라 왕위계승권을 가졌던 것이 아니라 그의 혈연적 신분이 왕위계승의 범주에 속했기 때문에 가능하였다[192] 고 하였다. 원성왕과 민애왕의 즉위 과정을 통해 상대등과 왕위계승과 의 관계를 언급한 권영오[193]도 상대등은 왕과의 혈연관계에서 후계 왕위계승의 필요조건 정도는 될 수 있겠지만 상대등이란 관직이 후계 왕위계승의 충분조건은 될 수 없다고 하였으며,[194] 선석열도 상대등과 왕위계승과의 관계를 언급한 이기백의 설을 수긍할 수 없다고 하였 다.[195]

하대의 왕위계승에 있어 상대등에 왕의 근친이 임명된 결과 왕이 적장자 없이 죽었을 때 왕위를 계승할 수 있는 여러 후보군 속에 상대등 도 포함된 것이지, 상대등이란 관직이 후계 왕위계승을 보장해주는 '太子'적 지위는 아니었다. 상대등의 정치적 성격이 고정 불변의 것이 아닌 만큼 상대등의 설치에서부터 하대에 이르기까지 지위와 역할의

190) 李仁哲, 1991, 「新羅의 群臣會議와 宰相制度」『韓國學報』 65, 63쪽.
191) 朴南守, 1992, 「신라 화백회의 기능과 성격」『水邨朴永錫敎授華甲紀念 韓國史 學論叢 (上)』, 216쪽 ; 朴南守, 2007, 「신라 화백회의 연구현황과 중층적 회의구 조」『新羅文化』 30, 41쪽.
192) 金昌謙, 1994, 「新羅下代 王位繼承硏究」, 성균관대 박사학위논문, 146~147쪽 ; 金昌謙, 2002, 「新羅 下代 王位繼承과 上大等」『白山學報』 63, 198쪽.
193) 權英五, 1995, 「新羅 元聖王의 즉위과정」『釜大史學』 19 ; 權英五, 2000, 「新羅下代 왕위계승 분쟁과 閔哀王」『한국고대사연구』 19.
194) 권영오, 2002, 「신라하대 왕위계승과 상대등」『지역과 역사』 10, 28~29쪽.
195) 선석열, 2007, 「신라의 왕위계승 원리」『역사와 세계』 32, 23~24쪽.

변화에 대한 다양한 각도에서 검토가 있어야 할 것이지만, '왕위의 정당한 계승자가 없을 경우에 상대등은 왕위를 계승할 제1후보자로 간주되고 있었다'라는 해석은 실증적인 연구가 진행되면서 재고의 여지가 있어 보인다.

末松保和는 중대로부터 하대에의 전환을 무열왕계가 끊어지고 부활 내물왕계 혹은 원성왕계가 시작한다는 왕계의 변동으로 파악하였다.196) 이에 대해 이기백은 신라 三代의 구분이 신라사회 자체의 변질과정에 대한 파악으로 심화되어야 한다고 주장하면서 정치적인 면에서 볼 때 하대는 중대 전제주의적 경향이 부정되고 상대(중고)의 귀족연합이 복구되는 경향을 걷게 되었다고 하였다. 그러나 연합과 동시에 분열이라는 반면을 지니고 있었으며, 정확한 표현을 빌린다면 貴族聯立이라고 해야 할 것 같다고 하였다.197) 곧 신라의 정치형태가 귀족연합정치에서 전제정치를 거쳐 귀족연립정치로 나아갔다고 주장하고, 하대를 귀족연립정치의 시기로 규정하였다.

이러한 견해는 1974년『신라정치사회사연구』로 정리된 후 이에 대해 약간의 비판적인 견해198)가 없지는 않았지만 대체로 학계의 통설로 자리잡아 왔다. 1980년대 이후 기존 연구를 비판하는 입장에서도 '귀족연합(상대/중고)－전제왕권/전제주의(중대)－귀족연립(하대)'이라는

196) 末松保和, 1949,「新羅三代考」『史學雜誌』57-5·6合号 : 1954,『新羅史の諸問題』, 東洋文庫, 30쪽.
197) 李基白, 1958,「新羅 惠恭王代의 政治的 變革」『社會科學』2 : 1974,『신라정치사회사연구』, 일조각, 253~254쪽.
198) 申瀅植, 1974,「新刊 紹介 新羅政治社會史硏究(李基白 著)」『歷史敎育』16, 173쪽 ; 李萬烈, 1975,「回顧와 展望」『韓國史硏究彙報』9, 4~5쪽 ; 李泳鎬, 1990,「新羅 惠恭王代 政變의 새로운 解釋」『歷史敎育論集』13·14 ; 徐毅植, 1989,「古代·中世初 支配勢力硏究의 動向과「국사」敎科書의 敍述」『歷史敎育』45, 39~42쪽.

틀을 벗어난 것은 아니었다.[199] 이기백의 신라사 인식 가운데 중대의
전제왕권에 대해서는 논쟁이 있었지만,[200] 하대 정치의 성격을 귀족연
립으로 해석한 것에 대해서는 별다른 이견이 발표되지 않았다.

고구려 말기의 정치현상을 귀족연립체제로 설명하기도 하였다.[201]
노태돈은 혜공왕대 중앙귀족들의 대반란 이후 신라의 중앙정계는 私兵
을 거느린 귀족들에 의한 연립정권체제로 굳어지게 되었고, 그에 따라
냉혹한 무력 경쟁에서 승리하기 위해 귀족들은 門下에 客을 초치하여
양성하는데 주력하게 되었다고 하였다.[202]

또한 이기백은 혜공왕 10년(774) 9월에 김양상이 상대등에 임명된
뒤에는 중대적인 요소는 실정권에서 퇴각하였다고 하여 하대의 시작을
소급하였다.[203] 김수태는 경덕왕 19년(760)에 이루어진 정권의 교체는
이후 변동되지 않았던 점으로 미루어 볼 때, 하대의 기원은 金邕이
中侍로 임명된 시기에서 찾아야 한다고 주장하였다.[204] 반면 신형식은

---

199) 裵琮道, 1995, 「전제왕권과 진골귀족」『한국역사입문 2』, 풀빛, 39쪽.
200) 이에 대해서는 李泳鎬, 1999, 「統一新羅 政治史 硏究의 현황과 방향」『白山學報』
    52 참고. 한편 이기백은 1993, 「新羅 專制政治의 成立」『韓國史 轉換期의 문제
    들』, 지식산업사 ; 1993, 「統一新羅時代의 專制政治」『韓國史上의 政治形態』,
    일조각 ; 1995, 「新羅 專制政治의 崩壞過程」『학술원논문집-인문·사회과학
    편』 34를 통해 자신의 입장을 재확인하였다. 이에 대한 연구사 정리는 하일식,
    2005, 「고대사 연구의 주요 쟁점과 과제」『한국사연구 50년』, 혜안, 104~109
    쪽 ; 김영하, 2007, 「신라 중대의 전제왕권론과 지배체제」『한국고대사연구의
    새 동향』, 서경문화사 참고.
201) 盧泰敦, 1976, 「高句麗의 漢江流域 喪失의 原因에 대하여」『한국사연구』 13,
    34쪽 ; 盧泰敦, 1999, 『고구려사연구』, 사계절, 436~448쪽 ; 林起煥, 1992, 「6·7
    세기 高句麗 政治勢力의 동향」『한국고대사연구』 5, 28쪽 ; 金瑛河, 1995, 「韓國
    古代社會의 政治構造」『한국고대사연구』 8, 59쪽.
202) 盧泰敦, 1978, 「羅代의 門客」『한국사연구』 21·22, 25쪽.
203) 李基白, 1974, 「新羅 惠恭王代의 政治的 變革」『신라정치사회사연구』, 일조각,
    236쪽.
204) 金壽泰, 1983, 「統一新羅期 專制王權의 崩壞와 金邕」『역사학보』 99·100, 142~
    143쪽.

金邕은 반왕파는 될 수 있을지언정 반전제주의나 반중대파는 아니었다
고 하면서도[205] 중대의 범위를 확장하여 진덕여왕 때부터 宣德王까지의
138년간(647~785)을 지칭한다는 견해를 내놓았다.[206]

곽승훈은 경덕왕 19년의 정치적 비중은 상대등 신충에게 넘어가
있었다고 하여, 김옹의 시중 임명의 의미를 하대의 분기점으로까지
보는 것은 옳지 않다고 하였다.[207] 이영호는 상대·중대·하대의 구분
은『삼국사기』에 의한 것인만큼『삼국사기』가 왜 혜공왕대까지를 중대
로, 선덕왕대부터를 하대로 구분하였는가 하는 자체에 중점을 두어야
지, 그 입장을 떠나 하대의 기점 운운하는 것은『삼국사기』의 본래
의도와는 거리가 있는 발상이라고 하였다.[208]

이영호의 문제 제기에 대해 이기백은 신라인들이 자기네의 일정한
관점에서 중대·하대로 구분한 것을 제멋대로 새로이 성격지우는 것은
잘못이라고 인정하고, 三代를 왕계의 변천에 의한 것이라는 末松保和의
주장이 옳은 것으로 생각한다고 하여 자신의 주장을 수정하였다.[209]
그러나 이기백은 혜공왕 10년을 신라의 정치체제가 전제정치에서 귀족
연립정치로 넘어가는 중요한 시점으로 이해한 것은 옳았다는 주장은
그대로 고수하였다. 하대의 시작은 780년 선덕왕의 즉위에서부터이며,

205) 신형식, 1990,「신라전제왕권의 전개과정」『산운사학』4 : 1990,『統一新羅史硏
    究』, 三知院, 138쪽.
206) 申瀅植, 1977,「新羅史의 時代區分」『한국사연구』18, 27쪽.
207) 郭丞勳, 2000,「石窟庵 建立의 政治·社會的 背景」『신라문화제 학술발표회논문
    집』21, 경주시·신라문화선양회 : 2002,『統一新羅時代의 政治變動과 佛敎』,
    國學資料院, 29쪽.
208) 李泳鎬, 1990,「新羅 惠恭王代 政變의 새로운 解釋」『歷史敎育論集』13·14,
    334쪽.
209) 李基白, 1993,「新羅 專制政治의 成立」『韓國史 轉換期의 문제들』, 지식산업사,
    53~56쪽 ; 李基白, 1996,「新羅 專制政治의 崩壞過程」『韓國古代政治社會史硏究』,
    일조각, 330쪽 및 348쪽.

『삼국사기』에서는 왕계의 변화를 기준으로 구분하였다는 데에는 별다른 이의가 없는 듯하지만, 혜공왕 10년 이후의 정치체제를 '귀족연립정치'로 규정할 수 있는지에 대해서는 새로운 논의로 진전되지 않았다.

이기백은 末松保和의 新羅 三代 인식을 비판하고 자신의 견해를 주장하면서, '그래서 얻은 결론이 만일 삼대의 구분법과 어긋나는 경우에, 우리는 물론 아무런 집착도 없이 三代說을 포기 혹은 수정해야 한다'라고 하였다.[210] 그런데 그 뒤 三代의 시기구분에 수반된 정치적 변화를 곧 三代에 직결시킨 것은 잘못이라고 한 만큼[211] 이기백의 신라 정치사 인식도 재검토의 여지를 안고 있다.

전제정치만큼이나 '귀족연립정치'라는 개념도 모호하고 상대적이어서, 다소의 표현의 차이가 있기는 하지만 중대 126년의 역사를 경험한 신라가 다시 상대의 정치 이념으로 복귀하여 하대 155년간을 지속했다는 것에는 선뜻 동의하기 어렵다. 서의식의 지적처럼 上代의 씨족을 중심으로 한 貴族聯合과 下代의 家系를 중심으로 한 貴族聯立이라는 개념이 제시되고 있지만 그러한 聯合과 聯立의 입각점이 불명확한 채로 남는다.[212] 이기백의 견해에 따른다고 하더라도 연합과 동시에 분열이라는 반면을 가진 귀족연립이라는 것은 한시적이고 과도기적일 수밖에 없어 하대 155년, 20왕의 재위 기간 동안 지속된 '정치체제'를 표현하는 데는 적절치 않다.

최근 후삼국시기를 설정하고, '호족연합정치는 韓國史上에서 후삼국시대에만 한시적으로 나타났던 특징적인 정치형태'라는 견해[213]가 제

---

210) 이기백, 1974, 『신라정치사회사연구』, 일조각, 228쪽.

211) 李基白, 1995, 「新羅 專制政治의 崩壞過程」『학술원논문집－인문 · 사회과학편』 34 : 1996, 『韓國古代政治社會史研究』, 일조각, 348쪽.

212) 徐毅植, 1989, 「古代 · 中世初 支配勢力研究의 動向과 「국사」教科書의 敍述」『역사교육』45, 39쪽.

시되기도 하였다. 155년간 지속된 하대의 정치형태가 귀족연립적이라는 것이 설득력을 가지기 위해서는 하대 정치세력의 존재 형태와 정치기구, 정치 이념에 대해 더 많은 논의가 있어야 할 것이다. 귀족연립정치가 성립되기 위해서는 (진골)귀족들의 정치세력이 왕권을 능가하는 정국 운영의 주도권을 잡고 있고, 이들의 정치 이해관계와 독자성이 반영되는 정권의 재창출과 유지가 하대 시기 동안 지속적으로 가능해야 한다. 또한 귀족들간의 이해관계를 조정하면서 그들의 정치적 의사를 관철시킬 수 있는 정치 기구가 제도적으로 마련되어야 하며, 이러한 정국 운영에 대해 당시의 지배층이 국정 운영의 정치 이념으로 받아들이고 있는지 검토해야 할 것이다.

귀족연립정치설은 하대 사회 전체에 대한 실증적 연구 성과의 축적을 바탕으로 귀납적으로 도출되었다기 보다는 왕위계승 분쟁이 있었던 하대 초기의 모습을 부조적으로 부각시킨 점도 없지 않았다. 하대 전 시기로 볼 때 정치세력의 부침은 있었지만, 그것이 귀족연립체제로 정치운영 원리나 구조가 질적으로 변화되었다고 해석하기에는 무리한 부분도 있다고 생각된다. 하일식은 신라 통일 이후의 변화가 갖고 있는 의의와 한계를 언급하면서, 변화에 대한 강조는 그 제도를 운영하는 방식의 질적 변화와 함께 검토하지 않으면 일면적인 것이 되기 쉽다고 하였다.[214] 정치적 사건의 현상을 해석하는데 머무르지 않고 하대 전체의 정치운영 과정을 인과관계에 입각해 유기적으로 파악하려는 시도가 있어야 할 것이다. 하대 155년 동안의 구체적인 연구들이 진행되면서 귀족연립정치의 틀로서는 해석하기 곤란한 시기도 있어 그 개념 규정과 함께 적용 시기에 대한 논란도 있어 보인다.

213) 신호철, 2002,『後三國時代 豪族研究』, 개신, 198쪽.
214) 하일식, 1996,「신라 정치체제의 운영원리」『역사와 현실』20, 14쪽.

50

하지만 해방 후 한국고대사 연구의 성과와 쟁점을 정리한 글에서
도[215] 하대 시기의 논쟁은 거의 언급되지 않았다. 하대는 '이 분야는
이기백을 위시한 기존 연구자들의 성과를 극복하기에는 자료나 방법론
상의 어려움이 있는 듯하다'[216]고 할 만큼, 아직도 이기백의 논지가
굳건한 통설의 지위를 확보하고 있다. 이기백도 자신의 연구생활을
회고하면서 '신라의 정치사회사 연구는 사소한 문제를 제외하면 별
반대를 받지 않았다'고 하였다.[217] 이와 관련하여 1958년에 발표한
이기백의 「신라 혜공왕대의 정치적 변혁」이라는 논지에 다른 연구자들
이 너무 쉽게 동조함으로써 사실의 올바른 이해를 포기했기 때문이라는
비판이 제기되기도 하였지만,[218] 구체적인 근거에 바탕을 두고 논쟁으
로 이어지지는 못하였다.[219] 이기백의 신라사 연구를 평가한 최근의
연구[220]에서도 하대 정치사에 대한 논쟁은 거의 없는 편이다.

215) 李基東, 1989, 「古代」『國史館論叢』 10 ; 申瀅植, 1993, 「統一新羅와 渤海」『韓國史
論』 23, 국사편찬위원회 ; 김영하, 1996, 「古代史硏究 半世紀의 궤적과 논리」
『光復 50周年 國學과 成果』, 한국정신문화연구원 ; 朱甫暾, 1997, 「新羅史硏究
50年의 성과와 전망」『慶州史學』 16 ; 하일식, 2005, 「고대사연구의 주요 쟁점
과 과제」『한국사연구 50년』, 혜안 ; 文昌魯, 2005, 「고대사연구 60년의 동향과
과제」『한국고대사연구』 40 ; 李基東 · 金杜珍, 2006, 「고대」『한국의 학술연구
역사학-인문 · 사회과학편 7』, 대한민국 학술원 ; 김정배 편, 『한국고대사입
문 (1~3)』, 신서원, 2006.
216) 김기흥, 1995, 「한국고대사 연구 50년(1945~1995)」『韓國學報』 79, 一志社,
15쪽.
217) 이기백, 1989, 「연구생활의 회고」『한국사시민강좌』 4, 일조각, 180쪽.
218) 李泳鎬, 1990, 「新羅 惠恭王代 政變의 새로운 解釋」『歷史敎育論集』 13 · 14,
333~334쪽.
219) 하일식은 신라 전제왕권론 논쟁을 정리하면서 대체적으로 기존의 입장을
다시 확인하는 차원으로 마무리되었다고 하였다(2005, 「고대사연구의 주요
쟁점과 과제」『한국사연구 50년』, 혜안, 107쪽).
220) 한림과학원 엮음, 2007, 『고병익 · 이기백의 학문과 역사연구』, 한림대 출판부 ;
전덕재, 2009, 「이기백의 사학과 한국고대사연구」『한국고대사연구』 53 ; 전
덕재, 2009, 「신라 정치사회사의 전개에 대한 고전적 이해와 그 한계」『한국사

　한국 역사학계가 비약적으로 발전했음에도 불구하고 방법론의 다양
화에 있어서나 역사 인식의 심화 또는 범위 확대라는 점에서는 여전히
미흡하다[221]는 비판을 받는다. 지난 각 시기의 연구 성과의 주요 부분이
오늘날에는 그 의미가 크게 퇴색되었다고 하더라도, 그것이 그 시기에
지녔던 의의와 학설사적 가치를 음미하는 것은 곧 새로운 진전을 이룩하
는 데에 바탕이 되는 것이다.[222] 그러한 업적을 바탕으로 하대 정치사
연구도 상대등과 왕위계승과의 관계, 그 연장선상에서 하대의 정치를
귀족연립적인 성격으로 규정하는 인식 틀을 넘어서는 연구 시야의
확대가 있어야 보다 더 생산적인 연구 성과들을 기대할 수 있을 것이다.

연구』144.
221) 차하순, 2007, 「한국 역사학의 유산과 21세기의 과제」『한국역사학의 성과와
　　과제』, 일조각, 18쪽.
222) 노태돈, 2008, 「현대 사학의 흐름」『새로운 한국사 길잡이 (상)』, 지식산업사,
　　36쪽.

Ⅱ. 신라사 시기구분과 하대 왕위계승

1. 신라사 시기구분과 삼대목

　시대구분은 역사생활의 여러 가지 발전관계들을 종합하여 역사진행을 그 전개의 형식과 내용의 성격에 따라서 시기적으로 구분해보는 작업이다.[1] 이에 반해 시기구분은 세계사, 보편적인 시대구분과 구별하여 지역사, 특수적인 하나의 시대나 나라 안에서 인간의 삶의 방식과 질이 어떻게 변화해 갔는가를 설명하는데 주안점을 두는 것이라고 하거나,[2] 특정 시기에 초점을 맞춰 한층 정밀하게 다룬 것으로[3] 시대구분과 구별하여 사용하기도 한다. 어느 것이나 역사의 전개과정을 체계적으로 이해하기 위한 방편의 하나이다.

　전근대 시기 史書에서 천년이나 지속된 신라사의 시기구분에 대한 언급은 단편적인 기록이 있을 뿐이다. 『삼국사기』 신라본기 경순왕 말미의 기사에서는 신라사 전시기를 상대 · 중대 · 하대의 三代로 시기구분하였다.[4] 반면 『삼국유사』에서는 이러한 시기구분을 따르지 않고

---

1) 李相信, 1998, 「時代區分의 가능성과 歷史學的 기능」 『역사학보』 157, 231쪽.
2) 고영진, 1995, 「조선사회의 정치 · 사상적 변화와 시기구분」 『역사와 현실』 18, 85쪽.
3) 오종록, 1995, 「중세 후기로서의 조선사회」 『역사와 현실』 18, 22쪽.
4) 『삼국사기』 권12, 신라본기 敬順王 末尾 기사.

상고·중고·하고의 三古의 시기로 신라사를 나누었다.[5] 사실 三代의
시기구분은 『삼국사기』에도 金欽運 열전[6]의 짧은 언급 이외에는 경순
왕 말미에 나오는 기사 뿐이며, 『삼국유사』에서도 三古의 구분은 왕력에
만 언급되어 있다.

　『삼국사기』의 三代 설정에는 편찬 당시의 시대적 배경과 현실 인식이
개재되어 있었다. 그러므로 三代가 오늘날의 보편적인 역사 용어로
사용되기 위해서는 신라 사회체제 각 단계에 대한 여러 분야의 연구들이
축적되고, 무엇보다 『삼국유사』를 비롯한 다른 문헌기록에서의 시대
인식과 비교 검증이 선행되어야 했었다.

　오늘날 한국사학계에서는 三代의 신라사 시기구분이 일반적으로
통용되고 있지만, 이는 『삼국사기』에서의 용례와 『삼국유사』의 것과
비교하면 확대 해석된 면이 없지 않으며, 진성여왕 2년에 편찬된 『삼대
목』을 『삼국사기』의 三代와 연결시키려는 견해도 당시 정치 상황을
고려하여 면밀히 검토할 부분이 있다.

　본장의 1절에서는 『삼국사기』와 『삼국유사』에서의 신라사 시기구분
을 살펴보고, 이를 바탕으로 진성여왕대 편찬된 『삼대목』과 신라 삼대
와의 관련을 검토하고자 한다. 천년왕국 신라의 역사는 국가사의 연구
에 있어서 한 전형적인 사례를 우리들에게 제공해 준다고 평가되며,[7]
신라사의 시기구분을 통해 역사적 사실을 단계적으로 파악하는 것은
신라사의 체계적인 이해와 아울러 한국사의 시대구분에도 구체적인
근거를 제공할 수 있을 것이다.[8]

---

5) 『삼국유사』 王曆 第二十二智訂麻立干, 『삼국유사』 王曆 第二十八眞德女王.
6) "三代花郎 無慮二百餘人 而芳名美事 具如傳記"(『삼국사기』 권47, 열전 金欽運).
7) 李基東, 1997, 「新羅의 風土와 그 歷史的 特性」 『新羅社會史研究』, 일조각, 2쪽.
8) 신라사 시기구분에 대해서는 다음 논문이 참고된다.

1) 『삼국사기』의 신라사 시기구분

고려 인종 23년(1145)에 편찬된『삼국사기』는 고조선과 한4군, 삼한
은 서술에서 제외하고 신라·고구려·백제의 성립부터 시작하고 있다.
그러나『삼국사기』에서 '三國'의 서술 하한은 羅唐연합군에 의해 고구려
·백제가 멸망하는 668년이나, 唐軍이 축출되는 676년이 아니라, 신라가
고려에 항복한 후 마지막 경순왕의 죽음까지를 기록하고 있다.9)

『삼국사기』에서는 '삼국시대'를 신라의 멸망까지로 인식하고 있음을
보여주며,『삼국사기』의 찬자들이 고려의 '일통'을 위해 후삼국을 이른
바 '전삼국'의 연장으로 설정했다는 지적도 있다.10)

『삼국사기』에서 신라사의 시기구분으로 볼 수 있는 기록은 다음과
같다.

A-① 國人謂始祖赫居世至眞德二十八王 謂之聖骨 自武烈至永(末?)王謂之
　　眞骨 唐令狐澄新羅記曰 其國王族 謂之第一族 餘貴族 第二族 (『삼국사
　　기』권5, 진덕왕 末尾 기사)

A-② 國人 自始祖至此分爲三代 自初至眞德二十八王 謂之上代 自武烈至惠

末松保和, 1954,「新羅三代考」『新羅史の諸問題』, 東洋文庫 ; 李基白, 1958,「新
羅 惠恭王代의 政治的 變革」『社會科學』2 ; 井上秀雄, 1974,「新羅政治體制の變
遷過程」『新羅史基礎研究』, 東出版 ; 金哲埈, 1964,「韓國古代國家發達史」『韓國
文化史大系Ⅰ』, 高麗大 民族文化研究所 ; 申瀅植, 1977,「新羅史의 時代區分」
『한국사연구』18 ; 申瀅植, 1995,「新羅史의 時代區分 問題」『韓國史의 時代區分
에 관한 研究』, 韓國精神文化研究院 ; 金福順, 2000,「『三國遺事』「興法」篇과
中古期의 설정」『慶州史學』19 ; 李泳鎬, 2000,「新羅 中代의 成立과 展開」『慶北
史學』23 ; 濱田耕策, 2002,「新羅史の時代區分」『新羅國史の研究』, 吉川弘文
館 ; 李道學, 2005,「新羅史의 時代區分과 '中代'」『新羅文化』25.
9) "경종 헌화대왕 때에 이르러, 정승공(敬順王)의 딸을 맞아 왕비로 삼고, 정승공
을 상보령으로 봉하였다. 공이 송나라 흥국 4년 무인(고려 경종 3년, 978)에
죽으니, 시호를 경순(효애라고도 한다)이라 하였다"(『삼국사기』권12, 경순
왕).
10) 이강래, 2006,「『삼국사기』와 한국고대사」『한국고대사입문 3』, 신서원, 291쪽.

恭八王 謂之中代 自宣德至敬順二十王 謂之下代云 (『삼국사기』 권12,
경순왕 末尾 기사)

A-③ 始祖赫居世居西干卽位元年 從此至眞德爲聖骨 (『삼국사기』 권29, 年表
上)

A-④ 眞德王薨 太宗王春秋卽位元年 從此臣(已?)下眞骨 (『삼국사기』 권31,
年表 下)

A-⑤ 三代花郎 無慮二百餘人 而芳名美事 具如傳記 (『삼국사기』 권47, 列傳
金欽運)

『삼국사기』에서 三代라는 용어가 나오는 것은 A-②와 A-⑤ 뿐이며,
나머지에서는 성골왕과 진골왕의 구분을 언급하고 있다. A-②의 신라사
에 대한 시기구분에서 편찬자는 '國人~云'이라는 간접화법으로 표현하
고 있다. 곧 『삼국사기』의 撰者가 신라를 三代로 구분한 것이 아니라,
경순왕까지를 下代라고 한 국인들의 말을 인용한 것이다. 이때 국인을
신라인으로 보는 견해도 있지만,[11] A-①에서 국인들이 '무열왕에서
말왕까지(至末王)'라고 하거나, A-②에서는 경순왕이 나오고, A-⑤에서
'삼대의 화랑이 무려 이백여 인'이라고 한 것은 모두 신라 말까지 언급한
것이기 때문에[12] 이는 末王(『삼국사기』 권5, 진덕왕 말미 기사), 경순왕
(『삼국사기』 권12, 경순왕 말미 기사), 羅末(『海東高僧傳』 권제1, 法雲)
보다도 후대인 고려인의 역사인식으로 생각된다.[13]

---

11) 李丙燾 譯註, 1983, 『三國史記 (上)』, 乙酉文化社, 243쪽 ; 李道學, 2005, 「新羅史의
時代區分과 '中代'」 『新羅文化』 25, 22쪽.

12) 사료 A-⑤를 『海東高僧傳』에는 "(선)랑이었던 원(화)로부터 신라 말에 이르기까
지 무릇 200여 인이 나왔는데 그 중에서 4仙이 가장 어질었으니, 저 『(화랑)세
기』 중에 (설한바와)같다('自原郎至羅末 凡二百餘人 其中四仙最賢 且如世記中',
『海東高僧傳』 권제1, 法雲)"라고 하였는데(章輝玉, 1991, 『海東高僧傳研究』,
民族社, 179~180쪽 원문 및 해석 참고) '至羅末'이라는 표현에서, 이러한 인식이
신라 말 이후의 것임을 알 수 있다.

사료 A를 보면 『삼국사기』의 찬자들도 성골과 진골의 구분을 알고
있었다. 성골왕의 멸족으로 진골왕이 즉위했기 때문에[14] 왕계로 본다면
성골시대가 진골보다 더 우위에 있었다. 하지만 김부식은 국인의 말을
빌려 성골왕과 진골왕의 시기구분과는 다른 三代의 시기구분을 인용하
였다.

三代는 보통 중국에서의 夏·殷·周 세 왕조를 말한다. 그리고 上中下
세 시기의 시대구분에서 앞 시기를 이상적인 시대로, 중·하로 내려가면
이보다 점점 쇠퇴해지는 시기로 보는 것이 일반적이다. 그러나 『삼국사
기』의 시기구분에서 이상적인 시기로 보았던 것은 상대가 아니라 중대
였다. 이것은 사료 A-②에 이어지는 김부식의 사론을 보면 알 수 있다.

신라에서 왕위에 오른 자들은 자기에게는 엄격하고 남에게는 너그러
우며, 관직은 간략히 두고 일의 처리는 간편하게 하였다. 지성으로
중국을 섬기어 산 넘고 바다 건너 예방하는 사신이 끊이지 않았고,
항상 자제들을 보내 중국의 조정에 나아가 숙위하게 하였으며, 국학에
입학하여 학문을 닦게 하였으니, 여기에서 성현의 교화를 받았기 때문
에 미개하고 거칠던 풍속을 바꾸어 예의가 있는 나라를 만들었다.
또한 신라는 중국 군사의 위세를 빌어 백제와 고구려를 평정하고,
그 지역을 취하여 군현으로 만들었으니, 가히 盛代를 이루었다고 할
수 있었다. 그러나 浮屠의 법을 받들고 그 폐해를 깨닫지 못하였으며,
심지어 마을에도 탑과 절간이 늘어서고 백성들이 사찰로 도피하여
승려가 되었다. 군사와 농사지을 사람이 점점 줄어들고 나라는 날로

---

13) 武田幸男, 1975, 「新羅骨品制の再檢討」 『東洋文化研究所紀要』 67책, 157쪽 ; 池
憲英, 1990, 「〈三代目〉研究 序說」 『東方學志』 68, 241~242쪽 ; 申瀅植, 1995,
「新羅史의 時代區分 問題」 『韓國史의 時代區分에 관한 研究』, 한국정신문화연
구원, 39쪽.
14) "聖骨男盡 故女王立"(『삼국유사』 권1, 왕력 제이십칠 선덕여왕).

쇠퇴하게 되니 어찌 나라가 문란하지 않고 멸망하지 않기를 바라겠는
가? (『삼국사기』 권12, 경순왕 末尾 기사)

묘청의 난을 진압하고 난 후 김부식을 비롯한 개경파 유학자들의
사상적 영향력은 확대되었다.15) 유교정치의 재확립을 목표로 하여
官撰으로 편찬된 새로운 역사책인 『삼국사기』16)의 편찬자들은 불교식
왕명을 벗어나 중국식 왕호를 사용하며, 유교적 군신관계와 중국적
사대 질서를 수용하여 백제 · 고구려를 멸망시킨 태종 무열왕의 즉위와
그 자손에 의한 왕위계승을 신라사의 理想的인 시기로 보았고,17) 무열왕
계가 단절된 이후의 시기를 下代로 구분하였다.18)

곧 중국을 성심껏 섬기고, '중국 군사의 위세를 빌어 백제와 고구려를
평정하고, 그 지역을 취하여 군현으로 만들었'던 시기를 가히 '성대'를
이루었다고 할 수 있는 시기, 즉 중대로 파악한 것이다. 따라서 『삼국사
기』의 三代는 비록 국인의 말을 인용하는 형식을 취하였지만, 복고적이

---

15) 『삼국사기』에 '論曰……'이라는 표현으로 시작되는 論贊은 모두 30則이며,
   이들 내용은 전반적으로 '포폄'이라는 유교적 윤리평가로 일관되어 있고,
   이런 형식적인 윤리관에다가 중국 중심의 事大的 사고방식이 거리낌 없이
   노출되어 있다고 비판받기도 한다(高柄翊, 1969, 『三國史記에 있어서의 歷史敍
   述』『金載元博士 回甲紀念論叢』: 1976, 『韓國의 歷史認識 (上)』, 창작과비평사,
   47쪽).
16) 韓永愚, 1994, 「고려시대의 역사인식과 역사서술」『한국의 역사가와 역사학
   (상)』, 창작과비평사, 47쪽.
17) 『삼국사기』에서는 고구려 멸망의 원인으로 중국에 대한 事大가 충실하지
   못함을 들고 있다.
   "그가 東遷(평양 천도)에 있어 隋 · 唐의 통일을 당하였는데도 오히려 詔命을
   항거하여 순종치 않고 王使를 土室에 가두고, 그 뻣뻣하게 두려워하지 않음이
   이와 같았다. 고로 누차 問罪의 군사를 초래하였다. 비록 때로 奇計를 베풀어
   대군을 함몰시키기도 하였으나 마침내 왕이 항복하고 나라가 망한 후에야
   그치었다"(『삼국사기』 권22, 고구려본기 보장왕 下의 사론).
18) 末松保和, 1954, 「新羅三代考」『新羅史의 諸問題』, 東洋文庫, 30쪽 ; 李基白, 1993,
   「新羅 專制政治의 成立」『韓國史 轉換期의 문제들』, 지식산업사, 55쪽.

58

나 순환론적 시기구분이 아니라 중대를 가장 이상적인 시기로 보고, 그 전후를 가설하여 시기구분한 것을 인용한 것으로, 『삼국사기』 찬자들의 역사의식이 반영된 것이다.[19]

『삼국사기』의 연표는 단순히 국왕의 즉위와 재위 연대만 기재하고, 신라와 중국의 연호를 덧붙이는 정도여서 단순한 연대표의 역할만 한다. 그럼에도 불구하고 사료 A-③, ④에 성골과 진골의 구분이 기록된 것은 주목해야 할 것으로, 이것이 신라사의 시기구분으로 널리 알려졌음을 보여준다. 반면 三代의 구분이 연표에서 나타나지 않은 것은 이것이 성골, 진골의 구분만큼 일반화되지 못했음을 나타낸다고 할 수 있다. 신라사람들은 성골왕과 진골왕의 골품적 구분은 하고 있었지만, 37대 宣德王이 즉위했을 때 자신의 시대를 하대의 시작이라고 생각하지는 않았을 것이며,[20] 자신의 시대가 혼란기 또는 왕조의 쇠퇴기로 인식하지도 않았을 것이다.

2) 『삼국유사』의 신라사 시기구분

『삼국유사』 기이편의 서술은 古朝鮮에서 후백제 견훤에까지 걸쳐 있으며, 王曆은 삼국뿐 아니라 駕洛과 후고려·후백제의 연표까지 기술되어 있다. 『삼국유사』도 신라와 당과의 전쟁이 종식된 이후의 일들을 기록하고 있다. 『삼국사기』에 비해 『삼국유사』의 내용과 체제는 소략해진 반면, 時空의 범위는 더욱 확대된 것이어서, '三國'의 '遺事'만을 대상

---

19) 末松保和도 『삼국사기』의 삼분법에 있어서는 그 소위 중대 무열왕계의 시대를 전후의 시대에서 구별한 것이 중핵이 되었다고 하였다(1954, 「新羅三代考」 『新羅史の諸問題』, 東洋文庫, 39쪽).

20) 이영호는 김양상이 중대왕실을 유지하려 노력했다는 점을 들어 '적어도 하대 초에는 중대와 하대를 구분하려는 의식이 없거나 약했다'고 생각하고 있다 (2000, 「新羅 中代의 成立과 展開」 『慶北史學』 23, 279쪽).

으로 하지는 않았다.21)

『삼국유사』에서 신라사의 시기구분은 왕력에 소략하게 언급되어
있다.

B-① 第二十二智訂麻立干 (중략) 已上爲上古 已下爲中古 (『삼국유사』 王曆
　　 第二十二智訂麻立干)

B-② 第二十八眞德女王 (중략) 已上中古聖骨 已下下古眞骨 (『삼국유사』
　　 王曆 第二十八眞德女王)

『삼국유사』는 신라의 법흥왕~진덕여왕까지의 140년(514~654)을
中古로, 그 이전을 上古로 보며, 武烈王 이후 280년(654~935) 간을 下古
로 파악하고 있다. B-②를 보면 中古=聖骨, 下古=眞骨이라 하여, 중고와
하고의 구분 기준은 성골과 진골의 차이였음을 분명히 알 수 있다.
이것은 『삼국사기』에서도 보였던 것으로 일반적으로 통용되는 시기구
분이라고 보여진다.

신라 중고기의 설정에 대해 불교의 영향을 지적하는 견해가 있다.
金哲埈은 신라 中古인 法興王時부터 眞德王時까지가 新羅史 시대구분의
하나로서 성립될 수 있는 佛敎王名時代로 파악하고, 中古왕실이 이른바
眞種說로써 그 지배권을 합리화했다고 보았다.22) 丁仲煥은 聖骨 주창의
배경에는 불교의 종교적인 神聖개념이 원용되었다고 보았고,23) 李基東

---

21) 성종 7년(1476) 왕명을 받아 徐居正 등이 편찬한 『삼국사절요』는 赫居世 원년
　　(B.C. 57년)에서 敬順王 9년(935)까지 신라 · 고구려 · 백제의 사실을 편년체로
　　서술하였고, 檀君朝鮮 · 箕子朝鮮 · 衛滿朝鮮 · 四郡 · 二府 · 三韓은 外紀로 처리
　　하였다.

22) 金哲埈, 1952, 「新羅 上代社會의 Dual Organization」 『역사학보』 1 · 2 ; 1990,
　　『韓國古代社會硏究』, 서울대학교출판부, 148~151쪽.

23) 丁仲煥, 1969, 「新羅 聖骨考」 『李弘稙博士華甲紀念韓國史學論叢』, 新丘文化社,
　　51~52쪽.

도 中古의 왕들을 聖骨이라 한 것은 불교의 관념에서 도출되었을 가능성이 크다고 하였다.[24) 金福順은 일연이 신라의 불교를 기준으로 삼아 신라사를 삼고로 나누면서, 이른바 불교식 왕명시대로써 중고기를 상정한 사실에 주목하였다. 이는 일연이 삼국의 역사가 불교와 깊은 관련을 가지고 있다고 보고, 삼국의 역사를 불교적 관점에서 재조명한 것이 삼고법의 구분으로 나타났다고 보았기 때문이라고 하였다.[25)

김기흥도『삼국유사』가 中古를 별도로 설정함은, '불교식 왕명시대'로 구분되는 왕실의 불교에 대한 독실한 귀의와 진종설의 등장에서 보는 바와 같은 석가 집안과 왕실이 하나라는 초보적인 열렬한 신앙심을 보여 주는 이 시기를 불교사적 안목으로 가장 거룩한 중심 시기로 설정할 수 있었을 것이라고 하였다.[26) 또한「봉암사 지증대사적조탑비」에는 사문 아도가 신라에 들어온 해를 '我法興王剷律條八載也'라고 하여, 법흥왕 때의 律令頒示를 신라 말기에도 깊이 인식한 모습도 보인다.[27)

『삼국유사』王曆에는 신라 中古期에만 建元 · 開國 · 大昌 · 鴻濟 · 建福 · 大和라는 연호를 기록하였다.[28) 또『歷代年表』의 경우에도『삼국유사』와 같이 中古期의 연호만이 집중적으로 기록되어 있는데, 채상식은 이를 불교를 적극적으로 수용했던 중고기에 대한 남다른 관심과 또 이 시기를 이상적인 시대로 인식했기 때문으로 보았다.[29)

---

24) 李基東, 1991,「新羅社會와 佛敎」『國史館論叢』 21 : 1997,『新羅社會史硏究』, 일조각, 92~93쪽.

25) 金福順, 2000,「《三國遺事》〈興法〉篇과 中古期의 설정」『慶州史學』 19, 100~101쪽.

26) 金基興, 1999,「新羅의 聖骨」『역사학보』 164, 40쪽.

27) 末松保和, 1954,「新羅三代考」『新羅史의 諸問題』, 東洋文庫, 118쪽. 법흥왕대의 정치적 의미에 대해서는 李基東, 1997,『新羅社會史硏究』, 일조각, 88~89쪽 참고.

28) 다만 27대 善德女王의 年號는 빠져있는데, 기록의 누락으로 보인다.

29) 蔡尙植, 1991,「仁興社刊《歷代年表》와《三國遺事》의 찬술기반」『高麗後期佛

결국『삼국유사』에서도 상고 · 중고 · 하고의 시기 구분에서 中古를
이상적인 시기로 설정하고, 그 전후에 上古와 下古를 가설한 것은『삼국
사기』와 그 형식이 같다. 김복순은 "삼국유사의 시대구분은 상대를
상고와 중고로 구분하고 중대와 하대를 합쳐 하고로 하고 있다. 이는
일연의 독자적인 시대구분이라고 할 수 있지만, 일정 부분은 김부식의
『삼국사기』에 의한 시대구분에 영향을 받은 것"이라고 하였다.[30] 그러
나『삼국유사』의 시기구분은『삼국사기』의 삼대의 구분보다는『삼국사
기』에서도 나타나는 성골, 진골 왕계의 시기구분에 따른 것으로 보아야
할 것이다.

주목해야 할 것은『삼국사기』와『삼국유사』가 신라사를 삼분하면서
上代 또는 上古가 가장 이상적인 세계이고, 그 다음 中代 또는 中古,
그리고 下代 또는 下古가 말세라는 인식을 하지 않았다는 것이다.『삼국
사기』와『삼국유사』의 삼분법은 각각 中代와 中古를 이상적인 시기로
파악하고, 이 시기를 구분하고자 前後 두 시기를 가설한 것이었다.
곧『삼국사기』에서 "신라는 중국 군사의 위세를 빌어 백제와 고구려를
평정하고, 그 지역을 취하여 군현으로 만들었으니, 가히 성대를 이루었
다고 할 수 있었다"라고 한 시기를 中代로,『삼국유사』에서는 불교식
왕명이 이어지는 시기를 中古로 설정한 것이다.

『삼국유사』가 앞서 편찬된『삼국사기』의 상대 · 중대 · 하대의 신라
사 3분법을 따르지 않고 있는 것은 그것이 일연이 받아들일 만큼 보편적
이지 못했음을 말해준다. 오히려 성골과 진골에 의한 시기구분이『삼국
사기』와『삼국유사』에 모두 실려있는 만큼 '中古聖骨' '下古眞骨'이라는
구분이 더 보편적이지 않았을까 한다.

教史研究』, 일조각, 166~167쪽.
30) 김복순, 2002,『한국고대불교사연구』, 민족사, 383~384쪽.

성골왕과 진골왕의 즉위를 구분한 신라사 시기구분을 『삼국사기』의
찬자도 알고 있었지만, "신라는 불가의 법을 받들고 그 폐해를 깨닫지
못하였으며, 심지어 마을에도 탑과 절간이 늘어서고 백성들이 사찰로
도피하여 승려가 되었다. 군사와 농사지을 사람이 점점 줄어들고 나라
는 날로 쇠퇴하게 되니, 어찌 나라가 문란하지 않고 멸망하지 않기를
바라겠는가?"라고 한 김부식의 사관에서는 불교식 왕명의 시작인 법흥
왕의 즉위를 신라의 이상 시대로 받아들이기는 어려웠을 것이다. 반면
『삼국유사』에서는 "절과 절이 별처럼 벌여 있고, 탑과 탑이 기러기처럼
줄을 지었다. 法幢을 세우고 범종도 달아 龍象의 중들은 천하의 福田이
되고, 대승·소승의 불법은 京國의 慈雲이 되었다. 다른 지방의 보살들
이 세상에 출현하고 서역의 이름난 중들이 이 땅에 오니 이로 말미암아
三韓이 합하여 한 나라가 되고 四海를 통틀어 한 집이 되었다"[31]라고
하여 『삼국사기』와 다른 인식을 볼 수 있다.

또한 『삼국사기』와 마찬가지로 신라 당대의 사람들이 자신의 시대를
上古·中古·下古로 불렀다고 생각되지는 않는다. 『삼국유사』의 上古·
中古·下古의 三古에서 '古'자의 의미는 고려의 관점에서 신라를 보는
표현 방식이므로, 삼고의 용어를 사용하여 시기구분을 결부시킨 것은
고려시대의 인식으로 보아야 할 것이다.

貞元 2년 丙寅(元聖王 2년, 786) 10월 11일에 일본왕 文慶이 군사를
일으켜 신라를 치려다가 신라에 萬波息笛이 있다는 말을 듣고 군사를
물렸다. 그리고 사자를 보내어 금 50냥으로써 피리를 보자고 청했다.
왕이 말하기를, "내가 듣기에는 上世 진평왕 때에 그것이 있었을 뿐
지금은 있는 곳을 알 수 없다"고 하였다.

---

31) 『삼국유사』 권3, 原宗興法 猒髑滅身.

이듬해 7월 7일에 일본왕이 다시 사자를 보내어 금 1천 냥으로써 만파식적을 청하면서 "내가 신비로운 물건을 보기만 하고 그것을 돌려 보내겠습니다"고 했다. 왕은 전과 같은 대답으로써 거절하고 은 3천 냥을 그 사자에게 주며 금은 돌려주고 받지 않았다. (『삼국유사』 권2, 元聖大王)

이에 의하면 원성왕은 일본 사신이 만파식적을 보겠다고 요청한 것에 대해 거듭 거절하면서, 진평왕대를 '上世'라고 하고 있다. 곧 하대의 실질적인 시조로 평가되는 원성왕도[32] 진평왕대를 上代나 中古라고 표현하지 않았음을 보여준다.[33]

또한 『삼국사기』에서는 上代가 711년(28왕), 中代가 126년(8왕), 下代는 155년(20왕) 간이다. 『삼국유사』는 上古가 571년(22왕), 中古가 140년(6왕), 下古가 281년(28왕) 간이다. 두 史書의 시기구분을 산술적으로 볼 때도 짧은 中代와 中古 설정을 위한 의도가 개입된 것을 볼 수 있다.

『삼국사기』와 『삼국유사』의 시기구분에서 공통점은 성골과 진골의 구분이 있었다는 것과 태종무열왕의 즉위를 上代와 中代, 中古와 下古의 시기구분의 경계선으로 잡은 것이다.[34]

---

32) 申瀅植, 1977, 「新羅史의 時代區分」 『한국사연구』 18, 42쪽 ; 金壽泰, 1996, 『新羅中代 政治史硏究』, 일조각, 124쪽 ; 김영하, 1994, 「삼국과 남북국의 사회 성격」 『한국사 3』, 한길사, 99쪽.

33) 다만 당 道宣이 撰한 『續高僧傳』 권24 慈藏 傳에 "姓金氏 新羅國人 其先三韓之後也 中古之時 辰韓馬韓卞韓 率其部屬 各有魁長…"라고 하여 '中古'의 예가 있기는 하지만(『大正新修大藏經』 第五十卷, 史傳部 二, 639쪽), 법흥왕대~진덕여왕대 의 시기를 나타내는 의미로 사용되지는 않았다.

34) 673년 김유신은 임종시에 "지금 三韓이 한 집안이 되고, 백성이 두 마음을 가지지 아니하며, 太平에는 이르지 못하였다고 하더라도 小康이라 이를만 합니다"(『삼국사기』 권43, 열전 김유신 下)라고 하였다. 곧 자신의 시대가 전과는 다른 시대라고 인식하고 있었던 것이다. 또한 『삼국유사』 권1, 태종

〈표 1〉『삼국사기』와 『삼국유사』에서의 신라사 시기구분

구 분 \ 왕 명	1대 赫居世居西干 ~22대 智證王	23대 法興王 ~28대 眞德王	29대 武烈王 ~36대 惠恭王	37대 宣德王 ~56대 敬順王
삼국사기 / 권5 신라본기 진덕왕	聖骨		眞骨	
권12 신라본기 경순왕	上代		中代	下代
권29 年表 上	聖骨			
권31 年表 下			眞骨	
삼국유사 / 왕력 제22 지증마립간	上古	中古	下古	
왕력 제28 진덕여왕		聖骨	眞骨	
연대	B.C. 57	514 654	780	935

곧 성골왕 시대와 진골왕 시대는 『삼국사기』와 『삼국유사』의 찬자가
모두 인정하는 신라사 시기구분이었다. 또한 『삼국유사』의 「왕력」이
최치원의 영향, 특히 『제왕연대력』의 영향을 받았다고 할 때,[35] 『삼국
사기』 연표와 『삼국유사』 왕력에 모두 기재되어 있는 성골, 진골왕의
구분은 『제왕연대력』에도 있었을 것으로 생각된다.[36]

춘추공에서는 "성안의 물건 값이 布 한필이 租30석 혹은 50석이어서 민이
聖代라고 일컬었다"고 하고 있다.

35) 李基白, 1985, 「『삼국유사』「왕력」편의 검토」 『역사학보』 107 : 2004, 『韓國古典研
究』, 일조각, 34~35쪽.

36) 고려가 몽고에 투항한 후 李承休(1224~1300)가 저술한 『제왕운기』 하권,
東國君王開國年代에는 7言의 詩로 신라에 대한 역사가 간략하게 언급되고
있다. 『제왕운기』의 신라 부분에서 특히 강조되는 왕은 29대 무열왕 김춘추이
다. 『帝王韻紀』에는 "二十九代 金春秋 武烈王은 당나라에 청병하여 麗濟를
아우르며, 庾信 金公은 참으로 공신이니 묘한 兵書를 받아 무예에 밝았도다"라
고 하였다(『帝王韻紀』卷下, 新羅紀). 이에 대해서는 李佑成, 1962, 「高麗中期의
民族敍事詩」 『成均館大學校論文集』 7집 : 1976, 『韓國의 歷史認識 (上)』, 창작과
비평사 참고.

3) 『삼대목』과 신라 삼대와의 관련

『삼국사기』에는

> 왕이 평소에 角干 魏弘과 通하더니, 이때에 이르러는 항상 入內하여
> 用事하게 하고 이내 그에게 명하여 大矩和尙과 함께 향가를 修集케하여
> 三代目이라 이름하였다. 魏弘이 죽자 惠成大王으로 追諡했다. (『삼국사
> 기』 권11, 眞聖王 2년 2월)

라고 하여, 진성여왕 2년에 편찬된 향가집을 『삼대목』이라 이름한 기록
이 나온다. 이것을 기존의 연구에서는 三代의 시기구분과 관련시켜
파악하기도 하였다. 金哲埈은 眞聖女王 당시 향가를 수집 편찬하여
『三代目』이라 한 것을 보면 羅末에 이미 신라사를 三代로 구분한 것을
짐작케 하는 것이니, 이것은 羅末의 末世意識에서 온 것이기도 하려니와,
한편으로는 신라인 자체가 그들의 역사를 구분케 할 만큼 그들이 거쳐
온 단계들이 뚜렷한 것으로 인식된 것으로 보았다.[37] 이배용은 신라인
들이 천년간 내려온 그들의 역사를 三代로 구분하여 향가집을 낼 수
있었다는 점은 당시에도 시대적인 전환을 인식하고 있었음을 알 수
있다고 하였고,[38] 신형식은 『三代目』의 편찬을 신라인의 시대구분 의식
으로 보아 『삼국사기』나 『삼국유사』의 三分法이 김부식이나 일연의
구분이 아니라고 확신하였다.[39]

이기동과 이도학은 이를 전 신라시대에 걸친 노래책이란 의미로

---

37) 金哲埈, 1964, 「韓國古代國家發達史」 『韓國文化史大系 I』 : 1990, 『韓國古代史研
    究』, 서울대학교출판부, 50~51쪽.
38) 李培鎔, 1985, 「新羅下代 王位繼承과 眞聖女王」 『千寬宇先生還曆紀念 韓國史學論
    叢』, 正音文化社, 357쪽.
39) 申瀅植, 「新羅史의 時代區分」 『한국사연구』 18, 1977, 6쪽.

쓴 것으로 생각하였고,[40] 조인성은 신라하대의 사회혼란은 신라인에게
일종의 말세사상을 가져다 주어 그 당시의 신라인 스스로가 상대·중대
에 대하여 하대라고 구분하고 있었다고 하였다.[41] 김두진도 진성여왕
때의『삼대목』편찬을 "그것은 그들이 상대·중대·하대의 3대 중 하대
에 살아간다는 말법의식을 나타내고 있다"고 보았고,[42] 閔賢九는 당시
신라인들이 일종의 末世意識에 젖어 그들이 생존하고 있는 시기를 下代
로 보고 그 앞 부분을 둘로 나누어 中代·上代를 설정함으로써 신라시대
를 3시기로 구분했다고 하였다.[43]

곧 이들의 견해는『삼대목』의 삼대를 상대·중대·하대를 뜻하는
삼대로 보고, 하대를 말세의 시기로 인식한 것이다. 전자는『삼국사기』
三代의 시기구분과, 후자는 불교 사관인『삼국유사』의 시기구분과 각각
연결될 수 있다. 그러나『삼국사기』의 三代 구분은 上代를 이상적인
시기로, 중대·하대는 이보다 쇠퇴하는 시기로 생각하지 않았다. 앞에
서 보았듯이『삼국사기』에서 三代의 이상적인 시기는 중대였다. 그리고
말세의식은 불교 사관으로, 굳이 시기구분과 연관시킨다면『삼국유사』
에서 찾아야 할 것이지, 중국과의 관계와 유교적 관념으로 신라사를
구분한『삼국사기』에서의 하대를 불교의 말세 인식과 연결하는 것은
무리한 설정이다.

그리고 이 시기의 사료들을 살펴보면『삼대목』을 편찬할 당시 신라
지배층들이 자신의 시대를 하대=말세의 시기로 인식하지 않았음을

---

40) 이기동, 1988,「신라의 성립과 변천」『한국고대사론—한길역사강좌12』, 한길
사, 86쪽 ; 李道學, 2005,「新羅史의 時代區分과 '中代'」『新羅文化』25, 21쪽.
41) 趙仁成, 1994,「新羅末 農民反亂의 背景에 대한 一試論」『한국고대사연구』
7, 23쪽.
42) 김두진, 1996,「불교의 변화」『한국사 11』, 국사편찬위원회, 207쪽.
43) 李基白 외, 1995,「제4회 한국사의 쟁점 세미나 속기록」『韓國史時代區分論』,
소화, 333쪽의 민현구 발언.

알 수 있다. 다음 사료를 보자.

C① 9월 9일에 왕이 左右近臣으로 더불어 月上樓에 올라 사면을 바라보
니, 서울의 民家는 즐비하게 늘어섰고 歌樂의 소리는 끊임없이
일어났다. 왕이 侍中 敏恭을 돌아보고, "내가 들으니 지금 민간에서
는 집을 기와로 덮고 짚으로 잇지 아니하며, 밥을 짓되 숯으로
하고 나무로써 하지 않는다 하니 사실입니까"라고 물었다. 敏恭이
대답하되, "신도 또한 그와 같이 들었습니다" 하고 인하여 아뢰기
를 "上이 즉위하신 이래로 陰陽이 고르고 風雨가 순조롭고 해마다
풍년이 들어 백성들은 먹을 것이 넉넉하고, 또 邊境이 安穩하고
市井이 환락하니 이는 聖德의 소치입니다" 하였다. 왕이 기뻐하여
"이는 卿들의 보좌한 힘일 것이다. 내 무슨 덕이 있으랴.……"
(『삼국사기』 권11, 헌강왕 6년)

C-② 第四十九 헌강대왕 때 성 안에는 초가집이 하나도 없고 집은
이웃과 서로 처마와 담이 붙어 있었고, 노래와 피리소리가 길거리
에 가득하여 밤낮으로 끊이지 않았다. (『삼국유사』 권1, 又四節遊宅)

C-③ 제49대 헌강대왕 때에는 서울로부터 지방에 이르기까지 집과
담이 連하고 草家는 하나도 없었다. 음악과 노래소리가 길에 끊이
지 않았고, 바람과 비는 사철 순조로웠다. (『삼국유사』 권2, 처용랑
망해사)

사료 C는 헌강왕 6년(880)의 일로, 『三代目』이 편찬되기 8년 전이다.
이때에 왕이 月上樓에 올라 京都의 집들이 모두 기와로 지붕을 덮고
밥을 지을 때는 숯으로 하는 풍요로움을 자랑하고, 신하들이 왕의 성덕
을 치켜세웠다면, 이 시대 왕족이나 귀족관료들이 자신의 시대를 결코
말세로 여기지 않았다고 할 수 있다. 더구나 헌강왕의 父 경문왕은
860년에 혼인하였기 때문에,[44] 그 아들 헌강왕이 875년에 즉위할 때는

10대 초반의 나이였다. 때문에 헌강왕 즉위 초의 정국 운영은 숙부이자 상대등인 김위홍에 의해 주도되었을 것이고, 그것은 헌강왕 6년에 성대를 자찬할 만큼 성공적이었음을 보여주고 있다.[45] 『삼대목』은 8년 뒤 바로 그 김위홍에 의해 편찬된 향가집이었다.

흥덕왕 사후 일어난 왕위계승 분쟁은 신무왕의 즉위로 안정되었지만, 재위 6개월 만에 신무왕이 죽고 그 아들 문성왕이 즉위한 후 왕위는 父子계승으로 이어지지 못하고 왕의 숙부(김의정=헌안왕), 왕의 사위(김응렴=경문왕)로 계승되었다. 경문왕 사후 모처럼 적장자인 太子에게 이어진 왕위(헌강왕)는 이후 다시 왕의 남동생(정강왕)과 여동생(진성여왕)에게로 이어졌다. 신라에서 형제간의 왕위계승은 있었지만[46] 이처럼 경문왕 세 자녀의 연속적인 재위는 유례가 없는 일이었다. 前王인 오빠들의 정치적 안정을 배경으로 즉위할 수 있었던 진성여왕에게는 연속적인 형제 상속과 여왕 즉위를 정당화하고 자신에게 쏠린 기대에도 부응해야 하는 부담을 안게 되었다.

887년 7월 5일 정강왕이 죽고 진성여왕이 즉위하자 곧 죄인을 大赦하고 諸州郡의 1년간 조세를 면제하고 황룡사에 百座를 베풀고 왕이 親行하여 설법을 듣는 등[47] 진성여왕 즉위의 정당성을 알리고 여론을 주도하는 조치들을 취하였다. 김위홍은 경문왕의 아우로서[48] 경문왕

---

44) 『삼국사기』 권11, 헌안왕 4년 9월.
45) 權英五, 2007, 「新羅下代 政治變動 硏究」, 부산대학교 박사학위논문, 91~94쪽 참고.
46) 중대 이후 前王의 동모제로 즉위한 경우는 33대 성덕왕, 35대 경덕왕, 42대 흥덕왕, 50대 정강왕과 51대 진성여왕, 55대 경애왕이 있다.
47) 『삼국사기』 권11, 진성왕 원년.
48) 崔致遠 撰, 「朗慧和尙白月葆光塔碑銘」과 崔致遠 撰, 「大崇福寺碑銘」, 그리고 「新羅皇龍寺九層木塔刹柱本記」에 나타나 있다(黃壽永 編, 1976, 『韓國金石遺文』, 一志社).

대에 上宰相 · 兵部令으로 있었고,[49] 헌강왕 즉위 후 곧 상대등으로
임명되었으며,[50] 진성여왕 즉위 초에는 조카인 여왕을 대신하여 정국
을 실질적으로 이끌어갔던 인물이었다. 때문에 김위홍의『삼대목』편찬
도 이를 통해 진성여왕 즉위의 정당성과 자신의 정국 주도를 합리화하는
내용과 관련이 있을 것이다.[51]

그리고 국왕의 명에 의해 편찬된『삼대목』은 편찬 책임자인 김위홍의
이 같은 정치적 성격과 무관하지 않을 것이다. 실제 향가를 수집, 정리했
을 또 다른 編者인 大矩和尙이 鄕歌를 잘 짓고 花郎과 관련이 있는
것으로 기록에 나오는 것에서도 이를 짐작할 수 있다.

> 國仙 邀元郎 · 譽昕郎 · 桂元 · 叔宗郎 등이 金蘭을 유람하는데 은근히
> 君主를 위해서 나라를 다스리려는 뜻이 있었다. 이에 노래 세 수를
> 짓고 다시 心弼 舍知를 시켜서 針卷을 주어 大矩和尙에 보내어 노래
> 세 수를 짓게 하니 첫째는 玄琴抱曲이요, 둘째는 大道曲, 셋째는 問群曲
> 이었다. 들어가 왕에게 아뢰니 왕이 크게 기뻐하고 칭찬하고 상을
> 주었다. 노래는 알 수가 없다. (『삼국유사』권2, 四十八 景文大王)

여기서도 임금과 나라를 위해 노래를 지어 바쳤더니 경문왕이 크게
기뻐하며 상을 주었다는 것에서 왕실에 비판적 입장은 아니었을 것으로
보인다.[52] 진성여왕이 화랑세력을 적극 포섭하려 했다는 견해도 있으

---

49) 黃壽永 編, 1976,「新羅皇龍寺九層木塔利柱本記」『韓國金石遺文』, 一志社, 162쪽.
50) 『삼국사기』권11, 憲康王 원년.
51) 全基雄, 1994,「新羅下代의 花郎勢力」『新羅文化』10 · 11, 118쪽.
52) 全基雄은 이 일을 경문왕 즉위 초기로 보고(1989,「新羅 下代末의 政治社會와
景文王家」『釜山史學』16, 9쪽), 대구화상을 승려낭도로 위홍 등 당시 정치세력
과 깊은 관련을 맺고 있었던 인물로 보았다(1994,「新羅下代의 花郎勢力」
『新羅文化』10 · 11, 118쪽).

며,53) 화랑과 그를 따르는 승려, 진성여왕의 즉위 초 정국을 운영하며
여왕의 즉위를 정당화하려는 김위홍이 왕명에 의해 만들었다면『삼대
목』은 왕실을 찬양하는 노래를 수집, 정리했음이 분명할 것이다.

888년에 건립된 것으로 추정되는「숭복사비문」에서54) 진성여왕의
왕위계승에 대해 최치원은

D 뒤미처 정강대왕께서 즉위하시니, (헌강대왕께서) 남기신 숫돌을
   통해 공을 이루시며, 부시던 籠에 韻律을 맞추셨다. 이미 왕위를
   이으시어 왕업을 지키시며, 장차 남은 사업을 이루시려고 편안한
   날이 없으셨고, 이미 이룩한 그 문물이 잃음이 없었다. 그러나
   멀리 해 같은 형님을 좇으시다가 갑자기 서산에 지는 그림자를
   만나시니, 높이 달 같은 누이에 의지하여 길이 동해에 솟을 빛을
   전하시었다.
   엎드려 생각하건대, 대왕전하(진성여왕)께서는 아름다운 꽃받침
   이 꽃과 이은 듯하고, 왕가의 계통이 매우 밝으며, 빼어난 坤德을
   체득하고, 아름다운 천륜을 계승하시었다. 진실로 이른바 '神珠
   를 품고 채석을 불린 것'으로써, 이지러진 데는 모두 기우고
   좋은 일이라면 닦지 않음이 없으셨다. 그러므로『寶雨經』에서
   金言으로 분명히 수기한 것이라든지,『大雲經』에 나오는 옥같은
   귀글이 완연히 부합된 것과 같음을 얻게 되셨던 것이다. (최치원
   찬,「신라국 초월산 대숭복사비 비명 및 병서」)55)

---

53) 李培鎔은 왕의 총애를 받던 美丈夫를 화랑으로 해석한다(1985,「新羅下代
   王位繼承과 眞聖女王」『千寬宇先生還曆紀念 韓國史學論叢』, 正音文化社, 357
   쪽).
54) 尹善泰, 2000,「新羅 '崇福寺碑'의 復元—結 · 苫의 細註와 관련하여」『佛敎美術』
   16, 108쪽 ; 南東信, 2002,「羅末麗初 전환기의 지식인 崔致遠」『강좌한국고대사
   8』, 가락국사적개발연구원, 298쪽. 반면 張日圭는 숭복사비명이 890년을 전후
   하여 찬술되었다고 하였다(2006,「숭복사비명과 경문왕계 왕실」『역사학보』
   192, 40쪽).

고 하였다. '神珠를 품고 채석을 불린 것'은 진성여왕을 여자의 몸으로 成佛한 八歲龍女와 五色補天의 고사로 유명한 女媧氏에 비유한 것이다.56) 『寶雨經』에 의하면 일찍이 부처가 가야산 정상에서 광명을 放射하여 十方을 두루 비추고, 월광태자에게 수기하기를, "장차 支那國에 여왕이 생길 것이다"고 했다 한다.57) 중국 당나라 則天武后 때 僞撰된 『大雲經』에는 측천무후가 장차 천하를 다스리게 될 것이라는 내용의 授記가 들어 있다고 한다.58) 모두 진성여왕의 즉위가 이미 내정되어 있었음을 불교의 수기를 빌어 표현하고 있다.

『삼대목』의 내용이 전하지 않는 상황에서 이 책의 성격을 추정하기가 쉽지는 않으나, 거의 같은 시기에 편찬된 「숭복사비문」에서 여왕 즉위를 찬양하는 최치원의 문장이 이어지는 것은 이에 많은 시사점을 주고 있다. 『삼대목』도 '왕명'으로 수집 간행된 향가집이기 때문에 이와 같은 내용과 표현에서 어긋나지 않을 것으로 신라의 용비어천가였다고 보아도 크게 틀리지 않을 것이다.59) 그러므로 왕명에 의해서, 왕의

---

55) 崔英成, 1998, 『譯註 崔致遠全集1 四山碑銘』, 아세아문화사, 249~251쪽.
56) 최영성, 위의 책, 250쪽.
57) 최영성, 위의 책, 250쪽.
58) 최영성, 위의 책, 250쪽.
59) 왕실의 지원이나 명에 의해 찬술되는 글들이 당시 왕실에 대한 찬양의 글을 늘어놓는 것은 당연하다. 中代 마지막 왕인 惠恭王 7년(771)에 주조된 聖德大王 神鐘銘에서도 "지금의 우리 聖君께서는 행실이 조상에 부합하고 그 뜻이 지극한 도리에 부합되어 빼어난 상서로움이 과거보다 기이하며 아름다운 덕은 현재의 으뜸이다. 온 거리의 용이 궁궐의 계단에 음덕의 비를 뿌리고 온 하늘의 천둥이 대궐에 울렸다. 쌀이 열매달린 숲이 변방에 축축 늘어지고 연기가 아닌 색이 서울에 환히 빛났다. 이러한 상서는 곧 태어나신 날과 정사에 임한 때에 응답한 것이다. 우러러 생각건대 태후께서는 은혜로움이 땅처럼 평평하여 백성들을 어진 가르침으로 교화하시고 마음은 하늘처럼 맑아서 父子의 효성을 장려하셨다. 이는 아침에는 元舅의 어짐과 저녁에는 충신의 보필을 받아 말을 가리지 않음이 없으니 어찌 행동에 허물이 있으리오."(南東信, 1992, 「聖德大王神鐘銘」『譯註 韓國古代金石文 Ⅲ』, 가락국사적

숙부인 김위홍과 왕실을 위해 노래를 지어 바쳤던 승려가 편찬한 향가집인『삼대목』의 三代는 자신의 시대를 말세로 파악하는 의미로 사용되지는 않았다고 단정해도 될 것이다.[60]

그렇다면『삼대목』이란 책 이름에서 '三代'가 뜻하는 것은 무엇일까? 첫째로 삼대의 일반적, 사전적 의미인 夏·殷·周 세 나라를 가리키는 것으로 생각해 볼 수 있다.[61] 이럴 경우 태평성대의 이상 시대로 관념되는 하·은·주를 겨냥하여 이른바 '太平新羅'를 표상한 것이거나 그것을 지향하는 염원으로 해석하기도 한다.[62] 그러나『삼대목』이 진성여왕 즉위 초기에 당대의 실권자인 김위홍이 왕명을 받아 향가를 수집 편찬했다는 것을 고려한다면, 이는 당시의 정치적 배경을 떼어놓고 해석해서는 곤란할 것이다.

이것을 "역설적 의미에서 당대 사회가 극도로 저락한 쇠란기였음을 반증한다"로 연결시키려는 주장도[63] 진성여왕 2년의 역사적 실제와 맞지 않는 점이 있다.『삼대목』을 修撰한 시기인 진성여왕대에는 정치·사회적으로 그다지 안정된 상황이 아니었으며, 특히 국가재정이 파탄날

개발연구원, 390쪽)라고 하였다.

60) 이영호는 삼대목이 편찬되는 진성여왕 2년(888) 무렵의 시점에 삼대 의식이 형성되었다고 보았으며, 신라 말기의 불교계에 말법의식 내지 말세 의식이 성행하였던 것도 참고된다고 하였다(2000,「新羅 中代의 成立과 展開」『慶北史學』23, 279~280쪽, 280쪽 주9).

61)『삼국사기』에는 진덕여왕 4년(650)에 처음으로 永徽라는 중국 연호를 사용한 것에 대한 논찬으로 "三代에서 正朔을 고치고 후세에서 연호를 쓰는 것은 통일을 크게 하고 백성의 이목을 새롭게 하려는 까닭이다. 이러므로 때를 타서 並起兩立하여 천하를 다툰다든지, 또는 姦雄들이 틈을 타서 일어나 神器를 엿보지 않으면 천자의 나라에 신속한 偏邦小國은 본래 사사로 연호를 짓지 못할 것이다"고 하였다(『삼국사기』권5, 진덕왕 4년).

62) 池憲英, 1990,「〈三代目〉 研究 序說」『東方學志』68, 241~242쪽 ; 송은일, 2006,「眞聖王代『三代目』의 修撰」『역사학연구』27, 101쪽.

63) 이강래, 2004,「후백제의 당대 인식」『한국고대사연구』35, 34쪽.

지경에 이르렀다고 한 견해도 있는데,(64) 이는『삼국사기』진성왕 3년
조에 國庫가 비었다는 것을 근거로 하고 있다.(65) 그러나 이것은 진성여
왕 2년 5월의 가뭄으로 흉년이 들었기 때문으로,(66) 진성여왕은 887년
7월 즉위 직후 諸州郡의 1년 조세를 면제해줄 만큼 국가재정은 아직
여유가 있었고,『삼대목』은 진성여왕 2년(888) 2월에 편찬되었다.

왕명을 받아 편찬한 향가집에 왕을 찬양하는 제목이 들어가는 것이
당연한 것이며, 당대를 부정적으로 인식하는 제목을 붙이는 것은 생각
하기 어렵다. 최치원이 代作한 진성여왕의「양위표」에서도 바로 직전의
헌강왕대를 "한결같이 직분에 이바지하여 만리의 변방을 편안히 하였사
옵니다"(67)라고 하였다. 헌강왕이 월상루에 올라 사면을 보았을 때 가락
의 소리가 끊임없이 일어났고(사료 C-①), 성 안에는 노래와 피리소리가
길거리에 가득하였으며(사료 C-②), 서울에서 지방에 이르기까지 음악
과 노래 소리가 길에 끊이지 않았다(사료 C-③)라고 하였다.『삼대목』에
는 이처럼 왕경과 지방의 거리에서 넘쳐 흘렀던 '鄕歌'를 修集하고,
이러한 사회적 분위기를 진성여왕의 즉위와 결부시키려 하였을 것이다.

두 번째로『삼국사기』에 보이는 상대·중대·하대의 삼대를 생각해
볼 수 있겠으나, 앞에서 살펴보았듯이 하대의 인식이 경순왕 이후나
『삼국사기』편찬시의 고려인들의 인식이기 때문에『삼대목』편찬 당시
의 것이라고 보기 어렵다.(68)

64) 송은일, 2006, 앞의 논문, 71쪽과 88쪽.
65) "3년에 국내 諸州郡에서 貢賦를 바치지 아니하여 국고가 허갈하고 용도가
　　궁핍하매, 왕이 사자를 보내어 독촉하니, 이로 말미암아 도처에서 도적들이
　　벌떼와 같이 일어났다"(『삼국사기』권11, 진성왕 3년).
66)『삼국사기』권11, 진성왕 2년 5월.
67) 崔致遠 代作,「讓位表」『東文選』권43.
68) 신형식, 1995,「新羅史의 時代區分 問題」『韓國史의 時代區分에 관한 硏究』,
　　韓國精神文化硏究院, 39쪽. 이러한 견해는 주로 국문학계에서 제기되고 있는

세 번째는 국문학계·일부에서 제기된 것으로,『三代目』은 한자 표기가 아니라 향찰 표기로, '사뇌목'으로 읽는 것이다.[69] 북한학계도 향가를 가리키는 고유한 우리말 이름은 '사나노래' 또는 '사뇌'라고 보고, 『삼대목』을 『사나모』,『사나모음』,『사뇌가집』이라는 책 이름으로 해석한다.[70] 그러나 진성여왕 즉위 직후 왕명에 의해 편찬된 향가집을 '사뇌라고 불리는 향가의 창법'으로 이름지었다고 해석[71]하는 것은 『삼대목』 편찬의 목적과 편찬 책임자인 김위홍의 정치적 위상을 고려하지 못한 견해이다. 대구화상이 경문왕을 위해 지은 노래 이름이 玄琴抱曲·大道曲·問群曲이었고, 왕실에 우호적이었다는 것을 생각할 때,『삼대목』의 의미는 김위홍과 대구화상의 정치적 성격과 떼어놓고 해석하기 어렵다.

앞에 언급한 바와 같이 경문왕의 장자 헌강왕이 죽은 후 동생 정강왕이 계승하였고, 그 후 또 다시 여동생 진성여왕이 이어 즉위하여 헌강왕의 3형제가 연이어 왕위에 오른 것은 신라에서 유례가 없는 것이었다.『삼대목』의 편찬이 진성여왕의 즉위 직후에 김위홍이 주도하여 왕명으로 이루어졌음을 주목할 때, 이는 진성여왕 즉위를 정당화하려는 의도와 관련지어져야 할 것이다.

그렇다면『삼대목』은 경문왕 세 자녀의 연속적인 왕위계승, 즉 헌강왕(장자 정)과 정강왕(차자 황)에 이어 진성여왕(공주 만)이 즉위하는

바, 신라의 역사를 三代로 나누는 일은 신라가 망한 다음에 나올 수 있는 말이며, 진성왕의 시대는 삼대라는 인식이 있기 어렵다고 하였다(박지홍, 1976,「삼대목-그 편찬과 내용」『국문학의 연구』, 문성출판사, 122쪽 ; 池憲英, 1990, 앞의 논문, 241~242쪽 ; 황패강, 2001,『향가문학의 이론과 해석』, 일지사, 136~138쪽 ; 엄국현, 2002,「《三代目》을 어떻게 읽을 것인가」『韓國民族文化硏究』 19·20, 부산대학교 한국민족문화연구소, 67쪽).

69) 박지홍, 1976, 위의 책, 122쪽 ; 엄국현, 2002, 위의 논문, 67쪽.

70) 류렬, 1997,『향가연구(조선어학전서)』, 사회과학원 언어학연구소 : 2003,『향가연구』, 박이정 (재출판), 18~19쪽.

71) 엄국현, 2002, 앞의 논문, 65쪽 및 79쪽.

것을 찬양하고 이를 정당화하려는 의미로 볼 수 있다. 앞의 사료 D의
「숭복사비문」에 보이는 韻叶吹篪72)나 해 같은 형제(日弟兄), 달 같은
누이(月妹姊) 등은 모두 헌강·정강·진성여왕 형제들의 즉위를 비유
하는 글이라고 생각된다.

> 아, 아름다운 여왕이여!
> 孝友의 정 돈독하시어
> 雁行을 아름답게 이루시고
> 王者의 道를 삼가 아름답게 하셨도다73)

위의 글은 『삼대목』과 거의 같은 시기에 최치원에 의해 찬술된74)
「숭복사비문」의 마지막 부분으로, 특히 '雁行을 아름답게 이루시고'라
는 것은 헌강왕·정강왕·진성여왕이 모두 경문왕의 자녀들로서, 마치
기러기가 열을 지어 가듯이 순서대로 잇달아 왕위에 올랐다는 말이
다.75)

860년에 헌안왕은 "寡人이 불행히 아들이 없고 딸만 있으니, 우리나라
고사에 비록 善德·眞德 두 女主의 예가 있으나 이는 牝雞의 晨에 가까운
것이라 가히 본받을 일이 되지 못한다"76)라고 하여 왕위를 사위인
김응렴에게 물려주었다. 이가 바로 진성여왕의 父인 경문왕이다. 그로

---

72) 韻叶吹篪는 형의 韻律과 아우의 篪소리가 잘 맞는다는 말로, 『詩經』「小雅
何人斯」에 '伯氏吹壎 仲氏吹篪'에서 나온 말이다(최영성, 1998, 『譯註 崔致遠全
集1 四山碑銘』, 아세아문화사, 219쪽에서 재인용).
73) 崔英成, 1998, 위의 책, 255쪽에서 재인용.
74) 尹善泰, 2000,「新羅 '崇福寺碑'의 復元—結·苫의 細註와 관련하여」『佛敎美術』
16, 108쪽.
75) 최영성, 1998, 앞의 책, 255쪽.
76) 『삼국사기』권11, 헌안왕 5년 정월.

부터 26년 뒤 886년 정강왕은 1년 정도의 불안정한 재위였지만 여동생에게 왕위를 물려주라는 유조를 내렸고, 이에 따라 진성여왕이 즉위하였다. 이것이 가능하게 된 것은 경문왕대의 왕권 강화정책의 성공과,[77] 어린 조카의 즉위에도 김위홍의 보필이 성공적이어서 헌강왕대를 성대로 인식하고 있었던 점,[78] 서자인 조카를 태자로 삼아 왕위를 계승시킬 수 있었던 경문왕가 혈통의 신성화[79]를 들 수 있을 것이다. 하지만 정강왕의 유조에 '불행히 嗣子가 없다'고 표현하거나,[80] 헌안왕이 여왕의 즉위를 "이는 牝雞의 晨에 가까운 것이라 가히 본받을 일이 되지 못한다"라고 한 것은 진성여왕 즉위의 부담감을 일부 표현한 것으로 볼 수 있다.

860년 헌안왕의 유조 때에는 '본받을 일이 되지 못한' 여왕의 즉위가 886년 정강왕의 유조에서 '불행히 嗣子가 없으나' 실현되었고, 당시의 정치 상황에서 이를 정당화하려는 '용비어천가'가 필요했을 것이다. 때문에 『삼대목』에 실린 향가들은 진성여왕 즉위를 찬양하는 노래로 모아졌을 것이며, 이것은 여왕 즉위의 정당성을 홍보하고 나아가 왕권 강화를 도모하는데도 이용되었을 것이다. 이런 목적을 위해 진성여왕 즉위 초기 실질적인 국정을 운영하고 있던 김위홍은 왕명으로 대구화상과 함께 경문왕의 세 자손, 즉 헌강왕·정강왕·진성여왕 형제 3대의

77) 丁元卿, 1982,「新羅 景文王代의 願塔建立」『釜山直轄市立博物館 年報』5 ; 金昌謙, 1988,「新羅 景文王代「修造役事」의 政治史的 考察」『溪村閔丙河敎授停年紀念 史學論叢』; 金志垠, 2002,「新羅 景文王의 王權强化政策」『慶州史學』21.
78) 權英五, 2004,「김위홍과 진성왕대 초기의 정국운영」『大丘史學』76, 47쪽.
79) 全基雄, 1989,「新羅 下代末의 政治社會와 景文王家」『釜山史學』16, 34~35쪽.
80) "나의 병이 위중하니 틀림없이 다시는 일어나지 못할 것이다. 불행히 嗣子가 없으나, 나의 누이 曼은 天資가 明銳하고 骨相이 丈夫와 같으니 卿 등은 善德·眞德의 古事를 依倣하여 세우는 것이 좋을 것이다"(『삼국사기』권11, 정강왕 2년 5월).

즉위를 찬양하는 향가집을 만들어 진성여왕 즉위의 정당성을 알리고자
했던 것이다.

　본절의 내용을 정리하면 다음과 같다. 上代 · 中代 · 下代는『삼국사
기』경순왕 말미 기사에 나오는 신라사 시기 구분이다.『삼국사기』에서
는 중국식 왕호를 사용하며, 유교적 군신관계와 중국적 사대 질서를
수용하여 백제 · 고구려를 멸망시킨 태종 무열왕의 즉위와 그 자손에
의한 왕위계승을 신라사의 理想的인 시기, 곧 中代로 설정하고 그 전후를
상대와 하대로 구분하였다. 반면『삼국유사』는 이에 따르지 않고 불교
식 왕명을 쓴 中古 시기를 중심으로 上古 · 中古 · 下古의 三古로 신라사
를 나누었다.
　『삼국사기』三代의 시기구분에서 경순왕을 언급하거나,『삼국유사』
의 三古에서 '古'의 의미는 고려시기의 인식을 보여주는 것이기 때문에,
두 사서의 시기구분은 고려인들의 역사 인식을 반영하는 것으로, 신라
당대의 것은 아니었다.
　반면 성골 · 진골왕의 구분은 당시 신라인들의 인식이었으며,『삼국
사기』와『삼국유사』모두에 보이는 신라사 시기 구분으로, 이러한 구분
이 더 보편적이지 않았을까 한다. 신라사의 시기구분이 한국사의 시대
구분에도 시사점을 줄 수 있어야 한다면,『삼국사기』와『삼국유사』가
공통적으로 시기구분하는 성골왕과 진골왕의 전환, 곧 신라 중대와
하고의 시작을 좀더 주목할 필요가 있다.
　기존의 연구에서는 진성여왕 2년(888)에 편찬된 향가집『三代目』을
『삼국사기』의 신라사 시기구분인 三代와 관련지어 파악하였고, 이를
당대의 말세 의식과 연결시키기도 하였다. 그러나 말세의식은 불교
사관으로, 중국과의 관계와 유교적 관념으로 신라사를 구분한『삼국사

기』에서 하대를 불교의 말세 인식과 연결하는 것은 무리한 설정이다. 경문왕의 장자 헌강왕이 죽은 후 동생 정강왕이 계승하였고, 그 후 또 다시 여동생 진성여왕이 이어 즉위하여, 헌강왕의 형제 三代가 연이어 왕위에 오른 것은 신라에서도 유례가 없는 것이었다.『삼대목』의 편찬이 진성여왕 즉위 초기 실질적으로 정국을 운영하던 김위홍에 의해 왕명으로 이루어졌음을 주목할 때, 이는 진성여왕 즉위를 정당화 하려는 의도와 관련지어야 할 것이다. 때문에 진성여왕대 편찬된 향가 집『삼대목』의 三代는 경문왕의 자녀인 헌강왕 · 정강왕 · 진성여왕 三代의 즉위를 의미하며, 『삼국사기』의 신라 삼대와는 관계가 없다.

2. 하대 왕위계승과 상대등

적장자에 의한 왕위계승 원칙이 확립된 이후에도 신라에서는 현실적으로 이의 실현이 불가능한 상황이 가끔 일어났다. 이 경우 기존의 연구에서 후계 왕위계승자로 주목한 것은 상대등이었다. 780년 상대등 金良相이 宣德王으로 즉위한 이래 하대에서는 원성왕 · 헌덕왕 · 민애왕 · 경애왕이 상대등에서 왕으로 즉위하였다. 때문에 하대 왕위계승과 정치사를 이해하는 데 있어 상대등의 역할과 지위는 특히 주목되었다.

실제로 하대 20명의 왕들 중에서 적장자손으로 후계 왕위를 계승한 경우는 원성왕 이후 소성왕 · 애장왕으로 父子(孫)상속이 있었고, 그 후 46대 문성왕 · 49대 헌강왕 · 54대 경명왕 뿐으로 모두 5명에 불과하다. 찬탈에 의한 비정상적인 방법이 아닌 경우 왕이 後嗣가 없을 때 하대의 후계 왕위는 태자 · 부군을 지명하거나 유조에 의해, 또는 국인이 추대하는 방법을 통해 이루어졌다.

이기백이 上代 상대등이 지니는 정치적 지위를 언급하면서 "왕위의

II. 신라사 시기구분과 하대 왕위계승   79

정당한 계승자가 없을 경우에 상대등은 왕위를 계승할 제1후보자로 간주되고 있었다"라고 파악한 이후,[81] 다수의 연구자들이 이를 신라 全시기로 적용하면서 하대 왕위계승에도 연결시키려 하였다. 상대등과 국왕, 侍中과의 관계에 대한 이기백의 논지에 대해서는 이론을 제기하기도 하였으나,[82] 왕위계승과의 관계에 대해서는 이기백의 학설을 거의 따르는 편이었다. 그러나 하대에 왕이 嗣子가 없을 때 후계 왕위계승자로 공인된 것은 상대등이 아니라 太子나 副君이었다.

필자는 민애왕 즉위과정을 검토하면서 기존의 연구들이 하대에 왕이 嗣子가 없을 때 상대등이 왕위계승에 우선권자였다는 견해를 무비판적으로 받아들인 것에 대해 의문을 제기한 적이 있었다.[83]

본절에서는 하대의 왕위계승에서 前王이 嗣子가 없이 죽었을 때 후계 왕위가 계승되는 사례를 특히 상대등과 관련지어 검토하고, 상대등에서 왕으로 즉위하는 경우도 살펴보고자 한다.[84] 그리하여 기존 연구들의

---

81) 李基白, 1962,「上大等考」『역사학보』19 : 1974,『新羅政治社會史硏究』, 일조각, 99쪽.
82) 李仁哲,「新羅의 群臣會議와 宰相制度」『韓國學報』65, 1991, 52~55쪽 ; 李泳鎬, 1992,「新羅 貴族會議와 上大等」『한국고대사연구』6, 92~93쪽. 이에 대한 연구사적 정리는 李泳鎬, 1999,「統一新羅 政治史 硏究의 현황과 방향」『白山學報』52 참고.
83) 權英五, 2000,「신라하대 왕위계승분쟁과 閔哀王」『한국고대사연구』19.
84) 본절에서는 왕의 嗣子에 의한 왕위계승은 언급하지 않을 것이다. 따라서 왕위계승의 유형 앞에는 '신라하대 왕이 嗣子 없이 죽었을 때'라는 말이 생략되어 있음을 미리 밝힌다. 또한 찬탈에 의한 비정상적인 왕위계승은 글의 전개상 다음의 '상대등과 왕위계승'에서 언급하였다. 그리고 혈연관계나 즉위 형태는 前王을 기준으로 하였다.
申瀅植은 신라왕의 등장 방법을 推戴·繼位·簒奪로 유형화하였고(1981,「政治記事의 個別的 檢討」『三國史記硏究』, 일조각, 164~167쪽), 최재석·안호룡은 아들이 없는 경우에 왕위계승자를 결정하는 것은 국인 등이 참여하는 경우, 왕의 유언에 의하는 경우, 태자로 책봉하는 경우 등이 있다고 하였다(1990,「新羅 王位繼承의 系譜認識과 政治勢力」『한국의 사회조직과 종교사상』, 文學과知性社, 52쪽). 金昌謙은 하대 왕위계승을 太子책봉·遺詔(顧命)·簒奪(奪

문제점을 지적하고, 하대의 왕위계승에 대한 원칙을 찾아보고자 한다.

1) 왕위계승의 유형

(1) 太子·副君 계승

① 42대 興德王(金秀宗)의 즉위

헌덕왕은 조카인 애장왕을 죽이고 즉위하여 재위 18년(826) 10월에 죽으면서 副君인 동생 金秀宗에게 왕위를 물려주었다. 이기백은 흥덕왕 김수종을 상대등으로 왕위에 오른 사례로 들었지만,[85] 즉위 당시 김수종은 副君이었으며, 상대등은 김충공이었다.[86] 곧 後嗣가 없었던 헌덕왕의 뒤는 상대등이 아니라 副君이 계승하였다. 이것은 상대등으로서는 다음 왕위계승자로서 공인받기 어려워 副君이라는 지위가 필요했던 것으로 볼 수 있다.

② 52대 孝恭王(金嶢)의 즉위

『삼국유사』에는 진성여왕의 막내아들로 良貝가 보이고 있으나[87] 신빙성이 없어 보이며,[88] 진성여왕은 재위 9년(895) 10월에 헌강왕의 서자이자 자신의 조카인 金嶢를 태자로 삼았다. 金嶢는 그 出自에 의심스

取)·推戴에 의한 왕위계승으로 구분하였다(1994, 「新羅 下代 王位簒奪型 叛逆에 대한 一考察」『韓國上古史學報』 17, 231쪽).

85) 이기백, 1974, 『신라정치사회사연구』, 일조각, 117쪽의 〈표 라〉 및 122쪽.
86) 『삼국사기』 권45, 열전 祿眞.
87) "此王代阿飱良貝 王之季子也"(『삼국유사』 권2, 眞聖女大王 居陀知). 이를 긍정하는 연구는 金昌謙, 1999, 「新羅下代 孝恭王의 卽位와 非眞骨王의 王位繼承」 『史學研究』 58·59合, 422~425쪽 ; 金昌謙, 2000, 「新羅 下代의 王位繼承과 遺詔」『白山學報』 56, 213~214쪽 참고.
88) 權英五, 2004, 「김위홍과 진성왕대 초기 정국 운영」『大丘史學』 76, 44~45쪽 참고.

런 점도 있으며 또한 서자 출신이었으나[89] 그의 태자 책봉에 왕족이나 상대등을 비롯한 귀족관료들이 반발하는 모습은 보이지 않으며, 2년 뒤 진성왕의 양위로 孝恭王으로 즉위하였다.[90]

(2) 遺詔에 의한 즉위[91]

① 47대 憲安王(金誼靖)의 즉위

金誼靖은 문성왕의 父인 신무왕 김우징의 異母弟로, 문성왕 말년 상대등 義正이 있었으나 왕의 숙부인 金誼靖이 왕의 유조에 따라 왕위를 계승하였다. 이때 상대등 義正·시중 義琮·문성왕 誼靖을 모두 동일인으로 보고, 상대등으로 왕위에 오른 인물로 파악한 견해도 있으나,[92] 『삼국사기』 신라본기의 희강왕 2년(837)에서 헌안왕 원년(857)까지의 짧은 분량의 기록에서 왕이 된 인물의 이름을 세 개로 따로 쓴다는 것은 설득력이 약하다.[93]

② 48대 景文王(金膺廉)의 즉위

아들이 없고 딸만 있었던 헌안왕은 상대등 金安[94]이 있었으나 김응렴을 맏사위로 삼고 석 달 뒤에 왕위를 물려주었다.

---

89) 『삼국사기』 권11, 진성왕 9년 10월.
90) 『삼국사기』 권11, 진성왕 11년 6월.
91) 遺詔나 顧命, 遺訓 등으로 기록되어 있으나 이 글에서는 유조로 한다.
92) 李基東, 1984, 「新羅 下代의 王位繼承과 政治過程」 『新羅骨品制社會와 花郎徒』, 일조각, 171쪽 ; 金昌謙, 2000, 「新羅 下代의 王位繼承과 遺詔」 『白山學報』 56, 203~204쪽 ; 金昌謙, 2002, 「新羅 下代 王位繼承과 上大等」 『白山學報』 63, 180~182쪽.
93) 이에 대해서는 권영오, 2009, 「신라하대 중기(839~888) 왕위계승과 정국의 안정」 『지역과 역사』 24, 169~170쪽 참고.
94) "伊飡 金安으로 상대등을 삼았다"(『삼국사기』 권11, 헌안왕 원년).

③ 51대 眞聖女王(金曼)의 즉위

860년에 헌안왕은 "寡人이 불행히 아들이 없고 딸만 있으니, 우리나라 고사에 비록 善德·眞德 두 女主의 예가 있으나 이는 牝雞의 晨에 가까운 것이라 가히 본받을 일이 되지 못한다"라고 하여 왕위를 사위인 김응렴(경문왕)에게 물려주었다. 그러나 886년 정강왕은 "나의 누이 曼은 天資가 明銳하고 骨相이 丈夫와 같으니 卿 등은 善德·眞德의 古事를 依倣하여 세우는 것이 좋을 것이다"라고 하였는데, 재위 1년 남짓한 불안정한 왕권 속에서도 여동생에게 왕위를 물려주려는 정강왕의 유조는 지켜져 진성여왕이 즉위하였다.

(3) 國人 추대 : 53대 神德王(朴景暉)

52대 孝恭王은 재위 16년인 912년에 죽으니 다음 왕위는 헌강왕의 사위로 효공왕의 매부인 朴氏 神德王으로 이어졌다.

> 神德王이 즉위하니 朴氏, 諱는 景暉로 阿達羅王의 遠孫이다. 父는 乂兼(또는 銳謙)으로 定康大王을 섬기어 大阿飡이 되었고, 母는 貞和夫人, 妃는 김씨니 憲康大王의 딸이다. 孝恭王이 죽고 아들이 없으므로 國人에게 추대되어 즉위하였다. (『삼국사기』 권12, 神德王 원년)

특히 효공왕 사후 國人들이 모여 상대등 金成[95]이 있음에도 불구하고 박씨인 景暉를 추대한 것을 주목할 필요가 있다.

(4) 기타

① 甄萱에 의한 옹립 : 56대 敬順王

---

95) "10년 정월에 金成으로 상대등을 삼았다"(『삼국사기』 권12, 孝恭王 10년 정월).

55대 경애왕은 927년 왕경으로 쳐들어 온 후백제군에 의해 포석정에
서 피살되고 경애왕의 이종형제인 경순왕이 견훤에 의해 즉위하였다.[96]
경애왕의 재위 기간 동안 태자는 보이지 않으며, 상대등도 기록에 나타
나지 않는다. 그러나 왕경에 쳐들어 온 견훤이 경애왕을 죽인 후에도
王弟 孝廉을 잡아갔다는 것은 경순왕을 세운 후 왕위계승의 정통성
시비에서 문제가 될 여지를 없앤 것으로 볼 수 있다.[97] 또한 견훤이
김부를 추대한 명분으로 '왕의 族弟를 세워 國事를 權知케 하고'[98] '왕의
族弟 金傅로써 왕위를 계승하게 한 후',[99] '景明王의 表弟요 憲康王의
外孫을 받들어 왕위에 오르도록 권고하여',[100] '景明王의 表弟인 憲康王
의 外孫을 받들어 왕위에 오르게 해서'[101]라고 한 것으로 보아 경순왕과
전왕들, 특히 헌강왕과의 혈연관계를 내세우고 있음을 볼 수 있다.

② 불명 : 50대 定康王(金晃)의 즉위

49대 헌강왕은 재위 12년(886)에 죽었는데, 후사는 보이지 않고 동생인
金晃이 왕위를 이었다. 헌강왕 당시의 상대등은 金魏弘이었을 것으로
생각된다.[102]

---

96) 『삼국사기』 권12, 경순왕 원년.
97) 조범환은 견훤이 경애왕의 동생인 孝廉과 宰相 英景 및 그 자제들을 포로로
    잡아간 것은 박씨족 및 그의 지지세력이 다시 정치적인 활동을 전개하지
    못하도록 취한 조치였다고 하였다(1991, 「新羅末 朴氏王의 登場과 그 政治的
    性格」『역사학보』 129, 19쪽).
98) 『삼국사기』 권12, 경애왕 4년 11월.
99) 『삼국사기』 권50, 열전 甄萱 ;『삼국유사』 권2, 후백제 甄萱.
100) 『삼국사기』 권50, 열전 甄萱.
101) 『삼국유사』 권2, 후백제 甄萱.
102) 『삼국사기』에는 헌강왕 원년(875)에 김위홍을 상대등으로 임명한 후 효공왕
    2년(898) 俊興을 임명할 때까지 상대등 임명 기사가 보이지 않는다.

2) 상대등과 왕위계승[103]

(1) 37대 宣德王(金良相)의 즉위

혜공왕 16년(780) 金志貞의 난이 일어났고, 혜공왕은 난 중에 피살되었다. 『삼국사기』에는 혜공왕이 난병에 의해 피해되었다고 했지만,[104] 『삼국유사』에서는 선덕왕과 김양상(김경신?)이라는 인명을 직접 거론하고 있으며,[105] 무엇보다도 이 기록에서 혜공왕은 대단히 부정적인 이미지로 표현되어 있다. 난병에 의해 혜공왕이 살해되었다면 이를 진압한 김양상·김경신 세력은 죽은 왕을 미화시키고 난병의 포악함을 기술했을 것이다. 하지만 혜공왕에 대한 부정적 기술은 오히려 왕의 피살이 누구에 의해 이루어졌는가 짐작하게 해 준다.[106]

---

103) 상대등에서 다음 왕위를 계승을 한 사례는 37대 선덕왕이 처음이며, 38대 원성왕·41대 헌덕왕·44대 민애왕·55대 경애왕의 경우를 합하여 모두 5명이다. 흥덕왕을 포함시키는 견해도 있으나(李基白, 1974, 『新羅政治社會史硏究』, 일조각, 122쪽 ; 李泳鎬, 1992, 「新羅 貴族會議와 上大等」『한국고대사연구』 6, 101쪽의 주36), 흥덕왕 김수종의 경우 상대등을 동모제인 김충공에게 물려주고 副君이 되었다가 왕으로 즉위하였기에 구분하였다. 김창겸은 헌안왕까지 포함하여 7명으로 보고 있으나(2001, 「新羅 下代 王位繼承의 性格」『慶州文化硏究』 4, 74쪽), 필자의 견해는 다르다(2009, 「신라하대 중기(839~888) 왕위계승과 정국의 안정」『지역과 역사』 24, 169~170쪽 참고).

104) "2월 왕은 어려서 즉위하여 장성함에 따라 聲色에 빠지고 無時로 遊幸하여 기강이 문란하고 災異가 屢現하여 인심이 離反하고 社稷이 불안할 새, 伊飡 金志貞이 叛하여 徒衆을 모아 궁궐을 에워쌌다. 4월에 上大等 金良相이 伊飡 敬信으로 더불어 군사를 일으켜 志貞 등을 誅하였으나, 왕과 后妃는 亂兵에게 被害되었다"(『삼국사기』 권9, 혜공왕 16년).

105) "(혜공왕은) 여자로써 남자가 되었기 때문에 돌날부터 왕위에 오르는 날까지 항상 여자의 놀이를 하고 자랐다. 비단주머니 차기를 좋아하고 道流와 어울려 희롱하고 노니 나라가 크게 어지러워지고 마침내 宣德王과 金良相(金敬信?)에게 죽임을 당했다"(『삼국유사』 권2, 景德王 忠談師 表訓大德).

106) 선덕왕의 즉위 방법을 추대로 파악한 견해도 있으나(2003, 金昌謙, 『新羅下代 王位繼承硏究』, 景仁文化社, 189~193쪽 및 2001, 「新羅 下代 王位繼承의 性格」 『慶州文化硏究』 4, 56쪽), 김양상은 혜공왕 살해에 참여하고 있어 찬탈로 보는 것이 옳을 것이다. 이에 대한 논란은 李泳鎬, 1990, 「新羅 惠恭王代 政變의

혜공왕이 피살된 후 상대등 김양상이 즉위하니, 37대 宣德王은 신라에
서 상대등에서 왕위에 오른 최초의 인물로, 하대의 시작을 상징하는
인물로 알려져 있다. 선덕왕은 내물왕 10세손으로 母 四炤夫人은 성덕왕
의 딸이었으니, 김양상은 성덕왕의 外孫이다.[107] 선덕왕은 즉위 후
始祖·太宗·文武大王과 聖德王·開聖大王으로 5廟를 세웠는데, 곧 자
신의 祖 元訓을 제외하고 外祖인 성덕왕으로 5廟를 삼은 것이다.[108]
또한 785년 다음과 같은 유언을 남겼다.

> 이 달에 왕이 병으로 委席하여 증세 점점 침중하여 가매, 詔書를
> 내려 "寡人은 本質이 워낙 얇아 大寶에 야심이 없었고, 추대를 逃避치
> 못하여 즉위를 하였던 것인데 즉위 이래로 年事가 順成치 못하고 民生이
> 곤궁하니 이는 다 나의 德이 民望에 맞지 아니하고 정치가 天心에
> 合치 아니한 때문이다. 항상 位를 禪讓하고 밖으로 退去하려 하였으나
> 여러 신하들이 매양 지성껏 말리므로 뜻과 같이 되지 못하고 因循하여
> 지금에 이르렀던바, 홀연히 병에 걸려 일어나지 못하니 死生에는 命이
> 있는지라 다시 무엇을 恨하랴. 死後에는 佛式에 의하여 燒火하여 東海에
> 散骨하라" 하고 13일에 이르러 돌아갔다. (『삼국사기』 권9, 宣德王 6년
> 정월)

유언에 보이는 바와 같이 선덕왕 김양상의 즉위는 비록 혜공왕의
피살에는 참여하였으나 상대등의 지위에 의해 정국을 주도한 것이
아니라[109] 혜공왕 16년(780) 김지정의 난을 진압한 주체세력인 김경신

      새로운 解釋」 『歷史敎育論集』 13·14合 참고.
107) 『삼국사기』 권9, 宣德王 원년 및 『삼국유사』 王曆 제37 선덕왕.
108) 『삼국사기』 권10, 元聖王 원년.
      이에 대해서는 邊太燮, 1964, 「廟制의 變遷을 통하여 본 新羅社會의 發展過程」
      『歷史敎育』 8, 70~71쪽 ; 濱田耕策, 2000, 「新羅の下代初期における王權の確立
      とその性格」 『朝鮮學報』 176·177合, 233~243쪽 참고.

세력과, 성덕왕의 外孫이며 혜공왕과 姑從兄弟 간인 과도기적 성격으로 추대되었다고 할 수 있다.[110]

(2) 38대 元聖王(金敬信)의 즉위

상대등에서 왕위에 오른 두 번째 인물은 38대 원성왕 김경신이었다. 기록을 살펴보자.

> 伊湌 金周元이 처음 上宰가 되고 왕이 角干이 되어 二宰에 있었는데, 꿈에 幞頭를 벗고 素笠을 쓰고 十二絃琴을 쥐고 天官寺 우물 속으로 들어가다가 깨었다. 사람으로 하여금 점쳐보니 말하기를 "幞頭를 벗은 것은 失職할 징조요, 우물로 들어간 것은 감옥에 들어갈 징조입니다"고 하였다. 왕은 이를 듣고 심히 근심하여 문을 닫고 나가지 않았다.……왕이 말하기를 "위에 周元이 있는데 어찌 上位에 거하겠는가" 하니 阿湌이 "몰래 北川神에게 제사지내는 것이 좋을 것입니다" 하거늘 이에 따랐다. 얼마 안 있어 宣德王이 돌아가매 國人이 周元을 받들어 왕으로 삼으려 하여 궁으로 맞아들이려 하였으나 갑자기 내가 불어 건널 수 없었다. 왕이 먼저 궁에 들어가 즉위하니 上宰의 무리들이 모두 來附하여 새로 즉위한 왕에게 拜賀하였다. 이가 元聖大王이니 諱는 敬信이요 金武(氏?)이니 대개 좋은 꿈이 응한 것이다. (『삼국유사』 권2, 紀異 元聖大王)

---

109) 申政勳, 2001, 「新羅 惠恭王代 政治的 推移와 天災地變의 性格」『동서사학』 8, 24쪽.

110) 權英五, 1995, 「新羅 元聖王의 즉위 과정」『釜大史學』19 참고.
  그 외 선덕왕의 과도기적 성격을 언급한 논문으로는 다음과 같은 것이 있다. 末松保和, 1954, 「新羅三代考」『新羅史의 諸問題』, 東洋文庫, 31쪽 ; 崔柄憲, 1976, 「新羅 下代社會의 動搖」『한국사 3』, 국사편찬위원회, 436쪽 ; 申澄植, 1984, 「武烈王系의 성립과 활동」『韓國古代史의 新研究』, 일조각, 131~132쪽 ; 金壽泰, 1985, 「新羅 宣德王·元聖王의 王位繼承」『東亞研究』6, 300~301쪽.

선덕왕은 嗣子가 없었고, 다음 왕위계승에 대한 언급도 기록에 보이지 않지만 후계 왕위계승의 우선권은 김주원에게 있었고, 위 사료에서 보듯 김경신도 이를 인정하고 있었다. 김주원은 상대등 김경신보다 관직에서도 上位에 있었고, 또 왕위계승 서열에도 김경신보다 우선하였다.

다만 김수태는 선덕왕 死後 김주원보다는 김경신이 정당한 왕위계승상의 제1인자로 보고, 그 이유를 "일반적으로 정상적인 왕위계승이 불가능한 경우 스스로 왕이 되기를 바랄 수 있는 또한 그렇게 추대되기도 한 정치적 존재는 바로 상대등에 있는 사람이었기 때문"이라고 하였다.[111] 하지만 이기백도 원성왕의 즉위에 대하여 "상대등이라고 해서 前王의 親子가 없는 경우의 정당한 계승자로 인정되어 있지는 못한 것이며, 상대등보다 더 유력한 왕위의 계승자가 존재할 수 있었던 것이다. 왕위가 하나의 관직이 아닌 이상 이것은 당연한 것이며, 왕위는 왕위대로의 계승 서열이 존재해 있었을 것이다"[112]라고 지적하고 있다.

선덕왕 사후 김주원과 김경신의 왕위 다툼은 오히려 상대등이라는 지위가 '정당한 왕위계승자가 없을 경우 왕이 될 수 있는 제1후보자였다' 는 견해가 하대에 적용될 수 없다는 것을 보여주는 좋은 예이다. 그리고 선덕왕은 후사가 없었고, 후계 왕위계승에 대한 유조도 없었지만 국인들이 후계 왕위를 결정할 때 나름의 왕위계승 서열이 존재하였고 이에 따라 왕위가 계승되었음을 알 수 있다.

(3) 41대 憲德王(金彦昇)의 즉위

소성왕이 재위 2년만에 죽고(798~800), 그 아들 金淸明이 13세로

---

111) 金壽泰, 1985, 「新羅 宣德王·元聖王의 王位繼承」 『東亞研究』 6, 304쪽. 이것은
     이기백, 1974, 『신라정치사회사연구』, 일조각, 101쪽을 인용한 것이다.
112) 이기백, 1974, 위의 책, 119쪽.

즉위하였지만(애장왕) 정국은 왕의 숙부인 김언승이 섭정을 하면서 주도해 나갔다.[113] 김언승의 상대등 임명은 애장왕 2년 2월 이후에 있었기[114] 때문에 왕의 숙부이자 병부령으로서 섭정했다고 생각된다.

애장왕 10년(809) 金彦昇은 동생 金秀宗과 함께 조카인 애장왕과 그 동생 金體明을 죽이고 헌덕왕으로 즉위하였다.[115] 헌덕왕 김언승의 즉위는 왕의 숙부로서 섭정과 무력기반이 주된 요인으로 생각된다.

(4) 44대 閔哀王(金明)의 즉위

하대 상대등과 왕위계승 관계에서 추가할 수 있는 사례는 흥덕왕 死後 김균정·김우징 세력과 김제륭·김명 세력간의 왕위계승 분쟁이다. 후사가 없었던 흥덕왕[116]은 자신의 후계자로 同母弟인 김충공을 태자로 지명하였지만 흥덕왕 10년(835) 김충공이 사망하였다. 그후 흥덕왕은 김균정을 상대등으로 임명하였는데,[117] 이를 흥덕왕이 다음 왕위계승자로 김균정을 지명하였다고 파악한 연구들도 있었다.[118]

---

113) "哀莊王이 즉위하니 諱는 淸明이고 昭聖王의 태자이다. 母는 金氏 桂花夫人이다. 즉위할 때 13세여서 阿湌 兵部令 彦昇이 섭정하였다"(『삼국사기』 권10, 哀莊王 元年).

114) "2년 春 2월 兵部令 彦昇으로 御龍省 私臣을 삼고 얼마 아니하여 上大等을 삼았다"(『삼국사기』 권10, 애장왕 2년).

115) 『삼국유사』 왕력 제40 애장왕.

116) 李明植은 흥덕왕에게 入唐宿衛하고 있었던 왕자 義琮이 있었다고 하였으나 (1984, 「新羅 下代 金周元系의 政治的 立場」『大丘史學』 26, 76쪽), 이는 假王子로 파악해야 할 것이다.

117) 『삼국사기』 권10, 흥덕왕 10년.

118) 李基東, 1984, 『新羅骨品制社會와 花郎徒』, 일조각, 163~165쪽 ; 李基東, 1997, 「張保皐와 그의 海上王國」『新羅社會史研究』, 일조각, 222쪽 ; 尹炳喜, 1982, 「新羅下代 均貞系의 王位繼承과 金陽」『역사학보』 96, 65쪽 ; 李明植, 1992, 「新羅 元聖王系의 分枝化와 王權崩壞」『中齋張忠植博士華甲紀念論叢』, 91쪽 ; 주보돈, 1994, 「남북국시대의 지배체제와 정치」『한국사 3』, 한길사, 335쪽.

이기백은 홍덕왕 사후 왕위계승 분쟁에서 金悌隆이나 김명의 왕위에 대한 욕망은 곧 김명의 父인 김충공의 지위에서 오는 것이라 믿는다라고 하고, 이때 김충공의 지위를 상대등으로 보았다.[119] 그러나 이는 홍덕왕 때 김충공이 왕위후계자로 간주된 것은 상대등으로서가 아니라 太子(宣康太子)로 공인되어 있었음을 간과한 것이다.

홍덕왕 사후 왕위계승 분쟁이 일어났을 때, 홍덕왕의 조카이자 소성왕 이후 왕위를 독점한 인겸계의 유일한 嫡子인 金明은 20살의 나이로 시중의 지위에 있었고, 아버지 선강태자(김충공)의 뒤를 이어 왕위계승의 정통성을 가지고 있었다. 훗날이지만 897년 진성여왕은 조카인 헌강왕의 서자 金嶢에게 왕위를 물려주기도 하였다. 반면에 장보고 군대를 빌어 즉위한 김우징은 왕위계승 분쟁에서 살해된 父 김균정의 왕위계승의 정당함과 희강왕의 찬탈을 주장하지 못하고 오히려 이의 즉위를 인정하고 있는 것에서 알 수 있듯이 홍덕왕 사후 왕위계승 분쟁에서 상대등 김균정이 정당한 왕위계승자였다고 보기는 어렵다.[120]

김균정·김우징과 김제륭·김명 세력간의 왕위쟁탈전에서 후자가 승리하여 김균정은 피살되고 김제륭이 희강왕으로 즉위하였지만, 이는 김명 자신이 왕위에 오르기 위한 발판으로 김제륭을 잠시 이용하고자 하는 의도가 작용한 것이라고 보고 있다.[121] 희강왕은 즉위와 동시에 김명을 상대등에, 아찬 利弘을 시중에 각각 임명하였지만,[122] 김명은 희강왕을 자진케 하고 838년에 민애왕으로 즉위하였다.

---

119) 이기백, 1974, 『신라정치사회사연구』, 일조각, 122쪽.
120) 權英五, 2000, 「新羅下代 왕위계승분쟁과 閔哀王」『한국고대사연구』19 참고. 또한 김주원과 왕위계승 다툼을 벌였던 원성왕 김경신의 즉위 과정에서도 상대등임을 내세워 왕위계승의 정당성을 주장한 것은 보이지 않는다.
121) 尹炳喜, 1982, 「新羅下代 均貞系의 王位繼承과 金陽」『역사학보』96, 67쪽 ; 李基東, 1984, 『新羅骨品制社會와 花郎徒』, 일조각, 165쪽.
122) 『삼국사기』권10, 희강왕 2년.

90

상대등 김명의 즉위는 희강왕을 자진케하고 왕위를 물려받은 찬탈이 었지만, 그 배경은 당시 왕위를 독점한 인겸계의 유일한 적자이자 홍덕 왕의 후계자였던 선강태자 김충공의 아들로서의 정통성과 그 가계의 무력기반이 주가 되었을 것이다.

(5) 55대 景哀王(朴魏膺)의 즉위

경애왕 박위응의 즉위[123] 당시의 지위가 상대등이었는지에 대해서는 논란이 있다. 『삼국사기』에는 景明王代 상대등 기사가 두 개 보인다.

A-① 원년 8월에 王弟 伊飡 魏膺으로 상대등을 삼고 大阿飡 裕廉으로 侍中을 삼았다. (『삼국사기』 권12, 경명왕 원년)
A-② 三年 四天王寺塑像所執弓弦自絶 壁畵狗子有聲若吠者 以上大等金成 爲角飡 侍中彦邕沙飡 我太祖移都松岳郡 (『삼국사기』 권12, 경명왕 3년)

사료 A-②를 경명왕 원년의 상대등 朴魏膺과 시중 裕廉이 경명왕 3년(919)에 상대등 金成과 시중 彦邕으로 교체되었다고 해석한 연구도 있다.[124] 이 경우 경명왕 말년의 상대등은 김성으로, 박위응은 이때 상대등에서 물러났다가 경명왕 사후 경애왕으로 즉위한 것이 된다. 金成은 효공왕 10년(906)에 파진찬으로 상대등에 임명되었다.[125] 그

---

123) "景哀王이 즉위하니 諱는 魏膺이고, 景明王의 同母弟이다"(『삼국사기』 권12, 경애왕 원년).
124) 曺凡煥, 1991, 「新羅末 朴氏王의 登場과 그 政治的 性格」『역사학보』129, 13쪽 ; 曺凡煥, 1999, 「新羅末 花郞勢力과 王位繼承」『史學硏究』57, 43쪽 ; 金昌謙, 2000, 「新羅 下代의 王位繼承과 遺詔」『白山學報』56, 215쪽 ; 음선혁, 1997, 「新羅 敬順王의 즉위와 高麗 歸附의 정치적 성격」『全南史學』11, 118쪽.
125) "10년 정월에 파진찬 金成으로 상대등을 삼았다"(『삼국사기』 권12, 효공왕 10년).

러나 신라에서 한 인물이 두 번이나 상대등을 역임한 다른 예는 없었다.
또한 A-②를 보면 앞의 천재지변 기사 뒤에 임명이 이어지므로, 이것은
시중 교체의 이유가 될 수 있지만 상대등이 물러났다고 보기에는 무리한
해석이다.126) 때문에 이를 천재지변을 계기로 시중을 裕廉에서 彦邕으
로 교체하고 前상대등 金成을 각간으로 삼았다고 보는 것이 옳을 것
같다.127)

　하지만 어느 경우에도 경애왕의 즉위는 상대등이라는 관직보다는
왕의 同母弟라는 조건이 우선이었을 것이다.128) 상대등이 왕위계승과
관련이 있었다면, 경애왕의 즉위에는 상대등이기 때문에 왕위를 계승했
다고 공포함이 마땅한데, 그런 기록은 보이지 않으며 前王의 同母弟라는
사실을 강조하였다.

3) 하대 왕위계승의 원칙

---

126) 사료 A-②의 기사는 『삼국유사』에도 비슷하게 기록되어 있다.
　　"제54대 경명왕 때인 貞明 4년 戊寅(918년)에 四天王寺 벽화 속의 개가 울어
　　3일 동안 불경을 외어 이를 물리쳤으나, 한 나절이 안 되어 또 울었다. 7년
　　庚辰(920년) 2월에는 황룡사탑 그림자가 今毛 舍知의 집 뜰안에 한 달 동안
　　거꾸로 서서 비쳐 보였다. 또 10월에는 사천왕사 五方神의 활줄이 모두 끊어졌
　　으며, 벽화 속의 개가 뜰로 달려 나왔다가 다시 벽의 그림 속으로 들어갔다"(『삼
　　국유사』 권2, 기이 景明王).
　　A-②의 기록은 오히려 『삼국유사』의 경명왕 7년 10월 기사와 더 관련이 있어
　　보인다. 이기백은 신라하대에도 天變地異로 말미암아 퇴임하는 侍中이 14명이
　　나 되어 상당히 큰 비중을 차지하며, 시중이 정치적 책임을 지는 것은 중대와
　　차이가 없다고 하였다(1974, 「新羅下代의 執事省」『신라정치사회사연구』, 일
　　조각, 178쪽).
127) 예를 들면 『삼국사기』 권9, 혜공왕 11년에 "秋八月 伊飡廉相與侍中正門謀叛
　　伏誅"라고 하였는데, 이때 侍中 正門은 '前侍中'이었다. 상대등은 이찬에서
　　임명되는 것이 많았으나, 金成은 효공왕때 파진찬으로써 상대등이 되었기
　　때문에 각찬으로 관등을 승격시켜 준 것으로 생각된다.
128) 金昌謙, 2000, 「新羅 下代의 王位繼承과 遺詔」『白山學報』 56, 215쪽.

신라의 왕위계승은 일차적으로 왕위 계승자가 始祖 또는 先王과 어떤 親族관계에 있는 자라야만 되는가 하는 혈연관계와 정치권력과 신분제로서의 골품제의 세 가지 요인에 의하여 결정된다고 한다.[129] 왕위계승은 왕조 국가에서 가장 중요한 정치 행위의 하나였던 만큼 그러한 요인들이 복합적으로 결합하여 나타나기도 하지만, 그것들 사이에서의 우선 순위와 선택에는 어떤 원칙이 있었을 것이다.

왕조 국가에서 후계 왕위는 전왕의 적장자에 의해 계승되는 것이 일반적 원칙이었다. 그러나 하대의 왕위계승을 前王과의 혈연관계로 살펴보면 하대 20명의 왕들 중 嫡子孫에 의해 계승된 경우는 5명에 불과하고, 同母弟(妹) 4명, 叔父 2, 姪男 1, 姨從兄弟 1, 姑從형제 1, 妻男 · 妹夫 2,[130] 再從兄弟 1, 堂姪 1, 女壻 1, 불명 1명(원성왕의 경우)으로 후계 왕위가 계승되었다. 적장자에 의한 왕위계승이 이루어질 수 없을 경우 기존의 연구에서는 "왕위의 정당한 계승자가 없을 경우 상대등은 왕위를 계승할 제1의 후보자로 간주되고 있었다"라는 이기백의 주장을 추종하여 하대에도 왕이 嗣子가 없을 경우 상대등이 왕위에 오를 수 있는 '원칙'[131]이나 '관례',[132] '전례'[133]가 있는 것처럼 해석하였다. 그러나 이러한 견해는 上代(中古) 선덕여왕 때의 비담의 난이나, 진덕여

---

129) 崔在錫, 1983, 「新羅王室의 王位繼承」『韓國家族制度史研究』, 一志社, 99쪽.
金昌謙도 신라시대 왕위계승에서 가장 중요한 요건으로는 전왕과의 혈연적 관계(친족관계) 및 골품제적 신분과 더불어 당시의 정치적 요인을 들고 있다 (1999, 「新羅下代 孝恭王의 卽位와 非眞骨王의 王位繼承」『史學硏究』58 · 59合, 419쪽).
130) 민애왕의 경우는 희강왕의 처남이자 재종형제간이나 처남으로 파악함.
131) 李培鎔, 1985, 「新羅下代 王位繼承과 眞聖女王」『千寬宇先生還曆紀念 韓國史學論叢』, 正音文化社, 347쪽.
132) 李基東, 1984,『新羅骨品制社會와 花郎徒』, 일조각, 148쪽 ; 李基東, 1996, 「중대에서 하대로」『한국사 11』, 국사편찬위원회, 18쪽.
133) 尹炳喜, 1982, 「新羅下代 均貞系의 王位繼承과 金陽」『역사학보』96, 65쪽.

왕 사후 알천의 섭정과 관련하여 언급한 것으로, 하대에까지 확대 적용
하기는 부적절하다.[134]

이기백도 하대 상대등을 "정당한 왕위계승자가 없는 경우의 후계자
임을 주장할 수 있는 지위에는 이르지 못하고 있으나"라고 하였고,
다만 "능히 실력으로 후계자가 될 수 있는 존재였다"[135]라고 하였을
뿐이다. 그러나 하대 왕위계승 분쟁도 선덕왕 · 원성왕 · 헌덕왕 · 희강
왕 · 신무왕의 즉위과정에 있었고, 특히 흥덕왕 사후 836년 12월에서
희강왕 · 민애왕 · 신무왕이 즉위하는 839년 1월까지의 짧은 기간에 집
중되었다. 신무왕 즉위 이후 신라가 멸망할 때까지 왕위는 무력 분쟁
없이 계승되었다.[136] 비록 여왕이나 박씨 왕의 즉위, 재위 기간이 짧은
왕들이 유훈으로 후계자를 지명하는 경우에도 이에 대한 표면적인
반발이 없었다는 것은 하대가 상대등이 실력에 의해 왕위를 차지한
시대라는 견해에 동조하기 어렵게 한다.

이기백도 "神武王 이후 귀족들에게 일반적으로 공인되는 왕위계승의
원칙이 세워졌고", 그 원칙이 분명하게 표현하기는 힘드나 "그것은
중대적인 것보다는 상대적인 것에 가까우며", "귀족의 공인 아래 왕위는
왕위대로 상대등은 상대등대로의 질서를 갖추게 되었다"고 하였다.[137]
그러나 신무왕 이전까지 상대등의 힘에 의한 즉위가 이루어지다가,

---

134) 이에 대해서는 權英五, 2003, 「신라 中古 · 中代期 상대등과 왕위계승」 『역사와
    경계』 47, 부산경남사학회 참고.
135) 이기백, 1974, 『신라정치사회사연구』, 일조각, 120쪽.
136) 경문왕 이후 왕위계승 분쟁이 종결되었다고 본 연구도 있다(吳星, 1979, 「新羅
    元聖王系의 王位交替」 『全海宗博士華甲紀念史學論叢』, 일조각, 612쪽 ; 李培鎔,
    1985, 「新羅下代 王位繼承과 眞聖女王」 『千寬宇先生還曆紀念 韓國史學論叢』,
    正音文化社, 353~354쪽 ; 田美姬, 1989, 「新羅 景文王 · 憲康王代의 能官人 登
    用政策과 國學」 『東亞硏究』 17, 45쪽 ; 全基雄, 1991, 「羅末麗初 政治社會史의
    理解」 『考古歷史學志』 7, 295쪽).
137) 이기백, 1974, 『신라정치사회사연구』, 일조각, 124쪽.

94

이때에 이르러 왕위계승 원칙이 다시 세워졌다고 하는 것도 논란의
여지가 있다. 그러한 왕위계승 원칙은 하대 全시기 동안, 비록 표면적인
갈등은 있었지만 대체로 지켜지는 것이었다고 생각된다.

하대 前王의 적장자가 아니면서 즉위한 왕들이 상대등이기 때문에
즉위하였다는 기록은 찾아볼 수 없다. 또한 왕위계승 분쟁을 통해
즉위한 상대등 김경신이나 김제륭·김명 세력에 의해 피살된 상대등
김균정도 상대등이 왕위계승권을 가지고 있다고 주장하지는 않았다.

그리고 상대등보다 더 상위의 관등과 관직을 가진 인물이 존재할
수 있었다는 것도 고려해야 할 문제이다. 宣德王 말년의 上宰 金周元이
나,[138] 성덕대왕신종명에 보이는 上相 金邕[139] 등이 그것이다. 상대등은
伊湌에서 임명되는 것이 대부분으로 이보다 더 고위의 관등인 角干이나
伊伐湌을 가진 인물도 있었다.[140]

하대 상대등에서 왕위를 찬탈한 사례는 선덕왕·원성왕·헌덕왕·

---

138) 8세기 신라의 정치구도를 상대등을 중심으로 한 대등 집단과 上宰를 중심으로
한 재상 집단으로 2원적으로 구분한 李仁哲은 "先王이 死去하고 왕위를 계승할
자손이 없을 경우 上宰相이 왕위를 잇도록 되어 있었던 것이 아닌가 한다"고
하였다(1991,「新羅의 群臣會議와 宰相制度」『韓國學報』 65, 63쪽).
　崔柄憲은 上宰나 次宰라고 한 것은 상대등이나 시중 등의 실제 재상직을
말하는 것이 아니고 왕위계승에서의 제1, 제2 후보라는 의미를 가졌던 것이라
고 하였다(1976,「新羅 下代 社會의 動搖」『한국사 3』, 국사편찬위원회, 432쪽).
신형식은 병부령으로서 시중과 상대등을 겸직할 때 上宰·上相·國相으로
칭해졌으며, 상대등, 시중보다 지위나 서열을 높인 것이라고 하였다(1984,
「新羅의 國家的 成長과 兵部令」『韓國古代史의 新硏究』, 일조각, 179쪽).
139) 金壽泰, 1983,「統一新羅 專制王權의 崩壞와 金邕」『역사학보』 99·100합, 126쪽.
鈴木靖民은 이를 상대등·시중 등의 상위에 있는 執政의 最高官을 호칭하는
것이 아닐까 하였다(1967,「金順貞·金邕論」『朝鮮學報』 45 : 1974,『古代の朝
鮮』, 學生社, 195쪽).
140) 이기백도 상대등은 관직으로서 최고의 位였는데도 불구하고 반드시 최고
관등의 位에 있는 자가 된 것은 아니었다고 하였다(1974,『신라정치사회사연
구』, 일조각, 96쪽).

민애왕의 경우와 즉위에는 실패했지만 김균정의 예를 들 수 있다.
이 중 선덕왕은 비록 혜공왕의 피살에 간여하였지만 자신의 무력 기반으
로 자립했다기 보다는 성덕왕과의 혈연관계와 과도기적 성격에 의해
추대되었고, 원성왕 김경신은 왕위계승의 우선권자인 김주원에 비해
귀족들의 동조를 받지 못해 신변에 위험을 느낄 만큼 불안해 하였으며,
김균정은 왕위계승 분쟁에서 패하여 살해되었다. 헌덕왕의 경우는 왕의
숙부이자 병부령으로서의 섭정으로, 민애왕은 당시 최대 가문인 인겸계
왕실의 유일한 적자로서의 정통성과 그 가계의 무력 기반을 즉위의
주된 요인으로 파악해야 할 것이다.

상대등에서 왕위에 오른 경우도 전왕과의 혈연관계나 무력에 의한
찬탈이 주된 요인이지 상대등이란 관직으로 다음 왕위계승자로 공인받
은 것은 아니었다. 상대등은 유력한 정치적 지위와 근친 왕족으로서
전왕이 後嗣가 없이 죽었을 경우 왕위계승 원칙에 따라 다음 왕을
추대하는 정치적 역할을 할 수는 있었을 것이지만, 이것이 자신의 즉위
와는 별개의 문제이다.

하대 후반기에 이르면 왕위계승에 있어 골품제적 원칙도 소멸되어
갔던 것으로 보는 견해도 있다.[141] 그렇다면 왕이 嗣子가 없을 경우

---

[141] 武田幸男은 9세기 이후의 신라 왕은 진골에 포섭되지 않고 오히려 골품제를
초월하여 군림하였다고 하였다(1975,「新羅骨品制の再檢討」『東洋文化研究所
紀要』67, 134쪽). 金基興은 憲康王의 庶子로서 전통적 신분관념으로는 진골도
되지 못할 孝恭王이 왕위에 오르게 되었다고 하고, 이는 중고기의 신분계승원
칙을 이미 벗어나 있는 것으로서 부계계승의 원리가 골품원리를 극복하고
있는 사례로 파악하였다(1999,「新羅의 聖骨」『역사학보』164, 65쪽). 金昌謙은
신라하대 왕위계승상에 있어서 혈연적 요건·정치적 요인과 더불어 가장
중요한 작용을 하였던 골품제적 제한 요건이 하대 후반기에 이르러 완전히
기능을 상실하고 실질적으로 소멸되었다고 보았다(1999,「新羅下代 孝恭王의
即位와 非眞骨王의 王位繼承」『史學研究』58·59合, 425쪽 ; 金昌謙, 2000,「新羅
下代의 王位繼承과 遺詔」『白山學報』56, 213쪽).

96

후계 왕위계승 서열은 어떻게 되었을까? 우선 생전에 왕과 가까운 혈연관계의 인물 중에서 태자나 부군을 지명하는 것이다.[142] 흥덕왕이나 효공왕의 경우가 이에 해당되며, 왕보다 먼저 죽어 즉위하지는 못했지만 선강태자 김충공(민애왕의 父)도 이 범주에 넣을 수 있다.

副君으로 즉위한 예는 흥덕왕 김수종이 유일하다.[143] 이때 副君의 지위는 잘 알 수 없으나 당시 후계 왕위계승자로서 공인되었다고 볼 수 있다. 김수종은 부군이 되면서 상대등을 사임하였다. 그러나 흥덕왕대 김충공은 태자(선강태자)로 지명된 후 상대등을 겸임했는지에 대해서는 알 수 없다. 상대등에서 왕위계승자인 부군이나 태자로 지명된 것은 이 두 인물이 전부이며, 모두 왕의 동모제였다. 상대등이 왕위계승권을 가지고 있었다면 굳이 이들을 다시 태자나 부군으로 지명할 필요는 없었을 것이다.

효공왕의 경우 진성여왕 말년의 혼란스런 상황에서도 헌강왕의 서자로 태자에 지명되어 15세에 못미처 즉위하였지만 당시의 왕족들과 귀족관료들은 그의 즉위를 받아들였다. 여기서 효공왕의 즉위를 가능하게 했던 것은 골품적 요소보다는 진성여왕의 太子지명이 결정적인 요인이었다.

또한 왕이 적장자를 태자로 책봉하였으나 태자가 먼저 卒했을 경우 다음 태자의 지명도 왕에 의해 결정되었다. 원성왕의 태자인 장자 金仁謙이 죽자 원성왕 8년(792) 둘째 아들인 金義英을 태자로 지명했는데,

---

142) 金昌謙은 하대에 있어 太子는 일반적으로 왕의 적장자를 일컫는 혈연적 의미보다는 다음 왕위계승자라는 정치법제적 의미만 갖게 되었으며, 그 지위는 冊封에 의해서만 주어졌다고 하였다(1993,「新羅時代 太子制度의 性格」『韓國上古史學報』13, 176~177쪽).

143) 副君은 儲貳로도 표현되어 있어(『삼국사기』권45, 열전 祿眞) 태자와 같은 의미일 것으로 생각한다(木村誠, 1977,「新羅の宰相制度」『人文學報』118, 東京都立大學, 36쪽).

이때 인겸태자의 아들인 金俊邕이 있었음에도 불구하고[144] 둘째 아들
金義英을 태자로 삼았으며, 金義英마저 죽은 후 적장손인 김준옹을
태자로 삼았다.[145] 이것은 태자 지명에도 왕의 결정이 확고했음을
보여준다. 왕의 태자 책봉은 후계 왕위계승자를 공포하는 의미를 가졌
고, 하대에 태자로 지명된 인물이 상대등이나 다른 왕족들의 반발로
즉위에 실패한 예는 없었다.

두 번째는 유조에 의한 것이다. 헌안왕 · 경문왕 · 진성여왕의 즉위가
이에 해당한다. 유조는 왕위계승자가 정상적인 왕위계승자인 太子가
아니고, 숙부 · 사위 · 여제 · 조카와 같이 왕위계승상 취약점을 가진
인물들이었기에, 왕위계승상 분쟁의 여지가 있는 계승자의 지위를 前王
이 유조를 통하여 확고히 하여 준 것이라고 해석한다.[146]

하지만 후계 왕위계승에 있어 국왕의 결정이 확고하며, 이를 인정하
는 것이 대세를 이루었다면 상대등을 비롯한 귀족들이 왕위계승에
간여하거나 반발할 여지는 그렇게 크지 않았을 것이다. 왕이 적장자손
이 없이 왕위를 물려줄 때, 그렇게 해서 다음 왕위를 계승한 왕들에
대해 당시 왕족이나 귀족관료들이 불만은 있었겠지만, 이를 정통성에
시비를 제기할 만큼 표면화시키지는 못하였다.

헌안왕의 사위로 즉위한 경문왕의 경우 「崇福寺碑」에 "旋屬憂侵杞國
位曠搖山 雖非逐鹿之原 亦有集烏之苑"이라고 했는데, 이는 상대등이

---

144) 金俊邕은 원성왕 7년(791)에 시중으로 임명되고 있어 결코 어리다고 할 수
없을 것이다.
145) 원성왕에게는 또 다른 아들인 金禮英이 있었으나 吳星은 義英 사후 仁謙의
아들인 俊邕(昭聖王)이 太子로 봉해지는 것을 보면 아마 그도 일찍 사망한
것 같다고 하였고(吳星, 1979, 「新羅 元聖王系의 王位交替」『全海宗博士華甲紀念
史學論叢』, 일조각, 612쪽), 김창겸은 이때에도 禮英이 생존해 있었다고 하였다
(1993, 「新羅時代 太子制度의 性格」『韓國上古史學報』13, 165쪽).
146) 全基雄, 1989, 「新羅 下代末의 政治社會와 景文王家」『釜山史學』16, 5쪽.

98

'정상적인 왕위계승이 불가능한 경우에 스스로 왕이 되기를 바랄 수 있는 존재' 곧 '集鳥之苑' 정도는 될 수 있겠지만, '그렇게 추대되기도 한 정치적 존재'147) 곧 '逐鹿之原'으로 당시 왕족이나 귀족들이 공인한 것은 아니라는 것을 말한 것으로 보인다.148) 하대에도 왕의 유조에 의해 지명된 인물을 '왕위계승자'로 인정하는 분위기가 대세였다는 것이다.

860년 헌안왕은 "寡人이 불행히 아들이 없고 딸만 있으니, 우리나라 고사에 비록 善德·眞德 두 女主의 예가 있으나 이는 牝雞의 晨에 가까운 것이라 가히 본받을 일이 되지 못한다"고 하여 사위인 김응렴에게 왕위를 물려주었는데, 886년에 정강왕은 "불행히 嗣子가 없으나 나의 누이 曼은 天資가 明銳하고 骨相이 丈夫와 같으니 卿 등은 善德·眞德의 古事를 依倣하여 세우는 것이 좋을 것이다"라고 하였다. 헌안왕과 정강왕은 후계 왕위계승에서 정반대의 유조를 내리지만, 왕의 의지대로 경문왕과 진성여왕에게 왕위가 이어졌다. 이것은 후계 왕위에 대한 국왕의 결정권이 확고하다는 반증이다.

세 번째, 후계 왕위에 대한 왕의 유조도 없을 때 이른바 國人들이 모여 다음 왕을 추대하였다. 원성왕 즉위 때와 신덕왕의 경우가 이에 해당한다. 그러나 이 경우에도 원칙이 보인다. 선덕왕 死後 後嗣가 없고 후계 왕위계승에 대한 유조도 알 수 없지만, 국인들의 왕위 추대에는 김경신도 김주원이 자신보다 왕위계승의 우선권을 가지고 있음을 인정할 만큼 나름의 원칙이 있었다. 추대를 前王의 의사가 반영되지

---

147) 이기백은 "상대등은 정상적인 왕위계승이 불가능한 경우에 스스로 왕이 되기를 바랄 수 있는 또 그렇게 추대되기도 한 정치적 존재"라고 하였다(1974, 『신라정치사회사연구』, 일조각, 101쪽).

148) 권영오, 2009, 「신라하대 중기(839~888) 왕위계승과 정국의 안정」『지역과 역사』 24, 176~177쪽 참고.

못하고 새로이 즉위하는 측의 의사결정으로 이루어지는 비정상적인 방법으로 보고, 왕위계승 예정자가 확실치 않을 경우 또 다른 왕위계승의 가능성이 있는 인물과의 경쟁에서 승리하여 지지자들의 추대를 받아 즉위하는 비평화적 왕위계승이라고 한 견해[149]도 있다. 하지만 국인 추대는 신라에서 왕이 후사가 없을 때 후계 왕위를 결정하는 정상적인 방법이었으며, 찬탈에 의해 즉위한 왕들이 정당성을 확보하기 위한 수단으로 추대를 빙자할 수는 있겠지만, 추대 그 자체는 왕위계승 절차에 따라 평화적으로 이루어지는 것이라고 생각된다.

이 경우 후계 왕위계승자를 추대하는 원칙이 무엇이었는지는 기록에 보이지 않으나 전왕과의 혈연관계가 가장 기본적인 조건[150]이기 때문에 우선 고려의 대상이 아니었을까 한다. 선덕왕 사후 왕위계승자였던 김주원은 무열왕계로서, 내물왕계인 김경신보다 우월한 위치에 있었다. 김경신의 찬탈 과정에서도 천명에 부회하여 자신의 찬탈을 정당화하려는 의도와 함께 전왕의 弟라고 하여, 전왕과의 혈연관계를 특히 강조하였다.[151] 국인이 추대한 신덕왕의 경우도 박씨였지만, 효공왕의 매부나 헌강왕의 사위인 점이 가장 고려가 되었을 것이다.[152] 그러나

---

149) 金昌謙, 1994,「新羅 下代 王位簒奪型 叛逆에 대한 一考察」『韓國上古史學報』 17, 231쪽.

150) 왕위를 계승할 수 있는 친족 범위에 대해서는 崔在錫, 1983,「新羅王室의 王位繼承」『韓國家族制度史研究』, 一志社, 136쪽 ; 李鍾旭, 1985,「新羅時代의 眞骨」『東亞研究』 6, 246~247쪽 참조.
  최재석의 주장에 대해 약간의 논쟁이 있었다(李鍾旭, 1987,「回顧와 展望—古代」『역사학보』 116 ; 최재석, 1988,「신라 골품제에 대하여」『한국고·중세 사회의 구조와 변동』, 문학과지성사 ; 최재석·안호룡, 1990,「新羅 王位繼承의 系譜認識과 政治勢力」『한국의 사회조직과 종교사상』, 문학과지성사).

151) "宣德이 돌아가고 아들이 없으므로 群臣은 後嗣를 의논하여 왕의 族子 周元을 세우려 하였다.……(혹자는 말하되) 지금 상대등 敬信은 前王의 아우로 덕망이 높고 人君의 자격이 있다"(『삼국사기』 권10, 원성왕 원년).

152) 李培鎔은 53대 神德王도 朴氏系의 왕이 등장했다는 입장에서보다는, 경문왕의

혈연관계는 왕위계승에 있어 기본조건으로, 왕과 가장 가까운 사람에게 왕위가 계승되는 원칙이 있는 것153)이 아니라 이 조건을 충족하는 다수의 인물 중에서 왕이 결정하였다.

이러한 것을 상대등이 왕위계승과 무관하다고 단정할 수는 없으나 상대등은 왕과의 혈연관계에서 후계 왕위계승의 필요조건 정도는 될 수 있으나 이의 충분조건은 아니라고 생각된다.154) 그러므로 상대등 자체가 왕위계승권을 가졌거나 왕위계승을 보장해주지는 않았다. 왕의 적장자에 의해 왕위가 계승되는 절차가 아닌 경우 후계 왕위는 전왕과 가까운 혈연관계의 인물 중에서 왕이 정치적 상황을 고려하여 태자 지명이나 유조를 통해 최종적으로 결정하였다.

본절에서는 하대의 왕위계승에서 前王이 嗣子가 없이 죽었을 때 후계 왕위가 계승되는 사례를 상대등과 관련하여 검토하고, 하대의 왕위계승에 대한 원칙을 제시해 보았다. 이를 정리하면 다음과 같다. 하대 20명의 왕들 중에서 적장자손에 의해 후계 왕위가 계승된 경우는 5명뿐이었다. 나머지는 찬탈에 의한 것이 5명, 태자나 부군으로 계승한 경우가 2명,

---

즉위와 마찬가지로 결국 憲康王의 사위라는 자격으로 憲康王系를 그대로 이어받았다는 측면에서 이해하는 편이 훨씬 타당할 것으로 보았다(1985, 「新羅下代 王位繼承과 眞聖女王」『千寬宇先生還曆紀念 韓國史學論叢』, 正音文化社, 352쪽).

153) 진성여왕의 즉위에 대해 김창겸은 왕위계승 원칙상 父子계승이 불가능하면 형제계승을, 그것마저 어려우면 숙부계승이 순서였기에 숙부 위홍보다는 女弟 진성여왕이 먼저 유조를 받았던 것으로 봄이 옳은 듯하다고 하였다(1999, 「新羅下代 孝恭王의 卽位와 非眞骨王의 王位繼承」『史學硏究』58·59合, 418쪽).

154) 權英五, 2000, 「新羅下代 왕위계승분쟁과 閔哀王」『한국고대사연구』19 참고. 김창겸도 하대에 상대등을 역임하는 자가 즉위한 경우가 더러 있었는데, 이는 상대등이기 때문에 그 직에 따라 왕위계승권을 가졌던 것이 아니라 그의 혈연적 신분이 왕위계승의 범주에 속했기 때문에 가능하였다고 보았다 (2001, 「新羅 下代 王位繼承의 性格」『慶州文化硏究』4, 76쪽).

유조에 의한 것이 3명, 국인 추대가 1명, 다른 세력에 의해 옹립된 것이 2명, 불명 2명이었다. 이들 중 상대등에서 왕위에 오른 경우도 5명이나 된다.

하대에 왕이 後嗣가 없을 때 기존의 연구들은 "왕위의 정당한 계승자가 없을 경우에 상대등은 왕위를 계승할 제1후보자로 간주되고 있었다"라는 이기백의 견해를 인용하여 후계 왕위계승자를 파악하였다. 그러나 왕이 嗣子가 없이 죽었을 때 상대등이기 때문에 왕위계승을 주장한 사례는 없었고, 또한 왕들이 후계 왕위계승자를 지명할 때 상대등을 의식하지도 않았다.

하대에 왕이 적장자가 없을 경우 후계 왕위를 정하는 방법으로는 먼저 왕이 생전에 태자, 부군을 지명하는 것이 있었다. 헌덕왕 때 동모제 김수종(흥덕왕으로 즉위), 진성여왕 때 조카인 김요(효공왕으로 즉위)의 경우이며, 왕보다 먼저 죽어 즉위하지 못했지만 흥덕왕 때 동모제 김충공(선강태자)도 이에 해당한다. 원성왕대는 세 차례의 태자 지명이 있었고, 결국 적장손 김준옹이 太子로 다음 왕위를 계승하였다. 왕이 후사가 없을 때라도 태자나 부군만이 후계 왕위계승자로 공인된 것이다.

두 번째 유조에 의해 왕위를 계승한 경우로 헌안왕·경문왕·진성여왕의 사례가 있었다. 특히 860년에 헌안왕은 善德·眞德 두 여왕의 예가 본받을 일이 되지 못한다고 하면서 맏사위 김응렴에게 왕위를 계승하도록 유조를 남겼고, 886년 정강왕은 善德·眞德의 古事를 依倣하여 여동생 金曼을 세우도록 했는데, 이 정반대의 왕의 유조에 따라 후계왕위가 계승되었다. 이것은 왕의 유조가 후계 왕위계승자를 결정함에 있어 다른 요소들에 비해 우선한다는 것을 보여주는 것이다.

이마저도 없을 경우 왕의 사후에 이른바 국인들이 모여 추대를 하였다. 추대도 원성왕의 예에서 보는 것과 같이 나름의 원칙이 정해져 있었고, 신라에서 후계 왕위를 결정하는 정상적인 방법이었다고 생각한다. 이때 그 계승 원칙은 분명히 드러나지는 않으나 왕과의 혈연관계가 기본적인 전제 조건이었기 때문에 국인 추대나 비정상적인 찬탈이나 외세에 의한 옹립 때에도 강조되었다. 그러나 혈연관계는 왕위계승에 있어 기본 조건으로, 왕과 가장 가까운 혈연에게 왕위가 계승되는 원칙이 있는 것이 아니라 이 조건을 충족하는 다수의 인물 중에서 왕이 결정하였다.

하대에도 신무왕 이후 신라가 멸망할 때까지 왕위는 무력분쟁 없이 계승되었다. 비록 여왕이나 박씨 왕의 즉위, 재위 기간이 짧은 왕들의 유조에 의해 후계자를 지명하는 경우에도 이에 대한 표면적인 반발은 없었다. 이는 힘에 의한 대결 논리가 아니라 왕위계승 원칙에 대한 왕족들과 귀족들의 합의가 있었다는 것을 의미한다. 후계 왕위계승에 있어 국왕의 결정이 확고하며, 다른 왕족들이나 귀족들도 이를 인정하는 것이 대세를 이루었다면 상대등을 비롯한 귀족들이 왕위계승에 간여하거나 반발할 여지는 그렇게 크지 않았을 것이다.

하대에 왕이 後嗣가 없을 때라도 왕위란 찬탈이나 왕조의 교체 이외에는 태자·부군으로 계승하거나 왕의 유조에 의해 후계 왕위가 정해졌으며, 국인 추대의 경우에도 나름의 원칙이 있어 이에 따라 왕위계승이 이루어졌다. 때문에 하대 초기 짧은 기간에 나타난 왕위계승 분쟁을 일반화하여 하대 전시기를 왕위 다툼의 시대로 파악한다든가, 나아가 그 왕위 다툼의 가운데 상대등을 놓고 이를 연결시키려는 결론을 이끌어 낸 기존의 연구는 재고를 요한다.

〈표 2〉 하대 왕위계승과 상대등과의 관계

王名	前王과의 관계	즉위 직전 상대등	즉위 때의 지위	즉위 형태
㊲ 宣德王 金良相	姑從兄弟	金良相	상대등	찬탈
㊳ 元聖王 金敬信	弟(?)	金敬信	상대등	찬탈
㊴ 昭聖王 金俊邕	孫	世强	태자	태자 계승
㊵ 哀莊王 金淸明	子		태자	태자 계승
㊶ 憲德王 金彦昇	叔父	金彦昇	상대등	찬탈
㊷ 興德王 金秀宗	同母弟	金忠恭	副君	부군 계승
㊸ 僖康王 金悌隆	堂姪	金均貞		金明에 의해 옹립
㊹ 閔哀王 金　明	妻男 · 再從兄弟	金明	상대등	찬탈
㊺ 神武王 金祐徵	再從兄弟	金貴	前 시중	찬탈
㊻ 文聖王 金慶膺	子		태자	태자 계승
㊼ 憲安王 金誼靖	叔父	義正	舒弗邯,南北宰相	유조
㊽ 景文王 金膺廉	女壻 · 堂姪	金安	화랑	유조
㊾ 憲康王 金　晸	子	魏珍	태자	태자 계승
㊿ 定康王 金　晃	同母弟	金魏弘	南宮相	?
51 眞聖王 金　曼	同母弟(女弟)		北宮長公主	유조
52 孝恭王 金　嶢	姪男 · 헌강왕 서자		태자	태자 계승
53 神德王 朴景暉	妹夫	金成	헌강왕의 사위	국인 추대
54 景明王 朴昇英	子	繼康	태자	태자 계승
55 景哀王 朴魏膺	同母弟	朴魏膺	상대등	?
56 敬順王 金　傅	姨從兄弟 · 헌강왕 외손			甄萱에 의해 옹립

III. 하대 초기~중기(선덕왕~정강왕) 정치 변동

1. 하대의 시작과 원성왕의 즉위

『삼국사기』에서는 國人의 말을 인용하여 신라사를 上代 · 中代 · 下代의 세 시기로 나누고, 宣德王부터 敬順王까지를 하대로 구분하였다.[1] 그렇지만 하대의 설정과 그 사회 성격을 고찰한 연구들이 『삼국사기』의 기준을 일률적으로 적용한 것은 아니었다.

『삼국사기』와는 달리 金良相이 상대등으로 취임하는 혜공왕 10년(774)이나[2] 金邕이 시중으로 등장하는 경덕왕 19년(760)을 하대의 전환점으로 설정하기도 하였다.[3] 중대 이후의 정치 변동을 고찰함에 있어서 전제왕권과 진골귀족의 대립이라는 구도를 설정하고, 후자의 세력을 대변하는 인물의 등장을 하대의 시작으로 보는 연구는, 신라 사회의 변동을 단순히 王系의 교체만이 아니라 정치적 요인을 분석하여 이후 연구에 많은 영향력을 끼쳤다. 그러나 전제왕권과 진골귀족의 대립 구도를 상정한 신라 정치사의 분석이 그 유용성이 없는 것은 아니나,[4]

---

1) 『삼국사기』 권12, 신라본기 敬順王 末尾 기사.
2) 李基白, 1958, 「新羅 惠恭王代의 政治的變革」 『社會科學』 2.
3) 金壽泰, 1983, 「統一新羅期 專制王權의 崩壞와 金邕」 『역사학보』 99 · 100합.
4) 李基白은 역사적 인물에 대한 유형화 작업의 필요성을 말하고, "신라 시대의

당시 정치세력들의 형성과 대립을 이분론적으로 단순화시켰다는 비판
도 받고 있다.[5]

이와는 달리 선덕왕대의 과도기적 성격을 지적하기도 하고,[6] 하대의
'실질적' 시조로서 원성왕을 지목한 연구도 있었다.[7]『삼국사기』에
나타난 기사를 검토해 보면, 선덕왕이 중대와 구분될 만큼의 시대 변화
를 주도했는지 의문이 들기도 한다. 하대가 원성왕과 그 후손에 의해
계승된 만큼, 원성왕 김경신의 즉위가 하대를 실질적으로 열어 놓았다
는 평가는 설득력을 가질 수 있다.

하지만 원성왕의 즉위 과정에서 그의 정치적 역할과 배후에 대한
검토는 선덕왕의 등장과 즉위의 부각에 가리어진 부분도 있었다고
생각된다. 당시의 표면적인 사건이나 인물의 등장 이면을 살펴보면
오히려 김경신의 실질적인 영향력을 엿볼 수 있다.

본절에서는 원성왕 김경신의 활동이 드러나기 시작하는 시점인 혜공
왕대부터 선덕왕을 이어 왕위에 오르기까지의 과정을 검토하면서, 표면
에 드러난 사건 이면의 본질과 당시 정국 운영의 실체를 살펴보고자

인물들도 그들이 專制政治의 지지자였는가 혹은 貴族政治의 지지자였는가를
가려서 그 성격에 따른 유형화를 할 필요가 있다"고 주장하였다(1993, 「統一新
羅時代의 專制政治」『韓國史上의 政治形態』, 일조각, 74쪽).

5) 李泳鎬는 "이기백의 연구가 '인간활동을 유형화'함으로써 적지 않은 성과를
거두었다고 믿고 있지만, 지나친 유형화는 역사해석을 경직화시킬 우려가
있다"고 비판하였다(1990, 「新羅 惠恭王代 政變의 새로운 解釋」『歷史敎育論集』
13·14합, 358쪽의 주77).

6) 末松保和, 1954, 「新羅三代考」『新羅史의 諸問題』, 東洋文庫, 31쪽 ; 申瀅植, 1984,
「武烈王系의 成立과 活動」『韓國古代史의 新硏究』, 일조각, 131~132쪽 ; 주보
돈, 1994, 「남북국시대의 지배체제와 정치」『한국사 3』, 한길사, 328쪽 ; 金壽泰,
1996,『新羅中代 政治史硏究』, 일조각, 137~138쪽.

7) 申瀅植, 1977, 「新羅史의 時代區分」『한국사연구』 18, 42쪽 ; 金壽泰, 1996,
앞의 책, 158쪽 ; 김영하, 1994, 「삼국과 남북국의 사회성격」『한국사 3』, 한길
사, 99쪽.

한다. 원성왕 김경신의 즉위 과정과 그 배경을 고찰하는 것은 하대를 설정하고 그 성격을 이해하는 데에도 중요한 시사점을 제공할 수 있을 것이다.

1) 혜공왕대 반란사건과 김경신

즉위 당시 혜공왕의 연령은 겨우 8세였기에 母后 滿月夫人이 섭정을 하게 되었다.[8] 만월부인의 섭정은 형식적인 것이 아니라 실질적인 것으로, 그녀의 정치적 영향력은 상당히 높았던 것 같다. 혜공왕 3년에 伊湌 金隱居를 唐에 보내 方物을 貢하고 冊名을 청하니, 唐은 이듬해 歸崇敬으로 하여금 신라로 가서 왕을 책봉하고, 아울러 王母 金氏를 大妃로 책명하였다.[9] 이것은 중대에 있어 왕의 母后가 唐으로부터 책봉받은 유일한 예였고, 당시 섭정을 하고 있던 만월부인이 책봉을 통하여 자신의 정치적 활동과 그 세력에 대하여 唐으로부터 인정받으려 한 것으로 본다.[10]

만월부인 섭정 당시의 정치세력을 살펴보기 위하여 혜공왕대 상대등과 시중의 임명기사를 반란사건과 연관하여 『삼국사기』에서 찾아 정리하면 〈표 3〉과 같다. 혜공왕 즉위년에 새 인물의 상대등·시중 임명 기록이 없는 것으로 보아 경덕왕 23년의 상대등 萬宗·시중 良相 체제[11]가 혜공왕 원년에도 그대로 유지되었다고 보여진다.

---

8) "혜공왕이 즉위하니 諱는 乾運, 경덕왕의 嫡子이다. 母는 김씨 滿月夫人이니 舒弗邯 義忠의 딸이다. 왕의 즉위 시의 나이 8세이므로 太后가 섭정하였다"(『삼국사기』 권9, 혜공왕 원년).

9) 『삼국사기』 권9, 혜공왕 3년·4년.

10) 金壽泰, 1996, 『新羅中代 政治史硏究』, 일조각, 127쪽. 李昊榮은 "惠恭王은 하나의 왕으로서 상징적인 존재에 불과하였으며 실제적인 모든 권력은 태후와 그를 둘러싼 측근자들에게 있었다"고 보았다(1974, 「新羅中代王室과 奉德寺」 『史學志』 8, 12쪽).

〈표 3〉 혜공왕대 상대등・시중 임명과 반란사건

연대 구분	경덕왕 23(764)	혜공왕 4(768)	혜공왕 6(770)	혜공왕 10(774)	혜공왕 11(775)	혜공왕 13(777)	선덕왕 즉위(780)
上大等 임명	萬宗	神猷		良相			敬信
侍中 임명	良相	金隱居	正門		金順	周元	義恭
반란 인물		大恭	金融		金隱居 廉相・正門	志貞	

혜공왕 초기의 정치체제는 大恭의 난을 계기로 큰 변동을 겪게 된다.

A-① 7월에 一吉湌 大恭이 아우 阿湌 大廉과 함께 謀叛하여 王宮을
   에워싼 지 33일 만에 王軍이 (마침내) 討平하여 그 9族을 誅하였다.
   (『삼국사기』 권9, 혜공왕 4년 7월)

A-② 7월 3일 角干 大恭이 반란을 일으켜 서울과 5道의 州郡 도합 96명의
   角干들이 서로 싸워 크게 어지러웠다. 角干 大恭의 집이 망하자
   그 집의 재산과 보물과 비단 등을 모두 王宮으로 옮겼다. 新城의
   長倉이 불에 타자 沙梁, 牟梁 등 마을에 있던 역적들의 보물과
   곡식을 또한 王宮으로 운반해 들였다. 난리가 3朔 만에 멎으매
   상을 받은 자 제법 많았으나 죽음을 당한 자도 수 없이 많았으니,
   表訓이 "나라가 위태롭다"고 한 말이 바로 이것이다. (『삼국유사』
   권2, 紀異, 惠恭王)

A-③ 大曆 초에 憲英이 죽었다.……이 무렵 재상들 사이에 권력 다툼이
   일어나 서로 공격하여 나라가 크게 어지러웠는데, 3년 만에 비로소
   안정되었다. 이 해에 來朝하여 공물을 바쳤다. (『新唐書』 권220,
   열전145 東夷 新羅)

---

11) "23년 정월에 이찬 萬宗으로 상대등을 삼고 아찬 良相으로 시중을 삼았다"(『삼
   국사기』 권9, 경덕왕 23년).

108

大恭의 난은 96角干이 참여하여 33일간 왕궁을 에워쌌으며, 이를 진압하는데 3朔[12]이 걸린 대규모의 반란사건으로 이후 정국의 운영에 미친 영향이 대단히 컸다. 〈표 3〉에서 보듯 즉위 초에도 없었던 상대등·시중의 인사가 이 사건 직후 단행되어 神猷를 상대등에, 金隱居를 시중으로 임명하였다.[13]

혜공왕 초기에는 만월부인과 관련된 정치세력들이 집권하고 있었으므로, 大恭의 난은 이에 대한 반발이었을 것이다. 그러나 이 난은 실패로 끝났고 참여자의 다수가 처형되었다. '그 9족을 誅하였다'(A-①)라고 한 것이나, '죽음을 당한 자도 수 없이 많았다'(A-②)라는 기록은 반란자에 대한 철저한 숙청을 의미한다. 그러므로 이 난은 정국 동향에 커다란 영향을 주었으나, 정치 실권자들이 바뀐 것은 아니었다.

이에 반해 혜공왕 6년 金融의 난은 그 반란의 실체에 대해 의문을 갖게 하는 사건이다.[14] 기록을 살펴보자.

B   37世(?) 惠恭王代 大曆14년 己未 4월에 갑자기 회오리바람이 庾信公의 무덤에서 일어났다. 그 속에 사람이 駿馬를 탔는데 장군의 儀仗과 같았고, 갑옷을 입고 器仗을 든 자 40여 명이 따라와서 竹現陵으로 들어갔다. 갑자기 陵 속에서 진동하며 哭泣하는 소리가 있는 것 같은데, 혹은 호소하는 소리와도 같았다. 그 말에

---

12) 3朔은 3개월 또는 3년으로 해석할 수 있다(三品彰英 遺撰, 1979, 『三國遺事考証 (中)』, 塙書房, 104쪽 참고).
13) 『삼국사기』 권9, 혜공왕 4년 10월.
14) 혜공왕대 반란사건의 기록들 중에서 실제로 병력이 동원된 것을 알 수 있는 것은 4년 大恭의 난과 16년 金志貞의 난, 김양상·김경신의 擧兵 뿐이다. 나머지는 실제 이들이 반란을 도모했는지, 아니면 다른 정치세력에 의해 '반란'의 명목으로 숙청당했는지 의심이 가는 사건들이다. 기존의 연구들이 구체적인 실증 없이 이들이 모두 반란을 도모한 것으로 보고, 이를 왕당파와 反전제주의적 진골귀족의 대립으로 파악한 것은 재고의 여지가 있다.

이르기를 "臣은 평생에 시국을 도와 난을 구하고 匡合한 공이
있었으며, 지금은 혼백이 되어도 나라를 鎭護하고 재앙을 물리치
고 환난을 구제하는 마음이 잠시라도 변함이 없다. 지난 庚戌年에
臣의 자손들이 죄 없이 죽음을 당하였으니 君臣이 나의 功烈을
생각하지 않는 것이다. 臣은 멀리 딴 곳으로 가서 다시는 勞勤하지
않을 것이니 왕은 이를 허락하소서"라고 하였다.……(혜공)왕이
듣고 두려워하여 工臣 金敬信을 보내어 金公陵에 가서 사과케
하고, 公을 위하여 鷲仙寺에 功德寶田 30結을 두어 冥福에 資하게
하였다. (『삼국유사』 권1, 紀異, 未鄒王 竹葉軍)

이에 의하면 김유신의 혼이 竹現陵(味鄒王陵)에 가서 호소하면서
"지난 庚戌年에 臣의 자손들이 죄도 없이 죽음을 당했다"라고 하고
있다. 이 庚戌年의 일을 혜공왕 6년의 김융의 난에 비정하는데,15) 이에
따른다면 김유신의 후손들이 '죄도 없이 죽음을 당한(無罪被誅)' 것으로
표현한 것에 주목할 필요가 있다. 곧 이들이 실제로 반란을 도모했다기
보다는 억울하게 희생되었을 가능성이 있다. 혜공왕이 두려움에 떨어
사죄하였다는 것에서도 이를 짐작할 수 있다. 그리고 혜공왕 6년 12월의
侍中 교체도 8월의 김융의 난에 의한 것이기 보다는 11월의 서울의
지진 때문일 것으로 생각할 수 있다.16)
이에 대해 만월부인과 관련된 정치세력을 전제왕권을 유지하려는
왕당파로 규정하고, 혜공왕 6년 김융의 난이 성공하여 反전제주의
세력이 권력을 장악하였다고 한 주장도 있다. 그것은 이듬해 만들어진
「聖德大王神鐘銘」이 反전제주의 인물인 김옹과 김양상이 권력을 장악

15) 李基白, 1958, 「新羅 惠恭王代의 政治的 變革」 『社會科學』 2 : 1974, 『신라정치사
   회사연구』, 일조각, 232쪽.
16) "秋八月 大阿飡金融叛 伏誅 冬十一月 京都地震 十二月 侍中隱居退 伊飡正門爲侍
   中"(『삼국사기』 권9, 혜공왕 6년).

하고 있는 모습을 잘 보여주고 있는 데서도 살필 수 있다고 하였다.[17)
그러나 「聖德大王神鐘銘」의 내용을 살펴보면 또 다른 해석이 가능하
다.

> 지금 우리 聖君께서는 행실이 祖宗에 부합하고 뜻이 지극한 이치에
> 부합되어 빼어난 상서로움이 千古에 기이하며 아름다운 덕은 지금의
> 으뜸이다. 거리의 용이 궁궐의 계단에 음덕의 비를 뿌리고 하늘의
> 천둥이 대궐에 울렸다. 쌀이 열매 달린 숲이 변방에 축축 늘어지고
> 연기가 아닌 색이 서울에 환히 빛났다. 이는 곧 태어나신 날과 정사에
> 임한 때에 응답한 것이다. 우러러 생각컨대 太后께서는 은혜로움이
> 땅처럼 평평하여 백성들을 어진 가르침으로 교화하시고 마음은 天鏡
> 같아서 父子(필자 주 : 景德王과 惠恭王)의 효성을 장려하셨다. 이는
> 아침에는 왕의 외숙의 어짐과 저녁에는 충신의 보필을 받아 말을 가리
> 지 않음이 없으니 어찌 행동에 허물이 있으리오.[18)

이는 성덕대왕신종이 만들어지는 혜공왕 7년의 정치를 찬양하고
있는 내용으로, 당시 정치 실권자의 존재를 짐작할 수 있게 한다. 우선
15세의 혜공왕의 경우 이때가 왕의 親政 시기라기보다는 아직 母后의
섭정일 가능성이 크다. 혜공왕은 태어날 때의 상서와 기이한 사건들을
나열했을 뿐 정치에 대한 언급이 없는 반면, 太后를 찬양하는 말들이
이어지고 있다. 혜공왕 즉위 초기에 섭정한 만월부인 세력은 성덕대왕
신종이 만들어지는 시기에도 여전히 "백성들을 어진 가르침으로 교화
(化黔黎於仁敎)"하고 있었다. 따라서 만월부인의 정치적 영향력은 아직
건재함을 볼 수 있다.

---

17) 金壽泰, 1996, 『新羅中代 政治史研究』, 일조각, 110쪽.
18) 南東信, 1992, 「聖德大王神鐘銘」『譯註 韓國古代金石文 III』, 385~386쪽.

그리고 "아침에는 元舅의 어짊과 저녁에는 충신의 도움을 받아(朝於元舅之賢 夕於忠臣之輔)"라고 할 때 '元舅'의 존재를 주목할 필요가 있다. 당시의 정치를 찬양한 「성덕대왕신종명」에 특별히 언급된 만큼, 이는 만월부인과 같이 이 시기 정치를 이끌어 가는 실권자일 것이다. 元舅는 왕의 外叔을 가리킨다.[19] 그러므로 이 시기는 母后 만월부인과 왕의 외숙(元舅)에 의한 정치, 곧 외척들에 의해 정국이 운영되었다고 할 수 있다.

전제왕권은 정치에 참여할 수 있는 지배세력의 범위를 극히 축소시켜 놓으며, 중대 전제왕권 시대는 신라 어느 시대 보다도 강력한 왕권 아래 기생하는 외척들이 크게 활동하는 시기라고 한다.[20] 그런데 이처럼 큰 권력을 행사하던 외척들이 새로운 왕이 8세로 즉위하여 母后가 섭정하는 시기를 맞았을 때, 더 이상 왕권 아래서 기생하는 것이 아니라 정치를 전횡하는 존재가 될 수 있음을 쉽게 예측할 수 있다. 만월부인도 섭정을 유지하기 위해서는 그녀를 뒷받침해 줄 세력이 필요했을 것이고, 이것은 자신의 집안 사람을 끌어들여 이루어졌을 것이다.

그렇다면 이때 왕의 元舅로서 당시 정치에 이처럼 영향력을 발휘할 수 있는 인물은 누구일까? 김옹을 주목해 보자. 김옹은 「성덕대왕신종명」에서 "檢校使 兵部令兼殿中令 司馭府令 修城府令 監四天王寺府令并檢校眞智大王寺使 上相 大角干 臣 金邕"[21]으로 나와 있어 최고의 정치

---

19) 이와 같은 예로 『後漢書』竇·何 列傳의 何進을 들 수 있다(李昊榮, 1975, 「聖德大王神鐘銘의 解釋에 관한 몇 가지 문제」『考古美術』125, 13쪽). 元舅가 왕비의 外叔을 가리킬 가능성도 생각할 수 있으나 "昔波珍飡 金元良者 炤文王后之元舅 肅貞王后之外祖"(「崇福寺碑」『朝鮮金石總覽』, 120쪽)라는 표현이 있어, 왕비의 경우 '炤文王后之元舅'라는 형식으로 표현한 것 같다.

20) 金壽泰, 1983, 「新羅 聖德王·孝成王代 金順元의 政治的 活動」『東亞研究』3, 229쪽.

21) 南東信, 1992, 「聖德大王神鐘銘」『譯註 韓國古代金石文 Ⅲ』, 388쪽.

실권자임이 명백하다. 당시 「성덕대왕신종명」에 나타난 바와 같이 정치
에 큰 영향력을 행사할 수 있는 元舅는 김옹 외에는 달리 찾아질 것
같지 않다. 李昊榮과 浜田耕策도 이를 김옹으로 파악했다.22)

따라서 성덕대왕신종이 만들어지는 혜공왕 7년의 정치는 상대등
神猷·시중 正門과 왕의 母后 만월부인·元舅 김옹의 영향력이 미치고
있는 상황이었다. 이러한 정치체제는 혜공왕 원년의 것이 그대로 유지
되어 온 것으로, 그 정치적 비중은 15세의 혜공왕이나 상대등·시중에
있다고 하기 보다는 왕의 母后 만월부인과 元舅 김옹으로 대표되는
외척들의 손에 놓여 있었다.

그런데 「성덕대왕신종명」에 나타난 정치체제로 대표되는 혜공왕대
의 외척 정권은 혜공왕 10년 김양상의 상대등 임명 이후 그 성격이
달라진 것으로 보인다. 기록에 의하면 혜공왕 11년 6월에 金隱居, 8월에
廉相·正門의 반란이 있었다. 金隱居·廉相·正門은 모두 경덕왕대 후반
에서 혜공왕대에 걸쳐 시중을 역임했던 인물이며,23) 특히 金隱居와
正門은 만월부인과 김옹의 집권기에 시중에 있었던 인물이었다. 이들의
잇단 반란은 「성덕대왕신종명」에 나타난 것과는 다른 정치세력의 집권
에 대한 반발이거나, 이들 세력에 의해 '반란'의 명목으로 숙청당했음을
보여주는 사건으로 여겨진다.

그리고 혜공왕 12년에는 경덕왕 때 실시된 漢化정책을 복구하는
시책이 시행되었다.24) 이를 中代的인 것에 대한 부정과 下代의 도래를
말하는 것으로 커다란 사회 변화를 상징한다고 보기도 하고25) 경덕왕

---

22) 李昊榮, 1975, 「聖德大王神鐘銘의 解釋에 관한 몇 가지 문제」『考古美術』125,
　　13쪽 ; 浜田耕策, 1981, 「新羅の聖德大王神鐘と中代の王室」『响沫集』3, 35쪽.
23) 廉相은 경덕왕 17년 정월~19년 4월, 金隱居는 혜공왕 4년 10월~6년 12월,
　　正門은 혜공왕 6년 12월~11년 3월에 각각 시중을 역임하였다.
24) "春正月 下敎 百官之號 盡合復舊"(『삼국사기』권9, 혜공왕 12년).

정책에 대한 부정으로 축소하여 보기도 하는데,[26] 어떤 해석을 따르건 간에 혜공왕 12년의 官號復故는 앞 시기와 단절된 정권교체를 시사해 주고 있다. 그것이 새해가 시작되는 정월에 실시되었다는 것은 이러한 정책들이 수립, 준비되어 오다가 이때에 공포되었음을 의미한다. 이러한 것들은 혜공왕 10년 김양상의 상대등 임명 이후의 일련의 사건들과 연결선상에서 파악할 수 있는 것들이다.

또한 만월부인과 김옹의 외척 집권기였던 혜공왕 6년에 김융의 난으로 몰락한 김유신 가계가 김경신이 大臣으로 김유신 묘에 파견된 혜공왕 15년에 복권되었다고 보는 것도,[27] 이때의 정치세력이 이전의 「성덕대왕신종명」에 나타난 것과는 다른 성격의 것임을 알려준다. 김옹은 김유신 후손들이 관련된 김융의 난이 발생했을 때 정치적 실권자이자 병부령으로서 이를 진압하는데 주도적 역할을 했을 것이다.[28] 그런데 김유신 가계가 복권되었다는 것은 만월부인과 김옹 등의 외척 세력과는 다른 정치권력이 등장한 것을 의미한다.

「성덕대왕신종명」을 마지막으로 김옹은 국내 기록에는 보이지 않는다. 그렇지만 『續日本紀』의 기록으로 미루어 혜공왕 10년에 김옹은 金順貞이 가졌던 上宰의 位를 이어 집정하고 있으며, 이때 김양상은 상대등으로 공존한다고 보아 이를 서로 정치적으로 밀접한 관계가 있다고 한 견해도 있다.[29] 그러나 『속일본기』의 기록을 살펴보면

25) 李基白, 1974, 『新羅政治社會史硏究』, 일조각, 247쪽.
26) 李泳鎬, 1990, 「新羅 惠恭王 12年 官號復故의 意味」『大丘史學』39, 19쪽.
27) 이기백, 1974, 앞의 책, 250쪽.
28) 李昊榮, 1974, 「新羅中代王室과 奉德寺」『史學志』8, 14쪽.
29) 金壽泰, 1983, 「統一新羅期 專制王權의 崩壞와 金邕」『역사학보』99·100, 126~134쪽.

(寶龜 5년 3월 癸卯) 이날 신라국 사신 禮部卿 沙湌 金三玄 이하 235인이 大宰府에 도착하였다.……대답하기를 우리나라의 上宰 金順貞 의 때에는 배와 노가 서로 이어졌으며 항상 職貢을 닦았다. 이제 그 孫인 (金)邕이 자리를 계승하여 정권을 잡고 있는데, 가문의 명성을 좇아서 供奉하는데 마음을 두고 있다. 이 때문에 옛날의 우호를 닦고 서로의 사신의 방문을 청하는 것이다. (『續日本紀』 권33, 寶龜 5년 3월)

라고 하고 있다. 이에 의하면 신라 사신 235인이 바다를 건너 일본의 大宰府에 도착한 것은 寶龜 5년(신라 혜공왕 10년, 774) 3월이었다. 그리고 김양상이 상대등으로 임명되는 것은 혜공왕 10년 9월이다.[30] 『속일본기』의 기록을 토대로 혜공왕 10년에 김옹이 上宰로, 김양상은 상대등으로 공존한다고 본 것은 이러한 시간적 간격을 고려하지 못한 견해이다. 다만 『속일본기』의 기록을 신빙한다면, 신라 사신이 왕경을 떠날 무렵까지 김옹이 上宰로 집정하고 있었다고 할 수 있다.

혜공왕 10년 『속일본기』 이후의 김옹에 대한 기록은 보이지 않으며, 혜공왕 16년 4월 金志貞의 난을 진압하는 과정에서도 나타나지 않는다. 이 시기 김옹은 정치 일선에서 물러났을 가능성이 크다. 따라서 김옹이 시중으로 임명된 경덕왕 19년의 정권 교체가 이후 변동되지 않았다고 보아, 이를 하대의 시작으로 본 견해[31]는 수정되어야 할 것이다.

새로운 정권의 교체를 혜공왕 10년으로 가정할 때, 우선 17세가 된 혜공왕 자신의 親政을 생각할 수 있다. 그러나 다음 사료를 보자.

C-① 2월 왕은 어려서 즉위하여 장성함에 따라 聲色에 빠지고 無時로 遊幸하여 기강이 문란하고 災異가 屢現하여 인심이 離反하고 社稷

---

30) 『삼국사기』 권9, 혜공왕 10년.
31) 金壽泰, 1983, 앞의 논문, 142~143쪽.

이 불안할 새, 伊飡 金志貞이 叛하여 徒衆을 모아 궁궐을 에워쌌다. 4월에 上大等 金良相이 伊飡 敬信으로 더불어 군사를 일으켜 志貞 등을 誅하였으나, 왕과 后妃는 亂兵에게 被害되었다. (『삼국사기』 권9, 혜공왕 16년 2월)

C-② (혜공왕은) 여자로써 남자가 되었기 때문에 돌날부터 왕위에 오르는 날까지 항상 여자의 놀이를 하고 자랐다. 비단주머니 차기를 좋아하고 道流와 어울려 희롱하고 노니 나라가 크게 어지러워지고 마침내 宣德王과 金良相(金敬信?)에게 죽임을 당했다. (『삼국유사』 권2, 紀異2, 景德王 忠談師 表訓大德)

앞의 사료에 나타난 바와 같이 "장성함에 따라 聲色에 빠지고 無時로 遊行하여"(C-①)라든가, "비단 주머니 차기를 좋아하고 道流와 어울려 희롱하고 노니"(C-②)라고 하여 혜공왕은 장성하여서도 정치에 관심을 갖지 않았다. 이것은 혜공왕 개인의 방탕이라기 보다는, 어려서 즉위하여 초기에는 외척들의 영향력 하에 있었고 장성하여 親政할 시기에도 제대로 왕권을 행사할 수 없었던 사정을 반영하는 것으로 보여진다.

한편 혜공왕 10년 김양상의 상대등 임명을 중대에서 하대로의 전환으로 설정한 견해가 있었다.[32] 김양상은 경덕왕 23년에 시중으로 임명되어 혜공왕 4년까지 재임하며 만월부인과 김옹의 외척세력 속에 포함되어 있었지만, 혜공왕 4년 대공의 난에 대한 책임을 지고 시중의 자리를 물러나고 있다.[33] 이는 김양상이 당시 정치체제의 방파제 역할을 했던 것으로 볼 수 있다.[34] 그리고 「성덕대왕신종명」에서 김양상은 김옹과

---

32) 이기백, 1974, 『신라정치사회사연구』, 일조각, 236~237쪽.

33) "7월 일길찬 大恭이 그 아우 아찬 大廉과 함께 모반하여 徒衆을 모아 왕궁을 에워싼 지 33일에 왕군이 토평하여 그 9족을 誅하였다.……10월 이찬 神猷로 상대등을 삼고 이찬 金隱居로 시중을 삼았다"(『삼국사기』 권9, 혜공왕 4년).

34) 이기백은 "中侍는 신라 전제왕권의 안전판과 같은 구실을 다하였다고 볼

더불어 나오지만, "檢校使 肅政臺令兼修城府令 檢校感恩寺使 角干 臣 金良相"이라는 관직으로, 권력의 핵심이었을 병부령이나 상대등도 아니었고, 신라 정치제도에 있어 장관직의 겸직제를 고려해 볼 때[35] 그렇게 막중한 지위에 있었던 것은 아닌 것으로 보여진다.

또한 혜공왕 13년 김양상의 時政極論이 주목되었다.

> 3월 서울에 지진이 있었고, 4월에 또 지진이 있었다. 上大等 良相이 上疏하여 時政을 極論하였다. 10월 伊湌 周元으로 侍中을 삼았다. (『삼국사기』 권9, 혜공왕 13년 3월)

이러한 時政極論은 경덕왕 15년 金思仁의 것도 있었다.

> 2월 上大等 金思仁이 比年 災異의 屢見을 이유로 上疏하여 時政得失을 極論하니, 왕이 嘉納하였다. (『삼국사기』 권9, 景德王 15년 2월)

『삼국사기』 신라본기에 있어 時政極論은 이 둘이 전부이다. 時政極論의 이유로 김사인은 災異의 屢見이었고, 김양상의 경우도 혜공왕 13년 3, 4월의 지진이 그 원인이 되었다. 時政極論에 대한 조치는 김사인의 경우 왕이 嘉納했다는 것 이외는 이와 연결된 기사는 없고, 김양상의 경우 10월에 시중을 金順에서 金周元으로 교체하였다는 기록이 있지만, 時政極論과 연결시키기엔 6개월의 간격이 있어 시간상으로 무리가 있다. 이것을 상대등이 천재지변을 계기로 왕에게 근신을 촉구하는 의미

수 있다"고 하였다(1964, 「新羅 執事部의 成立」 『震檀學報』 25 · 6 · 7合 : 1974, 『신라정치사회사연구』, 일조각, 167쪽).

35) 李文基는 김양상의 관직 중에서 肅政臺令을 제외한 나머지 것들은 겸직원칙 관직으로 보았다(1984, 「新羅時代의 兼職制」 『大丘史學』 26, 24쪽).

로 해석할 수도 있을 것이다.

김양상은 상대등에서 왕위에 오른 최초의 인물이다. 그러나 기존의 연구에서처럼 왕의 死後 정당한 왕위 계승자가 없을 때 상대등이 왕위를 계승할 제1후보자로 간주되고 있었는지에 대해서는[36] 의문이 든다. 「성덕대왕신종명」에 나타난 정치체제에서 상대등 神獻와 上相 김옹이 있을 경우, 왕의 死後에 누가 왕위를 계승할지 생각해 보자. 이것은 선덕왕대 上宰 김주원과 상대등 김경신의 경우 김주원이 먼저 왕위에 추대된 것을 통해서도 짐작할 수 있을 것이다.

그렇다면 당시 정치권력의 실권자는 누구일까? 후일 원성왕으로 즉위하는 김경신을 주목해 보자. 혜공왕 6년 김융의 난과 관련하여, 9년 뒤 大曆 14년(혜공왕 15, 779)에 김경신은 김유신 묘에 사죄하러 간다.(사료 B) 이때 김경신은 大臣이라는 지위에 있었다.[37] 『삼국사기』 에는 김경신을 大臣으로 기록한 것이 한 곳 더 있다.

> (聖覺이) 집에 돌아와 어머니를 봉양하였는데, 늙고 병들어 蔬食하기 가 어려우므로 다리 살을 베어 먹였으며, 死後에는 지성껏 佛供을 드려 복을 빌었다. 大臣 角干 敬信과 伊飡 周元 등이 국왕에게 아뢰어, 웅천주 向德의 故事에 의거하여 가까운 고을의 租 300석을 償賜하였다. (『삼국사기』 권48, 列傳, 聖覺)

向德의 일은 경덕왕 14년(天寶 14, 755)에 있었다.[38] 김경신은 선덕왕 의 즉위 후 상대등으로,[39] 김주원은 上宰로 있었으므로,[40] '大臣 角干

---

36) 이기백, 1974, 앞의 책, 99쪽.

37) 李仁哲은 이 시기의 大臣을 "군신회의에 참여할 수 있는 大阿飡 이상의 행정 각 부의 장관"으로 규정하였다(1991, 「新羅의 群臣會議와 宰相制度」 『韓國學 報』 65 : 1993, 『新羅政治制度史研究』, 一志社, 101쪽).

38) 『삼국사기』 권48, 列傳, 向德.

敬信'과 '伊飡 周元'이라는 표현은 혜공왕대의 일로 추측된다. 그런데 聖覺의 일을 국왕에게 보고할 때 '大臣 角干 敬信'이 '伊飡 周元' 보다도 앞서 거명되고 있어 김경신이 이때 이미 실권자로서 자리잡지 않았을까 생각된다.

또한 앞의 사료 B에서 보듯 혜공왕 15년에 김경신은 김유신 가계와 결합하고 있었다. 그런데 여기서 김유신의 혼은 "지난 庚戌年에 臣의 자손들이 죄없이 죽음을 당했으니 君臣들이 나의 功烈을 생각하지 않는 것이다"라고 하고 있다. 곧 김유신의 혼은 자신의 후손을 숙청한 群臣들 뿐만 아니라 당시의 국왕까지도 비난하고 있는 것이다. 이에 대해 혜공왕은 '듣고 두려워하여(王聞之懼)' 大臣 김경신을 보내 사죄하고 있다. 이 기사를 볼 때도 김유신 가계의 伸冤운동을 주도했던 정치세력은 이때 국왕까지도 능가하는 세력을 장악하고 있었던 것으로 보인다.

김지정의 난은 혜공왕 16년 2월에 시작되어 4월에 진압된 것으로 2달 동안의 대치 상태가 있었고, 결국 김양상·김경신의 승리로 돌아갔다. 그리고 김지정의 난을 진압하는데 있어 김경신은 주도적 역할을 하였다. 이때 김경신의 정치적 활동으로 김유신 가문이 복권되었고, 김경신은 김유신 가계의 지원을 받았을 것이다. 김경신은 김지정의 난을 진압하는 과정에서 그 지위를 굳히게 되었고, 정국 운영을 주도할 수 있게 되었다.

2) 선덕왕대 정치적 성격과 김경신의 역할

혜공왕이 피살된 후 성덕왕의 外孫인 김양상이 즉위하니 이가 곧 선덕왕이다. 선덕왕은 내물왕 10세손으로 祖는 성덕왕 때 中侍를 역임한

39) 『삼국사기』 권9, 선덕왕 원년.
40) 『삼국유사』 권2, 원성대왕.

元訓이고,[41] 父는 波珍湌 孝芳이며, 母는 四炤夫人으로 성덕왕의 딸이었
다.[42]

즉위 후 선덕왕은 始祖 · 太宗 · 文武大王과 聖德王 · 開聖大王으로 5廟
를 삼았다.[43] 곧 선덕왕은 자신의 祖 元訓을 제외하고 外祖인 성덕왕을
세워 5廟로 삼은 것이다. 성덕왕이 선덕왕의 外祖가 되며 또 前王 혜공왕
대에 五廟내에 있었던 만큼 자기 혁명에 대한 변명과 명분으로 쓴
정책으로 보는 견해도 있으나,[44] 원성왕 김경신의 경우 김주원에게
돌아갈 왕위를 탈취하고 즉위하면서도 자신의 4대조까지를 大王으로
추봉하고 祖와 父를 5廟에 내세웠던 것과는 뚜렷이 대비된다. 선덕왕의
이러한 모습은 자신의 즉위가 상대등의 지위에 힘입은 自立이라기보다
는, 그가 성덕왕의 외손이었던 점이 가장 고려되었다는 것을 짐작할
수 있게 한다.[45] 김양상은 성덕대왕신종명의 정치체제가 붕괴되고
새로운 정치권력의 집권이 모색되는 과정에서 과도기적 역할을 맡기기
에 적합한 인물이었던 것이다.[46]

---

41) 李基東, 1984, 「新羅 下代의 王位繼承과 政治過程」『新羅骨品制社會와 花郞徒』,
   일조각, 147쪽.
42) 『삼국사기』 권9, 선덕왕 원년 및 『삼국유사』 왕력 제37 선덕왕.
43) "聖德大王 · 開聖大王의 2廟를 撤毀하고 시조대왕 · 태종대왕 · 문무대왕과 祖
   興平大王 · 考 明德大王을 5廟로 하였다"(『삼국사기』 권10, 원성왕 원년). 원성
   왕대의 5묘 기사를 미루어 선덕왕대의 5묘 구성이 시조대왕 · 태종대왕 · 문무
   대왕과 성덕대왕 · 개성대왕이었음을 짐작할 수 있다.
44) 邊太燮, 1964, 「廟制의 變遷을 通하여 본 新羅社會의 發展過程」『역사교육』
   8, 70~71쪽.
45) 李光奎는 선덕왕은 母를 매개로 왕위를 계승하였기 때문에 武烈王系에 포함시
   키고 있으며(1976, 「新羅王室의 婚姻體系」『社會科學論文集』 1 : 1977, 『韓國家
   族의 史的研究』, 一志社, 95쪽), 申瀅植도 이에 동조한다(1977, 「新羅史의 時代區
   分」『한국사연구』 18, 27쪽).
46) 金壽泰도 김양상은 反전제주의적이면서도 동시에 중대 전제 왕권과 밀접한
   관련을 가지고 있는 이중적 성격으로, 혜공왕 死後 왕위에 오를 수 있었던
   것으로 보았다(1985, 「新羅 宣德王 · 元聖王의 王位繼承」『東亞研究』 6, 300쪽).

『삼국사기』의 선덕왕대 기사 부분을 살펴보면, 그를 하대의 첫 왕으로 구분한 의도조차 의심스러울 정도로 대단히 소략하다. 그 내용은 의례적인 追奉이나 인사 기사를 제외하면 크게 두 가지 유형의 기사로 대별된다. 그 하나는 大閱과 浿江鎭 개척과 같은 군사적 활동이고, 또 하나는 왕위에 뜻이 없는 무기력하게 비쳐지는 모습이다.

　　D-① 2년 7월 使者를 파견하여 浿江 南의 州郡을 安撫하였다.
　　　　　3년 2월 왕이 漢山州에 巡幸하여 民戶를 浿江鎭에 옮기었다.
　　　　　3년 7월 始林의 벌에서 大閱하였다.
　　　　　4년 정월 阿湌 體信으로 大谷鎭軍主로 삼았다.
　　D-② 5년 4월 王이 遜位하려 했으나 群臣이 재삼 上表하여 諫하므로 그만두었다.
　　　　　6년 정월 이 달에 왕이 병으로 누워 증세 점점 침중하여 가매, 詔書를 내려 "과인은 본질이 워낙 얇아 大寶에 뜻이 없었으나, 추대를 피하기 어려워 즉위하였다. 位에 있은 이후로 年事가 順成치 못하고 民生이 곤궁하니 이는 다 나의 덕이 맞지 아니하고 정치가 天心에 合致 아니한 때문이다. 항상 位를 禪讓하고 밖으로 退居하려 하였으나 여러 신하들이 매양 지성껏 말리므로 뜻과 같이 되지 못하고 머뭇거리어 지금에 이르렀다. 홀연히 병에 걸려 일어나지 못하니 死生에는 命이 있는 지라 무엇을 恨하랴. 死後에는 佛式에 의하여 燒火하여 東海에 散骨하라" 하고 13일에 이르러 돌아갔다. 諡를 宣德이라 하였다.

　　위의 사료에서 D-①은 선덕왕을 大閱과 浿江鎭 개척을 실행한 군사적 활동가로 보이게 하나, D-②에서는 "항상 位를 禪讓하고 밖으로 退居하려 하였으나 여러 신하들이 매양 지성껏 말리므로 뜻과 같이 되지 못하고 머뭇거리"는, 왕위에 뜻이 없고 무기력한 모습으로 비춰진다.

선덕왕의 서로 모순되는 기록 중에서 어느 것이 당시의 실제 모습이었는지 살펴보자.

선덕왕은 즉위 3년(782)에 大閱을 행하였다. 〈표 4〉는『삼국사기』신라본기에 나타난 대열기사로, 기록의 누락일지도 모르나 대열은 모든 왕이 거행한 의례적인 행사는 아니었다. 대열은 閼川이나 楊山 등의 서울 주변에서 7~9월 사이에 행해졌다. 그리고 문무왕 이전의 대열은 가야·백제·왜나 당의 침입에 대비한 대외적인 군사 점검의 의미가 있었을 것이다.

〈표 4〉『삼국사기』에 보이는 신라의 大閱 기사

연대(서기)	月	장소	연대(서기)	月	장소
婆娑尼師今 15년(94)	8	閼川	慈悲麻立干 8년(463)	7	?
逸聖尼師今 5년(138)	7	閼川 서편	照知麻立干 8년(484)	8	狼山 南
奈解尼師今 5년(200)	9	閼川	文武王 14년(674)	8	西兄山 下
奈解尼師今 25년(220)	7	楊山 서편	宣德王 3년(782)	7	始林之原
未鄒尼師今 20년(281)	9	楊山 서편	哀莊王 5년(804)	7	閼川
實聖尼師今 14년(415)	7	穴城原	興德王 9년(834)	9	西兄山

그러나 통일을 완수하고 당과의 외교가 재개된 시점에서 행해진 대열 기사를 이와 동일한 의미로 설명할 수는 없다. 선덕왕 3년 대열기사 이전의 신라의 군사적 행동은 성덕왕 32년(733) 唐의 요청으로 발해와 연결된 말갈을 공격한 것이 있을 뿐,[47] 이 시기 뚜렷한 외침의 징후는 없었다. 따라서 선덕왕 3년의 대열은 대외적인 것이기 보다는 대내적인 정치 의도가 내포되어 있다고 볼 수 있다.

신라는 애장왕 5년에도 대열을 실시하였는데, 애장왕대 개혁의 주체

---

47) "7월에 당의 玄宗이 발해·말갈이 바다를 건너 登州에 入寇하므로, 大僕員外卿 金思蘭을 귀국케 하여 이내 왕에게 開府儀同三司 寧海軍使의 직을 加授하여 군사를 내어 말갈의 南邊을 치게 하였다"(『삼국사기』 권8, 성덕왕 32년 7월).

는 국왕이 아니라 상대등 金彦昇(헌덕왕)과 시중 金秀宗(흥덕왕)으로 파악되고 있다.[48] 그렇다면 이때의 대열은 당시 섭정한 김언승의 주도 하에 실시된 것으로 보여진다.

헌덕왕과 같은 무력 기반에서 즉위한 흥덕왕대의 대열도 같은 성격으로 파악될 수 있다. 이때의 대열은 국왕에 의해 실시된 것으로 역시 대외적 전쟁이나 군사점검이라기 보다는 왕권을 강조하기 위한 정치적 의도가 내포된 것으로 보여진다.

이처럼 선덕왕 이후의 대열은 당시 군사적 실권을 장악한 자에 의해 자신의 정치적 의도와 관련하여 행하였음을 알 수 있다. 선덕왕이 대열을 실시한 지 2년이 못되어 "왕이 位를 禪讓하려다가 群臣이 再三 上表하여 諫하므로 그만두었다"(사료 D-②)라는 기사를 생각해 볼 때 이때의 대열도 선덕왕이 아니라 당시 실권자, 곧 김경신이 주도한 것으로 판단된다. 선덕왕은 이러한 정치 현실에 대한 불만에서 양위하려 했던 것이 아닌가 생각된다.

그러면 浿江鎭에 대해 살펴보자.

允中의 庶孫 巖은 천성이 총민하고 方術의 학습을 좋아하였다. 젊어서 伊湌이 되어 唐에 들어가 宿衛하였다.……大曆년간에 귀국하여 司天 大博士가 되었고, 良·康·漢 3州의 太守를 역임하고 다시 執事侍郎·浿 江鎭頭上이 되었는데, 가는 곳마다 마음을 다하여 (백성을) 보살펴 사랑하며, 3계절 農務의 여가에 六陳兵法을 가르치니 모두들 편하게 여겼다. 일찍이 누리가 있어 서쪽에서 浿江鎭을 경계로 들어오는데 꾸물거리며 들판을 덮으니, 백성들이 근심하고 두려워 하였다. 巖이 산마루에 올라가 焚香하고 하늘에 기도하니 갑자기 風雨가 크게 일며 누리가 다 죽어 버렸다. 大曆 14년에 (巖이) 왕명을 받아 日本國에

48) 金東洙, 1982,「新羅 憲德·興德王代의 改革政治」『한국사연구』39, 33쪽.

사신으로 갔는데, 그 국왕이 그의 현명함을 알고 강제로 머무르게
하려 하였다.……(『삼국사기』 권43, 列傳, 金庾信 下)

혜공왕 5년에 누리가 발생했다는 『삼국사기』의 기록[49]을 근거로,
김암이 앞의 사료에 나타난 것처럼 浿江鎭頭上이 되어 누리를 물리친
것을 혜공왕 5년으로 추정한 견해가 있다.[50] 그러나 다음 기록을 살펴보
자.

(光仁天皇 寶龜 11년(780) 春 正月) 辛未 新羅 사신이 方物을 바치고,
이어 "新羅國王께서 무릇 新羅는 開國 이래로 천황의 은혜와 교화를
우러러 의지하여 배와 노가 마르지 않게 계속하여 調를 바친 年數가
오래되었습니다. 그러나 근래에 나라 안에 도둑떼의 침입이 있어 入朝
하지 못했습니다. 때문에 삼가 薩湌 金蘭蓀, 級湌 金巖 등을 보내어
調를 바치고 겸하여 새해 인사를 드립니다."……壬申 新羅 사신 薩湌
金蘭蓀에게 正5品上, 副使 級湌 金巖에게 正5品下를 주었다.……(『續日本
紀』 권36, 光仁天皇 寶龜 11년)

대체로 일본에 파견된 新羅使는 8~10위계의 중위 내지 하위의 위계
자였으며,[51] 김암은 薩(沙)湌 金蘭蓀에 이은 副使로 수행하며 관등은
級湌으로 나와 있다. 패강진두상은 6두품으로서 임명될 수 있는 外官의
최고직이었으며,[52] 일본에 사신으로 갔을 때의 관등이 級湌이었다면,

49) "5월에 누리와 가뭄이 있으매 (왕이) 백관에게 명하여 각기 아는 사람을
천거하게 하였다"(『삼국사기』 권9, 혜공왕 5년 5월).
50) 木村誠, 1979, 「統一新羅の郡縣制と浿江地方經營」『旗田巍先生古稀記念 朝鮮
歷史論集 (上)』, 252~255쪽 ; 李仁哲, 1993, 「新羅 統一期의 地方統治體系」
『新羅政治制度史硏究』, 一志社, 223쪽.
51) 崔在錫, 1990, 「統一新羅·渤海와 日本의 關係」『정신문화연구』 63 : 1993, 『統一
新羅·渤海와 日本의 關係』, 一志社, 154쪽.

124

김암이 패강진두상에 임명된 것은 이보다 뒤의 일로 보는 것이 타당할
것이다.

浿江鎭頭上(浿江鎭都護)을 역임한 것으로 기록에 나타난 인물은 김암
외에도 金堅其[53]·金八元[54]·金藹[55]·(金)咸雄[56]이 있다. 金八元·金
藹는 김암처럼 執事侍郎을 역임하였다. 이 중 浿江鎭都護 때의 관등을
알 수 있는 인물은 金堅其 뿐이지만 '重阿干'으로 나오고 있다. 그리고
金藹와 金咸雄은 왕족이라 하였다.

그리고 패강진의 군사적 기반을 고려해 볼 때도 김암이 패강진두상으
로 나갔던 것은 김융의 난으로 몰락한 김유신 가문이 伸寃되고 난
이후라고 생각된다. 『삼국유사』 味鄒王 竹葉軍의 기사를 김유신 가문의
신원운동과 결부시킨다면 이 사건은 大曆 14년(혜공왕 15, 779) 여름에
있었던 것으로, 김암은 다음 해 정월에 일본에 사신으로 파견되었다.
따라서 패강진두상에 임명되었을 때의 김암은 司天大博士와 太守, 執事
侍郎을 거친 阿湌 이상의 관등으로 일본에 사신으로 갔다 온 이후로
보여진다. 그리고 선덕왕 3년에 설치된 패강진두상으로 김경신과 제휴

---

52) 李基東, 1976, 「新羅 下代의 浿江鎭」『韓國學報』4 : 1984, 『新羅骨品制社會와
　　花郎徒』, 일조각, 224쪽.

53) 金堅其는 景文王 11년(871)에 康州輔로서 重阿干의 관등을 갖고 있었는데,
　　이로부터 2년 후 「皇龍寺 刹柱本記」에는 '浿江鎭都護 重阿干 臣 金堅其'로 나와
　　있다.

54) 金八元의 경우 「皇龍寺 刹柱本記」에는 '執事侍郎 阿干 臣 金八元'으로, 憲康王
　　5년(879)에 세워진 「鳳巖寺 智證大師碑」에는 '執事侍郎 金八元'이라고 되어 있다.
　　그런데 『高麗史』 卷首, 高麗世系의 '時新羅監干八元 善風水 到扶蘇郡'의 監을
　　이기동은 浿江鎭都護로 보고 있다(1984, 앞의 책, 223~224쪽).

55) "和尙王父藹 元聖王之表來孫 憲康王之外庶舅 清廉謠聒於街路 忠孝譽酣於耉卑
　　內知執事侍郎 外任浿江都護"(「太子寺朗空大師白月栖雲塔碑」『朝鮮金石總覽』,
　　187쪽). 이에 의하면 國主寺의 僧頭 乾聖院和尙의 祖父(王父) 金藹는 元聖王의
　　表來孫이며 憲康王의 外庶舅로 浿江鎭都護를 역임했음을 알 수 있다.

56) "菩薩戒弟子 武州都督蘇判鎰 執事侍郎寬柔 浿江都護咸雄 全州別駕英雄 皆王孫
　　也"(「聖住寺 朗慧和尙塔碑」『朝鮮金石總覽』, 72~73쪽).

한 김유신 가계에서 김암이 임명되었을 것이다. 級湌으로 일본에 사신으로 갔던 때로부터 4년 후로, 관등이나 관직을 고려할 때 순리적인 순서이다.[57]

선덕왕은 2년 7월에 사신을 보내 浿江南州郡을 安撫하고, 3년 2월에 자신이 직접 漢山州에 행차하여 民戶를 패강진으로 옮겼다.(사료 D-①) 그리고 4년 정월에는 大谷鎭軍主에 阿湌 金體信을 임명하고 있다. 浿江鎭과 大谷鎭에 대해 이를 동일 地로 보는 견해와[58] 다른 곳으로 비정하는 주장이 있으나[59] 모두 패강진과 관련이 있는 곳이다.

그런데 유언을 통해서 볼 때 선덕왕은 이때 이미 여러 차례 양위 의사를 밝히고 있었다. 이것은 앞서 언급한 대열 기사와 더불어 선덕왕의 행적에 많은 의문을 갖게 하는 부분이다. 그러므로 선덕왕의 유일한 업적으로 평가되는 이 패강진의 개척은 대열과 마찬가지로 당시의 군사적 실권자인 김경신의 의도가 선덕왕을 통해 나타난 것이 아닐까 한다. 곧 김경신이 자신의 배후 세력 기반으로 패강진을 개척하고자 했다고 생각되는 것이다.

그것은 우선 패강진두상으로 임명된 김암이 김유신 후손으로, 혜공왕 15년 김유신 가계의 신원운동을 주도한 김경신과 연결되어 있었던

---

57) 金體信의 경우를 보면 경덕왕 23년(763)에 일본 사신으로 갈 때 관등이 級湌이었다. 그후 성덕대왕신종명(혜공왕 7년, 771)에는 阿湌으로 執事侍郎에 있었고, 선덕왕 4년(783)에는 阿湌으로 大谷鎭軍主에 임명되었다.

58) 李基白, 1968,「高麗 太祖 時의 鎭」『高麗兵制史研究』, 일조각, 231쪽 ; 李基東, 1984,『신라골품제사회와 화랑도』, 일조각, 218쪽 ; 井上秀雄, 1974,「新羅 軍制 考」『新羅史基礎研究』, 東出版, 196쪽 주6.

59) 李丙燾는 浿江鎭을 金川 방면에, 大谷鎭을 平山에 비정하였다(1977,『譯註 三國史記』, 乙酉文化社, 161쪽). 李仁哲은 大谷城을 황해도 평산에, 浿江鎭을 봉산에 비정하여, 浿江鎭頭上大監은 멸악산 이북 재령강 서쪽 지역을 관장하고, 大谷城頭上은 멸악산 이남과 재령강 이동 지역을 관장했다고 보았다(1993, 「新羅 統一期의 地方統治體系」『新羅政治制度史研究』, 一志社, 223~227쪽).

126

것에서 짐작할 수 있다. 또한 김경신이 왕위에 오르자 패강진은 즉위년 3월에 赤鳥를 진상하였다.[60] 『삼국사기』에 特記할 만큼 이는 김경신의 즉위를 인정하겠다는 분명한 표시이며, 왕위계승을 공인받으려는 원성왕을 지지하고 다른 群臣들에게도 동조를 유도하는 것으로 패강진의 정치적 성격을 잘 보여준다. 그리고 후대의 사건이지만 헌덕왕 때 金周元의 아들 金憲昌의 난에도 패강진은 이에 대항해 擧兵自守한 곳으로[61] 원성왕가와 유대관계를 맺고 있었다. 왕경과 거리가 먼 것이 다소 문제가 되겠지만, 후대에 청해진의 병력을 이용하여 신무왕이 즉위한 예가 있어, 왕이 직접 巡幸했던 패강진에서 왕경까지의 거리가 크게 문제되지는 않을 것이다.[62] 그리고 고려 태조 王建이 西京을 개척하여 자신의 세력 기반으로 삼은 것도 이 경우에 많은 시사점을 준다.

그리고 패강진의 설치는 성덕왕 32년 이후 唐으로부터 인정받은 대동강 이남 지역에 대한 영토개척과 발해와의 관계를 고려한 것으로 생각할 수 있다. 원성왕은 6년 3월에 一吉湌 伯魚를 北國에 사신으로 보내었는데,[63] 패강진을 실질적으로 개척한 것이 김경신이라면 즉위 후에도 이쪽 지역에 대한 경영과 관련하여 발해와의 교섭에 적극적인 관심을 보였다고 할 수 있다.

이제 앞의 사료 D-②를 해석해 보자. 선덕왕은 재위 5년에 양위의 뜻을 밝히는데 군신들이 재삼 표를 올려 諫하므로 그만두었다. 그리고 유언에 따르면 "항상 禪讓하여 밖으로 退居하고자 했으나 여러 신하들이 매양 정성껏 말리므로 뜻과 같이 되지 못하고 머뭇거려 지금에 이르렀

---

60) "三月 浿江鎭進赤鳥"(『삼국사기』 권10, 元聖王 元年).
61) "한산주 · 우두주 · 삽량주 · 패강진 · 북원경 등의 여러 성은 먼저 헌창의 역모를 알고 擧兵 自守하였다"(『삼국사기』 권10, 헌덕왕 14년 3월).
62) 『삼국사기』 권9, 선덕왕 3년 2월.
63) "三月 以一吉湌伯魚使北國"(『삼국사기』 권10, 元聖王 6년).

다” 하여 이전에도 여러 번 禪讓하고자 했음을 알 수 있다. 이것은 “왕위에 뜻이 없었는데 추대를 피하기 어려워 즉위했다”(사료 D-②)는 유언이 겸손이 아니라 사실 그대로 받아들여도 좋은 의미로 해석된다.[64]

이러한 소극적 처세는 혜공왕 16년 4월의 金志貞의 난을 진압하는데 어느 쪽의 역할이 주도적이었는지를 암시해 준다. 『삼국사기』에 의하면 혜공왕 16년 志貞의 난을 진압하는데 필요한 병력은 김양상과 김경신 두 사람에게서 나온 것으로 되어있다.[65] 김양상은 상대등으로서 김지정의 난을 토벌할 것을 선창하였지만, 2월에 시작된 반란은 4월이 될 때까지 계속되었다. 이는 실질적인 힘을 가진 김경신의 개입이 있어야 이 반란의 진압이 가능했음을 보여준다.[66] 결국 선덕왕의 즉위 배후에는 김지정의 난을 진압하는데 결정적인 역할을 한 김경신의 영향력이 미치고 있었다.

이때 선덕왕은 추대에 못이겨 왕위에 올랐으며, 뒷날 김경신과 왕위를 다투던 김주원은 김지정의 난을 진압하는데 군사적 개입을 한 기록을 볼 수 없어, 이 시기 무력적인 면에 있어서는 김경신이 우위에 있었던 것으로 보인다. 그러면 이때 김경신은 왜 김양상을 왕위에 추대했으며, 또 당시 정국의 동향은 어떠했을까?

김지정의 반란을 진압한 후 선덕왕이 즉위하지만, 실권을 장악한 것은 상대등 김경신이었다. 하지만 형식상으로는 김주원이 上宰라 하여

---

64) 火葬을 유언하는 선덕왕의 말에서 대단히 염세적인 처세를 엿 볼 수 있으며, 여러 차례 讓位를 밝히는 것과 같은 맥락으로 볼 수 있다.

65) 『삼국사기』 권9, 혜공왕 16년 및 『삼국사기』 권10, 원성왕 원년.

66) 金壽泰는 김지정의 난은 김양상이 독자적인 힘으로 진압이 불가능했고, 2개월이 지난 뒤 김경신의 힘을 빌어 겨우 진압하였으며, 이러한 정치적 위치에 있었던 김양상이 自立하여 왕위에 오르기는 힘들었다고 보았다(1985, 「新羅 宣德王·元聖王의 王位繼承」 『東亞研究』 6, 299쪽).

128

김경신 보다 상위에 있었다.[67] 김경신이 선덕왕을 내세운 이유는 왕위 찬탈에 따른 반발을 무마하고 귀족세력을 끌어들이려는 의도도 있었겠지만, 그 밖에 後嗣가 없다는 점도 염두에 둔 듯하다. 곧 자신이 왕위를 차지할 경우 예상되는 왕족이나 귀족들의 저항을 피하고 정지 작업을 한 후에 다음 왕위를 생각한 듯하다. 김양상은 성덕왕의 외손이며 혜공왕의 고종형제로 後嗣가 없어 왕위를 맡기기엔 적합한 인물이었다. 김양상은 귀족들의 반발과 김경신의 정치적 영향력을 고려한 중간자적이고 과도기적 성격의 인물이었던 것이다.

김경신이 이미 왕위에 오를 생각이 있었음은 다음 사료를 통해 엿볼 수 있다.

> 왕이 꿈을 점쳤던 일을 자세히 말하니 阿湌은 일어나 절하고 말한다. "이는 좋은 꿈입니다. 공이 만일 大位에 올라서라도 나를 버리지 않으신다면 공을 위하여 꿈을 풀어 보겠습니다." 왕이 이에 좌우를 물리고 해몽하기를 청하니 阿湌은 말한다. "복두를 벗은 것은 면류관을 쓸 징조요, 열두 줄 거문고를 든 것은 12孫이 대를 이을 징조요, 天官寺 우물에 들어간 것은 궁궐로 들어갈 상서로운 조짐입니다."
> 왕이 말하기를 "위에 周元이 있는데 어떻게 上位에 앉을 수가 있단 말인가" 하니 阿湌이 "비밀히 北川神에 제사지내면 좋을 것입니다" 하매 이에 따랐다. (『삼국유사』 권2, 紀異, 元聖大王)

위의 사료에서 김경신은 이미 왕위에 오를 야심을 가지고 있었으며, 또한 치밀한 계획을 세우고 있음을 볼 수 있다. "위에 周元이 있는데 어떻게 上位에 앉을 수 있겠는가?"라는 물음에서, 서열상으로 김주원에

---

67) "이찬 김주원이 처음에 上宰가 되었고 (원성)왕은 角干이 되어 二宰에 있었다" (『삼국유사』 권2, 원성대왕).

밀리면서도 왕위를 탐내었다는 것은 그만큼 세력이 있었다고 판단된다.

따라서 선덕왕대의 정치세력은 명목상의 왕과, 후계 왕위계승 순서에서 우위에 있으나 무력적 기반이 열세인 김주원, 그리고 정통적 왕위계승 원칙에서는 김주원의 後順이지만 실질적인 군사력을 보유한 김경신으로 구분할 수 있을 것이다.

3) 원성왕의 즉위 과정

『삼국사기』에 의하면 원성왕은 奈勿王 12世孫으로 기록되어 있다.[68] 그리고 원성왕의 증조 義寬(義官)은 『삼국사기』에

 (文武王 20년) 3월 報德王 安勝에게 金銀器와 雜綵 백단을 내리고 왕의 妹를 그에게 下嫁하고 (혹은 迊飡 金義官의 女라고 한다) 敎書를 보내어 가로되…… (『삼국사기』 권7, 文武王 20년)

라는 기록이 있다. 安勝의 妻를 본문에서는 문무왕의 妹라 하고 細註에서는 金義官의 女라 했는데, 細註의 기록이 옳은 것으로 본다.[69] 이에 대하여 安勝은

 臣 安勝은 아뢰오니, 大阿飡 金官長이 와서 敎旨를 내리어 外生公으로 下邑의 內主를 삼으사, 이내 4월 15일 이곳에 이르매 기쁨과 두려움이 한꺼번에 생기어 어찌할 바를 알지 못하겠습니다. (『삼국사기』 권7, 文武王 20년)

---

68) 『삼국사기』 권10, 원성왕 원년.
69) 李基東, 1984, 「新羅 下代의 王位繼承과 政治過程」『신라골품제사회와 화랑도』, 일조각, 151쪽 ; 李丙燾, 1983, 『譯註 三國史記 (上)』, 乙酉文化社, 155쪽의 註65 ; 金壽泰, 1996, 『新羅中代 政治史研究』, 일조각, 17쪽.

라고 답하고 있다. 곧 金義官의 女를 문무왕의 外生公이라 하고 있어
金義官이 문무왕의 가까운 인척이었음을 알 수 있다.

원성왕의 祖는 魏文으로, 聖德王代 전반기(712년 3월~713년 10월)
에 執事部中侍를 역임한 伊湌 魏文과 동일인으로 보고 있다.[70] 또한
從祖는 이름이 알려지고 있지 않지만 관등은 아래 사료를 통해 볼
때 波珍湌이었음을 확인할 수 있다.

또한 원성왕의 父 孝讓과 母 繼鳥夫人 朴氏(昭文王后)는 왕경 주변의
사찰들과 긴밀히 연결되어 있었다.

> 서울 동북쪽 20여 里 쯤 되는 暗谷村 북쪽에 鍪藏寺가 있으니, 신라
> 38대 元聖大王의 아버지 大阿干 孝讓 즉 추봉된 明德大王이 숙부 波珍湌
> 을 추모하여 세운 것이다. (『삼국유사』 권3, 塔像, 鍪藏寺 彌陀殿)

위 사료에서 孝讓은 鍪藏寺를 창건하는데, 이는 숙부 波珍湌(이름
미상)을 위하여 세운 절이다. 후대 昭聖王妃 桂花夫人이 죽은 昭聖王을
위해 鍪藏寺 彌陀殿을 창건하는 것으로 볼 때[71] 이 鍪藏寺는 원성왕
가계의 願刹로 짐작된다.

또한 뒷날 원성왕의 願刹이 되는 崇福寺도 원성왕의 母后 昭文王后의
元舅이며 원성왕비 肅貞王后의 外祖인 波珍湌 金元良이 세운 鵠寺가
그 기원이 되었다.[72] 이처럼 원성왕가나 또는 외가와 관련이 있는
사찰로는 鍪藏寺·崇福寺(鵠寺)가 있고, 즉위 후 원년(785)에 승정기구
인 政官이 성립되고,[73] 10년에는 奉恩寺를 중창하고 있어[74] 김경신

---

70) 이기동, 1984, 앞의 책, 151쪽.
71) 『삼국유사』 권3, 塔像, 鍪藏寺 彌陀殿.
72) 「崇福寺碑」『朝鮮金石總覽』, 120~121쪽.
73) 『삼국사기』 권40, 雜志9, 職官 下, 武官.

가계가 당시 불교계에 많은 관심과 영향력을 끼치고 있었다고 생각된다.

왕실이나 귀족들의 사찰 건립은 投托이라는 이름하에 그들의 재산 은닉 방법으로 사용되기도 하였다.75) 이때의 寺院은 단순한 道場만이 아니고 막대한 경제력과 僧兵조직까지 갖춘 귀족세력의 배경처가 되고 있었으며, 귀족들의 願利건립은 신앙상의 문제뿐 아니라 현실적인 세력 기반의 확충이라는 측면도 작용한 것이라고 한다.76) 이때의 김경신 가문은 이들 寺刹들과 직·간접적으로 연결되면서 자신의 세력을 부식 시키고 있었던 것으로 보인다.

이상에서 살펴 본 김경신 가계의 정치, 경제력을 고려할 때 그의 집안은 당시 신라 최고의 가문 중 하나일 것으로 생각된다.77)「聖德大王 神鐘銘」에 나타난 執事侍郎을 金敬信으로 誤讀한 것에 근거하여 중대 시기 원성왕의 가계가 별로 두드러지지 않았다고 보는 주장도 있으나,78) 이미 여러 학자들에 의해 '執事侍郎 金體信'으로 정정되고 있다.79)

이 시기 다른 가문들의 사정은 잘 알 수 없지만, "伊飡 金周元이 처음에 上宰가 되고 왕은 角干이 되어 二宰로 있었는데"80)라는 기록을

---

74) 蔡尙植, 1984,「統一新羅期의 成典寺院의 구조와 기능」『釜山史學』8, 95~96쪽.

75) 崔柄憲, 1976,「新羅 下代의 動搖」『한국사 3』, 국사편찬위원회, 441쪽.

76) 金東洙, 1982,「新羅 憲德·興德王代의 改革政治」『한국사연구』39, 33쪽.

77) 이기동도 원성왕의 가문이 중대 진골귀족 사회에서 일정한 위치를 차지하고 있다고 보았다(1984, 『신라골품제사회와 화랑도』, 일조각, 151쪽).

78) 최병헌, 1976, 앞의 논문, 431쪽.

79) 坪井良平, 1974, 『朝鮮鐘』, 角川書店, 48~49쪽 ; 李昊榮, 1975,「聖德大王神鐘 銘의 解釋에 관한 몇 가지 문제」『考古美術』125, 9쪽 ; 黃壽永, 1976, 『韓國金石 遺文』, 一志社, 285쪽 ; 浜田耕策, 1981, 「新羅の聖德大王神鐘と中代の王室」 『响沫集』3, 32쪽 ; 蔡尙植, 1984, 앞의 논문, 85쪽.

80)「삼국유사」권2, 紀異2, 元聖大王.

통해서 볼 때, 형식상의 서열은 宣德王 金良相·上宰 金周元·二宰 金敬
信의 순이었음을 알 수 있다. 그리고 김주원은 武烈王系로서,[81] 奈勿王系
로 알려진 김경신보다는 왕위계승에 있어 한발 앞서 있었을 것이다.
그럼에도 불구하고 김경신이 원성왕으로 즉위하게 된 것은 무력 동원에
서 우위를 점할 수 있었기 때문으로 볼 수 있다.

원성왕의 즉위 과정과 관련된 기록들을 분석해 보자.

E-① 宣德王이 죽고 아들이 없으므로 群臣은 後嗣를 의논하여 왕의
　　族子 周元을 세우려 하였다. 周元은 그 집이 京北 20리에 있었는데,
　　그때 마침 큰 비가 와서 閼川의 물이 불어 周元이 건너오지 못하니,
　　或者는 말하되, "人君의 큰 자리는 본래 人謀로 되는 것이 아니다.
　　오늘의 폭우는 하늘이 혹시 周元을 세우지 못하게 하려 함이 아닌
　　가. 지금 上大等 敬信은 前王의 아우로 덕망이 본래 높고 人君의
　　자격이 있다"고 하였다. 이에 衆議는 만장일치하여 그를 세워
　　왕위를 계승케 하니 이미 비가 그치고 國人은 다 萬歲를 불렀다.
　　(『삼국사기』 권10, 元聖王 즉위기사)

E-② 이때 阿飡 餘三(餘山이라 하기도 함)이 와서 뵙기를 청했으나
　　왕은 병을 핑계하고 나오지 않았다. 阿飡이 다시 청하여 한번
　　뵙기를 원하므로 왕이 이를 허락하매 阿飡이 물었다. "공이 꺼리는
　　것이 무엇입니까?" 왕이 꿈을 점쳤던 일을 자세히 말하니 阿飡은
　　일어나 절하고 말한다. "이는 좋은 꿈입니다. 공이 만일 大位에
　　올라서라도 나를 버리지 않으신다면 공을 위하여 꿈을 풀어 보겠
　　습니다."

　　왕이 이에 좌우를 물리고 해몽하기를 청하니 阿飡은 말한다.
　　"복두를 벗은 것은 면류관을 쓸 징조요, 열두 줄 거문고를 든

---

81) "金陽의 字는 魏昕이요 태종대왕의 9대손이며, 증조부는 周元이다"(『삼국사기』
　　권44, 열전 金陽).

것은 12손이 왕위를 이어 받을 조짐이요, 天官寺 우물에 들어간 것은 궁궐로 들어갈 상서로운 조짐입니다." 왕이 말하기를 "위에 周元이 있는데 어떻게 上位에 있을 수가 있단 말인가?" 하니, 阿飡이 "비밀히 北川神에 제사지내면 좋을 것입니다" 하매 이에 따랐다. (『삼국유사』 권2, 紀異, 元聖大王)

E-③ 얼마 안 되어 宣德王이 죽자 國人들은 金周元을 왕으로 삼아 장차 궁으로 맞아들이려 했다. 그의 집이 川北에 있었는데 갑자기 냇물이 불어서 건널 수가 없었다. 이에 왕이 먼저 궁에 들어가 왕위에 오르자 上宰의 무리들이 모두 와서 따랐으며, 새로 위에 오른 임금에게 축하를 드리니 이가 元聖大王이다. 왕의 이름은 敬信이고 성은 金氏이니 대개 吉夢이 맞은 것이었다. 周元은 溟州에 물러나 살았다. 왕은 왕위에 올랐으나 이때 餘山은 이미 죽었기에 그의 자손들을 불러 벼슬을 주었다. (『삼국유사』 권2, 紀異2, 元聖大王)

원성왕 즉위 과정은 『삼국사기』와 『삼국유사』에 모두 실려 있으며, 전자가 사실적 기록이 중심이 된 데 비해, 후자에는 즉위와 관련된 설화 내용을 수록하고 있다. 사료 E-② 설화 부분은 왕권 다툼에서 승리한 원성왕 측에서 의도적으로 퍼뜨린, 왕경 일대에서 떠도는 설화를 채록했을 가능성이 크다. 사료 E-①과 E-③도 기록에 약간의 차이가 있다.

김경신은 형식상의 서열에 있어 김주원에 이은 2인자였지만, 실질적으로는 혜공왕대 김지정의 반란을 진압하고 선덕왕을 내세운 후 실권을 장악하고 있었다. 그렇지만 아직도 國人으로 대표되는 귀족세력을 압도할 만한 힘을 갖추지는 못한 것 같다.

선덕왕이 재위 6년(785) 정월 13일에 後嗣가 없이 죽자 國人들은 왕위 계승자로서 김주원을 추대하였다. 『삼국사기』나 『삼국유사』에

134

등장하는 國人은 그 정치적 성격이나 범위가 고정되어 있지 않다. E-①에서 "宣德王이 죽고 아들이 없으므로 群臣은 後嗣를 의논하여 왕의 族子 周元을 세우려 하였다"라고 한 반면에, 같은 사실을 기록한 E-③에서는 "얼마 안되어 宣德王이 죽자 國人들은 金周元을 왕으로 삼아 장차 궁으로 맞아들이려 했다"라고 하여, 선덕왕 사후 김주원을 추대한 세력을 國人과 群臣으로 달리 표현하였다. 반면 김경신을 추대했던 인물들은 '或者'라고 하여 이들과 구별하였다.

사료 E-①에서 보듯 김주원도 왕위에 오르려 했는데, 갑작스런 비 때문에 잠깐 주저하는 사이 김경신이 먼저 궁에 들어가 즉위했다고 하고 있다. 이때 김경신이 재빨리 군사적 행동을 취하여 궁을 장악한 것으로 생각된다.

궁에 들어간 김경신과 그 일당들은 '或者'의 입을 빌어 天命을 빙자하면서 김경신에게 왕위를 넘겨 줄 것을 요구하였다. 或者는 "人君의 큰 자리는 본래 人謀로 되는 것이 아니다"라고 하여, 群臣들이 김주원을 추대한 것을 철회하라고 협박하고, 폭우를 天命에 附會하면서 김경신을 왕으로 추대할 것을 강요하고 있다.[82]

위협에 굴복한 群臣들은 마지못해 김경신을 왕으로 추대한 것이다. "位를 잇게 하니 이미 비가 그쳤다(立之繼位 旣而雨止)"라는 것은 이 비가 잠깐 내린 것에 지나지 않았음을 알게 한다. "國人이 모두 만세를 불렀다(國人皆呼萬歲)"라는 부분은 '권력이양의 합법성을 강조하려는 정치적 미성숙 국가의 擬似合法的인 代替物'이자,[83] '예정된 왕위 계승자가 아닌 인물이 즉위하였을 때의 표현'으로[84] 생각할 수 있다.

---

82) 이때 或者는 김경신 일당으로, 꿈을 해몽해 주면서 김경신을 왕위에 오르게 준비하던 餘三과 같은 인물일 것이다.
83) 申瀅植, 1984, 「金庾信家門의 成立과 活動」『韓國古代史의 新研究』, 일조각, 251쪽.

그리고 후대의 사료이지만 『신증동국여지승람』에는 다음과 같은 기록이 실려 있다.

　　애초에 宣德王이 죽고 後嗣가 없었으므로 群臣이 貞懿太后의 敎旨를 받들어 周元을 왕으로 세우려 하였다. 그러나 王族子 上大長等 敬信이 衆人을 위협하고 먼저 궁에 들어가서 왕이 되었다. 周元은 화를 두려워 하여 명주로 물러가고 서울에 가지 않았다. 2년 후에 周元을 溟州郡王으로 봉하고 명주 속현인 삼척, 斤乙於, 蔚珍 등 고을을 떼어서 食邑으로 만들게 하였다. 자손이 因하여 府를 貫鄕으로 하였다. (『신증동국여지승람』 권44, 江陵大都護府, 人物)

溟州로 은퇴한 김주원 가계의 기록을 채록했을 『신증동국여지승람』에서는 김주원의 입장에서 사건을 서술했는데, 『삼국사기』·『삼국유사』와는 다른 이야기를 전하고 있다. 이에 의하면 성덕왕의 딸이자 선덕왕의 母인 四炤夫人(貞懿太后)과 群臣들이 김주원을 왕위에 추대하였다고 한다. 이때 김경신이 '衆人을 위협하고 自立했다(劫衆自立)'라고 한 것은 경주 중심의 『삼국사기』와 『삼국유사』가 미화시켜 놓은 사건의 본질을 잘 표현한 것으로 생각한다.[85] 그리고 김경신 즉위에 附會한 폭우에 대해서도 일절 언급이 없다.

　김주원은 上宰로 상대등 김경신보다 왕위계승의 우선권이 있었으나 무력에서 열세라고 판단했기에 스스로 왕위 다툼에서 물러선 듯하다.

84) 辛種遠, 1987, 「新羅五臺山事蹟과 聖德王의 卽位背景」 『崔永禧先生華甲紀念 韓國史論叢』, 탐구당, 123쪽.
85) 金興三은 『신증동국여지승람』의 김주원 관련 기사를 강릉김씨 후손들이 자신의 시조인 김주원이 왕에 버금갔다고 현창하고 이를 기반으로 강릉지역에서 권위를 과시하고 계속 주도권을 유지하기 위해 종이와 풀로 만들어 놓은 역사에 불과하다고 평가하였다(2008, 「신라말 崛山門 梵日과 金周元系 관련설의 비판적 검토」 『한국고대사연구』 50, 310쪽).

흔히 왕위쟁탈전에 수반되는 무력 충돌이 없는 '명예혁명'으로 끝난
것은 어느 한쪽의 힘의 우위가 확실했다고 볼 수 있다. 하지만 이때
김주원이 자의가 아닌 무력에 굴복해 물러났다는 것은, 37년 뒤 헌덕왕
14년(822) 그의 아들 金憲昌이 난을 일으킬 때 "熊川州都督 憲昌은 그
父 周元이 앞서 왕위에 오르지 못한 것을 이유로 배반하여 국호를
長安이라 하고"[86)라고 한 데서도 분명히 알 수 있다.

김주원은 왕위를 포기하고 김경신과의 타협으로 명주로 은퇴하여
자신의 남은 세력을 유지할 수 있었다. 이것이 김주원 일가가 원성왕
이후 왕의 측근으로 등용된다던가, 또는 이 세력을 기반으로 金憲昌,
金梵文의 반란이 일어날 수 있었을 것으로 생각된다.

한편 萬波息笛 설화가 원성왕의 즉위와 관련하여 등장하고 있어 주목
된다. 만파식적은 武烈王系에 있어서 신라의 평화를 의미하여 주는
것 뿐 아니라, 통일신라기 전제왕권하 왕위계승의 상징물로 인식되었
다.[87) 또한 中代 武烈王權을 상징하고 그 정당성과 神聖性을 대변해
주는 것이었다.[88) 중대 왕권의 상징인 만파식적은 원성왕에 의해 다시
부각되고 있었다.

> (원성)왕의 아버지 大角干 孝讓이 祖宗의 萬波息笛을 왕에게 전했다.
> 왕은 이것을 얻게 되었으므로 하늘의 은혜를 두텁게 입고 그 德이
> 멀리까지 빛났다. (『삼국유사』 권2, 紀異, 元聖大王)

---

86) 『삼국사기』 권10, 헌덕왕 14년 3월.
87) 金壽泰, 1991, 「新羅 孝昭王代 眞骨貴族의 동향」 『國史館論叢』 24, 100~101쪽.
88) "先王께서 神笛을 얻어 나에게 전해 주시어 지금 玄琴과 함께 內庫에 간수해
   두었는데, 무슨 일로 해서 國仙이 갑자기 적에게 잡혀갔단 말인가. 이 일을
   어찌하면 좋겠는가?"(『삼국유사』 권3, 塔像 栢栗寺)라는 孝昭王의 물음은,
   만파식적의 신성함을 강조하면서 先君으로부터 만파식적을 받은 것을 정통성
   있는 왕위계승이라고 과시하고 있다고 볼 수 있다.

孝讓이 만파식적을 원성왕에게 전해주었다는 설화가 문헌에 채록된 것이 원성왕대 이후라고 한다면, 이때 설화를 형성하거나 전승·유포한 '지배 계층의 강한 정치적 목적'이 반영되었을 것이다.[89] 그렇다면 이 설화는 王者로서 원성왕의 神聖性을 꾸미고, 무열왕계 왕위계승의 상징을 통해 자신의 정통성을 내세우는 역할을 했을 것이다.

또한 통일전쟁이 끝난 후 김유신의 후손들이 중대 무열왕계에서 냉대를 받아 왔다는 것을 고려할 때, 김유신을 문무왕과 같이 二聖으로 追尊한 만파식적 설화가 원성왕대 새삼 부각되거나 전승·유포된 것을 원성왕가와 김유신 후손과의 제휴를 반영하는 것으로 볼 수 있다.[90] 원성왕과 관련하여 등장하는 만파식적 설화에는 즉위 과정에서 무력적 지원을 해 준 김유신 가문과의 결속을 강조하고, 무열왕계 왕위계승의 상징인 만파식적을 父 孝讓을 통해 전해 받아 자신의 즉위를 합법적인 것으로 공포하려는 의도가 있었던 것이다.[91]

만파식적은 왕권의 전제화를 반대하는 진골귀족의 세력을 약화시키고 전제왕권에 의한 정치가 계속 행해지기를 바라는 것이었다고 한다.[92] 결국 원성왕이 중대 왕실의 상징인 만파식적을 내세운 것은 중대 정치와의 단절이 아니라 계승을 표방한 것으로 볼 수 있다. 이는 하대를 실질적으로 열었다는 원성왕이 왕위계승 분쟁을 통해 즉위했지

---

89) 金相鉉, 1981, 「萬波息笛說話의 形成과 意義」『한국사연구』34, 3~12쪽.

90) 김유신의 願刹 遠願寺도 8세기 말에서 9세기 초에 창건, 또는 중창한 것으로 추정되는데(文明大, 1976, 「新羅 神印宗의 硏究」『震檀學報』41, 194쪽), 역시 원성왕과 김유신 후손과의 결속이 이루어진 시기와 일치하고 있다.

91) 金相鉉은 이를 "정당한 왕위 계승자인 金周元과의 대립에서 權道로 왕위를 쟁취하고 두 번째 왕이 된 원성왕의 즉위가 '人謀'에 의한 것이 아니라 '天意'이고 '天恩'에 의한 것임을 萬波息笛의 신성함을 빌려 강조하고, 이로써 그의 즉위를 정당화하고 있음이 확실하다"고 하였다(1981, 앞의 논문, 17~18쪽).

92) 李基白·李基東, 1982, 「統一新羅와 渤海의 社會」『韓國史講座 古代篇』, 일조각, 310쪽 ; 金壽泰, 1991, 「新羅 孝昭王代 眞骨貴族의 동향」『國史館論叢』24, 100쪽.

만, 국왕을 중심으로 한 정치 운영은 중대의 그것과 단절적이지 않았음을 시사해 준다고 하겠다.[93] 표면적인 왕위계승 분쟁과는 달리, 즉위 후 원성왕과 그 후손들에 의해 이어진 하대의 정치 운영 원리가 중대의 그것과 질적인 변화가 있었는지는 앞으로 좀더 고찰해 봐야 할 부분이 있다.

원성왕측에 의해 의도적으로 유포되었을 만파식적 설화는 당시 왕경 일원에 광범위하게 퍼져 있었던 것으로 보인다. 이것은 다음 사료에서 추측할 수 있다.

> 貞元 2년 丙寅(元聖王 2, 786) 10월 11일에 일본왕 文慶이 군사를 일으켜 신라를 치려다가 신라에 만파식적이 있다는 말을 듣고 군사를 물렸다. 그리고 사자를 보내어 금 50냥으로써 피리를 보자고 청하므로 왕이 말하기를…… (『삼국유사』 권2, 紀異, 元聖大王)

이 이야기의 사실 여부를 떠나[94] 당시 왕경 사람들은 일본에서조차 만파식적을 알고 있다는 이야기를 듣고 있었다고 볼 수 있다.

그리고 정상적인 왕위 추대에서 벗어난 쿠데타로 집권한 원성왕은 이에 대한 배려로 文武百官에게 爵一級을 더해주는 조치를 취하였다. 율령을 반포하고 관료체제를 정비한 이후 이러한 조치는 매우 이례적인 것이었다. 통일전쟁 후 '增文武百官爵一級'의 기록을 『삼국사기』에서

---

93) 채상식은 羅末麗初를 사회 전반의 변혁을 수반할 정도로 질적인 변화를 가져온 시기라는 견해에 의문을 제기하면서, 禪사상의 수용·정착에 대해 사상 내용으로 보아 대단한 변혁 사상의 기능을 수행한 것으로 이해하는 것은 고려되어야 한다고 주장하고 있다(1993, 「한국 중세불교의 이해방향」 『考古歷史學志』 9, 318~19쪽). 이는 정치사에도 시사점을 주고 있다.

94) 一然도 일본왕 文慶에 대해 "『日本帝紀』를 보면 제55대 왕 文德이라 했는데 아마 이인 듯하다. 그 밖에 文慶은 없다. 어떤 책에는 이 왕의 太子라고 했다"라고 하여 의문을 표시하고 있다(『삼국유사』 권2, 紀異, 元聖大王).

찾으면 아래 두 개가 더 발견된다.[95]

>(聖德王 元年) 九月 大赦 增文武百官爵一級 復諸州郡一年租
>(孝恭王 元年) 大赦 增文武百官爵一級

성덕왕은 신문왕의 二子로 효소왕이 아들 없이 죽자 國人의 추대에 의해 즉위하였다.[96] 효공왕의 경우는 진성여왕 11년 6월에 禪讓을 통해 왕위를 물려받았다.[97] 이런 예를 통해 볼 때 원성왕의 '增文武百官爵一級' 조치는 前王의 嫡子로서 즉위하지 못한 왕들이 당시의 귀족관료들을 회유하기 위한 조치였음을 알 수 있다.

김경신이 원성왕으로 즉위한 후 그 배후 세력이었던 浿江鎭에서는 赤烏를 진상[98]하여 새 왕의 즉위를 인정하겠다는 표시를 분명히 했다. 이는 당시의 귀족들과 지방 세력들도 이에 따를 것을 선동한 것으로, 즉위를 공인받기 위해 회유와 위협의 방법들을 모두 사용하였던 것으로 볼 수 있다. 그리고 하대는 실질적으로 원성왕의 후손에 의해 이어져 갔다.

이상에서 원성왕 김경신의 활동이 드러나기 시작하는 시점인 혜공왕 대부터 선덕왕을 이어 왕위에 오르기까지의 정치 변동을 살펴보았다. 이를 정리하면 다음과 같다. 혜공왕대 초기의 정치는 母后 滿月夫人의 섭정과 元舅 金邕의 집권으로 인한 외척들의 권력 장악 시기였다. 이에

---

95) 『삼국유사』에는 孝昭王 때 國仙 夫禮郎이 狄賊에게 잡혀갔다가 잃어버린 玄琴과 神笛을 가지고 돌아온 일로 三級을 높여주었다는 기록이 있으나(『삼국유사』 권3, 塔像 栢栗寺), 다소 설화적인 내용이다.
96) 『삼국사기』 권8, 聖德王 元年.
97) 『삼국사기』 권11, 眞聖王 11년.
98) "浿江鎭進赤烏"(『삼국사기』 권10, 원성왕 원년 3월).

140

반발한 혜공왕 4년 大恭의 난은 33일 동안 왕궁을 에워싸고 96角干이 참여한 반란이었지만 실패하고, 난에 가담한 다수가 처형되었다. 혜공왕 6년의 金融의 난은 김유신의 후손들이 관련된 것이었다. 聖德大王神鐘銘에 만월부인의 업적을 찬양하는 내용과 여기에 새겨진 金邕의 관직으로 볼 때, 이 종이 만들어지는 혜공왕 7년(771)의 정치는 즉위 초의 외척세력이 그대로 집권하고 있었음을 알 수 있다.

그러나 김양상이 상대등으로 임명되는 혜공왕 10년 이후, 11년에 경덕왕과 만월부인·김옹 집권기에 시중을 역임한 金隱居와 廉相·正門의 잇따른 반란이 있었고, 12년에는 경덕왕이 추진한 漢化정책을 버리고 官號를 복고하였으며, 15년에는 김유신 가계의 伸寃운동 등의 일련의 사건이 있었다. 새 정치세력으로 부상한 표면적 인물은 김양상이었지만, 실질 권력은 김경신에게 있었다. 김경신은 김유신 가계의 신원운동을 주도하고 이들의 지원을 받으면서 혜공왕 16년의 김지정의 난을 진압하는데 결정적인 역할을 하였다. 이후 김경신은 자신의 즉위를 위한 정지 작업으로 김양상을 선덕왕으로 추대하고 정치적 실권을 장악하였다.

『삼국사기』에서 선덕왕의 즉위는 中代와 下代의 구분으로까지 파악했지만 실제로는 새로운 정권이 창출되는 과정에서 과도기적 역할을 했던 존재였었다. 선덕왕대의 정치 실권인 김경신은 大閱을 통해 자신의 군사적 우위를 과시하고, 浿江鎭을 개척하여 자신과 연결된 김유신의 후손 金巖을 패강진두상으로 파견하여 배후의 세력 기반으로 삼았다.

선덕왕의 死後 群臣들은 上宰 金周元을 추대하였지만, 김경신은 군사력으로 협박하여 이를 철회시키고 왕위에 즉위하였으며, 김주원은 귀족들의 지지를 받았으나 분명한 열세를 확인하고 무력 저항을 시도해 보지도 못한 채 명주로 은퇴하였다. 원성왕이 즉위하자 패강진에서는 赤烏를 진상하여 다른 귀족들과 지방세력들도 즉위를 인정할 것을 선동하였으며, 원성왕은 文武百官에게 爵 1급을 더해주는 조치를 통해 群臣들을 회유하려 하였다.

이러한 군사적 행동에 의해 왕위에 오른 김경신은 자신의 즉위를 정당화하기 위해 폭우를 천명으로 附會하고, 萬波息笛을 자신의 즉위와 결부시킨 설화를 왕경 일원에 유포시켰다. 만파식적은 중대 무열왕계의 왕위계승과 神聖性을 상징하는 것으로, 이러한 설화가 원성왕의 즉위와 관련하여 다시 부각된 것은 하대를 실질적으로 개창한 원성왕대의 정치 운영이 중대와의 단절이 아닌 계승을 표방한 것으로 볼 수 있다.

2. 하대 초기 왕위계승 분쟁과 민애왕

기존의 하대 정치사 연구는 중대의 전제왕권을 바탕으로 안정된 정치체제가 하대에 들어와 혼란이 있었고, 이는 지방세력이 대두할 근거를 제공하여 신라는 이를 통제할 능력을 상실하고 멸망에 이르게 되었다고 보고 있다. 그리고 그 정치적 혼란의 원인으로는 이 시기의 왕위계승 분쟁을 들고 있다. 실제로 836년 12월 흥덕왕 死後 희강왕·민애왕·신무왕으로 이어지는 839년 1월까지 신라사회는 전례 없는 왕위계승 분쟁에 휘말렸다. 이 시기 金悌隆(희강왕)·金明(민애왕)의 제휴세력과 金均貞·祐徵(신무왕) 父子와의 왕위계승 분쟁은 원성왕의 아들 중 仁謙系와 禮英系의 다툼이자, 좁게는 원성왕의 손자인 忠恭·憲貞·均貞 가문 사이의 왕위계승 분쟁이었다.[99]

99) 민애왕의 즉위와 몰락에 대한 직접적인 연구는 찾기 어려우나 하대의 왕위계승 분쟁을 다루면서 민애왕대를 언급한 주요 연구 성과는 다음과 같은 것이 있다.

상대등은 정당한 왕위계승자가 없을 경우 왕위를 계승할 제1후보자로 간주되고 있었다는 주장[100] 이후, 많은 연구자들이 이에 동조하여 하대의 왕위계승 분쟁을 보아왔다. 민애왕 김명의 즉위 과정에 대한 기존의 연구에서도 김균정의 상대등 관직에 주목하여 그를 정당한 왕위계승자로 보고, 김제륭·김명 세력은 이에 반발하여 무력으로 왕위를 찬탈한 것으로 해석하는 경우가 대부분이었다.

하지만 하대의 왕들은 嗣子가 없을 경우 생전에 혈연적으로 가까운 인물을 太子로 책봉하거나 유훈으로 다음 왕위계승자를 지명하였으며, 이에 따라 왕위가 계승되었지만, 왕위계승자에 대한 상대등이나 다른 귀족들의 반발은 보이지 않는다. 왕위계승에 있어 혈연적 요소나 왕의 유훈보다 상대등이라는 관직이 우선이었을까 하는 것은 의문이 있다.

하대 시기 무력 대결을 동반한 왕위계승 분쟁이나 왕위 찬탈은 839년 신무왕 김우징의 즉위로 막을 내렸고, 이후 신라가 망하는 935년까지 왕위는 별다른 무력 충돌 없이 이어졌다. 민애왕 김명은 하대 가장 극심했던 왕위계승 분쟁의 한가운데에 있었다. 민애왕의 즉위와 몰락은 좁게는 하대 왕실의 혈통이 인겸계에서 예영계로 바뀌게 하고, 크게는 신라체제 전반에 균열을 가져온 것으로 파악되고 있다. 따라서 민애왕 정권에 대한 시각은 하대 정치사를 이해하는데 있어서 중요한 의미를

李基白, 1962,「上大等考」『역사학보』 19 ; 吳星, 1979,「新羅 元聖王系의 王位交替」『全海宗博士華甲紀念 史學論叢』, 일조각 ; 李基東, 1980,「新羅下代의 王位繼承과 政治過程」『역사학보』 85 ; 尹炳喜, 1982,「新羅下代 均貞系의 王位繼承과 金陽」『역사학보』 96 ; 金東洙, 1982,「新羅 憲德·興德王代의 改革政治」『한국사연구』 39 ; 姜聲媛, 1983,「新羅時代 叛逆의 歷史的 性格」『한국사연구』 43 ; 李明植, 1984,「新羅 下代 金周元系의 政治的 立場」『大丘史學』 26 ; 文暻鉉, 1992,「神武王의 登極과 金昕」『趙恒來敎授 華甲紀念 韓國史論叢』; 金昌謙, 1994,「新羅下代 王位簒奪型 叛逆에 대한 一考察」『韓國上古史學報』 17.

100) 李基白, 1962,「上大等考」『역사학보』 19 : 1974,『新羅政治社會史硏究』, 일조각, 99쪽.

가진다.

　본절에서는 왕이 嗣子가 없을 경우 상대등＝왕위계승자라는 기존의 도식적인 틀에 얽매이지 않고 민애왕의 즉위 배경과 과정을 살펴보고, 김제륭·김명과 김균정·김우징과의 왕위계승 분쟁에서 김명의 지위와 역할을 검토하고자 한다. 이러한 연구는 이 시기 상대등과 왕위계승과의 관계를 파악하는데도 중요한 사례가 될 것이다.

1) 흥덕왕 사후 왕위계승 분쟁

(1) 仁謙系와 禮英系의 왕위계승 분쟁

　신라 37대 宣德王이 785년 정월 13일에 죽었지만[101] 嗣子가 없었고, 다음 왕위계승에 대한 언급도 기록에 보이지 않는다. 그러나 후계 왕위계승의 우선권은 金周元에게 있었고, 金敬信도 이를 인정하고 있었다.[102] 곧 선덕왕 死後 상대등 김경신보다 더 上位에 있는 왕의 族子 김주원이 왕위계승에서 우선하고 있었다.[103]

　후계 왕위계승의 우선권자인 김주원을 무력으로 몰아내고 즉위한 원성왕은 자신의 정당성을 강변하고, 후계 왕위계승에도 강한 집착을 보였다. 원성왕은 원년(785) 2월에 장자인 金仁謙을 太子로 책봉하였는데, 자신의 후계자를 세우는 것이 시급하고 중요한 일로 여긴 듯하다. 그러나 원성왕 7년(791) 1월 장남이었던 김인겸이 죽자 원성왕은

---

101)『삼국사기』권9, 宣德王 6년 정월.
102)『삼국유사』권2, 元聖大王.
103) 金昌謙은 원성왕의 즉위는 사실 당시 정치권내에서 그보다 우월한 혈연적 기반과 왕위계승 서열에 있던 김주원을 상대로 한 일종의 찬탈이었다고 보았다 (1994,「新羅下代 王位簒奪型 叛逆에 대한 一考察」『韓國上古史學報』17, 238쪽). 원성왕의 즉위 과정에 대해서는 權英五, 1995,「新羅 元聖王의 즉위과정」『釜大史學』19 참조.

재위 8년(792) 8월에 둘째 아들인 金義英을 태자로 책봉하였으며, 金義英도 원성왕 10년(794) 2월에 죽자 이듬해(원성왕 11년, 795) 1월 인겸의 아들인 王孫 金俊邕을 태자로 지명하였다.[104]

원성왕대 3차에 걸친 태자 책봉은 신라에서 前無後無한 것이었다.

애장왕 이후 헌덕왕·흥덕왕·희강왕·민애왕·신무왕으로 이어지는 5대 30년(809~839) 동안 왕이 아들을 태자로 지명해 왕위계승이 이어지는 절차는 사라지고, 독립된 家系의 원성왕 자손들 사이에 왕위 쟁탈전이 있었음을 생각하면 원성왕의 이러한 집착은 오히려 선견지명을 지닌 것처럼 보인다. 원성왕대는 하대의 권력구조를 특징짓는 왕실 친족집단원에 의한 권력 장악, 권력 집중의 한 전형이 확립되어 가던 시기로, 왕과 태자를 정점으로 하여 극히 좁은 범위의 근친왕족들이 상대등·병부령·재상·御龍省 私臣·시중 등 요직을 독점하고 있었다.[105] 그러나 원성왕이라는 구심점이 사라지고 난 후 이는 오히려 원성왕 자손들 간에 왕위계승 분쟁의 소지로 등장하여 이후 극심한 왕위 쟁탈전을 몰고 왔다.

원성왕의 死後 왕위는 소성왕(인겸의 長子)·애장왕(인겸의 孫)·헌덕왕(인겸의 아들)·흥덕왕(인겸의 아들)으로, 원성왕 장자인 인겸계가 이어 나갔다. 소성왕이 재위 2년 만에 죽고(789~800), 그 아들 金淸明이 13세로 즉위하였지만(애장왕) 정국은 왕의 숙부인 金彦昇이 섭정을

---

104) 『삼국사기』 권10, 원성왕 7년·8년·10년·11년.
　　이기백은 원성왕의 이러한 태자 책봉을 중대의 전제주의적 분위기로 보고 있다(1974, 『신라정치사회사연구』, 일조각, 121쪽). 金昌謙은 원성왕이 즉위와 동시에 중대 전제왕권에서 가장 이상적인 왕위계승으로 행하였던 長子상속제를 통하여 왕통을 확고히 하기 위하여 미리 태자를 책봉한 것으로 보았다(1993, 「新羅時代 太子制度의 性格」『韓國上古史學報』13, 165쪽).

105) 李基東, 1984, 「新羅 下代의 王位繼承과 政治過程」『新羅骨品制社會와 花郎徒』, 일조각, 152~153쪽.

하면서 주도해 나갔다.106) 애장왕 10년(809) 김언승은 동생 金秀宗과 함께 조카인 애장왕과 그 동생 金體明을 죽이고 헌덕왕으로 즉위하였 다.107) 이로써 원성왕-소성왕-애장왕으로 이어진 3대 20여년 동안 왕위의 父子 계승이 깨어지는 단초를 열었다.

하대의 왕위계승 분쟁은 원성왕의 諸孫을 시조로 하는 여러 家系의 연립과 대항 속에서 진행되었다.108) 헌덕왕대는 원성왕의 諸孫들을 각기 시조로 하는 몇 개의 家門으로 나누어져, 仁謙系에선 왕과 왕의 동생인 金秀宗과 金忠恭이, 禮英系에선 金憲貞과 金均貞이 각각 독립된 가문을 형성하고 있었다. 헌덕왕 김언승과 김수종·김충공 형제는 애장 왕을 죽이고 집권하는 과정에서 서로 협력하였을 뿐 아니라 헌덕왕(김 언승)·흥덕왕(김수종)은 後嗣가 없었기 때문에 김충공까지 포함하여 인겸계가 왕위를 독점할 수 있도록 후계 왕위계승자를 지명하였다.

예영계는 金憲貞과 金均貞의 두 가문으로 나뉘어져 있었다. 김헌정은 草奴라고도 불렸고,109) 侍中110)·國相·兵部令兼修城府令을 역임한 세 력가였다.111) 그리고 헌덕왕 2년(810)에 당에 사신으로 간 왕자 金憲章 을 김헌정과 동일인으로 본다.112) 그 아들 金悌隆은 헌덕왕 14년 김헌창

---

106) "애장왕이 즉위하니 諱는 淸明이고 소성왕의 태자이다. 母는 金氏 桂花夫人이다. 즉위할 때 13세여서 阿飡 兵部令 彦昇이 섭정하였다"(『삼국사기』 권10, 哀莊王 元年).

107) 『삼국사기』 권10, 애장왕 10년 7월 및 『삼국유사』 왕력 제40 애장왕.

108) 李基白, 1974, 「新羅 下代의 執事省」 『신라정치사회사연구』, 일조각, 181쪽.

109) "僖康王立 諱悌隆一云悌顒 元聖大王孫伊飡憲貞一云草奴之子也"(『삼국사기』 권 11, 희강왕 원년).

110) 이기동은 『삼국사기』 권10, 哀莊王 8년(807) 정월 조에 "伊飡金憲昌(一作貞)爲侍 中"이라는 기록에서 侍中을 金憲貞으로 단정하고 있다(1984, 『新羅骨品制社會 와 花郞徒』, 일조각, 156쪽의 주33).

111) 金獻貞 撰, 「斷俗寺神行禪師碑」의 비문에 "皇唐衛尉卿 國相 兵部令兼修城府令 伊干 金獻貞 撰"이라는 序文이 있다(李智冠, 1994, 『校勘 譯註 歷代高僧碑文 新羅篇』, 伽山文庫, 59쪽).

146

의 난 진압에 출동하고 있어 이들 집안의 세력이 상당했음을 알 수 있다.113)

김균정은 흥덕왕 3년(828) 2월에 절의 檀越로서 法光寺石塔을 세웠다.114) 곧 9세기에 들면서 대립하던 왕족 各系에 의한 願刹 건립이 京鄕 각지에서 이루어졌던 추세를 따른 것115)이라고 하는데, 법광사는 김균정 가문의 원찰인 것을 알 수 있다.116) 그리고 이 탑을 건립할 당시 김균정은 원성왕 諸孫들에서 독립된 가문을 형성하고 있다고 보여진다.

그러나 헌덕왕 14년(822) 김헌창의 난을 계기로 인겸계와 예영계의 양 가계 사이에 정치적 타협이 이루어진 듯하다. 김헌창의 난이 진압된 뒤에 김헌창의 宗族과 黨與 239여 명이 죽임을 당하였는데,117) 이는 당시 김헌창을 중심으로 하는 무열왕계 후손들의 상당수가 여기에 참여하는 것이었고, 무열왕계와 원성왕계의 대립의 의미를 지닌 것이었다.118) 김헌창의 난을 진압하기 위해 범원성왕계의 연합이 이루어져

112) 李基東, 1984, 앞의 책, 165~166쪽. 金獻貞 撰「斷俗寺神行禪師碑」序文의 '皇唐衛尉卿'은 이때 당으로부터 받은 관직으로 추정한다.
113) 徐榮敎도 김제륭이 상당한 무력적 기반이 있었던 것으로 추측하였다(1992, 「新羅下代 憲貞系의 王位繼承」, 동국대학교 석사학위논문, 24쪽).
114) "大和二年戊申七月 香照師 圓寂尼 捨財建塔 寺壇越成德大王"(黃壽永, 1974, 「新羅 法光寺石塔記」『白山學報』8 : 1974, 『韓國의 佛敎美術』, 同和出版公社, 201쪽).
115) 黃壽永, 1974, 앞의 책, 201쪽.
116) 石塔誌의 '願代代檀越 生淨土 今上命福長遠'에서 김균정(단월)과 그의 손자인 문성왕(今上)의 복을 빌고 있는 것을 볼 수 있다.
117) "성이 함락되자 헌창의 몸을 옛 무덤에서 찾아내어 다시 베고 그의 宗族과 함께 일을 도모했던 무리들 239명을 죽였으며 그 백성들을 풀어주었다"(『삼국사기』권10, 헌덕왕 14년 3월).
118) 金昌謙, 1994, 「新羅下代 王位簒奪型 叛逆에 대한 一考察」『韓國上古史學報』17, 241쪽. 崔柄憲은 이를 김주원계와 김경신계 사이의 왕위 쟁탈전의 연장으로서 이 양대 친족공동체세력 사이의 두 번째 대결의 성격을 갖는다고 하였다(1976, 「新羅 下代社會의 動搖」『한국사 3』, 국사편찬위원회, 464~465쪽).

인겸계뿐만 아니라 예영계의 인물들도 적극적으로 동원되었다. 그리고 이때 인겸계인 김충공의 두 딸과 예영계인 김균정과 김제륭 사이에 혼인이 이루어졌을 것으로 보고 있다.[119] 한편 金周元系는 김헌창 난의 실패 이후 원성왕계 안의 독립된 가계에 분산 흡수되어 독자적인 힘을 잃고 있었던 것으로 파악된다.[120] 이는 원성왕계에 의한 왕위계승이 정착되고 김주원 가계로 대표되던 무열왕계는 하대 왕위계승에서 완전히 탈락했음을 의미한다.

헌덕왕이 재위 18년(826) 10월에 죽자[121] 副君의 지위[122]에 있던 동생 金秀宗이 즉위하여 흥덕왕이 되었다. 50세의 나이로 즉위한 흥덕왕은 두 달 뒤 왕비 章和夫人을 잃자 재위 11년(836) 12월에 60세로 세상을 떠날 때까지[123] 再娶를 단념하였고, 뒤를 이을 아들도 기록상에는 보이지 않는다.[124]

---

119) 김균정과 昕明夫人(後妻), 金悌隆과 文穆王后 사이의 혼인이 있었다(吳星, 1979, 「新羅 元聖王系의 王位交替」『全海宗博士華甲紀念 史學論叢』, 일조각, 620쪽).
120) 尹炳喜, 1982, 「新羅下代 均貞系의 王位繼承과 金陽」『역사학보』96, 60쪽.
121) 井上秀雄은 흥덕왕의 즉위에 際해서는 왕위 쟁탈의 내란은 전하지 않지만 헌덕왕에는 왕자 金憲章, 金張廉, 金昕 등이 있었고 태자도 있었던 것 같다고 했으나(1969, 「『三國史記』에あらわれた新羅の中央行政官制について」『朝鮮學報』51 : 1974, 『新羅史基礎研』, 東出版, 246쪽), 이는 신라가 당에 사신으로 보낸 왕자는 假王子이거나, 왕의 親子가 아닌 왕족의 의미로 쓰인 것을 잘못 안 오류이다. 다만『삼국유사』권4, 義解 心地繼祖에 "釋心地辰韓四十一主憲德大王金氏之子也 生而孝悌 天性冲睿 志學之年 落采從師"라고 하여, 헌덕왕의 子인 心地가 15세에 출가했다고 하고 있다.
122) 井上秀雄은 헌덕왕 14년(822)에 王弟인 상대등 秀宗이 副君이 되고, 그때 후임 상대등이 임명되지 않은 점으로 보아, 상대등의 성격이 정치적 수장에서 副王的 성격으로 바뀌고 있었다고 하였다(1962, 「新羅政治體制의 變遷過程」『古代史講座』4 : 1974, 『新羅史基礎研究』, 東出版, 433쪽). 그러나 이는 金秀宗이 副君으로 나아간 후 그 동생인 金忠恭이 후임 상대등이 된 것을 살피지 못한 오류이다(『삼국사기』권45, 열전 祿眞 참고).
123) 興德王陵에서 발견된 斷碑에 "壽六十是日也"라는 구절을 흥덕왕의 享年으로 추정한다(閔泳珪, 1962, 「新羅興德王陵碑斷石記」『역사학보』17·18합, 626쪽).

148

흥덕왕 6년(831) 정월에 지진이 있은 후 侍中 金祐徵이 사면하자 왕은 伊湌 允芬으로 侍中을 삼았다. 그러나 흥덕왕 7년 봄, 여름의 가뭄은 7월에까지 이어졌고, 8월에는 도적들이 도처에서 일어났다. 흥덕왕 8년에는 봄부터 기근이 있었고, 10월에는 유행병이 돌아 많은 사람이 죽었다.[125]

연이은 천재지변으로 흉흉해진 민심을 잡기 위한 조치가 흥덕왕 9년(834)에 집중적으로 취해졌다. 흥덕왕 9년 정월에는 侍中 允芬이 사직하고 김우징을 두 번째로 시중에 임명하였다. 9월에는 西兄山下에 行幸하여 대열을 하고, 武平門에 御하여 활 쏘는 것을 보았다.

大閱은 신라의 왕들이 행한 의례적인 행사는 아니었다. 하대의 대열은 선덕왕 3년(782)과 애장왕 5년(804), 흥덕왕 9년(834)에 있었다. 통일 전의 대열이 전쟁 수행을 위한 군사적 목적이 있었다면, 별다른 전쟁 위협이 존재하지 않았던 통일 이후의 대열은 무력시위를 통해 자신의 세력을 과시하기 위한 정치적 목적이 있었다고 생각된다.

이 해 10월 흥덕왕은 國南州郡을 순행하였다. 『삼국사기』의 기록에서 하대에 국왕의 巡幸은 782년 宣德王의 漢山州 순행[126] 이후 50여 년 만이었으며, 특히 흥덕왕 3년(828) 4월에 설치한 淸海鎭의 영향권인 國南州郡을 순행한 것도 주목할 만하다.

또한 흥덕왕은 이때 진골 이하 6두품·5두품·4두품·平人에 이르기까지의 다섯 신분등급별 풍속관계가 규정된 교서를 내렸다.[127] 흥덕왕

124) 『삼국사기』 권10, 흥덕왕 11년 정월 조에 "왕자 金義琮을 당에 보내어 謝恩하게 하고 겸하여 宿衛케 하였다"라는 기록이 있다. 이를 흥덕왕에게 왕자 義琮이 있었으나 아직 어린 나이로 入唐宿衛하고 있었던 관계로 흥덕왕의 형제들 중에서 왕위를 계승한 것으로 보기도 하지만(李明植, 1984, 「新羅 下代 金周元系의 政治的 立場」『大丘史學』 26, 16쪽), 이도 역시 假王子로 보아야 할 것이다.
125) 『삼국사기』 권10, 흥덕왕 6년·7년·8년.
126) "二月 王巡幸漢山州 移民戶於浿江鎭"(『삼국사기』 권9, 선덕왕 3년 2월).

이 이 같은 교서를 내린 정치적 의도는 무엇보다도 중국 황제의 지위에 대응하는 초월적 존재로서의 국왕의 창출에 있었다고 해석할 여지가 많다고 한다.[128] 이러한 조치들은 왕권을 과시하기 위한 것으로 볼 수 있다.[129]

(2) 희강왕의 즉위와 그 성격

흥덕왕의 死後(836년 12월) 벌어진 왕위계승 분쟁은 무력 대결로 치달았다. 다음 사료를 살펴보자.

A-① 흥덕왕이 죽자 嫡嗣가 없어서 왕의 堂弟 均貞과 (또 다른) 堂弟(憲貞)의 아들 悌隆이 왕위계승을 다투었다. 陽이 均貞의 아들 阿飡 祐徵, 均貞의 妹婿 禮徵과 함께 均貞을 받들어 왕으로 삼고 積板宮으로 들어가서 族兵으로 宿衛하였는데, 悌隆의 黨인 金明·利弘 등이 來圍하거늘 陽이 宮門에 진치고 막으면서 "新君이 여기 있는데

---

127) 『삼국사기』 권33, 잡지2 色服·車騎·器用·屋舍.

128) 武田幸男, 1975, 「新羅骨品制의 再檢討」 『東洋文化硏究所紀要』 67, 東京大, 116~136쪽. 李仁哲은 경덕왕 16년에 改名된 지방 명칭이 혜공왕 12년에 복구되었다가 흥덕왕 9년(834)에 다시 경덕왕대의 지명으로 돌아갔다고 보고, 흥덕왕 9년의 개혁은 단지 色服·車騎·器用·屋舍 등에 대한 규제조치에 한정된 것이 아니라, 지방명칭의 漢化政策과 더불어 여러 방면에서 이루어진 개혁으로 파악하였다(1992, 「8·9세기 新羅의 支配體制」 『한국고대사연구』 6, 149쪽). 그러나 이인철이 흥덕왕 8년(833)에 주조된 「菁州蓮池寺鐘記」에서 혜공왕대 복구된 지명으로 파악한 '菁州'는 僖康王 원년(836) 신라 執事省에서 日本 太政官으로 보낸 牒에서도 여전히 '菁州'로 표기하고 있어(『續日本後紀』 권5, 仁明天皇 承和 3년 12월 乙未朔 丁酉) 지방 명칭이 경덕왕대의 것(康州)으로 돌아간 것은 836년 이후로 봐야 할 것이다.

129) 통일전쟁기의 충신이자 무장인 김유신을 興武大王으로 봉한 것도 이러한 정치 상황과 연관시켜 볼 수 있다. 다만 『삼국사기』 권43, 열전 김유신 下에는 김유신을 흥무대왕으로 추봉한 것을 흥덕왕 때라고 하였으나, 『삼국유사』 권1, 紀異 金庾信에서는 54대 景明王 때로 본다. 이병도는 『삼국사기』의 설이 옳다고 본다(李丙燾 譯註, 1983, 『三國史記 (下)』, 乙酉文化社, 314쪽).

너희가 어찌 감히 이같이 흉역한 짓을 하느냐"하며 활을 당겨
십수인을 사살하였다. 悌隆의 下인 裵萱伯이 陽을 쏘아 다리를
맞히니 均貞이 말하기를 "저들은 많고 우리는 적으니 형세를 당할
수 없다. 公은 거짓 물러나서 뒤를 도모하라"고 하니 陽이 포위를
뚫고 나가 韓岐市로 갔는데 均貞은 亂兵에게 죽임을 당하였다.
(『삼국사기』 권44, 열전 金陽)

A-② 처음 興德王이 죽자 왕(흥덕왕)의 堂弟 均貞과 堂弟(憲貞)의 아들인
悌隆이 다 각기 君이 되려고 하였다. 이때에 侍中 金明과 阿飡
利弘, 裵萱伯 등은 悌隆을 받들고, 阿飡 祐徵은 姪 禮徵과 金陽으로
더불어 그 아버지 均貞을 받들어 동시에 大內로 들어가 서로 싸웠
다. 金陽은 화살을 맞아 祐徵과 함께 도망하고 均貞은 해를 입으니,
그후 悌隆이 즉위하게 된 것이다. (『삼국사기』 권10, 희강왕 원년)

흥덕왕 死後의 왕위계승 분쟁에서 金祐徵과 禮徵, 金陽은 金均貞을
받들어 族兵을 이끌고 積板宮[130]으로 들어가 자립하려 하였다. 이 사건
은 원성왕 김경신이 왕위계승 우선권자인 김주원보다 먼저 궁에 들어가
왕위를 선점한 사건을 연상시킨다. 김경신의 왕위 선점에 뚜렷한 무력
의 열세를 느낀 김주원은 결국 저항을 포기하고 명주로 물러났지만,
원성왕의 즉위를 승복한 것이 아니라는 것은 그 아들 김헌창의 난에서
알 수 있다.[131]

---

130) 積板宮은 신라 35金入宅의 하나로 분황사 上坊에 있었던 板積宅과 관련이
    있을 것으로 생각된다("新羅全盛之時 京中十七萬八千九百三十六戶 一千三百六
    十坊 五十五里 三十五金入宅(言富潤大宅也)……板積宅(芬皇寺 上坊)……"(『삼국
    유사』 권1, 紀異 辰韓). 이 35金入宅의 일부를 왕실의 離宮으로 보기도 하는데(李
    基東, 「新羅 金入宅考」『新羅骨品制社會와 花郎徒』, 일조각, 1984, 192쪽), 積板宮
    과 板積宅이 같은 건물이었을 가능성도 있다. 또한 이것은 김균정·우징
    병력이 왕궁을 점령한 것이 아니라 적판궁이라는 離宮을 차지한 것으로
    볼 수 있다.
131) "3월에 웅천주 도독 헌창이 그의 父 周元이 왕이 되지 못한 것을 이유로

김균정을 왕으로 받들고 적판궁으로 들어간 병력은 사료 A-①에서
보듯 族兵, 곧 이들 가문의 私兵이었다. 이미 김헌창의 난 진압에 김균정
과 김우징 父子가 같이 3軍을 통솔하고 출전한 바 있었다.[132] 이때
출전한 병력이 바로 왕위계승 분쟁 때 김균정·김우징 父子의 무력
기반이었을 것이다. 이에 김명은 利弘·裴萱伯 등과 힘을 모아 김제륭을
내세워 이에 반발하였다.

김균정·김우징과 김제륭·김명 세력간의 왕위쟁탈전에서 후자가
승리하여 김균정은 피살되고, 김제륭이 희강왕으로 즉위하였다. 희강
왕은 즉위와 동시에 시중 김명을 상대등에, 阿湌 利弘을 시중에 각각
임명하였다.[133]

그런데 흥덕왕은 자신의 동생 김충공을 태자로 삼았고, 김충공의
死後 그의 아들인 김명이 흥덕왕에서 볼 때 가장 가까운 핏줄이었다.
흥덕왕 사후 왕위계승 분쟁이 일어났을 때 김명의 나이는 20살이 넘었
고, 충분히 왕위계승을 할 수 있는 연령이었다. 무엇보다도 김명은
소성왕 이후 왕위를 독점한 인겸계의 유일한 嫡子였다. 그런데도 김명이
자신의 왕위계승을 내세우지 못하고 김제륭을 추대한 것은 무엇 때문이
었을까?

김명이 김제륭을 도와 즉위토록 한 것은 김명 자신이 왕위에 오르기
위한 발판으로 김제륭을 잠시 이용하고자 하는 의도가 작용한 것이라고
보고 있다.[134] 사실 김제륭은 흥덕왕과의 혈연관계나 관직, 세력 면에

반란을 일으켜 나라 이름을 長安이라 하고, 연호를 세워 慶雲 원년이라 하였다"
(『삼국사기』 권10, 헌덕왕 14년 3월).
132) 『삼국사기』 권10, 헌덕왕 14년 3월.
133) 『삼국사기』 권10, 희강왕 원년.
134) 尹炳喜, 1982, 「新羅下代 均貞系의 王位繼承과 金陽」 『역사학보』 96, 67쪽.
李基東도 "金明이 阿湌 利弘, 裴萱伯 등을 자파로 끌어들여 金均貞의 조카이며
동시에 자신의 妹夫인 金悌隆(후에 희강왕)을 형식상 왕으로 추대하여 김균정

있어 김명이나 김균정에 비해 우위에 있다고 볼 수는 없다.

〈표 5〉 흥덕왕 사후 왕위계승 인물 비교

인물	원성왕의 子로 본 가계	관직	흥덕왕과의 관계	비고
金悌隆	禮英		從弟의 子	희강왕 즉위
金 明	仁謙	시중	姪	민애왕 즉위
金均貞	禮英	상대등	從弟	왕위계승분쟁 중 피살
金祐徵	禮英	前 시중	從弟의 子	신무왕 즉위

그럼에도 김제륭이 왕으로 추대될 수 있었던 것은 예영계의 김헌정·
김제륭 가문과 인겸계와의 관계를 살펴보면 짐작되는 바가 있다. 애장
왕 8년(807)에 시중이 된 김헌정은 애장왕을 살해하고 왕위를 찬탈한
김언승이 헌덕왕으로 즉위한 헌덕왕 2년(810)까지 시중으로 연임하고
있어 헌덕왕의 지지자였음을 알 수 있다. 헌덕왕의 즉위에는 동생인
김수종·김충공의 지원이 있었으며, 예영계의 김헌정도 이들과 정치노
선을 같이 한 것으로 볼 수 있다. 김헌정이 당에 사신으로 가거나
병부령이라는 요직을 역임할 수 있었던 것은 이러한 헌덕왕, 넓게는
인겸계와의 연합에서 가능한 것이었다.
　김헌정은 병부령을 역임하였고, 김헌창 난의 진압 때 그의 아들 김제
륭이 반란을 진압하는데 적극적인 역할을 하고 있어, 원성왕계에서
김헌정·김제륭 가문의 병력은 상당했음을 알 수 있다. 때문에 김명과
김제륭의 연합세력은 김균정·김우징의 것을 제압할 수 있었다. 김균정
이 사료 A-①에서 "저들은 많고 우리는 적으니 형세를 당할 수 없다"라고
한 것은 김명과 김제륭의 연합으로 이들의 군사가 많아진 것을 보여주는

　　과 무력대결을 꾀하였다"고 보았다(1984, 『新羅骨品制社會와 花郞徒』, 일조각,
　　165쪽).

것이다.

〈표 6〉 김헌창의 난 진압 시 출동한 인물

인물[135]	관등	역할	가계	비고
① 張雄	一吉湌	先發		
② 衛恭	迊湌	先發繼之		
③ 悌凌	波珍湌		禮英	僖康王, 憲貞의 子
④ 均貞	伊湌	掌三軍徂征	禮英	
⑤ 雄元	迊湌		金庾信?	
⑥ 祐徵	大阿湌		禮英	神武王, 均貞의 子
⑦ 忠恭	角干	守蚊火關門	仁謙	
⑧ 允膺	迊湌			
⑨ 明基·安樂		請從軍, 出戰		花郎

반면 김언승이 섭정을 하던 애장왕 3년(802)에 김균정에게 大阿湌의 位를 주고 假王子로 삼아 왜국에 인질로 파견하려했다.[136] 이는 균정을 견제하려는 것으로, 왕위를 차지한 인겸계의 힘의 우위를 느낄 수 있으나, 김균정이 거부했다는 것에서 알 수 있듯이 이를 완전히 압도할 정도는 아니었던 것으로 보인다. 결국 인겸계의 김언승·수종·충공 형제는 예영계의 김헌정과 김균정 두 가문 중에서 전자와는 제휴를, 후자는 견제하고 있음을 알 수 있다. 이것은 뒷날 김헌정의 아들 김제륭

135) 이기백은 ③悌凌을 悌隆과 동일 인물로 본다(1974,「新羅私兵考」『新羅政治社會史研究』, 일조각, 259쪽). 이기동은 興德王陵碑片에 보이는 '驍騎將軍 叡恭'을 ②衛恭과 같은 인물로, ⑧允膺은 경문왕 6년(866) 10월에 弟인 叔興·季興과 더불어 반란을 꾀하다 발각되어 一族이 誅殺된 允興과 같은 인물로 본다(1984, 「新羅 下代의 王位繼承과 政治過程」『신라골품제사회와 화랑도』, 일조각, 156쪽 및 173쪽).
文明大는 ⑤金雄元을 김유신 가계로 추정하고 있다(1976,「新羅 神印宗 研究」『진단학보』41, 198~199쪽).
136) "授均貞大阿湌 爲假王子 欲以質倭國 均貞辭之"(『삼국사기』권10, 애장왕 3년 12월) ; 吳星, 1979,「新羅 元聖王系의 王位交替」『全海宗博士華甲紀念 史學論叢』, 일조각, 618쪽.

과 김충공의 아들 김명과의 결합을 시사해 준다.

  그러나 흥덕왕 사후 왕위계승 분쟁이 벌어졌을 때 가장 유력한 세력은 역시 인겸계의 김충공·김명 가문이었을 것이다. 다만 김헌정·김제륭 가문이 김균정·김우징 측과 결합했을 경우 불리할 수도 있기 때문에 김명은 김제륭에게 왕위를 양보하면서까지 적극적으로 자기편으로 끌어들였던 것이다. 김제륭은 이때 일종의 캐스팅 보트를 쥐고 있는 존재였지만, 김제륭·김명의 연합에서 주력은 역시 김명이었고, 김균정·김우징을 타도하고 희강왕이 즉위한 후 김명·利弘이 국왕을 능가하는 정치 실세로 등장한 것은 당연한 것이었다. 결국 희강왕 김제륭의 역할은 현실적으로 당대 가장 유력한 세력이자 왕위를 독점하던 인겸계의 김명을 지원함으로써 김균정·김우징과의 대결에서 김명이 승리를 굳히는데 결정적인 역할을 하였지만, 그 자신은 독자적으로 자립할 수 없는 명목상의 왕으로 즉위하였던 것이다.

  그러나 희강왕의 재위 기간은 1년을 조금 넘었을 뿐이다.(836.12~838.1) 명목상이라고 하지만 1년 남짓한 기간 만에 왕위를 탈취당한 것은 희강왕과 정치 실세인 김명과의 알력이 있었음을 추측할 수 있다. 이때 그 알력의 원인을 알아보자.

    4월에 阿飡 祐徵은 父 均貞의 피해로 원한된 말을 퍼뜨리니, 金明과 利弘 등은 이에 분노하였다.
    5월에 祐徵은 禍가 미칠 것을 두려워하여 처자와 함께 黃山津口로 달아나 배를 타고 청해진대사 弓福에게로 가서 의지하였다.
    6월에 均貞의 妹壻 阿飡 禮徵과 阿飡 良順은 도망하여 祐徵에게로 왔다.
    3년 정월에 상대등 김명과 시중 利弘 등이 興兵作亂하여 왕의 左右를 살해하니 왕은 스스로 온전치 못할 것을 알고 드디어 궁중에서 목매어

돌아갔다. 諡를 僖康이라 하고 蘇山에 장사하였다. (『삼국사기』권10,
僖康王 2년·3년)

836년 12월 흥덕왕이 죽은 후 왕위계승 분쟁에서 김균정이 피살되었
음에도 불구하고 그 아들 김우징은 살아남았다. 이때 측근 세력이었던
김양은 산 속에 숨어 있었지만 앞 사료를 보면 김우징은 837년 4월까지
처자를 거느리고 서울 시내에 怨言을 퍼뜨릴 만큼 활동을 하고 있었다.
희강왕의 즉위 후, 지엽까지 찾아내어 죽였던 다른 반란의 결과[137]와는
달리 김우징은 목숨을 보전할 수 있었던 것이다.

이것은 김우징이 희강왕의 즉위를 인정했기 때문이 아닐까 생각한다.
김주원의 예에서도 보듯이 자신의 패배를 받아들이고 새로 즉위한
왕을 인정했을 경우에는 그에 대한 보답도 해 주었던 것이다. 그러나
김우징이 父 김균정의 피살에 대한 怨言을 퍼뜨릴 경우, 그 대응 방법은
김헌창의 난을 진압한 것과 같은 방식이었을 것이다. 곧 김우징은
김제륭·김명 연합세력과 父 김균정이 피살되는 왕위계승 분쟁을 치렀
지만 패배 후 희강왕의 즉위를 인정했기 때문에 청해진으로 달아나기
전까지 5개월 동안이나 처자를 데리고 서울에 거주할 수 있었던 것이다.

왕위계승 분쟁에서 김균정을 죽이고 승리한 두 주역은 희강왕 김제륭
과 김명이었지만, 앞 사료를 살펴보면 김우징이 父 김균정의 피살로
인한 원한된 말을 퍼뜨리니 당시 정치 실세인 김명과 利弘이 분노하였
고 하였고, 이에 김우징은 화가 미칠까 두려워하여 처자와 함께 청해진
의 장보고에게 피신하고 있다. 반면 국왕인 희강왕의 반응이나 명령은

---

137) 이기백은 신라하대 私兵 소유의 주체를 大家族으로 보고, 이 대가족은 늘
宗族 및 母族·妻族 등 소위 黨與와 연결된 것이 보통으로, 반란이 진압되면
철저한 族滅로서 끝나는 까닭이 여기에 있다고 하였다(1974,『신라정치사회사
연구』, 일조각, 274쪽).

보이지 않는다. 김우징도 희강왕에 대한 직접적인 비난은 하지 않았으며 오히려 국왕으로 인정하고 있었다.[138] 이것은 예영계인 희강왕이 김우징과 그 잔존세력의 처단에 소극적이었고, 이에 김명과 利弘이 강경하게 대응하면서 희강왕과 김명 사이에 정치적 갈등이 벌어진 것이 아닌가 생각한다.

2) 민애왕 정권의 성립과 붕괴

(1) 민애왕 즉위의 배경

민애왕 金明(817~839)의 가계는 〈표 7〉과 같다.

〈표 7〉 민애왕 金明의 가계

	曾祖父	曾祖母	祖父	祖母	父	母	妃
人名	金敬信	淑貞夫人 金氏	金仁謙	金氏	金忠恭	貴寶夫人 朴氏 (삼국사기) 貴巴夫人 (삼국유사)	允容夫人 (삼국사기) 无容皇后 (삼국유사)
官職			惠忠太子		上大等 宣康太子		
追諡	元聖王	肅貞王后	惠忠大王	聖穆大后	宣康大王	宣懿太后	
家系	내물왕 12세손	神述角干 의 女	원성왕 의 장자		金仁謙의 子	金仁謙의 女 (삼국유사)	永公(또는 永恭)의 女

그의 증조부는 하대를 실질적으로 개창한 원성왕 김경신이었다. 원성왕의 자손으로는 惠忠太子·憲平大子·禮英匝干·大龍夫人·小龍夫人 등이 있었다.[139] 김명의 祖父인 金仁謙은 원성왕의 장자로, 원성왕의

---

138) 권영오, 2009, 「신라하대 중기(839~888) 왕위계승과 정국의 안정」『지역과 역사』 24, 162~165쪽.

139) "王之孫有五人 惠忠太子 憲平大子 禮英匝干 大龍夫人 小龍夫人等也"(『삼국유사』 권2, 紀異 元聖大王). 이기동(1984, 『新羅骨品制社會와 花郎徒』, 일조각, 163~

즉위(785)와 더불어 太子(惠忠太子)로 지명되었으나 원성왕 7년(791) 1월에 죽은 인물이다. 김인겸의 아들은 俊邕(소성왕)·彦昇(헌덕왕)· 秀宗(흥덕왕)·忠恭이 있었고, 딸은 貴巴夫人이 기록에 보인다.140) 원성 왕 死後 김인겸의 長子인 王孫 金俊邕이 즉위(소성왕)하였지만 2년 만에 죽고, 그 뒤를 太子였던 金淸明이 13세에 애장왕으로 즉위하면서 김언승 이 섭정을 하였다. 애장왕 2년(801)에 김언승은 상대등이 되었고, 애장 왕 5년(804) 정월에는 김언승의 동생인 김수종이 28세의 나이로 執事部 侍中이 되었다.141) 애장왕 9년(808) 2월 金力奇는 당에 朝貢使로 가서 소성왕의 冊書와 唐帝가 주는 김언승·김충공의 門戟을 받아 가지고 왔다.

B-① 唐帝가 勅하되 "金俊邕 등의 冊書는 鴻臚寺로 하여금 中書省에서 그것을 수령하여 寺에 와서 金力奇에게 수여하여 가지고 돌아가게 하라"하고, 이에 왕의 숙부 彦昇과 그 아우 仲恭 등에게 門戟을 賜하되 本國으로 하여금 예에 의하여 주게 하였다. (『삼국사기』 권10, 애장왕 9년 2월)

B-② 그 3년 뒤에 使者 金力奇가 와서 사례를 하고 말하기를,……또

165쪽)과 文暻鉉(「神武王의 登極과 金昕」『趙恒來敎授 華甲紀念 韓國史論叢』, 1992, 59쪽), 주보돈(1994,「남북국시대의 지배체제와 정치」『한국사 3』, 한길사, 335쪽)은 '禮英太子'라는 명칭을 썼지만, 禮英은 태자로 책봉된 적이 없다. 『삼국유사』에 仁謙(惠忠太子)·義英(憲平太子)은 太子라고 했지만, 禮英은 匝干이라고 관등 만 표시했다. 또한 "第四十三 僖康王은 김씨이며……아버지는 憲貞角干으로 諡號는 興聖大王 혹은 翌成이라고 하며 禮英匝干의 아들이다" (『삼국유사』 왕력 제43 僖康王)라고 하거나, "헌덕왕 妃는 貴勝夫人이니 禮英角干의 딸이다"(『삼국사기』 권10, 헌덕왕 원년)라고 하여, '禮英匝干의 아들'이나 '禮英角干의 딸'로 표기하였다.
140) "第四十閔(一作敏)……母追封惠忠王之女 貴巴夫人 諡宣懿王后"(『삼국유사』 왕력).
141) 『삼국사기』 권10, 애장왕 2년 2월 및 『삼국사기』 권10, 애장왕 5년 정월.

宰相 金彦昇 · 金仲恭과 왕의 아우 蘇金添明의 門戟을 요청하므로,
詔書를 내려 (이를) 다 들어주었다. (『新唐書』 권220, 東夷列傳 新羅)

『新唐書』에는 김명의 父 김충공[142]을 형인 김언승과 함께 宰相이라고
하여 이미 상당한 정치적 지위에 있었음을 짐작할 수 있다. 곧 애장왕
말년의 정국은 김인겸의 아들인 상대등 김언승과 시중 김수종, 재상
김충공 형제가 정권을 장악하고 있다고 할 수 있다. 또한 당이 신라
사신에게 김언승과 김충공의 門戟을 사여하는 것을 볼 때 당과 신라에서
김언승과 김충공을 정치 실권자로 공인하였다고 해석할 수 있다. 이로
부터 1년 뒤인 애장왕 10년(809)에 김언승이 조카인 애장왕과 그 동생인
金體明까지도 죽이고 즉위하는 데에는 김수종뿐만 아니라 김충공의
지원도 있었을 것으로 생각된다.

김충공은 헌덕왕 9년(817) 정월에 시중으로 임명되었다. 그런데 헌덕
왕 13년(821)에 김충공이 卒했다는 기사가 있다.

C-① 春正月 以伊湌金忠恭爲侍中 (『삼국사기』 권10, 헌덕왕 9년)
C-② 夏四月 侍中金忠恭卒 伊湌永恭爲侍中 (『삼국사기』 권10, 헌덕왕 13년)

하지만 헌덕왕 14년(822) 3월 김헌창의 난 때 김충공은 迊湌 允膺과
함께 蚊火關門을 지키는 역할을 맡았고,[143] 또한 상대등으로 정치에
참여하고 있기 때문에(사료 D-①), 사료 C-②의 '卒'은 '退'나 '免'의 誤字로
본다.[144] 원성왕의 손자(俊邕, 彦昇, 秀宗, 憲貞, 均貞)들이 모두 시중을

---

142) 忠恭은 '仲恭'(『삼국사기』 권10, 애장왕 9년 2월)이나 '重恭'(『삼국유사』 왕력
    제43 희강왕)으로도 표기하였다.
143) 『삼국사기』 권10, 헌덕왕 14년 3월.
144) 이병도는 '卒'을 '退'의 잘못으로 보았으며(李丙燾 譯註, 1983, 『三國史記 (上)』,

역임하였으며, 또한 헌덕왕 12년, 13년에 자연재해가 심하였다는 기록145)을 볼 때 김충공이 헌덕왕 9년에 시중으로 임명되었으며, 헌덕왕 13년 천재지이에 대한 책임을 지고 물러났다고 해석하는 것이 옳을 것 같다.

후사가 없던 헌덕왕146)은 재위 14년(822) 정월에 동생인 상대등 김수종을 副君으로 지명하여 자신의 후계자로 삼았다. 새해가 시작되면서 이를 내외에 공포하여 인정받으려 하는 의도가 있었던 것으로 보인다. 그리고 김수종의 후임으로는 역시 헌덕왕의 동생인 김충공을 상대등으로 삼아 이를 뒷받침하게 하였다. 김충공은 시중에서 물러난 후 1년도 되지 않아 상대등으로 나아갔다. 다음 사료를 보면 김충공이 헌덕왕 14년(822)에 상대등으로 內外官의 인사 문제에 대하여 실권을 쥐고 있음을 알 수 있다.

乙酉文化社, 216쪽의 주53), 文暻鉉도 이를 '免'이나 '退'의 誤字로 보았다(1992, 「神武王의 登極과 金昕」『趙恒來敎授 華甲紀念 韓國史論叢』, 69쪽). 이기동은 '金忠恭'을 김명의 父인 忠恭과 同名異人으로 본다(1984, 『신라골품제사회와 화랑도』, 일조각, 162쪽의 주59).

145) "봄, 여름에 가물더니 겨울에 飢饉이 있었다"(『삼국사기』 권10, 헌덕왕 12년) ; "봄에 백성들이 飢饉으로 인하여 子孫을 팔아 自活하는 자가 있었다. 4월에 侍中 忠恭이 卒(?)하매 伊湌 永恭으로 侍中을 삼았다"(『삼국사기』 권10, 헌덕왕 13년). 이기백도 忠恭의 侍中 퇴임 이유를 天變地異로 보았다(1974, 『신라정치 사회사연구』, 177쪽의 〈표 가〉).

146) 다만 김헌창 난을 진압 후 "角干 忠恭의 딸 貞嬌를 취하여 太子妃로 삼았다"(『삼국사기』 권10, 헌덕왕 14년)라는 기록이 논란이 되고 있다. 주보돈은 이를 헌덕왕에게 太子가 있었다는 것으로 해석하였고(1994, 「남북국시대의 지배체제와 정치」『한국사 3』, 한길사, 333쪽), 이기동도 충공의 딸 중 하나인 貞嬌가 헌덕왕의 태자비가 되었다고 보았다(1996, 「신라하대의 사회변화」『한국사 11』, 국사편찬위원회, 28쪽). 그러나 사료 D-①에는 헌덕왕에겐 嗣子가 없었다고 하고 있다. 한편 『삼국유사』 왕력에는 제45대 神武王의 母가 貞嬌夫人이라는 기록이 있고, 『삼국사기』에는 (神武王의) 母는 朴氏 眞嬌夫人 憲穆太后라 했는데(『삼국사기』 권10, 神武王 원년), 이 둘의 관계는 잘 알 수 없다.

160

D-① (헌덕왕) 14년에 국왕이 嗣子가 없었으므로 母弟 秀宗을 儲貳로
삼아 月池宮에 들게 하였다. 때에 忠恭 角干이 상대등이 되어
政事堂에 앉아 內外官을 注擬하고 물러나서 병에 걸렸다.……이어
왕을 위하여 일일이 이야기하였다. 왕이 "寡人이 君이 되고 卿이
相이 되었는데, 이렇게 直言하는 사람이 있으니, 얼마나 기쁜 일인
가? 儲君으로 하여금 이를 알게 하지 않을 수 없다. 月池宮으로
가라"고 하였다.…… (『삼국사기』 권45, 열전 祿眞)

D-② 헌덕왕 14년 정월에 母弟 秀宗을 副君으로 삼아 月池宮에 들게
하였다. (『삼국사기』 권10, 헌덕왕 14년 정월)

위 사료에서 헌덕왕대의 정치는 국왕·副君·상대등을 모두 인겸의
아들들이 독점하고, 이들 형제간의 협조로 정국이 운영되었음을 알
수 있다.147) 헌덕왕 14년(822) 3월에 일어난 김헌창의 난은 김수종을
왕위계승자인 副君으로, 김충공을 상대등으로 임명한 인사조치에 대한
불만도 있었을 것이다. 그러나 김헌창의 난 진압에 원성왕계의 諸孫들이
모두 동원될 수 있었던 것은 이미 김수종의 副君 지명과 다음 왕위계승에
대한 합의가 이들 사이에 이루어졌음을 보여준다.

이로부터 4년 뒤 826년 헌덕왕이 재위 18년 만에 죽고, 副君이었던
김수종이 50세의 나이에 흥덕왕으로 즉위해 11년간의 재위를 누렸다.
후사가 없었던 흥덕왕은 자신의 후계자로 동생인 김충공을 지명하였다.
이러한 사실은 다음 사료에서 확인할 수 있다.

E-① 興德大王께서 왕위를 계승하시고 宣康太子께서 監撫를 하시게
됨에 이르러, 사악한 것을 제거하여 나라를 바르게 다스리고, 善을

147) 金東洙도 헌덕왕의 즉위 후에는 헌덕왕과 秀宗(흥덕왕)·충공의 3형제가 개혁
의 주도 세력이 되었다고 보았다(1982, 「新羅 憲德·興德王代의 改革政治」
『한국사연구』 39, 37쪽).

즐겨하여 왕가의 생활을 기름지게 하였다. 이때 洪陟大師라는 이가
있었는데, 그도 역시 西堂에게서 心印을 증득하였다. 南岳에 와서
발을 멈추니, 임금께서는 下風에 따르겠다는 소청의 뜻을 밝히셨고,
龍樓에서는 안개가 걷힐 것이라는 기약을 경하하였다. (崔致遠 撰,
「鳳巖寺 智證大師寂照塔碑」[148]))

E-② 新羅洪直禪師法嗣二人 興德大王 宣康太子 二人無機緣 語句不錄 (『景
德傳燈錄』 제11)

　　최치원이 찬한 「鳳巖寺智證大師塔碑」에 김충공을 '宣康太子'로 표현
한 것에서 그가 흥덕왕의 왕위 후계자인 태자로 지명되었던 것을 알
수 있다.[149] 또한 사료 E-①의 내용을 보건대 흥덕왕 정권을 국왕과
상대등 김충공의 兩頭체제였다고 평가하기도 한다.[150] 김충공을 태자

---

148) 南東信, 1992, 「鳳巖寺智證大師塔碑」 『譯註 韓國古代金石文 Ⅲ』, 200쪽.
149) 監撫는 監國撫軍의 줄인 말로 太子의 지위를 이른다고도 하며(李相殷, 1966,
　　『漢韓大字典』, 民衆書林, 863쪽), 또는 監撫는 監督安撫의 준말로 國務를 감독하
　　고 군대를 撫摩하는 직책인데 옛부터 太子가 이 직을 맡았다 한다(李智冠,
　　1994, 『校勘 譯註 歷代高僧碑文 新羅篇』, 伽山文庫, 303~304쪽). 龍樓는 태자의
　　宮門인데, 문루 위에 銅龍을 붙여 장엄하기 때문에 태자의 궁궐을 가리키는
　　말로도 쓰인다(이지관, 앞의 책, 304쪽).
　　김창겸은 김충공의 태자 책봉 시기를 흥덕왕 즉위 직후로 보았다(1993, 「新羅時
　　代 太子制度의 性格」 『韓國上古史學報』 13, 168쪽). 그러나 신정훈은 『삼국사
　　기』에는 충공이 태자로 책봉되었다는 기록이 없다는 점을 들어 봉암사지증대
　　사탑 비문의 太子 기록은 후대에 부회된 것으로 생각하였다(2010, 『8세기
　　신라의 정치와 왕권』, 한국학술정보, 262쪽).
150) 李基東, 1997, 「新羅 興德王代의 政治와 社會」 『新羅社會史研究』, 일조각, 168쪽.
　　하지만 이기동은 사료 E-①을 김충공이 상대등으로서 흥덕왕대 개혁정치를
　　주도했던 사실을 암시하는 것이라고 해석했는데(1984, 「新羅 下代의 王位繼承과
　　政治過程」 『신라골품제사회와 화랑도』, 일조각, 162쪽), 이때 김충공은 상대등
　　으로서가 아니라 최치원의 표현 그대로 太子로서 정국을 주도해 갔다고 봐야한
　　다. 문경현도 국왕이 도성을 비울 때 監國撫軍하는 태자 직능을 말하는 것을
　　볼 때 선강태자는 명실상부한 태자였다고 하였다(1992, 「神武王의 登極과 金昕」
　　『趙恒來教授 華甲紀念. 韓國史論叢』, 69쪽).

로 칭한 기록은 1004년 北宋의 道原이 편찬된『경덕전등록』의 법계보에
서도 보인다. 비록 사료 E-②의 짧은 기록 외에는 본문에 기록되어
있지 않지만, 여기서도 김충공을 宣康太子라고 칭하여, 김충공이 태자로
지명된 것이 국내외에 공인된 것임을 알 수 있다.

　민애왕의 母는『삼국사기』에는 朴氏 貴寶夫人(追諡 宣懿太后)이라
했지만,[151]『삼국유사』에는 母를 追封된 惠忠王(金仁謙)의 딸 貴巴夫人
이라고 했다.[152] 박씨라고 한 것은 이병도가 지적했듯이 당시 신라가
대외관계(특히 중국과의 외교)상 혈족결혼의 사실을 감추기 위해 假姓
을 쓴 것[153]으로 보인다. 이 시기 왕위를 독점한 인겸계는 폐쇄적인
혼인관계를 통해서 정치적 결속을 도모하였다.[154] 이는 왕위계승 독점
과 다른 가계에 대한 배타적 우월감의 표현으로 볼 수 있다.[155] 그런데
최치원이 찬한「華嚴經社會願文」을 보면 貴寶夫人은 太和연간(827~
835)에 사망한 듯하다.[156]

---

151)『삼국사기』권10, 민애왕 원년.
152)『삼국유사』왕력 제44 민애왕.
153) 李丙燾 譯註,『三國史記 (上)』, 乙酉文化社, 1983, 216쪽의 주7. 이러한 예는
　　『삼국사기』권10, 흥덕왕 2년 정월 기사에 唐이 흥덕왕을 책봉하면서 "唐文宗聞
　　王薨 廢朝 命太子左諭德兼御史中丞源寂持節弔祭 仍冊入嗣王……母朴氏爲大妃
　　妻朴氏爲妃"라 했는데, 王母도 金氏, 王妃도 金氏임에도 불구하고 모두 朴氏라고
　　한 것은 역시 신라측의 보고에 의한 것이거니와, 신라에서는 血族結婚을
　　숨기기 위하여 그러하였던 것 같다고 하였다(이병도, 1983, 앞의 책, 204쪽).
154) 본서「부록」신라하대의 왕위계승 참고.
155) 吳星은 인겸계 내의 결속과 연합의 바탕에는 인겸계 내에서 이루어진 혼인관계
　　가 작용하고 있을 것으로 추측하고, 인겸계의 인물들이 그들 간의 혼인관계를
　　통해서도 왕위의 계승을 독점할 수 있었다고 파악하였다(1979,「新羅 元聖王系
　　의 王位交替」『全海宗博士華甲紀念 史學論叢』, 일조각, 617쪽).
156) "竊見大和中 有僧均諒等 奉爲宣懿王后 誘緇素之徒 結春秋之社 各賫經卷 共集仁祠
　　薦玄福以無窮 傳妙音而不絶"(崔致遠 撰,「華嚴經社會願文」: 崔英成, 1999,『譯註
　　崔致遠全集 2』, 아세아문화사, 225~226쪽의 원문 및 해석을 참고하였다).
　　이는 정강왕이 죽은 형 헌강왕의 명복을 빌기 위해 別大德 賢俊에게 화엄경을
　　講하도록 하자 현준이 太和 연간의 宣懿王后의 전례를 왕에게 아뢴 것이다.

『삼국유사』에 따른다면 김충공에게는 3명의 딸(헌덕왕비 貴勝娘 · 희강왕비 文穆王后 · 김균정의 後妻 昕明夫人)과 아들 김명이 있었다. 헌덕왕비 貴勝娘(皇娥王后)은 헌덕왕과 同母弟인 김충공의 딸로, 이에 따른다면 姪女와 叔父의 근친혼이 된다.[157] 기록을 살펴보면 僖康王 妃[158]와 憲安王 母 昕明夫人(照明夫人)[159] 또한 김충공의 女이다. 민애왕 석탑기에는 "伏以敏哀大王 諱 明 宣康大王之長子 今上之老舅"라고 하였는데, 老舅는 今上인 경문왕과 민애왕의 관계를 나타내는 말로, 민애왕은 경문왕의 할머니인 僖康王妃 文穆王后의 남자 형제이다.[160]

민애왕비 无容皇后는 永公角干의 딸이었다.[161] 永公은 김충공의 뒤를 이어 헌덕왕 13년(821)에 시중이 되어 흥덕왕 2년(827) 8월까지 시중을

---

157) "헌덕왕 妃는 貴勝夫人이니 禮英 角干의 딸이다"(『삼국사기』 권10, 헌덕왕 원년) ; "妃는 貴勝娘으로 시호는 皇娥王后이며 忠恭 角干의 딸"(『삼국유사』 왕력 제41 헌덕왕). 헌덕왕비에 대한 기록은 위의 2개가 전한다. 이기동은 김균정을 헌덕왕의 妻男이라 하였고(1997, 「新羅 興德王代의 政治와 社會」 『신라사회사연구』, 일조각, 170쪽), 김창겸도 『삼국사기』의 기록을 취하고 있다(1994, 「新羅下代 王位簒奪型 叛逆에 대한 一考察」 『韓國上古史學報』 17, 239쪽).

158) "僖康王妃 文穆夫人 葛文王忠恭之女"(『삼국사기』 권10, 희강왕 원년) ; "第四十三僖康王……妃文穆王后 忠孝角干之女 一云 重恭角干"(『삼국유사』 왕력 제43 희강왕).

159) "憲安王立 諱誼靖一作祐靖 神武王之異母弟也 母 照明夫人 宣康王之女"(『삼국사기』 권11, 헌안왕 원년) ; "第四十七 憲安王 金氏 名誼靖 神虎王之弟 母 昕明夫人"(『삼국유사』 왕력 제47 헌안왕).

160) 金南允은 이를 민애왕은 헌안왕의 외숙이 되며 헌안왕의 사위인 경문왕에게는 처의 외숙 할아버지가 된다고 해석한다. 그러나 "민애왕은 충공의 아들이며 헌덕왕비는 충공의 딸로 헌안왕의 어머니"라고 한 것은(1992, 「閔哀王石塔舍利盒記」 『譯註 韓國古代金石文 Ⅲ』, 356쪽) 오류이다. 헌덕왕비 貴勝娘(皇娥王后)이 충공의 女이나, 헌안왕의 母는 충공의 또 다른 女인 昕明夫人으로 이 둘은 서로 다른 인물이다. 黃壽永은 老舅를 上位者에 대한 존칭으로 추정하였다(1969, 「新羅 閔哀大王 石塔記」 『史學志』 3, 63쪽).

161) 『삼국유사』 왕력 제44 민애왕. 『삼국사기』 권10, 민애왕 원년에는 允容王后라고 되어 있다.

역임한 永恭과 같은 인물이다.[162] 永公의 시중 임명 후 822년 정월에
김수종이 副君으로, 김충공은 상대등이 되었고, 이해 3월에 김헌창의
난 발발과 진압, 826년 흥덕왕의 즉위 등의 정치적 사건 속에서도 시중을
역임하였다는 것은 그만큼 왕의 신임이 두터웠고 이들과 정치적 이해가
일치했다고 볼 수 있다. 영공의 딸과 김충공의 아들 간의 혼인을 볼
때 흥덕왕 이후 왕위계승자로 공인된 김충공과도 적극 협력하는 관계였
을 것으로 생각된다. 영공의 시중 퇴임 사유는 天災地異로 보이나[163]
그 이후의 기록은 보이지 않는다.

민애왕[164] 김명은 김충공과 貴寶夫人 사이에 맏아들로 헌덕왕 9년
(817)에 태어났다.[165] 사료 C-①의 기록을 따른다면 이때 김명의 아버지
김충공은 시중으로 임명되었고, 4년 뒤 헌덕왕 13년(821)에 시중에서
물러났다. 퇴임 이유는 흉년과 같은 자연재해일 것으로 추정되는데,
그렇다고 정치적 실각이 아닌 것은 다음 해 상대등으로 나아가고 있는
것에도 알 수 있다.

김명이 6세 되던 헌덕왕 14년(822) 정월, 헌덕왕은 동생 김수종을
자신의 후계자인 副君으로 삼아 月池宮으로 들게 하고, 김명의 父 김충공
을 상대등으로 삼아 정국을 운영하였다. 이해 3월에 아버지 김충공은
김헌창의 난을 진압하는 데 활약하였으며, 이때 자신의 私兵을 이끌고
출전하였을 것으로 보고 있다.[166] 그리고 김충공이 사망한 후에는 김명

162) 『삼국사기』 권10, 헌덕왕 13년 4월.
163) "5월에 서리가 내리고 8월에 太白이 낮에 나타나더니 서울에 가뭄이 있었다.
　　侍中 永恭이 退官하였다"(『삼국사기』 권10, 흥덕왕 2년).
164) 민애왕의 왕호는 『삼국사기』에는 '閔哀王'으로, 『삼국유사』 왕력에서는 '閔哀王
　　一作 敏'으로 되어 있다. 한편 금석문에서는 경문왕 3년(863)에 세워진 동화사
　　비로암 석탑의 사리함에는 '敏哀大王'으로, 崔致遠 撰 「雙溪寺 眞鑑禪師塔碑」에
　　는 '愍哀大王'이라 하였다.
165) 黃壽永, 1969, 「新羅 敏哀大王 石塔記」 『史學志』 3.

이 이들을 이끌었을 것이다.

김명이 기록에 처음 등장하는 것은 19세인 흥덕왕 10년(835)으로, 김균정이 상대등으로 임명되고 시중 김우징이 그 父의 入相을 이유로 해직을 청하자 이 뒤를 이어 김명이 시중으로 임명된 것이『삼국사기』에 나온다.

> (흥덕왕 10년) 2월에 阿飡 金均貞으로 상대등을 삼으니, 侍中 祐徵은 父 均貞의 入相을 이유로 表를 올려 해직을 청하여, 大阿飡 金明으로 侍中을 삼았다. (『삼국사기』 권10, 흥덕왕10년 2월)

이는 흥덕왕의 정치적 동반자이며 후계자인 김충공이 사망했음을 뜻하는 것으로 해석되며[167] 흥덕왕에게는 적잖은 타격이었다. 이에 주목하여 김균정의 상대등 임명은 곧 흥덕왕이 다음 왕위계승자로 김균정을 지명하는 것과 같은 성격을 띠었다는 주장이 제기되었다.[168]

---

166) 이기백은 김헌창의 난 당시 왕도를 지키기 위한 8명의 員將이 거느린 것은 국가의 군대, 아니 오히려 왕의 군대였을 것이지만, 그 이외의 것에는 동원된 개인의 私兵이 중요한 역할을 담당하고 있었을 것으로 보고 있다(1974, 『신라정치사회사연구』, 일조각, 260쪽).

167) 김충공은 김균정이 상대등으로 임명되는 흥덕왕 10년 2월 이전에 상대등에서 물러나 있었고, 이 시기 쯤에 卒한 것으로 본다(이기백, 1974, 앞의 책, 180쪽 ; 李基東, 1984, 『新羅骨品制社會와 花郞徒』, 일조각, 163쪽).

168) 이기동, 1984, 앞의 책, 163 및 165쪽. 이기동은 하대에 들어와 거의 정형화되다시피 한 왕위계승의 관례에 따르면 일정한 왕위계승권자가 없을 경우에는 상대등 자리에 있는 사람이 가장 유력했다고 보았다. 흥덕왕이 죽을 당시의 상대등은 金均貞으로, 만약 그가 이 같은 관례에 따라서 평화적으로 즉위할 수 있었다면 왕위계승쟁탈전 따위는 일어나지 않았을 것이라고 보았다(1997, 「張保皐와 그의 海上王國」『新羅社會史硏究』, 일조각, 222쪽). 주보돈도 같은 입장이다 (1994, 「남북국시대의 지배체제와 정치」『한국사 3』, 한길사, 335쪽). 尹炳喜 는 더 나아가 왕자가 없을 경우 상대등이 곧 왕위계승자라고 보았고, 따라서 왕자가 없었던 흥덕왕의 경우 상대등 충공이 왕위계승자였고, 충공이 죽은 후 균정이 상대등이 됨으로써 왕위계승권은 균정에게 넘어갔다고 보았다

그러나 애장왕 이후 왕위를 독점한 인겸계가 김충공의 죽음을 계기로 예영계로 왕위를 물려주었다는 것은 이해하기 어렵다. 인겸계에는 19세 이지만 김충공의 아들 김명이 있었고, 또한 예영계의 김헌정 가문과 김균정 가문 중에서 전자와는 제휴를 한 반면 후자는 견제하고 있었다. 김균정을 상대등으로 임명하기 전해인 흥덕왕 9년(834)에 흥덕왕은 자신의 왕권을 강조하기 위한 여러 조치들을 시행했음을 앞에서 살펴보 았다. 때문에 흥덕왕이 김균정 가문의 힘에 눌려 왕위계승권을 물려주 었다고 보기도 어렵다.

김균정을 상대등으로 임명할 당시 從兄인 흥덕왕의 나이는 59세. 흥덕왕의 동생인 김충공도 이때 노환으로 죽었을 것으로 보인다. 김균 정의 형 김헌정은 헌덕왕 11년(819)에 이미 "伊飡 憲貞은 병으로 행보치 못하므로 나이는 아직 70이 되지 않았으나 金飾紫檀杖을 賜하였다"라는 기록이 있고,[169] 839년에 김균정의 손자 金慶膺이 文聖王으로 즉위하여 19년간 재위했지만 연소했다는 기록이 없는 것으로 보아 이미 장성한 것으로 볼 수 있다. 이와 같은 정황을 볼 때 결국 김균정이 상대등으로 임명될 당시는 상당히 연로한 나이였음을 알 수 있다.

오히려 여기서 주목해야 할 것은 김균정이 상대등으로 임명되자 그 아들 김우징이 사직하고 김충공의 아들 김명이 시중으로 임명된 것이다. 그 표면적 이유는 김우징이 父인 김균정이 入相했다는 것을 들었지만, 흥덕왕의 이때 인사의 주목적은 연로한 김균정의 상대등 임명이 아니라, 겨우 19세가 된 김명을 시중으로 임명하는 것이 아니었 을까 한다.[170]

(1982, 「新羅下代 均貞系의 王位繼承과 金陽」 『역사학보』 96, 65쪽).

169) 『삼국사기』 권10, 헌덕왕 11년 정월.

170) 1966년 발견된 민애대왕석탑기에 "以開成己未之年 太蔟之月 下旬有三日 奄弃蒼 生 春秋二十三"이라는 구절이 있어, 민애왕이 839년 정월 23일에 23세의 나이로

흥덕왕의 이러한 인사 조치는 원성왕 때의 金俊邕(소성왕)의 경우와
비교하여 시사하는 점이 많다. 기록을 살펴보자.

> F-① 원성왕 원년에 아들 仁謙을 봉하여 太子로 삼았던 바 7년에 卒하여,
> 元聖이 인겸의 아들을 궁중에서 길렀다. 俊邕은 5년에 당에 奉使하
> 고 大阿飡의 位를 받고, 6년에는 波珍飡으로 宰相이 되고, 7년에는
> 侍中, 8년에는 兵部令, 11년에는 太子가 되었다가 元聖이 돌아가매
> 그 位를 계승하게 되었던 것이다. (『삼국사기』 권10, 소성왕 원년)
> F-② 閔哀王이 즉위하니 성은 金氏, 諱는 明으로 원성대왕의 증손이요
> 大阿飡 忠恭의 子이다. 왕은 일찍이 여러 번 벼슬하여 상대등이
> 되었다. (『삼국사기』 권10, 민애왕 원년)

사료 F-①에서 보듯이 仁謙太子의 아들인 김준옹은 원성왕 7년(791)
1월에 父인 김인겸이 卒했지만 그해 10월에 시중으로 나아갔다가 다음
해 병부령을 거쳐 원성왕 11년(795) 태자가 되었다. 사료 F-②에 의하면
김명은 835년 2월에 시중이 된 후 희강왕 원년(836) 12월 상대등이
될 때까지 짧은 기간 동안에도 여러 관직을 역임했다고 하고 있다.
흥덕왕은 연로한 예영계의 김균정에게 왕위를 물려줄 의도보다는, 인겸
계의 유일한 嫡子로서 자신의 후계자였던 선강태자 김충공의 아들
김명을 정치적으로 키우기 위해 19세의 김명을 시중으로 임명한 것으로
해석할 수 있다. 그러나 이로부터 2년이 채 못된 흥덕왕 11년(836)
12월, 후계 왕위구도를 확실히 하지 못한 채 흥덕왕도 죽음으로써
왕위계승은 복잡한 양상으로 전개되기 시작하였다.
    기존 연구에서는 김균정·김우징과 김제륭·김명의 대결에서 전자

죽었다는 것에서 생몰 연대를 추정할 수 있다. 이에 따른다면 시중으로 임명된
835년 2월에 김명은 19세였다.

를 왕위계승의 우선권자로 보는 견해가 대부분이었다. 그것은 상대등이
왕위의 정당한 계승자가 없을 경우 왕위를 계승할 제1후보자로 간주되
었다는 견해에 따른 것이다.[171] 이기백은 헌덕왕의 뒤는 그의 弟요
상대등이었던 秀宗(흥덕왕)이 계승하였으며, 悌隆이나 金明의 왕위에
대한 욕망은 곧 忠恭의 지위에서 오는 것이라 믿는다라고 하고, 이때
김충공의 지위를 상대등으로 보았다.[172]

그러나 헌덕왕 사후 왕위계승자인 김수종은 副君이었고, 상대등은
김충공이었다. 다시 말하면 정당한 왕위계승자(?)가 없었던 헌덕왕의
뒤는 상대등 김충공이 아니라 副君 김수종이 계승한 것이다. 또한 흥덕
왕 때 김충공이 왕위후계자로 간주된 것은 상대등으로서가 아니라
太子로 공인되어 있었음을 간과한 것이다. 결국 상대등은 왕위계승에
있어 필요조건 정도에는 들어갈 수 있겠지만, 이의 충분조건은 아니었
다고 생각된다.[173]

하대에 왕이 嗣子가 없을 때 상대등을 후계 왕위계승의 우선권자로
보기에는 문제점이 있다.[174] 嫡子가 없었던 헌덕왕의 경우 원년(809)에
서 11년(819)까지 상대등은 金崇斌이었지만,[175] 그렇다고 이때 상대등
金崇斌이 왕의 동생인 김수종보다 헌덕왕 이후 왕위계승에 더 우위에
있었다고 보기에는 곤란할 것이다.[176] 헌덕왕과 흥덕왕은 후사가 없었

---

171) 이기백, 1974, 『신라정치사회사연구』, 일조각, 99쪽.
172) 이기백, 1974, 앞의 책, 122쪽.
173) 권영오, 2002, 「신라하대 왕위계승과 상대등」『지역과 역사』10.
174) 이것은 이기백도 "상대등이라고 해서 前王의 親子가 없는 경우의 정당한
　　　계승자로 인정되어 있지는 못한 것이며, 상대등보다 더 유력한 왕위의 계승자
　　　가 존재할 수 있었던 것이다. 왕위가 하나의 관직이 아닌 이상 이것은 당연한
　　　것이며, 왕위는 왕위대로의 계승 서열이 존재해 있었을 것이다"(1974, 『신라정
　　　치사회사연구』, 일조각, 119쪽)라고 지적하고 있다.
175) 『삼국사기』권10, 헌덕왕 원년·헌덕왕 11년 2월.
176) 『東史綱目』제5上, 己亥 헌덕왕 11년조에 "二月 金崇斌卒 以弟秀宗爲上大等"이라

지만, 자신의 후계자로 지명한 것은 상대등이 아니라 동모제였다. 嗣子
가 없었던 하대 왕들이 후계 왕위계승자를 지명할 때 왕과 가까운
혈족이나 사위를 지명하였고, 그렇게 정해진 왕위계승권자가 상대등이
나 그 밖에 귀족들의 반발로 즉위하지 못한 경우는 없었다.

   김언승과 더불어 조카인 애장왕을 죽이고 형의 뒤를 이어 즉위한
후, 재위 9년(834)까지 왕권을 강조한 흥덕왕이 다음 해인 835년 12월에
예영계의 김균정을 자신의 다음 왕위 계승자로 지명했다고 보는 것은
무리한 해석이다. 결과론적이지만 민애왕 김명의 몰락 이후 인겸계는
金周元系처럼 하대 왕위계승에서 완전히 탈락하였다. 그러므로 흥덕왕
이 김균정을 상대등으로 임명한 것을 다음 왕위계승자로 지명한 것이라
는 기존의 연구는 재고의 여지가 있다.

   앞서 살펴보았듯이 흥덕왕 10년(835) 2월 인사의 목적은 김균정의
상대등 임명이 아니라 인겸계의 유일한 적자인 김명을 19세의 나이에도
불구하고 시중으로 임명한 것으로 보는 것이 타당할 것이다. 김명은
흥덕왕의 가장 가까운 혈육이자 4대 38년간 왕위를 독점하던 인겸계의
유일한 적자였다. 흥덕왕은 김충공의 사망 이후 자신의 후계자로 김명
을 지명하고자 하였으며, 흥덕왕이 좀더 재위에 있었다면 김명은 병부
령이나 상대등을 거쳐 太子가 되었을 것이다. 그러나 김충공이 太子로
지명되었으나 죽고, 2년이 못된 시기에 흥덕왕도 사망하자 예영계의
김균정이 왕위를 차지하려 함으로써 왕위계승 분쟁은 촉발되었다. 정치
적 세력과 무력 동원에서 김제륭의 힘이 절실했던 김명은 이와 제휴하여

는 것에 근거하여 김숭빈을 헌덕왕의 동생이자 흥덕왕의 형으로 파악한 견해가
있다(金昌謙, 2002,「新羅 下代 王位繼承과 上大等」『白山學報』63, 169~170쪽).
그러나 필자는 이를 "김숭빈이 卒했다. (헌덕왕의) 동생 수종을 상대등으로
삼았다"고 해석한 全德在의 견해에 동의한다(2003,「서평 : 金昌謙 著,『新羅
下代 王位繼承硏究』」『한국사연구』123, 391쪽).

희강왕으로 추대하고, 자신은 정치적 실권을 장악하였다.

(2) 민애왕 정권의 붕괴

838년 1월 김명은 利弘과 더불어 자신의 再從이자 妹夫인 희강왕을 핍박해 궁중에서 자결하게 하고, 그 뒤를 이어 22살의 나이로 즉위하였다. 이때 희강왕측의 저항은 보이지 않고 그 아들 金啓明도 생존하고 있으며, 왕경과 다른 지방세력의 반발도 보이지 않아 민애왕의 즉위는 큰 무력 충돌 없이 진행된 듯하다. 한편 836년 왕위계승 분쟁에서 패배한 김균정의 아들 김우징과 金陽의 잔존세력들은 청해진으로 피신하여 뒷날을 기약하고 있음을 다음 사료를 통해 알 수 있다.

> G-① 陽이 하늘을 보며 號泣하고 白日을 가리켜 맹세하고, 아무도 모르게 山野에 숨어 때가 오기를 기다렸다. 開成 2년 8월에 前侍中 祐徵이 殘兵을 거두어 청해진으로 들어가 大使 弓福과 결탁하여 不俱戴天의 원수를 갚으려 하였다. 陽이 소식을 듣고 謀士와 병졸을 모집하여 (開成)3년 2월에 海中으로 들어가 祐徵을 만나보고 함께 擧事할 것을 모의하였다. (『삼국사기』 권44, 열전 金陽)
>
> G-② 2월에 金陽은 兵士를 모집하여 청해진으로 들어가 祐徵 阿飡을 배알하였다. 祐徵은 청해진에서 金明의 찬위를 듣고 鎭의 大使 弓福에게 이르되, "金明은 君을 죽이고 自立하였고 利弘도 君, 父를 함부로 죽였으니 하늘을 公戴치 못할 원수이다. 장군의 병력에 의하여 君父의 원수를 갚고자 한다"고 하였다. 弓福이 말하기를 "옛사람의 말에 義憤한 일을 보고 가만히 있는 것은 용기 없는 사람이라 하였으니 내 비록 용렬하나 명령에 복종하겠습니다"고 하였다. (『삼국사기』 권10, 민애왕 원년 2월)
>
> G-③ 제45대 神武大王이 潛邸時에 협사 弓巴에게 말하였다. "나에게는 이 세상을 같이 살아나갈 수 없는 원수가 있다. 네가 만일 나를

위해서 이를 없애고 大位를 얻는다면 네 딸을 맞아 왕비로 삼겠다"
하니, 弓巴는 이를 허락하였다. (『삼국유사』 권2, 紀異 神武大王 · 閻長 ·
弓巴)

사료 G-②에서 김우징이 장보고에게 '김명은 君을 죽이고 자립했다'고
했을 때 '君'은 희강왕이다. 이때 김우징이 한 말을 사료 G-②, G-③에서
보면 父 김균정을 죽인 개인적인 복수심만이 표현되어 있을 뿐 상대등
김균정이 흥덕왕 死後 정당한 왕위계승자였으나 김제륭 · 김명에 의해
찬탈 당한데 대한 대의명분을 내세우는 것은 찾아볼 수 없다. 김명이
죽인 희강왕을 君이라 하여 국왕으로 인정하였으며, 왕위계승을 주장하
다 利弘에 의해 피살된 자신의 父 김균정은 君이라 하지 않고 그냥
父라고 하였다. 헌덕왕 14년 김헌창의 반란에 그의 父 김주원이 왕이
되지 못한 것을 이유로 난을 일으켜 국호와 연호를 내세웠던 것과
비교할 수 있다. 김우징은 김명이 君인 희강왕을 죽인 것과 利弘이
희강왕과 자신의 父인 김균정을 죽인 것에 대한 복수를 다짐하고 있을
뿐이다.

희강왕은 김우징과 같은 예영계였고, 또한 김명과 利弘 등 정치실세가
내세운 명목상의 왕이었다.177) 때문에 김우징은 희강왕에 대한 적개심
보다는 김명과 利弘을 복수의 주대상으로 하고 있는 것이다. 836년의
왕위계승 분쟁이 표면상으로 김제륭과 김균정의 왕위 쟁탈전으로 나타
났다면, 이제는 김명과 김우징과의 무력대결로 치닫게 되었다.

희강왕 2년(837) 5월 김우징은 처자를 거느리고 청해진의 장보고에게

---

177) 그러나 희강왕 김제륭의 아들 김계명은 신무왕 김우징의 女 光和夫人과 혼인하
     였고, 그 아들 金膺廉이 경문왕으로 즉위하여 이후 왕위계승을 이어나갔다.
     이 왕위계승 분쟁의 최후의 승리자는 희강왕 김제륭 집안이라고 할 수도
     있다.

172

로 피신했다. 838년 1월에 김명은 희강왕을 自盡케 하고 민애왕으로
자립하였다. 한달 뒤 838년 2월에 산 속에 숨어 지내던 金陽이 병사를
모집하여 청해진으로 와서 김우징을 만났다. 이때 민애왕의 찬탈 소식
을 들은 김우징은 君(희강왕)과 父(김균정)를 죽인 원수를 갚게 해
달라고 장보고에게 부탁하였다. 이에 김우징·장보고는 민애왕을 치기
위해 두 차례 병력을 출동시켰다. 먼저 838년 3월에 1차 출병이 있었다.

> 開成 3년(민애왕 원년, 838) 2월에 (金陽은) 海中으로 들어가 祐徵을
> 만나 뵙고 함께 擧事할 것을 모의하였다. 3월에 强兵 5천인으로써
> 武州를 습격하여 城下에 이르니 고을 사람들이 모두 항복하였다. 다시
> 내치어 南原에 이르러 新羅兵과 마주 싸워 이겼으나, 祐徵은 군사들이
> 오래 피로하였으므로 해서 다시 海鎭으로 돌아가 兵馬를 休養시켰다.
> (『삼국사기』권44, 열전 金陽)

이때 김우징은 직접 5천의 병력을 이끌고 출전했으나 왕경까지 나아
가기에는 역부족이었다. 비록 싸워 이겼다고 하였으나 위 사료를 볼
때 김우징의 군대가 남원에 가기까지 오랫동안 민애왕군의 강력한
저항에 부딪혔음을 알 수 있다.[178]
이런 상황에서 주목되는 것은 민애왕과 지리산 일대의 불교 세력과의
관계이다. 하대에 각 가계들은 불교계에 자신의 세력을 심고 있었다.[179]

---

[178] 李仁哲은 청해진의 반란군이 남원까지 진입하였다가 지방군에 의하여 저지를
당하였다고 하였다(1993,「新羅 支配體制의 崩壞와 軍事組織」『新羅政治制度史
硏究』, 一志社, 397쪽).
[179] 동화사는 헌덕왕의 아들인 心地가 창건했다고 전하는 사찰로(『삼국유사』
권4, 義解 心地繼祖), 민애왕석탑기에 "葬□星霜二紀□□□□十 惠□□□□□
至 欲崇蓮坮之業 於□桐藪願堂之前 創立石塔 冀効童子聚沙之義"라는 기록이
있어 이 절이 인겸계나 좁게는 김충공·김명 가문의 원찰임을 알 수 있다(黃壽
永, 1969,「新羅 閔哀大王 石塔記」『史學志』3, 67쪽).

나말여초의 선종 사찰들이 지방세력의 지원으로 성립된 것으로 알려진
것과는 달리, 당시 왕위를 독점한 인겸계는 새로 등장하는 禪宗을 포용
하려 하였다.

하대 선종 사찰 중 洪陟의 實相山門은 흥덕왕과 宣康太子(김충공)의
지원을 받아 성립되었다.180) 중국에서 西堂 智藏의 심인을 받고 먼저
신라에 돌아온 道義가 王京에서 용납되지 못하고 설악산 陳田寺로 은거
할 수밖에 없었던 것과는 대조적으로, 같은 智藏의 심인을 받고 돌아온
홍척은 곧 왕실의 지원을 받았다. 迦智山門은 道義의 사후 廉居를 거쳐
헌안왕 때에야 普照 體澄이 왕실의 지원을 받아 寶林寺를 중창할 수
있었던 것에 비해, 흥덕왕과 선강태자의 인겸계는 홍척의 실상산문을
선택하여 지원한 것임을 알 수 있다.181)

민애왕 또한 慧昭를 황룡사에 적을 올리게 하고 왕경으로 불러 친견하
려 하였다.182) 慧昭는 이때 지리산 花開谷에 주석하고 있었고,183) 민애왕

180) "新羅洪直禪師法嗣二人 興德大王 宣康太子 二人無機緣 語句不錄"(『景德傳燈錄』
제11) ; "及興德大王纂戎 宣康太子監撫, 去邪瞖國 樂善肥家. 有洪陟大師 亦西堂
證心 來南岳休足. 鷟冕陳順風之請, 龍樓慶開霧之期. 顯示密傳 朝凡暮聖, 變非蔚
也, 興且勃焉"(최치원 찬, 「鳳巖寺 智證大師塔碑」: 李智冠 譯註, 1994, 『校勘
譯註 歷代高僧碑文 新羅篇』, 伽山文庫).
181) 崔柄憲은 洪陟이 827년(흥덕왕 3) 흥덕왕과 선강태자의 귀의를 받아 지리산에
실상사를 개창하고 이곳에서 禪風을 선양하여, 실상산파를 형성하고 禪宗九山
脈 중 최초의 창시자가 되었다고 하였다(1972, 「新羅下代 禪宗九山派의 成立」
『한국사연구』 7 : 1977, 『한국사논문선집 Ⅱ』, 일조각, 291쪽).
182) 開成 3년에 이르러 민애대왕이 갑자기 보위에 올라 불교에 깊이 위탁하고자
국서를 내리고 齋費를 보내 특별히 친견하기를 청하였는데, 선사가 말하기를
"부지런히 善政을 닦는데 있을 뿐, 어찌 만나려 하십니까?"라고 하였다. 使者가
왕께 복명하니 그 말을 듣고 부끄러워하면서도 깨달은 바가 있었다. 선사가
색과 공을 다 초월하고 선정과 지혜를 함께 원만히 갖추었다 하여 사자를
보내 호를 내려 慧昭라 하였는데 昭자는 聖祖의 廟諱를 피하여 바꾼 것이다.
그리고 황룡사에 적을 올리고 서울로 나오도록 부르시어 사자가 왕래하는
것이 말고삐가 길에서 엉길 정도였으나 큰 산처럼 꿋꿋하게 그 뜻을 바꾸지
않았다(崔致遠 撰, 「雙溪寺 眞鑑禪師塔碑」: 金南允, 1992, 「雙溪寺 眞鑑禪師塔

174

은 이 일대에 영향력을 가지고 있는 혜소를 적극적으로 포섭하려 하였다.[184] 앞 사료에서 보듯이 838년 3월 김우징 · 장보고군을 막은 것은 남원에서였으며, 지리산 일대는 청해진의 김우징 · 장보고 세력의 왕경 진출을 막는 전략적 요충지였던 것이다.[185] 선강태자 김충공과 민애왕 김명이 이 지역의 선종 사찰을 선택하여 지원한 것은 이 지역을 자신의 세력권으로 포섭하려는 정치적 의도를 가진 것이라고 할 수 있다.

838년 3월의 출전이 실패로 끝난 후 김우징은 청해진으로 돌아왔지만, 이해 12월 장보고는 또 다시 병력을 출전시켰다. 다음 사료를 살펴보자.

H-① 12월에 金陽은 平東將軍이 되어 閻長 · 張弁 · 鄭年 · 駱金 · 張建榮 · 李順行 등 6장과 함께 군사를 거느리고 武州 鐵冶縣에 다다랐다. 왕은 大監 金敏周로 하여금 군사를 내어 迎戰케 하매, 金陽이 駱金 · 李順行을 시켜 기병 3천으로 가서 돌격케 하여 거의 다 섬멸하였다. 2년 윤정월에 김양의 군이 주야를 겸행하여 19일에 達伐의 땅에 이르렀다. 왕은 병사가 닥침을 듣고 伊飡 大昕 · 大阿飡 允璘 · 嶷勛 등을 명하여 군사를 이끌고 가서 막게 하매 김양의 군은 또 이와 한번 싸워 크게 이기니 왕군의 死者가 반수 이상이었다. 이때 왕은 西郊 大樹下에 있던 바 좌우 근신이 다 달아나므로 혼자

碑」『譯註 韓國古代金石文 III』, 85쪽).
183) 흥덕왕 5년(830)에 당에서 신라로 귀국한 慧昭는 인겸계 왕실의 지원을 받아 尙州 長栢寺에 주석하였다가 지리산 花開谷으로 옮겨가 있었다.
184) 매양 왕의 사자가 역마를 타고 와서 명을 전하여 멀리서 法力을 구하면 이르기를, "무릇 王土에 살면서 佛日을 머리에 인 사람으로서 누구인들 마음을 기울이고 생각을 다하여 임금을 위하여 복을 빌지 않겠습니까? 또한 하필이면 멀리 나무 썩은 등걸 같은 저에게 綸音을 더럽히려 하십니까? 왕명을 전하러 온 사람과 말이 허기져도 먹지 못하고 목이 말라도 마시지 못하는 것이 마음에 걸립니다" 하였다(崔致遠 撰,「雙溪寺 眞鑑禪師塔碑」: 金南允, 1992,「雙溪寺 眞鑑禪師塔碑」『譯註 韓國古代金石文 III』, 86쪽).
185) 흥덕왕 9년(834) 10월 흥덕왕의 國南州郡 巡幸도 이 지역에 대한 중요성과 관심을 보여준다(『삼국사기』 권10, 흥덕왕 9년 10월).

서서 어찌 할 바를 모르다가 月遊宅으로 달려 들어오니 김양의
병사가 왕을 찾아 해하였다. 群臣이 故王을 예로 장사하고 諡를
閔哀라 하였다. (『삼국사기』 권10, 민애왕 원년·2년)

H-② 12월에 다시 출전하매, 金亮詢이 鵡州 군사로써 來會하고, 祐徵은
또 날래고 용맹한 閻長·張弁·駱金·張建榮·李順行 등 여섯 장수
를 시켜 병사를 통솔케 하니 軍格이 매우 성하였다. 북을 치며
행군하여 武州 鐵冶縣 북쪽에 이르니 州大監 金敏周가 군사를
이끌고 역습하였다. 장군 낙금·이순행이 기병 3천으로 저쪽 軍中
에 돌격해 들어가 거의 다 살상하였다. (開成)4년 정월 19일에
군사가 大丘에 이르니, 왕이 군사로써 맞이하고 항거하므로 이를
역습, 왕의 군사가 패하여 달아나고 생포와 참획은 이루 헤일
수 없었다. 이때 왕이 허겁지겁 離宮으로 도망해 들어갔는데 군사
들이 마침내 그를 찾아 살해하였다. (『삼국사기』 권44, 열전 金陽)

H-③ 開成 己未年(839) 윤정월에 大將軍이 되어 군사 10만 명을 거느리고
大丘에서 淸海鎭의 군사를 방어하다가 패전하였다. 자신이 패하고
또 죽지 못하였다고 하여 다시 벼슬을 하지 않고 소백산으로
들어가 葛衣蔬食으로 중들과 함께 놀다가 大中 3년(849) 8월 27일
에 병들어 산재에서 세상을 떠나니 향년이 47세였다. (『삼국사기』
권44, 열전 金陽 附 金昕)

민애왕 원년(838) 12월 김우징·장보고 병력의 출병은 이해 3월의
것과는 달리 金陽·閻長·鄭年 등이 지휘하였으며, 신라 조정에서는
州大監 金敏周를 보내 청해진에서 내륙으로 나가는 길목인 武州 鐵冶
縣[186])에서 이를 막으려 하였으나 실패하였다. 武州 鐵冶縣 전투 이후
주야를 겸행하여 김우징·장보고군은 민애왕 2년(839) 윤정월 19일

---

186) 전남 羅州郡 南平面에 비정한다(李丙燾 譯註, 1983, 『三國史記 (上)』, 乙酉文化社,
207쪽).

176

대구에 이르렀다.[187] 838년 12월에 출병한 김우징·장보고 군대가 무주
철야현 전투 이후 대구에 도착한 것은 839년 윤정월 19일로, 윤달을
고려하면 2~3달이 걸린 것이다. 대구에서 왕군의 최후 방어선을 뚫고
왕경에 진입하여 민애왕을 살해하는 데 겨우 4~5일밖에 걸리지 않았던
것을 생각하면 결코 빠른 진군 속도였다고 할 수 없다.[188] 이는 김우징
·장보고 군대가 철야현에서 대구까지 오는 동안 민애왕군의 저항을
받아 진군이 순탄하지 않았음을 짐작케 한다. 대구에 도착한 김우징·
장보고 병력은 金昕[189]이 대장군으로 방어한 왕군의 최후 방어선을
뚫고 왕경에 진입하여 민애왕을 살해하였다.[190] 민애왕 정권은 1년
동안 존재했다.

이때 왕위계승 분쟁에서 동원된 병력도 각 가문의 私兵으로 추측된다.
836년의 대결에서는 김명과 김제륭 두 가문의 병력이 김균정·김우징
父子의 것을 압도하여 승리를 거둘 수 있었다. 이에 패배한 김우징은
병력의 열세를 만회하기 위해 청해진의 장보고 세력과 결합하였다.
이것은 하대에 지방 군진세력이 독자세력화하고 있음을 보여 주는
것이다.

김명과 김우징 가문과의 왕위계승 분쟁에서 승리자는 김균정의 아들
김우징이었다. 그러나 그 승리의 배경에는 장보고의 청해진 병력이

187) 사료 H-②에서는 대구에 도착한 것을 정월 19일이라고 하였으나, 사료 H-①이나
H-③을 볼 때 閏正月 19일이 맞을 것 같다.
188) 무열왕 7년(660) 5월 26일에 무열왕이 직접 庾信·眞珠·天存 등과 더불어
군사를 거느리고 왕경을 출발하여 南川停(利川)에 도착한 것이 6월 18일인
것과 비교하면, 이때의 진군 속도를 짐작할 수 있다.
189) 문경현은 문성왕 11년(849) 9월에 난을 일으키다 진압된 大昕과 같은 인물로
보았다(1992, 「神武王의 登極과 金昕」『趙恒來敎授 華甲紀念 韓國史論叢』, 67
쪽).
190) 『삼국유사』에는 민애왕이 己未年(839년) 정월 22일에 崩했다고 하였으나(『삼국
유사』 王曆 閔哀王), 민애대왕석탑기에는 開成 己未年 정월 23일이라고 하였다.

결정적 역할을 하였다. 이때 장보고의 청해진 병력은 1만 명, 반면 사료 H-③에 의하면 관군을 이끈 金昕은 대장군으로 10만을 거느렸다고 했는데, 이 10만 군대는 당시 신라 전체의 병력으로 보인다.191) 하지만 아무리 장보고 군대가 훈련이 잘된 병사라 하더라도 10만 군대가 궤멸했다고 보기는 어렵다. 더구나 이 청해진 병력의 성격을 "邊民을 규합하여 일종의 民軍조직으로서 淸海에 設鎭한 것"으로 보고 있기도 하다.192) 이 전투에서 실제로 민애왕이 동원할 수 있었던 군대는 公兵 신라 전체 병력 10만이 아니라 자신과 측근의 사병이었을 것이고, 그 숫자는 장보고의 병력을 크게 상회하는 정도는 아니었을 것이다.

본절의 내용을 정리하면 다음과 같다. 835년 흥덕왕의 후계자인 선강 태자 김충공이 사망하고, 836년에는 흥덕왕마저 죽음으로써 왕위계승 분쟁이 촉발되었다. 이 왕위계승 분쟁은 원성왕의 장자인 仁謙系의 김충공·김명 가문과 원성왕의 3자인 禮英系의 김헌정·김제륭 가문, 그리고 역시 예영계인 김균정·김우징 가문 사이의 다툼이었다.

소성왕 이후 왕위를 독점하던 인겸계는 예영계의 두 집안 중에서 김헌정·김제륭 가문과는 제휴하고, 김균정·김우징 가문을 견제하였으며, 이러한 관계가 뒷날 왕위계승 분쟁에서 김명이 김제륭과 연합하

---

191) 신라는 헌덕왕 11년(819) 唐의 李師道의 난 때 唐 憲宗의 구원 요청에 응하여 3만의 甲兵을 원군으로 보낼 만큼 군대를 보유하고 있었다(『삼국사기』 권10, 헌덕왕11년 7월).

192) 金庠基, 1934, 「古代의 貿易形態와 羅末의 海上發展에 對하여」 『震檀學報』 1 : 1948, 『東方文化交流史論攷』, 乙酉文化社, 21~22쪽. 李永澤도 장보고의 청해진 병력 '卒萬人'은 전문적 병사인 「私兵」이라기 보다는 비전문적인 「私民」으로 이해하였고(1979, 「張保皐 海上 勢力에 관한 考察」 『韓國海洋大學校論文集』 14, 83~84쪽), 이기백은 장보고 군대가 일정한 지역의 주민이 사병으로 징집되는 경우이었을 것으로 보고, 그들은 공동체적 성격이 농후한 존재로 추측하였다(앞의 책, 1974, 277쪽).

178

여 희강왕을 추대한 배경이 되었다.

홍덕왕 10년(835) 왕의 동모제이자 다음 왕위계승자로 지명된 선강태자 김충공이 사망하고 김균정을 상대등으로 임명하자, 이를 김균정이 후계 왕위계승자가 되었다고 파악한 기존의 연구는 재고의 여지가 있다. 김우징은 父 김균정의 왕위계승의 정당함과 희강왕의 찬탈을 주장하지 못하고 오히려 희강왕의 즉위를 인정하고 있었으며, 개인적인 복수만을 강조하고 있는 것에서 알 수 있듯이 홍덕왕 死後 왕위계승 분쟁에서 상대등 김균정이 정당한 왕위계승자였다고 보기는 어렵다.

홍덕왕의 인사는 연로한 예영계의 김균정을 후계 왕위계승자로 지명한 것이 아니라 인겸계의 유일한 적자인 김명을 19세의 나이에도 불구하고 시중으로 등용한 것이 주목적이었다. 그러나 인겸계의 왕위계승 구도가 다져지기 전에 홍덕왕이 사망하자 예영계의 김균정이 왕위를 선점하려 하였고, 김명은 김제륭의 지원으로 이를 진압하고 희강왕을 추대하였다. 홍덕왕 사후 벌어진 왕위계승 분쟁에서 피살된 김균정이 "저들은 많고 우리는 적으니 형세를 당할 수 없다"라고 한 것에서 알 수 있듯이 김명과 김제륭의 연합에서 이들의 병력이 김균정·김우징의 것을 압도할 수 있었고, 이것이 김명이 김제륭을 추대한 이유였다. 그러나 희강왕은 명목상의 왕으로 정치실권은 김명에게 있었으며, 같은 예영계인 김균정·김우징의 잔존세력 처리를 놓고 정치적 갈등을 빚은 끝에 1년 뒤 김명은 희강왕을 자진케 하고 자립하였다.

김우징은 838년 3월에 자신이 직접 5천의 군대를 이끌고 출전하였지만 남원에서 민애왕군의 저항에 막혀 청해진으로 돌아와야 했다. 김충공·김명 가문은 당시 신라 사회에 새롭게 도입되는 선종에서 洪陟과 慧昭를 선택적으로 지원함으로써 전략적 요충지인 지리산 일대에 자신들의 세력권을 형성하려 하였다. 김우징·장보고군은 만만찮은 민애왕

군을 패배시키고 839년 신무왕을 즉위시켰지만, 정권의 기반은 대단히
취약하였다.

3. 하대 중기 왕위계승과 정국의 안정

780년 선덕왕의 즉위로부터 시작된 하대는 839년 신무왕의 즉위를
계기로 초기의 혼란한 왕위계승 분쟁이 일단락되고, 예영계 왕실[193]의
등장과 함께 정치적 안정을 회복하게 되었다. 이러한 정국의 안정은
농민봉기와 지방세력들의 자립을 제어하지 못하여 신라가 정국운영의
주도권을 상실하기 시작하는 진성여왕 2년(888년)까지 이어진다.

기존의 연구에서 하대는 왕위계승 분쟁으로 중앙의 질서가 어지러워
졌고, 이로 인해 지방 통치능력을 상실하고 왕조의 멸망으로 이르게
되었다고 해석하는 것이 대부분이었다. 하지만 하대의 왕위계승 분쟁은
809년 애장왕을 죽이고 헌덕왕이 즉위했을 때와 836년 12월 흥덕왕
사후 희강왕·민애왕·신무왕 즉위로 이어지는 839년 1월까지만 있었
다. 신무왕 즉위 이후에는 왕위가 여왕이나 서자 출신의 태자가 계승하
기도 하고, 박씨 왕이 즉위하여 왕실교대가 이루어지기도 했지만,[194]
935년 신라의 멸망까지 표면적으로는 무력분쟁 없이 이어졌다.[195]

이우성은 하대 156년간(780~935)을 초기·중기·말기의 세 시기로

---

193) 金昌謙은 원성왕계 내의 예영계기를 43대 희강왕~47대 헌안왕까지로 구분하
   지만(2003, 『新羅 下代 王位繼承 硏究』, 景仁文化社, 340쪽), 필자는 희강왕의
   경우 1년 정도의 짧은 재위 이후 인겸계인 민애왕이 즉위했기 때문에 과도기적
   인 존재로 파악하였다.
194) 노태돈은 왕실의 혈통이 바뀌었지만, 국호는 그대로 유지되는 경우를 왕실교대
   라고 하였다(1999, 『고구려사 연구』, 사계절, 449쪽).
195) 이에 대해서는 권영오, 2000, 「新羅下代 왕위계승분쟁과 閔哀王」『한국고대
   사연구』19 ; 권영오, 2002, 「신라하대 왕위계승과 상대등」『지역과 역사』
   10 참고.

구분하면서, 중기를 문성왕에서 헌강왕까지(정강왕은 헌강왕대의 연장으로 파악)로 설정하였다. 그리고 하대 중기는 중앙귀족들 사이에 새로운 결합이 이루어지고 비교적 정상적인 왕위계승과 더불어 政情이 상대적으로 안정된 듯하다고 하였다.[196] 필자는 하대를 선덕왕에서 민애왕까지를 하대 초기(왕위계승 분쟁기), 신무왕에서 진성여왕 2년까지를 하대 중기(하대 정국 안정기), 진성여왕 3년에서 경순왕까지를 하대 말기(신라의 쇠퇴기)로 세분하였으며,[197] 본절에서도 이러한 시기 구분에 입각하여 하대 중기의 신라 사회를 살펴보고자 한다. 신무왕 이후 진성여왕 2년 이전까지의 시기를 하대 초기의 왕위계승 분쟁과 말기의 신라의 붕괴 모습과 차별화하여 고찰함으로써 하대 사회의 변화를 잘 드러내고, 이 시기 정치사를 재구성하는 데에도 도움을 줄 것으로 기대한다.

1) 균정계 왕실과 왕위계승의 안정

(1) 왕위계승 분쟁과 신무왕의 즉위[198]

836년 12월 흥덕왕이 죽은 후 신라에서는 전례 없는 왕위계승 분쟁이 일어났다. 김균정과 그 아들 김우징이 왕위를 선점하려 했지만, 김제륭이 김명의 도움을 받아 김균정을 죽이고 희강왕으로 즉위하였다.[199]

---

196) 李佑成, 1969,「三國遺事所傳 處容說話의 一分析」『金載元博士回甲紀念論叢』: 1991,『韓國中世社會硏究』, 일조각, 179~180쪽.

197) 權英五, 2007,「新羅下代 政治變動 硏究」, 부산대학교 박사학위논문, 188~192쪽.

198) 이 부분은 권영오, 2000,「신라하대 왕위계승분쟁과 민애왕」『한국고대사연구』 19, 291~294쪽을 수정, 보완한 것임.

199) "처음 흥덕왕이 죽자 왕(흥덕왕)의 堂弟 均貞과 堂弟(憲貞)의 아들인 悌隆이 다 각기 君이 되려고 하였다. 이때에 侍中 金明과 阿湌 利弘, 裵萱伯 등은 悌隆을 받들고, 阿湌 祐徵은 姪 禮徵과 金陽으로 더불어 그 아버지 均貞을 받들어 동시에 大內로 들어가 서로 싸웠다. 金陽은 화살을 맞아 祐徵과 함께

하지만 희강왕은 정치 실세인 김명이 명목상으로 내세운 국왕에 불과했기에 1년 만에 핍박을 받아 자결하고 김명이 민애왕으로 즉위하였다.[200]

상대등은 정당한 왕위계승자가 없을 경우 왕위를 계승할 제1후보자로 간주되고 있었다는 주장[201] 이후, 많은 연구자들이 이에 동조하여 하대의 왕위계승 분쟁을 보아왔다. 흥덕왕 사후 왕위계승 분쟁에서도 김균정의 상대등 관직에 주목하여 그를 정당한 왕위계승자로 보고, 김제륭·김명 세력은 이에 반발하여 무력으로 왕위를 찬탈한 것으로 해석하는 경우가 대부분이었다.[202]

하지만 하대의 왕들은 嗣子가 없을 경우 생전에 혈연적으로 가까운 인물을 太子로 책봉하거나 유훈으로 다음 왕위계승자를 지명하였으며 이에 따라 왕위가 계승되었지만, 후계 왕위계승자에 대한 상대등이나 다른 귀족들의 표면적 반발은 보이지 않는다. 상대등은 왕과의 혈연관계로 인해 후계 왕위계승의 필요조건 정도는 될 수 있겠지만, 이의 충분조건은 아니었던 것이다.[203]

도망하고 均貞은 해를 입으니, 그 후 悌隆이 즉위하게 된 것이다"(『삼국사기』 권10, 희강왕 원년).

200) 『삼국사기』 권10, 僖康王 3년 정월.

201) 李基白, 1962, 「上大等考」『역사학보』 19 ; 1974, 『新羅政治社會史硏究』, 일조각, 99쪽.

202) 이기백, 1974, 앞의 책, 120쪽 ; 李基東, 1984, 『新羅骨品制社會와 花郞徒』, 일조각, 163 및 165쪽 ; 李基東, 1997, 「張保皐와 그의 海上王國」『新羅社會史硏究』, 일조각, 222쪽 ; 尹炳喜, 1982, 「新羅下代 均貞系의 王位繼承과 金陽」『역사학보』 96, 65쪽 ; 주보돈, 1994, 「남북국시대의 지배체제와 정치」『한국사 3』, 한길사, 335쪽.

203) 權英五, 2000, 「新羅下代 왕위계승분쟁과 閔哀王」『한국고대사연구』 19, 282쪽 ; 권영오, 2002, 「신라하대 왕위계승과 상대등」『지역과 역사』 10, 29쪽. 김창겸도 신라하대에 상대등을 역임한 자가 즉위하는 경우가 더러 있었는데, 이는 상대등이기 때문에 그 직에 따라 왕위계승권을 가졌던 것이 아니라 그의 혈연적 신분이 왕위계승의 범주에 속했기 때문에 가능하였다고 하였다(1994, 「新羅下代 王位繼承 硏究」, 성균관대학교 박사학위논문, 145~

182

홍덕왕 사후 왕위계승 분쟁에서 김균정이 피살되었음에도 불구하고
그 아들 김우징은 837년 4월까지 처자를 거느리고 서울에 원언을 퍼뜨릴
만큼 활동하고 있었다.[204] 이것은 김우징이 희강왕의 즉위를 인정했기
때문이 아닐까 생각한다.

A 2월에 金陽은 兵士를 모집하여 청해진으로 들어가 祐徵 阿湌을
배알하였다. 祐徵은 청해진에서 金明의 찬위를 듣고 鎭의 大使
弓福에게 이르되, "金明은 君을 죽이고 自立하였고 利弘도 君,
父를 함부로 죽였으니 하늘을 公戴치 못할 원수이다. 장군의 병력
에 의하여 君父의 원수를 갚고자 한다"고 하였다. 弓福이 말하기를
"古人의 말에 義憤한 일을 보고 가만히 있는 것은 無勇한 사람이라
하였으니 내 비록 용렬하나 명령에 복종하겠습니다"고 하였다.
(『삼국사기』 권10, 민애왕 원년 2월)

사료 A에 의하면 김우징은 "金明은 君을 죽이고 自立하였고, 利弘도
君, 父를 함부로 죽였으니 하늘을 公戴치 못할 원수이다. 장군의 병력에
의하여 君父의 원수를 갚고자 한다"고 하였다. 곧 김명과 이홍이 君(희강
왕)을 죽였다고 하였고, 왕위계승을 주장한 김균정을 君이 아니라 父라
고 부르고 있다. 이것은 홍덕왕 사후 벌어진 왕위계승 분쟁에서 왕위의
정통성이 어디에 있는지를 암시해 준다.[205]

146쪽).

204) "4월에 阿湌 祐徵은 父 均貞의 피해로 원한된 말을 퍼뜨리니, 金明과 利弘
등은 이에 분노하였다"(『삼국사기』 권10, 희강왕 2년 4월).

205) 희강왕이 당시 왕위계승 순위가 자신보다 우위인 김균정을 쫓아내고 즉위했다
는 주장(金昌謙, 1994, 「新羅 下代 王位簒奪型 叛逆에 대한 一考察」 『韓國上古史學
報』 17, 243쪽 ; 金昌謙, 2002, 「新羅 下代 王位繼承과 上大等」 『白山學報』 63,
187쪽)도 있지만, 김우징·장보고 세력이 김명(민애왕)과의 왕위계승 분쟁에서
승리를 거둔 후에도 김균정의 왕위계승 순위가 김제륭(희강왕)보다 우위였다

837년 5월 김우징은 처자를 데리고 청해진으로 피신하였다.206) 그럼
에도 불구하고 청해진 대사 장보고는 이 왕위계승 분쟁에 가담하기를
주저하였다.207) 김우징이 청해진으로 간 것이 837년 5월이었지만,
장보고가 청해진 병력의 출동을 허락한 것은 다음해 2월이었다. 836년
12월의 왕위계승 분쟁이 일어난 후 1년 3개월만의 일이었다. 이것은
장보고도 흥덕왕 사후 벌어진 왕위계승 분쟁에서 김균정을 정당한
왕위계승자로 확신하지 못했다는 의미이다.208)

　장보고가 청해진의 병력을 움직인 것은 김명이 희강왕을 죽이고
자립했다는 말을 듣고서였다. 즉 김우징은 김명이 君(희강왕)을 죽였다
는 사실을 내세워 장보고의 의분을 자극했고, 장보고는 이것을 명분으
로 삼아 병력을 출동시켰다. 김균정의 왕위계승을 주장하지 못하고
희강왕의 복수를 내세운 궁색한 출병 명분이었고, 이것은 뒷날 왕경의
사람들을 설득하지도 못하였다.209)

는 말은 나오지 않았다.
206)『삼국사기』권10, 희강왕 2년 5월.
207) 김우징이 장보고에게 피신한 것으로 장보고의 정치적 성격을 파악하기에는
　　곤란한 점이 있다. 장보고는 어려움에 빠져있는 사람일 경우에는 자신의
　　정적인 정년 뿐 아니라 뒷날 자신을 암살하는 염장까지도 포용하는 모습을
　　보였다.
208) 姜鳳龍도 장보고는 우징의 요청에도 불구하고 명분없이 정쟁에 개입하는
　　것을 거부하다가 신하가 임금을 시해하는 반역 사건이 일어나자, 비로소
　　義憤의 명분을 내세워 개입하였다고 하였다(2004,「장보고의 암살과 서남해지
　　역 해양세력의 동향」『장보고연구논총』Ⅲ, 153쪽).
209) 김창겸은 김균정이 흥덕왕의 嗣子가 없는 상황에서 자신 외의 다른 인물에
　　대하여 흥덕왕의 태자책봉이나 왕위계승자로 지명하는 유조가 없을 경우에는
　　혈연적 관계에서나 정치적 관계에 있어서 왕위계승자로 묵인된 인물이었다고
　　하였으나(2002,「新羅 下代 王位繼承과 上大等」『白山學報』63, 189쪽) 필자의
　　생각은 이와 다르다. 이에 대해서는 權英五, 2000,「新羅下代 왕위계승분쟁과
　　閔哀王」『한국고대사연구』19 참고.

B   (金)陽이 이에 좌우장군에게 명하여 기사를 거느리고 널리 알리기
를, "본래 원수를 갚으려 한 것이므로 지금 괴수가 죽었으니 衣冠士
女와 백성들은 망동하지 말라" 하고, 드디어 王城을 수복하니
백성들이 안도하였다. 陽이 (裵)萱伯을 불러 말하기를 "개는 제각
기 주인 아닌 사람에게 짖는 것이다. 네가 그 주인을 위해 나를
쏘았으니 義士다. 내가 괘념하지 아니할 것이니, 너는 안심하고
두려워하지 말라" 하였다. 여러 사람들이 듣고서 "萱伯이 저러하
니 다른 사람들이야 무엇을 근심하리요" 하면서 감동하고 기뻐하
지 않는 사람이 없었다. (『삼국사기』 권44, 열전 金陽)

839년 청해진의 병력을 빌어 왕군을 격파하고 민애왕을 살해한 후
서울에 진입한 김양은 "본래 원수를 갚으려 한 것이다"라고 말하고
있을 뿐, 그들이 추대했던 김균정의 왕위계승을 주장하지 못하고 있었
다. 이 사료를 신무왕 김우징의 아량과 관대한 태도로 해석하기도
하지만,210) 전근대 사회에 있어 반역은 관용의 대상이 아니었다.211)
  金陽이 (裵)萱伯을 불러 말하기를 "개는 제각기 주인 아닌 사람에게
짖는 것이다. 네가 그 주인을 위해 나를 쏘았으니 義士다. 내가 괘념하지
아니할 것이니, 너는 안심하고 두려워하지 말라" 하였다. 김균정을
'주인'으로 표현하였으며, 김균정을 살해하고 이를 따르던 김양에게
활을 쏜 것이 국왕에 대한 '반역'이 아니라 '義士'라고 한 것이다. 그리고

---

210) 李基東, 1984, 「新羅下代의 王位繼承과 政治過程」 『新羅骨品制社會와 花郎徒』,
    일조각, 167쪽 ; 李基東, 1996, 「신라 하대의 사회변화」 『한국사 11』, 국사편찬
    위원회, 33쪽.
211) 혜공왕 4년 일길찬 大恭 등의 반란을 토평한 후 그 九族을 멸하였고(『삼국사기』
    권9, 혜공왕 4년 7월), 헌덕왕 14년 김헌창의 반란이 진압된 후 왕군은
    김헌창의 시신을 古冢에서 찾아내 다시 베고 그 宗族과 黨與 239인을 죽였으며
    (『삼국사기』 권10, 헌덕왕 14년 3월), 경문왕 6년(866) 이찬 允興 · 叔興 · 季
    興 형제가 반역을 도모하자 그 一族을 멸하였다(『삼국사기』 권11, 경문왕
    6년 10월).

왕경에 있던 群臣들은 민애왕이 죽자 故王을 禮로 장사지냈다.212) 이것은 견훤의 침입에 의해 경애왕이 피살되고 경순왕이 즉위한 직후의 모습을 연상시킨다.213) 희강왕 김제륭과 민애왕 김명의 즉위가 정당한 왕위계승자인 상대등 김균정을 살해하고 찬탈한 것이었다면, 김양은 무엇보다 먼저 김우징의 왕위계승의 정당함을 선언하고 이에 경중의 衣冠士女들과 백성들이 만세를 부르며 맞이하는 모습이 되었을 것이다.

김명이 희강왕(김제륭)을 핍박하여 자결하게 한 후 즉위하였지만, 희강왕의 아들 金啓明은 생존해 있었다. 따라서 사료 A의 말처럼 君(희 강왕)의 원수를 갚는다고 한다면 민애왕을 몰아낸 후에는 희강왕의 아들 김계명을 다음 왕위에 추대해야 그들이 내세운 명분에도 맞는 것이었다. 그러나 839년 1월 23일에 민애왕을 죽이고 왕경에 진입한 김양·장보고 군214)은 4월까지 기다렸다가 김우징을 맞아 즉위하게 하였다.215) 신무왕 김우징은 이해 7월 23일에 죽으니, 왕경으로 들어온 지 불과 서너 달 남짓한 재위였다.216) 『삼국사기』에는 신무왕의 죽음과 관련하여 다음과 같은 사료가 전한다.

---

212) "이때 왕은 西郊 大樹下에 있던 바 좌우 근신이 다 달아나므로 혼자 서서 어찌할 바를 모르다가 月遊宅으로 달려 들어가니 김양의 병사가 왕을 찾아 해하였다. 群臣이 故王을 禮로 장사하고 諡를 閔哀라 하였다"(『삼국사기』 권10, 민애왕 2년 윤정월).

213) "(경순)왕은 견훤의 所擧로 즉위하였거니와, 전왕의 시신을 西堂에 모시고 群臣과 함께 통곡한 후 諡號를 올리어 景哀라 하고 남산 해목령에 장사하였다"(『삼국사기』 권12, 경순왕 원년).

214) 『삼국유사』에는 민애왕이 戊午年(838년)에 즉위하여 己未年(839년) 정월 22일에 崩했다고 하였고(『삼국유사』 왕력, 제44 민애왕), 민애왕 석탑기에는 開成 己未年 정월 23일에 죽었다고 하였다.

215) "4월에 궁궐을 깨끗이 하고, 侍中 祐徵을 맞아 즉위하게 하니, 이가 神武王이다"(『삼국사기』 권44, 열전 金陽).

216) 『삼국유사』에는 기미년(839년) 4월에 즉위하여 11월 23일에 붕했다고 하였다(『삼국유사』 왕력, 제45 神虎王).

186

왕이 병으로 자리에 누워 있었는데, 利弘이 활을 쏘아 등에 맞는 꿈을 꾸었다. 꿈을 깨자 등에 등창이 나서 이 달 23일에 돌아가셨다. (『삼국사기』 권10, 神武王 元年 7월)

민애왕의 피살 후 석달 만에 왕경으로 들어온 신무왕은 즉위 후에도 심적으로 상당히 불안한 모습으로 묘사되어 있다. 이에 의하면 왕위계승자라고 주장하던 김균정과 자신이 섬기는 임금(희강왕)을 죽인 利弘은 죽어서도 신무왕에게 대항하고 있다. 이것은 이홍이 끝내 김우징을 국왕으로 인정하지 않았다는 것이며, 신무왕 정권은 이러한 정통성 시비와 반대세력의 도전에 노출되어 있었다고 해석할 수 있다.217)
왕경에 진입한 김우징·김양과 청해진 병력은 왕경인들에게 동조를 얻는데도 어려움을 겪고 있었다.

(문성왕 8년) 봄 청해진의 弓福이 자기의 딸을 왕이 들이지 않는 것을 원망하여 鎭에 據하여 반기를 들었다. 조정에서는 그를 치자니 혹 不測의 患이 있을지 모르고 또 그대로 내버려두자니 그 죄를 용서할 수 없으므로 걱정하여 어찌할 바를 몰랐다. (『삼국사기』 권11, 문성왕 8년 春)

위의 사료를 보면 문성왕 즉위 후 8년까지도 왕경의 군대는 반기를 든 청해진을 진압하지 못할 만큼 취약하였다. 그런데 그 '不測의 患'의 원인이 장보고 세력이 강했다는 것과 함께 문성왕 정권이 중앙과 지방의 공병을 확고하게 장악하지 못했기 때문이라고 볼 수도 있다. 왕의 명에

217) 權英五, 「新羅下代 왕위계승분쟁과 閔哀王」 『한국고대사연구』 19, 2000, 292쪽. 송은일은 우징의 거사에는 자신의 측근세력과 청해진의 장보고 세력만이 동조하고, 타 귀족들은 물론 이해 당사자인 헌정계의 도움도 받지 못했던 것으로 추측했다(2004, 「新羅下代 景文王系의 成立」 『全南史學』 22, 134쪽).

따라 출병할 수 있는 군대가 적었을 뿐 아니라, 그 병력을 출동시켰을 경우 조정의 안위를 걱정해야 하는 사태가 올 수도 있기 때문이다. 채웅석은 고려 명종 때 정중부 세력이 이의방을 제거할 기회로 삼은 것은 서경 반란을 진압할 출정군을 편성하였을 때였음을 지적하면서, 정권이 불안정할 때 대규모로 군을 동원하는 것은 그 과정에서 정변이 일어날 우려도 있었다고 하였다.[218] 이것은 문성왕 정권이 장보고에 대해 강경 진압만을 할 수 없었던 사정을 시사해 준다.

신무왕 김우징은 골품제 아래에선 현실적으로 불가능한 장보고의 딸을 왕비로 삼겠다는 약속까지 하며 청해진의 병력을 끌어내었다.[219] 그러나 집권 후에는 君父를 죽이고 찬탈한 민애왕의 추종세력은 대부분 사면한 반면, 신무왕을 즉위하는데 결정적 기여를 한 장보고와의 약속은 지키지 않았다. 신무왕과 문성왕으로서는 장보고와의 약속보다는 민애왕 추종세력을 포섭하는 것이 더 시급했던 것이다.

(2) 왕위계승의 안정과 헌안왕의 즉위

신무왕대의 불안정한 정세와 짧은 재위 기간을 거쳐 문성왕대는 왕권을 강화하기 위한 조치들이 본격적으로 시행되었다. 왕권을 위협하는 장보고를 공신으로 봉하고[220] 민애왕의 측근들을 사면해야 했던 수세적 정세에서 벗어나 이들 세력에 대한 숙청이 있었다.

먼저 문성왕 3년(841)에 閻長을 이용하여 장보고를 암살하였다.[221]

---

218) 채웅석, 1995, 「명종대 권력구조와 정치운영」『역사와 현실』 17, 42쪽.
219) "제45대 神武大王이 潛邸時에 협사 弓巴에게 말하였다. '나에게는 이 세상을 같이 살아나갈 수 없는 원수가 있다. 네가 만일 나를 위해서 이를 없애고 大位를 얻는다면 네 딸을 맞아 왕비로 삼겠다' 하니, 弓巴는 이를 허락하였다"(『삼국유사』권2, 神武大王·閻長·弓巴).
220) 『삼국사기』권10, 神武王 원년.

문성왕 9년(847) 5월에는 伊湌 良順 · 波珍湌 興宗의 반란,[222] 문성왕 11년(849) 9월 金式 · 大昕이 난을 일으키다 진압되었다.[223] 문성왕대의 반란사건은 민애왕 정권과 장보고 세력에 대한 인적 청산과 이에 대한 반발로 볼 수 있다.

문성왕대 왕권은 장보고 세력과 민애왕 세력을 누르고 안정을 얻을 수 있었다. 김헌정 · 김제륭, 김균정 · 김우징, 김충공 · 김명 父子들간의 무력을 동원한 왕위계승 분쟁은 문성왕대에 이르러 사실상 종식되었고, 이후 하대의 왕위계승은 무력 충돌 없이 왕의 後嗣나 유훈으로 이어가는 절차로 돌아왔다.[224] 855년(문성왕 17) 경주 남산에 세운 昌林寺 無垢淨 塔誌에서는 "생각컨대 국왕께서는 여러 劫 동안 선행을 행하셔서 지위 가 인간세상과 천상세계에서 으뜸이 되셨습니다"[225]라고 하였다. 왕권 의 우위를 경중의 사람들에게 선언한 것이었다.

문성왕은 9년 8월에 왕자를 태자로 삼았지만 14년 12월에 태자가 卒하였다.[226] 그 후 후계 왕위는 왕의 유조에 의해 숙부인 서불한 金誼靖 에게 이어지고 있다.

---

221) 장보고의 사망 시기를 일본 측의 기록에는 문성왕 3년(841) 11월 중에 죽었다고 하였고(『續日本後紀』 권11, 承和 9년 정월 乙巳), 『삼국사기』에는 문성왕 8년 (847) 봄이라고 하였다. 1985년 이후 한국에서도 『속일본후기』의 장보고 사망 기록이 『삼국사기』의 그것보다 신빙성이 높다고 판단함으로써 841년에 장보고가 죽은 것으로 점차 의견이 모아지고 있다(권덕영, 2005, 「張保皐 硏究의 現況과 課題」『장보고 연구논총』IV, 251쪽).

222) 『삼국사기』 권11, 文聖王 9년 5월.

223) 『삼국사기』 권11, 文聖王 11년 9월.

224) 이기백도 신무왕 이후 귀족들에게 일반적으로 공인되는 왕위계승의 원칙이 세워졌다고 보았다(1962, 「上大等考」『역사학보』19 : 1974, 『新羅政治社會史 硏究』, 일조각, 124쪽).

225) "伏以 國王 曆劫修善 位冠人天"(崔鉛植, 1992, 「昌林寺 無垢淨塔誌」『역주 한국고 대금석문 Ⅲ』, 가락국사적개발연구원 참고).

226) 『삼국사기』 권11, 문성왕 9년 8월 · 14년 12월.

C 19년(857) 9월에 왕이 병환으로 편치 못하여 遺詔를 내리되, "……
생각건대 조종의 大業은 主君이 없어서는 아니되며 軍國의 만기는
잠시라도 폐할 수 없는 것이다. 舒弗邯 誼靖은 선왕의 令孫으로
과인의 숙부이려니와 孝友가 있고 明敏하고 寬厚하고 仁慈하며
오랫동안 古衡에 처하여 王政을 협찬하였으니 위로는 가히 종묘를
받들 만하고 아래로는 가히 창생을 撫育할 만하다. 이에 무거운
짐을 풀어 이 賢德에게 맡기려 하는 바이지만 부탁에 있어 이러한
사람을 얻었으니 다시 무엇을 한하랴.……"(『삼국사기』 권11, 문성왕
19년 9월)

신라 제47대 헌안왕은 신무왕(김우징)의 異母弟로 父는 김균정이고,
母는 照明夫人으로 인겸계인 김충공의 딸이었다.[227] 사료 C에서 "舒弗邯
誼靖은 선왕의 令孫으로 과인의 숙부이려니와 孝友가 있고"라는 말은
균정계 가문의 구성원으로 잘 화합했다는 뜻이고, "오랫동안 古衡에
처하여 王政을 협찬하였다"는 말은 신무왕 이후 문성왕대 정국 운영에
적극 참여하여 이들과 정치적 방향을 같이 했다는 뜻일 것이다.[228]
한편 이때의 기록에서 金義琮과 義正, 誼靖과의 관계가 논란이 있다.

D-① 왕자 金義琮을 당에 보내어 謝恩하게 하고 겸하여 宿衛케 하였다.
(『삼국사기』 권10, 흥덕왕 11년 정월)
D-② 4월에 당의 文宗이 숙위 중인 왕자 金義琮을 돌려보냈다. (『삼국사

227) 『삼국사기』 권11, 헌안왕 원년. 반면 『삼국유사』에는 헌안왕의 母를 昕明夫人이
라고 하였다(『삼국유사』 왕력 제47 憲安王). 김균정은 박씨 眞矯夫人(憲穆太后)
사이에 金祐徵(신무왕)을 낳고(『삼국사기』 권10, 신무왕 원년) 조명부인 사이
에 金誼靖(헌안왕)을 낳았다.
228) 헌안왕의 즉위년에 대해서는 『삼국사기』의 신라본기와 연표에서는 857년
9월, 『삼국유사』에서는 戊寅年 곧 858년(唐 宣宗 大中 12)으로 달리 나와
있다. 이에 대해서는 金昌謙, 2005, 「신라 憲安王의 즉위와 그 치적」 『新羅文化』
26, 37~41쪽 참고.

기』 권10, 희강왕 2년 4월)

D-③ 2년 정월에 禮徵으로 상대등을 삼고, 義琮으로 侍中을 삼고, 良順으로 伊湌을 삼았다. (『삼국사기』 권11, 문성왕 2년)

D-④ 5년 정월에 侍中 義琮이 병으로 사면하여 伊湌 良順으로 侍中으로 삼았다. (『삼국사기』 권11, 문성왕 5년 정월)

D-⑤ 11년 정월 상대등 禮徵이 졸하여 伊湌 義正으로 상대등을 삼았다. (『삼국사기』 권11, 문성왕 11년 정월)

D-⑥ 憲安王이 즉위하니 諱는 誼靖(또는 祐靖), 신무왕의 異母弟로 母는 照明夫人으로 宣康王의 딸이다. 왕은 문성왕의 顧命에 의해 즉위하였다. (『삼국사기』 권11, 헌안왕 원년)

D-⑦ 弓裔는 新羅人으로 아버지는 제47(代) 憲安王 誼靖이며, 어머니는 헌안왕의 嬪御인데 그 姓名은 전하지 않는다. (『삼국사기』 권50, 열전 弓裔)

D-⑧ 第四十七 憲安王은 金氏이며 이름은 誼靖이다. (『삼국유사』 왕력)

D-⑨ 長慶 4년 唐에 들어가 太原府에 이르러 두 절에 거처하면서 뜻을 이미 이룬 것이 많았다. 본국 王子 金義宗이 (당 황제의) 詔를 받들고 신라로 돌아가는 때, 개성 2년 9월 12일에 本國의 武州 會津에 도달하여 南岳 實相寺에 안거하였다. 敏哀大王 · 神武大王 · 文聖大王 · 憲安大王이 모두 스승으로 공경하여 신하의 예의를 하지 못하게 하였으며, 매번 왕궁에 들어오면 반드시 자리를 펴고 설법을 들었다. (『祖堂集』 권17, 東國 慧目山和尙)

D-⑩ 太和 연간에 이르러 혼자 中華에 유학하기를 맹세하였다. 마침내 조공으로 가는 王子 金公義琮에게 부탁하여 그 뜻을 밝히니, 공(김의종)이 좋은 뜻을 소중히 여겨 동행하기를 허락하였다. (『祖堂集』 권17, 溟洲 崛山 故通曉大師)

D-⑪ (唐) 文宗 開成元年(836) 신라왕 金景徽가 그 아들 義琮을 보내어 와서 謝恩하고 겸하여 숙위하였다. (『冊府元龜』 권996, 外臣部 41 納質)

D-⑫ 불상을 조성한 때는 석가여래 입멸 후 1808년이다. 이때는 情王

즉위 3년이다. 大中 12년 戊寅 7월 17일 무주 장사 부관 金遂宗이
진주하여, 憬王은 8월 22일 칙령을 내렸는데 □ 몸소 지으시고도
피곤함을 알지 못하였다. (金南允,「寶林寺鐵造毘盧舍那佛坐像造像記」
『譯註 韓國古代金石文 Ⅲ』, 가락국사적개발연구원, 1992, 313쪽)
D-⑬ 開成 원년(836) 6월 신라 宿衛生 王子 金義宗 등이 학생으로 머물러
거주하기를 청하니 舊例에 따라 2인을 머물게 하고 옷과 식량을
예에 따라 지급하도록 하였다. (『唐會要』 권36, 附學讀書)

사료 D에 나오는 왕자 金義琮과 시중 義琮, 상대등 義正, 헌안왕
誼靖을 모두 동일인으로 보고 상대등으로 왕위에 오른 인물로 파악한
견해도 있다.[229] 그러나 사료 D-①~D-⑥은『삼국사기』의 희강왕 2년
(837)에서 헌안왕 원년(857)까지 짧은 시기의 기록이다. 동일인의 이름
을 다르게 표기할 수는 있겠지만『삼국사기』본기의 짧은 기록에서
왕이 된 인물의 이름을 王子 金義琮(흥덕왕 11년, 희강왕 2년), 侍中
義琮(문성왕 2년, 문성왕 5년), 伊飡 義正(문성왕 11년), 憲安王 誼靖
또는 祐靖(헌안왕 원년)으로 다르게 적는다는 것은 설득력이 약하다.
숙위 왕자 義琮은 중국 기록에서도 '義琮' '義宗'으로 표기되었으며,
헌안왕의 이름은『삼국사기』나『삼국유사』모두에서 誼靖, 또는 祐靖으
로 표기되어 있다.[230]
「聖住寺朗慧和尙碑」에는 "그때(즉위 전의) 憲安大王께서는 檀越인
季舒發韓 魏昕과 더불어 南北相이었다(원주 各居其官 猶左右相)"라고

229) 李基東, 1984,『신라골품제사회와 화랑도』, 일조각, 171쪽 ; 金昌謙, 2000,「新羅
下代의 王位繼承과 遺詔」『白山學報』56, 203~204쪽 ; 金昌謙, 2002,「新羅
下代의 王位繼承과 上大等」『白山學報』63, 180~182쪽 ; 송은일, 2004,「新羅下
代 景文王系의 成立」『全南史學』22, 138쪽.
230) 이기백은 侍中 義琮과 上大等 義正은 동일인일 가능성이 높다고 하였지만,
이를 헌안왕 誼靖과 연결시키지는 않았다(1974,『신라정치사회사연구』, 일조
각, 182쪽).

하였다. 문성왕대의 김의정은 서불한의 관등에 남북상이라는 관직에 있었는데, 이것은 문성왕의 유언에 보이는 "舒弗邯 誼靖은……오랫동안 古衡에 처하여 王政을 협찬하였으니"라는 것과 연관시킬 수 있다. 문성왕 때 金陽(魏昕)은 소판 겸 창부령이었다가 시중 겸 병부령에 전임되었다.[231] 『唐書』에 '宦人握兵 橫制海內 號曰北司'라고 한 것을 고려한다면, 병부령 김양은 北相에 해당된다고 할 수 있다. 김양은 문성왕 9년 8월에 시중이 되었다가 이듬해 10월 이전에 시중을 사임하였지만,[232] 병부령은 계속 역임하고 있었다고 생각된다. 김의정이 문성왕대에 '오랫동안 古衡에 처하여 왕정을 협찬'하였던 것처럼, 김양도 병부령으로 재상의 지위를 유지하고 있었을 것이다.

1년 정도의 시중 재임에만 주목하여 가뭄에 의한 시중의 교체를 김양의 정치적인 지위가 그다지 탄탄하지 못했음을 입증한다고 해석하는 것[233]은 무리이다. 김양이 大中 11년(857) 8월 3일에 50세의 나이로 죽자 "헌안대왕이 슬퍼하며 그에게 서발한을 추증하고 부의와 장사의 절차는 한결같이 김유신에게 한 전례를 따르게 했으며, 그해 12월 8일에 태종대왕의 능 곁에 장사지냈다"라고 한 것은[234] 신하의 장례에 최고의 예우를 해준 것으로 정치적 실각자에 대한 배려라고 보기는 어렵다.

그렇다면 즉위 전의 김의정은 北相인 병부령 김양에 대비되는 南相에 해당하는 관직에 있었던 것으로 추정할 수 있는데, 「성주사 낭혜화상비」

---

231) 『삼국사기』 권44, 열전 金陽.
232) 『삼국사기』 권11, 문성왕 9년~10년.
233) 曺凡煥, 1998, 「朗慧無染과 聖住寺 創建」 『한국고대사연구』 14, 442쪽. 송은일은 이를 김양의 정치적 몰락 및 문성왕의 정치적 위기로까지 추정하였다(2004, 「新羅下代 景文王系의 成立」 『全南史學』 22, 137쪽).
234) 『삼국사기』 권44, 열전 김양.

에 "乾符帝가 獻康大王의 즉위를 승인하는 使節을 보내온 해(878년)……
太傅王(헌강왕)이 살펴보고 아우인 南宮相에게 일러 말했다"라고 한
부분이 주목된다. 南宮相을 대부분의 연구자들은 예부의 장관으로 보는
데 필자도 이에 동의하며, 南宮相과 南相은 같은 관직이 아니었을까
생각한다. 때문에 즉위 전의 김의정은 예부령으로 재상의 지위에 있었
을 것으로 보인다.235)

한편 「新羅敬順王殿碑」에 文聖王→ 金安→ 金敏恭→ 金實虹→ 金孝宗
→ 敬順王의 계보가 있어,236) 金安을 문성왕의 아들로 파악하는 견해도
있으나, 이 碑의 건립이 조선 순조 14년(1814)의 것이어서 기록의 타당성
에 대한 검토가 선행되어야 할 것이다. 이기동은 「新羅敬順王殿碑」의
金安을 헌안왕 때 상대등으로 임명된 金安과 同名異人으로 보고 있으
나,237) 김창겸은 이를 동일인으로 보고 문성왕의 아들인 김안이 골품제
의 규정상 진골로서의 신분에 하자가 있거나 또는 다른 정치적 상황에
의해 왕위에 즉위하지 못하였다고 파악하였다.238) 그러나 김안이 문성
왕의 아들이고 상대등이 될 수 있었는데도239) 진골 신분의 하자나
정치적 상황에 의해 왕위를 계승 못할 이유가 있었을까 의문이다.
「新羅敬順王殿碑」에 金安의 아들을 金敏恭이라 한 것도 헌강왕 때의
시중 敏恭240)을 가탁하여 설정한 것으로 짐작되며, 『삼국사기』에 孝宗

235) 이기동은 헌안왕 김의정이 병부령이었을 것으로 추정하였다(1984,『신라골품
　　제사회와 화랑도』, 일조각, 170쪽).
236) 『朝鮮金石總覽 (下)』, 1265쪽.
237) 이기동, 1984, 앞의 책, 169쪽의 주85.
238) 金昌謙, 1999,「新羅下代 孝恭王의 卽位와 非眞骨王의 王位繼承」『史學硏究』
　　58·59합, 427쪽 ; 金昌謙, 2000,「新羅 下代의 王位繼承과 遺詔」『白山學報』
　　56, 201쪽 ; 金昌謙, 2005,「신라 憲安王의 즉위와 그 치적」『新羅文化』26,
　　35쪽.
239) "이찬 金安으로 상대등을 삼았다"(『삼국사기』권11, 헌안왕 원년).
240) "侍中乂謙退 伊飡敏恭爲侍中"(『삼국사기』권11, 헌강왕 6년 춘이월).

은 제3재상 서발한 仁慶의 아들이라 하여[241] 「新羅敬順王殿碑」에서 孝宗의 父를 金實虹이라고 한 것도 차이가 있다.[242]

836년 12월 흥덕왕이 60세의 나이로 죽고[243] 후계 왕위계승 분쟁이 벌어졌을 때 흥덕왕의 從弟인 김균정은 60세 이하였을 것이고, 김안이 김균정의 증손자라는 「新羅敬順王殿碑」의 가정에 따른다면 857년에는 20세를 넘기 어려운 나이가 되었을 것이다.[244] 그렇다면 헌안왕은 즉위하자마자 20세 정도의 인물에게 국정의 최고 관직인 상대등을 맡겼다는 것이 되어 설득력이 부족하며, 「新羅敬順王殿碑」의 사료적 가치에 대해서는 좀더 충분한 검토가 선행되어야 할 것이다.[245]

한편 상대등인 의정과 시중인 啓明이 서로 결합하여 왕의 총애를 받았던 신하이자 왕비의 父인 金陽이 죽자 왕을 핍박하여, 이에 문성왕

---

241) "孝宗은 당시 제3재상 舒發翰 仁慶의 아들로 兒名은 化達이었다"(『삼국사기』 권48, 열전 孝女知恩).

242) 全基雄은 효종의 아명이 化達이었듯이 반드시 하나의 이름만 사용된 것은 아니며, (『삼국사기』의) 仁慶과 (「新羅敬順王殿碑」의) 實虹을 동일한 인물로 보아도 무리가 없다고 하였다(2005, 「憲康王代의 정치사회와 '處容郎望海寺'條 설화」 『新羅文化』 26, 77쪽 주68). 송은일도 「新羅敬順王殿碑」의 기록을 인용하여 효종을 문성왕의 5대손으로 보았다(2008, 「최치원의 「鸞郎碑銘」 찬술과 그 의도」 『역사학연구』 34, 32쪽).

243) 興德王陵에서 발견된 斷碑에 "壽六十是日也"라는 구절을 흥덕왕의 享年으로 추정한다(閔泳珪, 1962, 「新羅興德王陵碑斷石記」 『역사학보』 17·18合, 626쪽).

244) 헌안왕 김의정의 두 딸(김균정의 손녀)이 860년에 각각 20살과 19살이었으며 (『삼국사기』 권11, 헌안왕 4년 9월), 김계명과 혼인한 광화부인(김균정의 손녀)의 아들 김응렴(경문왕)이 860년 왕의 연회에 참가했을 때는 15세였다 (『삼국사기』 권11, 헌안왕 4년 9월).

245) 曺凡煥은 孝宗의 父는 제3재상 仁慶이라 하였을 뿐 「新羅敬順王殿碑」의 기록은 언급하지 않았다(1999, 「新羅末 花郎 출신 인물과 王位繼承」 『史學研究』 57, 31쪽). 孫興鎬도 문성왕이 훙거한 후 바로 상대등을 맡을 장성한 子가 있었다는 것이 이해가 되지 않는다고 하여 이 비문의 신빙성에 문제가 있다고 하였다 (2003, 「9世紀 前半 新羅의 政局變化와 金陽의 政治活動」 『歷史教育論集』 30, 92쪽).

은 왕위를 의정에게 계승시킨다는 유조를 내리고 죽었다고 한 견해도
있었다.[246] 그러나 문성왕이 왕위를 이을 아들이 없을 경우 숙부인
김의정이 왕과의 혈연적 관계나 골품제적 요인을 고려하여 왕이 정치적
판단으로 후계 왕위계승자를 선택할 때 적합한 인물이라고 할 수 있다.

이기백은 신무왕 이후 귀족들에게 일반적으로 공인되는 왕위계승의
원칙이 세워졌다고 하였지만,[247] 그 원칙이 무엇인지는 언급하지 않았
다.[248] 필자는 왕이 嗣子가 없을 때 후계 왕위는 태자 · 부군을 지명하여
이어나가거나, 왕의 가까운 혈연 중에서 정치적 요인을 고려하여 선택
되었다고 본다.[249] 이때 왕과의 혈연관계는 필요조건이지만, 이러한
조건을 충족하는 왕의 근친 중에서 후계 왕위계승자를 지명하는 것은
왕의 정치적 판단에 의해 이루어졌으며, 이에 대한 표면적인 진골귀족
들의 반발은 예영계 왕실이 지배하는 하대 중기에는 드러나지 않았다.
왕의 嗣子에 의한 후계 왕위계승이 이루어지지 않더라도 이러한 원칙들
이 하대 중기에는 지켜지면서 신라의 멸망 때까지 왕위계승은 안정을
되찾았다.

2) 경문왕가의 등장과 정국의 안정

(1) 경문왕의 즉위 과정

金膺廉은 15세(또는 20세)의 나이에 연회에 참석하여 헌안왕의 물음
에 현명하게 대답하여 왕의 사위가 되었고, 서너 달 뒤에 왕위를 이었다.

---

246) 尹炳喜, 1982,「新羅下代 均貞系의 王位繼承과 金陽」『역사학보』96, 74쪽.
247) 이기백, 1974,『신라정치사회사연구』, 일조각, 124쪽.
248) 김창겸은 그것을 왕위의 부자계승 원칙을 기본으로 하면서 다만 비부자계승인
    경우에는 전왕이 유조를 내림으로써 분란을 미리 예방하는 방법이라고 하였다
    (2005,「신라 憲安王의 즉위와 그 치적」『新羅文化』26, 37쪽).
249) 권영오, 2002,「신라하대 왕위계승과 상대등」『지역과 역사』10 참고.

이 이야기는『삼국사기』와『삼국유사』에 비교적 자세히 실려 있다.

E-① 憲安王 4년 9월에 왕이 임해전에서 群臣을 會宴할새 王族 膺廉은
나이 15세로 참석하였다.……膺廉의 부모는 말하기를 "왕의 두
딸의 容色을 듣건대 형은 아우만 하지 못하다 하니 부득이 취하게
되면 그 아우를 취하는 편이 좋다" 하였으나, 오히려 주저미결하여
흥륜사 승에게 물었다. 僧이 가로되, "형을 취하면 세 가지 이익이
있고 아우를 취하면 이와 반대로 세 가지 손이 있으리라" 하였다.
膺廉이 이에 왕께 아뢰되, "신은 감히 自斷할 수 없사오니 왕이
명하시는 대로 쫓겠습니다" 하여, 이때 왕의 長女가 出降하게
되었다. 5년 정월에 왕은 병환이 침중하여 左右에게 이르되, "寡人
이 불행히 아들이 없고 딸만 있으니, 우리나라 고사에 비록 善德·
眞德 두 女主의 예가 있으나 이는 牝鷄의 晨에 가까운 것이라
가히 본받을 일이 되지 못한다. 사위 膺廉은 나이 비록 적으나
老成한 德이 있으니 卿 등이 이를 세워 섬기면 반드시 祖宗의
令緒를 떨어뜨림이 없을 것이니 寡人은 죽어도 썩지 않을 것이다"
고 하였다. 이 달 29일에 왕이 돌아가니 諡를 憲安이라 하고 孔雀趾
에 장사하였다. (『삼국사기』권11, 憲安王 4년 9월~5년 정월)

E-② 그 후 어느날 (경문)왕이 흥륜사 승에게 "師가 전일에 말한 소위
세 가지 이익이란 무엇입니까?"라고 물었다. 승이 대답하기를
"당시에 (헌안)왕과 왕비가 그 뜻대로 된 것을 기뻐하여 총애가
점점 깊어진 것이 한 가지며, 또 이로 인하여 大位를 잇게 된
것이 둘째며, 앞서부터 구하려던 季女를 마침내 娶하게 된 것이
그 셋째의 이익입니다"고 하니, 왕이 대소하였다. (『삼국사기』권11,
경문왕 3년 11월)

E-③ 왕의 이름은 膺廉이다. 나이 18세에 國仙이 되었다. 弱冠에 이르자
憲安大王은 그를 불러 궁중에서 잔치를 베풀고 물었다.……"부모
께서 둘째 공주가 좋겠다고 하십니다." 範教師가 말하였다. "낭이

만일 둘째 공주에게 장가를 든다면 나는 반드시 낭의 면전에서 죽을 것이고, 맏공주에게 장가를 든다면 반드시 세 가지 좋은 일이 있을 것이니 경계해서 하도록 하십시오." "그 말씀대로 하겠습니다." 그 뒤에 왕이 날을 가려서 郎에게 使者를 보내어 말했다. "두 딸 중에서 公의 뜻대로 결정하도록 하라." 사자가 돌아와서 郎의 의사를 왕에게 보고했다. "맏공주를 받들겠다고 합니다." 그런지 3개월이 지나서 왕의 병이 위독했다. 여러 신하들을 불러 놓고 말했다. "내게는 남자 자손이 없으니 죽은 뒤 일은 마땅히 맏딸의 남편 膺廉이 이어야 할 것이다." 이튿날 왕이 崩하매 郎이 遺詔를 받들어 왕위에 올랐다. 이에 範敎師는 왕에 나가서 말했다. "제가 아뢴 세 가지 아름다운 일이 이제 모두 이루어졌습니다. 맏공주에게 장가를 드셨기 때문에 이제 왕위에 오른 것이 그 하나요, 예전에 흠모하시던 둘째 공주에게 이제 쉽게 장가드실 수 있게 되신 것이 둘째요, 맏공주에게 장가를 드셨기 때문에 왕과 夫人께서 매우 기뻐하신 것이 그 셋입니다. (『삼국유사』 권2, 기이 四十八 景文大王)

김응렴이 헌안왕의 연회에 참석한 것이 『삼국사기』에는 15세, 『삼국유사』에는 20세로 되어 있는데, 헌안왕의 유조에 "사위 응렴은 나이 비록 적으나"(사료 E-①)라고 하고 있어, 『삼국사기』 쪽에 더 타당성이 있어 보인다.[250] 김응렴이 왕위에 오른 것은 範敎師의 말에 따른다면 "당시에 왕과 왕비가 그 뜻대로 된 것을 기뻐하여 총애가 점점 깊었던 것이 한 가지며, 또 이로 인하여 대위를 잇게 된 것"이라고 하거나, "맏공주에게 장가를 드셨기 때문에 이제 왕위에 오른 것이 그 하나요"라

---

250) 權英五, 2004, 「김위홍과 진성왕대 초기 정국 운영」 『大丘史學』 76, 32쪽.
    반면 Vladimir Tikhonov는 『삼국유사』의 기록을 더 신빙한다(1996, 「景文王의 儒·佛·仙 融和政策」 『아시아문화』 12, 48~51쪽).

고 하였다. 김응렴의 부모는 오히려 미모인 왕의 둘째 공주를 권하였지
만, 범교사의 조언대로 맏공주를 취하였기에 왕위를 물려받을 수 있었
다.

　당시 상황에서 응렴은 아버지(김계명)의 힘에 의하여, 어느 공주와
혼인을 한다 해도 왕위에 오를 수 있는 여건이 되었다는 견해도 있으
나251) 사료 E에서 보면 둘째 공주와 혼인하면 세 가지 손이 있을
뿐 아니라 범교사는 면전에서 죽을 것이라고 극구 말리고 있다. 그
세 가지 손이나 범교사가 극력 말리는 이유는 둘째 공주와 혼인하면
왕위에 오르지 못한다는 것을 암시해주고 있다. 「崇福寺碑」에도 "三利
의 좋은 인연이 기다리고 있었으니 천년의 寶運이 어그러짐이 없게
되었다"라고 하여 '三利之勝緣'을 언급하였다.252)

　필자는 본받을 만한 것은 되지 못하지만 헌안왕의 딸이 왕위를 계승하
지 못한다는 것은 아니었으며, 헌안왕이 만약 맏딸에게 왕위를 물려주
었더라도 선덕·진덕여왕의 예에 따라 왕위가 이어졌을 것으로 생각한
다.253) 김응렴은 헌강왕 장녀의 남편(長女之夫)이라는 혈연관계와 왕의
유조에 의해 왕위를 계승하였고, 특히 후자가 결정적이었다. 김응렴의
부모가 헌안왕의 둘째 공주와의 혼인을 권하였던 것은 왕의 장녀지부에
게 왕위를 물려줄 것이라고 예측하지 못했다는 것이며, 이것은 김응렴
도 마찬가지였다.

　「숭복사비문」에도 경문왕 즉위 당시의 사정이 언급되어 있다.

251) 金昌謙, 1988,「新羅 景文王代「修造役事」의 政治史的 考察」『溪村閔丙河敎授停年
　　紀念 史學論叢』, 55쪽.
252) "三利之勝緣有待 千齡之寶運無虧"(李佑成 校譯, 1995,『新羅四山碑銘』, 亞細亞文
　　化社, 104쪽, 361쪽 인용).
253) 권영오, 2002,「신라하대 왕위계승과 상대등」『지역과 역사』10, 12쪽.

갑자기 임금이 돌아가시고 寶位가 비게 되는 우환이 생기자 비록
逐鹿之原은 없었으나 그래도 集烏之苑은 있었다. 그렇지만 기질이 현명
하고 유순한데다가 또 크고 어진 덕을 지녀서 백성들에게 추대되었으니
나(경문왕)를 두고 어디 가랴. 이에 代邸에서 立身을 하시고 佛門에
뜻을 기울이셨으니, 祖先의 수치가 될까 염려하여 佛事를 일으키기를
발원하였다.254)

「崇福寺碑」의 "集烏之苑"을 "그래도 왕위가 누구에게 돌아갈지 모르
는 상황이었다"255)라고 하거나 "간혹 왕위를 노리고 까마귀처럼 모여
드는 무리들이 있었다"256)라고 해석한다. 앞의 사료 E-①, E-②를 보면
왕의 사위를 정한 후 석달 만에 헌안왕의 병이 위중해 김응렴에게
전위하라는 유조를 남기고 있다. 이것은 이때까지 왕위가 누구에게
돌아갈지 모르는 상황이었다가 김응렴을 왕의 사위로 정함에 이르러
후계 왕위계승자에 대한 공식적인 결정을 내린 것으로 볼 수 있다.257)
그러나 이러한 헌안왕의 결정에 대해 逐鹿之原 곧 왕위쟁탈의 각축전258)
은 일어나지 않았다.
　또한 여기에 상대등이 왕위계승을 주장하며 개입하거나, 헌안왕이
상대등의 왕위계승을 염두에 둔 듯한 모습은 보이지 않는다. 이는

254) 李佑成 校譯, 1995, 『新羅四山碑銘』, 亞細亞文化社, 361쪽.
255) 李佑成 校譯, 1995, 위의 책, 361쪽.
256) 崔英成, 1998, 『譯註 崔致遠全集 1 四山碑銘』, 아세아문화사, 236쪽.
257) 崔柄憲은 김계명이 문성왕 말년 경부터 시중이 되어 실권을 장악하고 있다가
　　헌안왕의 사망을 계기로 하여 실력으로 그 아들인 경문왕을 즉위케 한 것으로
　　보았다(1976, 「신라 하대사회의 동요」『한국사 3』, 국사편찬위원회, 492쪽).
　　송은일은 김계명이 균정계인 의정의 왕위계승에 적극 협조하면서 한편 자신의
　　아들을 헌안왕의 다음 후계자로 내정한다는 합의를 의정에게 받아내었다고
　　하였다(2004, 「新羅下代 景文王系의 成立」『全南史學』 22, 147쪽).
258) 李佑成 校譯, 앞의 책, 361쪽 ; 최영성, 앞의 책, 236쪽.

200

상대등이 정당한 왕위계승자가 없을 경우 왕위를 계승할 제1후보자로
간주되고 있었다는 기존의 연구[259]와는 달리, 상대등도 "정상적인 왕위
계승이 불가능한 경우에 스스로 왕이 되기를 바랄 수 있는 존재" 곧
"集烏之苑" 정도는 될 수 있겠지만, "그렇게 추대되기도 한 정치적 존
재"[260] 곧 "逐鹿之原"까지는 되지 못했다고 할 수 있다.

　전기웅은 경문왕의 즉위로부터 그 자녀인 헌강왕 · 정강왕 · 진성여
왕을 거쳐 김씨 왕실이 끝나는 효공왕의 치세까지를 景文王家期로 구분
하였는데, 경문왕가를 곧 花郞家라고 할 만큼 이 시기 정치세력으로
화랑을 주목하였다.[261] 경문왕은 왕권강화 정책을 시행하면서[262] 문한
기구와 근시기구의 확장을 통한 개혁정치와,[263] 국학의 개편을 통한
두품 신분층의 지지확보와 왕권의 강화,[264] 고유신앙적 요소의 증대와
이와 결부된 왕실혈통의 신성화를 통해,[265] 그리고 기존의 왕실 내지
여타 김씨와의 차별성을 강조하기 위한 노력도 있었던 것으로 알려져
있다.[266] 경문왕대 이루어진 원탑 건립과 修造役事를 통해서[267] 또는

259) 이기백, 1974, 『신라정치사회사연구』, 일조각, 99쪽.
260) 이기백은 상대등은 "정상적인 왕위계승이 불가능한 경우에 스스로 왕이 되기를
　　　바랄 수 있는 또 그렇게 추대되기도 한 정치적 존재"라고 하였다(1974, 위의
　　　책, 101쪽).
261) 全基雄, 1994, 「新羅下代의 花郞勢力」 『新羅文化』 10 · 11合, 123쪽. 張日圭는
　　　'경문왕계 왕실'은 直系를 중심으로 한 왕위계승을 추구하였으므로, 헌강왕의
　　　서자 효공왕을 제외한 헌강왕 · 정강왕 · 진성왕을 '경문왕계 왕실'로 구분한다
　　　(2006, 「숭복사비명과 경문왕계 왕실」 『역사학보』 192, 36쪽).
262) 경문왕가기의 정치운영에 대한 최근의 연구 성과는 宋銀日, 2007, 「新羅 下代
　　　景文王系 집권기의 정치운영」, 전남대학교 사학과 박사학위논문 참고.
263) 李基東, 1978, 「羅末麗初 近侍機構와 文翰機構의 擴張」 『역사학보』 77.
264) 田美姬, 1989, 「新羅 景文王 · 憲康王代 「能官人」登用政策과 國學」 『東亞硏究』
　　　17.
265) 全基雄, 1989, 「新羅 下代末의 政治社會와 景文王家」 『釜山史學』 16.
266) 李文基, 1999, 「新羅 金氏王室의 小昊金天氏 出自觀念의 標榜과 變化」 『歷史敎育
　　　論集』 23 · 24합집.

불교세력과의 제휴를 통해 왕권의 강화를 시도했다고 본 연구도 있
다.268)

하대의 실질적 개창자인 원성왕은 仁謙·義英·禮英 세 아들이 있었
는데,269) 하대의 왕위계승 분쟁은 원성왕의 諸孫을 시조로 하는 여러
家系의 연립과 대항 속에서 진행되었다.270) 仁謙의 아들에는 김준옹(소
성왕)·김언승(헌덕왕)·김수종(흥덕왕)·김충공이, 禮英에게는 김헌
정·김균정이 있었고, 이들은 각각 독립된 가문을 형성하고 있었다.271)
836년 12월 흥덕왕 사후 왕위계승 분쟁을 벌였던 가문은 3곳이었는데,
인겸계에서 김충공·김명 가문, 예영계의 김헌정·김제륭 가문, 역시
예영계인 김균정·김우징 가문이었다.

47대 헌안왕 김의정의 父는 김균정이며 母는 照明夫人으로 김충공의
女이다. 그러므로 헌안왕의 즉위는 인겸계의 김충공 가문과 예영계의
김균정 가문과의 결합을 의미한다. 그리고 예영계의 김균정 가문인
光和夫人(신무왕 김우징의 女)과 예영계 김헌정 가문인 김계명(희강왕
김제륭의 子)이 혼인하여, 그 아들인 김응렴이 왕위(경문왕)를 이었다.
결국 혈연관계로 본다면 48대 경문왕의 즉위는 하대 초기 치열한 왕위계
승 분쟁을 벌였던 원성왕 손자들인 김충공·김헌정·김균정 세 가문이
범원성왕계로 다시 통합하는 의미를 가진다.

경문왕은 863년(경문왕 3) 팔공산 동화사에 민애왕을 추복하기 위해

---

267) 丁元卿, 1982,「新羅景文王代의 願塔建立」『釜山直轄市立博物館年報』5 ; 金昌謙,
    1988,「新羅 景文王代「修造役事」의 政治史的 考察」『溪村閔丙河教授停年紀念
    史學論叢』; 金志恩, 2002,「新羅 景文王의 王權强化政策」『慶州史學』21.
268) 曺凡煥, 1999,「新羅 下代 景文王의 佛教政策」『新羅文化』16.
269) "王之孫有五人 惠忠太子 憲平大子 禮英匝干 大龍夫人 小龍夫人等也"(『삼국유사』
    권2, 紀異 元聖大王).
270) 李基白, 1974,「新羅 下代의 執事省」『新羅政治社會史研究』, 일조각, 181쪽.
271) 원성왕의 둘째 아들인 憲平太子의 자손에 대한 기록은 보이지 않는다.

202

탑을 세우면서 "엎드려 생각건대 민애대왕의 이름은 明이며 선강대왕의 맏아들로 今上의 老舅이었다"[272]라고 하여, 민애왕과의 혈연관계를 강조하였다.[273] 경문왕은 원성왕계 진골귀족들의 화합을 목적으로 원성왕의 원찰인 곡사(숭복사)를 중창하면서도[274] 특별히 원성왕과의 인연을 강조하였다.[275] 왕실은 이제 원성왕을 구심점으로 다시 결합되었다. 그러므로 경문왕대를 원성왕의 직계 諸孫을 각기 시조로 하는 독립된 家系들이 하대 친족집단의 창시자로 인식하였던 원성왕의 같은 직계 손으로 넓은 의미의 족벌의식 강화를 도모하여 중앙귀족들의 분파관념에 대한 초월의지를 나타내고자 하였던 시기로 파악한 것은 적절한 지적이라고 할 수 있다.[276]

그런데 이러한 범원성왕계로의 통합이 경문왕대에 들어서 있었던 것만은 아니었다. 822년(헌덕왕 14) 김주원계인 김헌창의 반란에 원성왕계가 모두 단결하여 물리쳤으며,[277] 인겸계인 김충공의 女 文穆夫人이 김헌정의 아들 김제륭(희강왕)과 혼인하였고,[278] 김충공의 또 다른

272) "伏以 敏哀大王 諱 明 宣康大王之長子 今上之老舅"(金南允, 「閔哀王石塔 舍利盒記」『역주 한국고대금석문 Ⅲ』, 356쪽).
273) 민애왕은 경문왕의 할머니 文穆王后(희강왕비)의 남자 형제이다. 황수영은 老舅를 上位者에 대한 존칭으로 추정하였다(1974,『韓國의 佛敎美術』, 同和出版公社, 226쪽).
274) 全基雄, 1989, 「新羅 下代末의 政治社會와 景文王家」『釜山史學』 16, 27쪽.
275) 곧 (꿈에) 聖祖 元聖大王을 뵈온즉 어루만지면서 말하기를 "나는 너(경문왕)의 선조이니라. 네가 불상을 세우고 나의 陵域을 꾸며 호위하고자 하는데, 조심하고 삼갈 것이며 일을 서두르지 마라. 부처님의 덕과 나의 힘이 네 몸을 감싸줄 것이니 진실로 中道를 잡아 하늘이 주는 복록을 길이 미치도록 하라"고 하였습니다(鄭炳三, 1992, 「崇福寺碑」『譯註 韓國古代金石文 Ⅲ』, 가락국사적개발연구원, 270쪽).
276) 丁元卿, 1982, 「新羅景文王代의 願塔建立」『釜山直轄市立博物館年報』 5, 68쪽.
277) 최병헌, 1976, 「신라 하대사회의 동요」『한국사 3』, 국사편찬위원회, 465쪽.
278) "僖康王……妃는 文穆夫人이니 갈문왕 忠恭의 딸이다"(『삼국사기』 권10, 희강왕 즉위년).

女 照明夫人은 김균정과 혼인하여 김의정(헌안왕)을 낳았다. 이때에도 인겸계의 김충공 가문과 예영계의 김헌정, 김균정 가문이 혼인으로 연결되었던 것이다.

(2) 경문왕가와 정국의 안정

경문왕대에 시행된 정책들은 비교적 성공을 거두어 정국 운영에 자신감을 가진 듯하다. 865년 경문왕의 책봉사로 신라에 왔던 胡歸厚는 당에 돌아가 이렇게 말하였다.

저로부터 이전의 武夫(出山西者)는 海東에 사신으로 가서는 안 될 것입니다. 왜냐하면 계림에 경치 좋은 곳이 많은데, 東王이 시로써 그 정경을 그대로 그려내어 저에게 주었을 때, 제가 일찍이 배웠던 것에 힘입어 韻語를 지음으로써 억지로 부끄러움을 참아가며 화답했기에 망정이지, 그렇지 않았더라면 海外의 웃음거리가 됨에 틀림없었을 것입니다.[279]

경문왕의 시가 어떤 내용인지는 전하지 않으나 山水의 아름다움을 소재로 신라의 평화로움을 드러내는 내용이었을 것으로 생각된다. 8세기 이후 신라에 도래한 당의 사신은 대부분 유교적 교양을 갖춘 학자적 관료였으며, 유학과 문장에 뛰어난 엘리트 학자로 중앙과 지방의 요직을 두루 역임한 유능한 관료였다. 이는 당이 신라를 군자국으로 인식하고 있었던 것으로, 8·9세기 신라에 온 당의 사절을 통해서도 당이 신라를 '진정한' 군자국으로 인정하고 있었음을 확인할 수 있다.[280]

---

279) 崔致遠 撰,「崇福寺碑文」: 崔英成, 1998,『譯註 崔致遠全集 1 四山碑銘』, 아세아문화사, 249쪽 재인용.
280) 권덕영, 2005,「8, 9세기 '君子國'에 온 唐나라 使節」『新羅文化』25, 118~120쪽.

경문왕을 이어 즉위한 헌강왕대 신라 사회도 매우 안정되어 있었다.

F   9월 9일에 왕이 左右近臣으로 더불어 月上樓에 올라 사면을 바라보
니, 서울의 民家는 즐비하게 늘어섰고 歌樂의 소리는 끊임없이
일어났다. 왕이 侍中 敏恭을 돌아보고, "내가 들으니 지금 민간에서
는 집을 기와로 덮고 짚으로 잇지 아니하며, 밥을 짓되 숯으로
하고 나무로써 하지 않는다 하니 사실입니까"라고 물었다. 敏恭이
대답하되, "신도 또한 그와 같이 들었습니다" 하고 인하여 아뢰기
를 "上이 즉위하신 이래로 陰陽이 고르고 風雨가 순조롭고 해마다
풍년이 들어 백성들은 먹을 것이 넉넉하고, 또 邊境이 安穩하고
市井이 환락하니 이는 聖德의 소치입니다" 하니, 왕이 기뻐하여
"이는 卿들의 보좌한 힘일 것이다. 내 무슨 덕이 있으랴" 하였다.
(『삼국사기』 권11, 헌강왕 6년)

G-① 新羅全盛之時에는 서울에 17만 8천 9백 36호, 1천 3백 60坊, 55里,
35金入宅−부유한 큰 집을 말한다.(원문 주)…… (『삼국유사』 권1,
기이 진한)

G-② 또 사절유택이 있었으니, 봄에는 東野宅, 여름에는 谷良宅, 가을에
는 仇知宅, 겨울에는 加伊宅에서 놀았다. 제49대 헌강대왕 때에는
성 안에 초가집은 하나도 없고 집은 이웃과 서로 처마와 담이
붙어 있었고, 노래소리와 피리소리가 길거리에 가득하여 밤낮으
로 끊이지 않았다. (『삼국유사』 권1, 기이 又四節遊宅)

H   제49대 헌강대왕 때에는 서울로부터 지방에 이르기까지 집과
담이 連하고 草家는 하나도 없었다. 음악과 노래소리가 길에 끊이
지 않았고, 바람과 비는 사철 순조로웠다고 하였다. (『삼국유사』
권2, 처용랑 망해사)

I　……이러한 까닭에 곧장 쭉 내려와 臣(진성여왕)의 형인 贈太傅
臣 晸(헌강왕)에 이르러서는 멀리 황제의 恩澤에 목욕하여 諭示하
신 조목을 경건하게 베풀고, 한결같이 직분에 이바지하여 만리의
변방을 편안히 하였습니다. (崔致遠 代作, 「讓位表」『東文選』 권43)

J　新羅盛代昭盛代 天下太平羅候德處容아바 (신라 성대 밝은 성대의
천하태평 라후덕 처용아비여) (『악학궤범』 권5, 鶴·蓮花臺·處容舞
合設)

　사료 G-①에 언급한 '신라의 전성시기'(新羅全盛之時)가 언제인지 구
체적으로 밝히지 않았으나, 그 뒤에 '又四節遊宅'이라는 기사가 이어지
고, 사료 F나 H의 내용으로 보건대 49대 헌강왕 때 일로 추측된다.[281]
이에 따른다면 헌강왕 때 신라는 초가도 없고 노래가 끊이지 않는
매우 풍요롭고 안정된 모습으로 그려진다. 이러한 번영은 사료 G-②는
성 안(城中)이라 하였지만, 사료 F에서는 "邊境이 安穩하고 市井이
환락하니"라고 하거나, 사료 H에서는 "서울로부터 지방에 이르기까지
(自京師至於海內)"라고 하여 전국적인 현상으로 인식하고 있다.[282]
　사료 I의 최치원이 대작한 진성여왕의 「양위표」에서도 헌강왕대를
"한결같이 직분에 이바지하여 만리의 변방을 편안히 하였습니다"고
평가하였다. 뒷날의 자료이지만 『악학궤범』에서도 처용이 등장하는
헌강왕대를 盛代, 天下太平으로 표현하였다. 이것은 기존의 연구에서
하대 사회를 정치적 혼란기이자 쇠퇴기로 파악하는 것과 상당한 차이가

---

281) 李丙燾, 1959, 『韓國史 古代篇』, 乙酉文化社, 702쪽. 又四節遊宅은 독립된 항목이
　　아니라 앞의 辰韓 條의 35金入宅 기사에 연결된 일부였을 것으로 보기도
　　한다(三品彰英 遺撰, 1975, 『三國遺事考証 (上)』, 塙書房, 407쪽).
282) 이를 '병든 도시'의 반영으로 보는 견해도 있다(李佑成, 1991, 『韓國中世社會硏
　　究』, 일조각, 186~196쪽).

있다. 곧 헌강왕대의 신라를 '新羅全盛之時' '天下太平'이라고 하고 있다.

물론 이 시기가 신라의 전성기였는지에 대해서는 논란이 있겠지만,[283] 최소한 당대의 사람들이 쇠퇴의 시기로 인식하지는 않았던 것이다. 채웅석은 신라에서 고려로의 왕조교체 시기 연구들이 골품제의 한계와 지방세력의 독립성을 강조한 나머지 신라하대 중앙정치에서 모색한 개혁, 새로운 제도의 수용 등에 대해서 충분히 살피지 못했다고 하였다. 비록 골품제가 유지되는 한 그런 개혁조치들이 한계를 갖기는 하였더라도, 그것들을 소홀하게 취급하면 신라하대 정치제도사 분야는 거의 공백으로 계속 남아 있게 될 것이라고 한 것[284]은 적절한 지적이라고 생각한다. 필자는 진성여왕 2년까지 신라사회는 '안정'을 유지하고 있었으며, 진성여왕 3년의 농민봉기로부터 쇠퇴가 '시작'되었다고 보고 있다.[285]

사료 F에서 헌강왕대를 성대라고 자찬한 것은 그 당시의 정국 운영이 만족스럽다고 말한 것이다. 이러한 모습은 이 시기 금석문에서도 볼 수 있다.

K-① 門人인 融奐 등이 그 다음 해 2월 10일에 유해를 옮겨 北院에서 장사지냈지만 자애로운 스승과 영원히 헤어지게 됨에 그 사모하는 마음을 이길 수가 없었다. 제자들은 시간이 흘러 산과 골짜기가

283) 李基東은 왕위계승 쟁탈전이 일단락을 고하게 되는 9세기 중엽 이후를 골품제가 재조직되는 과정으로 생각하였으며(1984, 『新羅骨品制社會와 花郎徒』, 일조각, 39쪽), 또한 홍덕왕·충공 형제의 집권체제 정비의 노력이 어느 정도 주효하여 진성여왕 3년 이전까지 신라의 체제가 유지되었다고 하였다(1997, 「新羅 興德王代의 政治와 社會」『新羅社會史硏究』, 일조각, 181쪽).
284) 채웅석, 2007, 「통일신라에서 고려로의 왕조교체를 어떻게 평가할 것인가」 『한국사시민강좌』 40, 91쪽.
285) 이에 대해서는 權英五, 2007, 「진성여왕대 농민 봉기와 신라의 붕괴」『新羅史學報』 11 참고.

바뀌고 육지와 바다가 바뀌게 되면 법을 전하여 주신 선사의
은혜를 잊는 일이 있게 될까 염려하여 우러러 추앙하는 뜻을
나타내고자 하였다. 이에 行狀을 정리하여 (6자 결락) 커다란
비석을 세워 聖代를 빛내고자 하였다.

K-② (5자 결락) (지금 임금께서는 ?) 뛰어나신 文德과 신성한 武德을
갖추시고서 조상들이 하고자 하신 바를 계승하셨고 또 불교의
가르침에 더욱 깊이 의뢰하고 받들려는 마음을 가지고 계셨다.286)

L 이때에 헌강대왕이 급히 글을 보내어 대궐로 부르는 한편, 사자산
興寧禪院을 中使省에 예속시켰다. 바야흐로 국운이 중흥함을 기뻐
하다가 홀연히 (헌강대왕이) 붕어하심을 탄식하게 되었다.287)

圓朗禪師는 헌강왕 9년(883) 10월 입적하였고, 그 다음해(884년)에
왕명으로 김영에게 비문을 짓게 하고 비석은 진성여왕 4년(890)에 세워
졌다. 비문에 의하면 "이에 行狀을 정리하여……커다란 비석을 세워
聖代를 빛내고자 하였다(爰集行狀, □□□□□居, 請建鴻碑, 用光聖
代)"라고 하여, 당대를 '聖代'로 표현하였다. 이어지는 K-②의 앞 부분
결락된 5자를 최연식은 "지금의 임금께서는?"이라고 추정하였는데,
이에 따른다면 헌강왕을 "뛰어나신 文德과 신성한 武德을 갖추시고서
조상들이 하고자 하신 바를 계승하셨고 또 불교의 가르침에 더욱 깊이
의뢰하고 받들려는 마음을 가지고 계셨다(□□□□□, 英文聖武, 繼祖嗣
圖, 凡於內敎之中, 尤深依仰之意)"라고 하였다. 또한 사료 L에 의하면,
이때는 징효대사가 국운이 중흥함(國步中興)을 기뻐하던 때였다.

286) 金穎 撰, 「月光寺 圓朗禪師塔碑」: 崔鉛植, 1992, 「月光寺 圓朗禪師塔碑」『譯註
韓國古代金石文 Ⅲ』, 가락국사적개발연구원, 155쪽 참고.
287) 남동신, 1996, 「흥녕사 징효대사 보인탑비」 한국역사연구회 편, 『譯註 羅末麗初
金石文 (下)』, 혜안, 210쪽 참고.

49대 헌강왕이 재위 12년(886)에 죽은 후, 후사는 보이지 않고 동생인 金晃이 왕위를 이었다. 이때 金晃의 즉위 과정은 기록에 나와 있지 않다.[288] 「성주사 낭혜화상비」에 의하면

乾符帝가 獻康大王의 즉위를 승인하는 使節을 보내온 해(헌강왕 4년, 878)에 국내의 有識者들 중 가히 말할만한 사람들로 하여금 '興利除害'의 계책을 바치게 하는 한편, 별도로 우리나라 종이를 사용하여 대사에게 편지를 내리면서 '당나라의 후의'를 입은 것이 원인이 있다고 말하고, 잇달아 보탬이 될 일을 물어왔다. 대사는 河尙之가 宋文帝에게 진언했던 말을 인용하여 대답했다. 太傅王(헌강왕)이 살펴보고 아우인 南宮相에게 일러 말했다. "三畏는 三歸에 견줄 수 있고, 五常은 五戒와 같다. 능히 王道를 실천하면 이는 곧 佛心에 부합되는 것이니 대사의 말씀이 지극하다. 나와 너는 마땅히 정성을 다하여야 할 것이다."[289]

라 하였다. 河尙之는 五戒와 十善을 중히 여긴다면 太平을 이룰 수 있다고 진언하였다. 헌강왕이 낭혜화상의 글을 읽은 후 유교의 三畏와 五常을 각각 불교의 三歸와 五戒에 비길 수 있다고 하고, 왕도를 실천하는 것이 佛心에 부합된다고 하였다.[290] 그리고 헌강왕은 낭혜의 건의를 들은 후 왕도정치의 실현을 다짐하면서 "나와 너는 마땅히 정성을 다하여야 할 것이다(吾與汝宜惓惓)"라고 하여, 동생 南宮相 김황을 국정 운영의 동반자로 언급하고 있다.

---

288) 金昌謙은 金晃이 헌강왕의 유조에 의해 왕이 되었을 것으로 추측하였다(2000, 「新羅 下代의 王位繼承과 遺詔」『白山學報』56, 209쪽). 헌강왕에서 정강왕으로의 왕위계승 인식에 대해서는 李文基, 2007, 「新羅 孝恭王(嶢)의 太子冊封과 王位繼承」『歷史敎育論集』39, 188~191쪽 참고.

289) 李佑成 校譯, 1995, 「朗慧和尙碑」『新羅四山碑銘』, 亞細亞文化社, 330~331쪽.

290) 趙仁成, 2001, 「「朗慧和尙碑文」의 撰述과 崔致遠」『성주사와 낭혜』, 서경문화사, 174쪽.

비문의 찬자인 최치원의 성격을 고려해볼 때 이때 김황의 관직인
南宮相은 당의 제도를 비유해 표현한 것으로 보이는데, 唐代에는 吏部나
禮部를 南宮이라 하였다.[291] 신라의 경우 예부령은 2명으로 관등은
병부의 令과 같다고 하였는데,[292] 특히 병부령이 宰相과 私臣을 겸한다
고 한 것에 주목할 필요가 있다.[293] 때문에 南宮相은 禮部令으로 병부령
처럼 재상을 겸하고 있는 것으로 추정된다.[294] 김응렴(경문왕)과 광화
부인의 혼인이 860년 9월에 있었기 때문에, 그 둘째 아들 김황은 878년에
많아야 16살을 넘지 못하는 어린 나이였다.

唐이 咸通 6년(865)에 胡歸厚를 보내 경문왕을 책봉하자, 경문왕은
동생 김위홍에게 명하여 宗廟에 齋를 올리게 하고, 대신하여 陵에 배알토
록 하였다.

　　또한 이미 영광스럽게 천자의 윤택에 젖었으니, 반드시 장차 몸소
　선왕의 능에 참배하여야 했다. 그러므로 임금의 행차를 준비하였으나,
　어찌 많은 비용을 소모하겠는가? 드디어 太弟相國(원주 : 시호를 높여
　惠成大王이라 함)에게 명하여 太廟에 齋를 올리게 하고 대신하여 陵에
　배알토록 하셨다.[295]

이때 김위홍을 '太弟相國'이라 하였는데, 相國이란 宰相을 표현한
것으로 보인다. 신라에서 禮部는 교육과 외교 및 儀禮 등을 관장하였

291) 諸橋轍次, 1984(修訂版), 『大漢和辭典 권2』, 大修館書店, 1652쪽.
292) "禮部 令二人 眞平王八年置 位與兵部令同"(『삼국사기』 권38, 職官 上 禮部).
293) "兵部 令一人……位自大阿湌至太大角干爲之 又復兼宰相 私臣"(『삼국사기』 권38,
　　職官 上 兵部).
294) 崔英成도 이를 예부의 장관으로 보았다(1998, 『譯註 崔致遠全集 1』, 아세아문화
　　사, 80쪽).
295) 崔致遠 撰, 「崇福寺碑」: 崔英成, 1998, 『譯註 崔致遠全集 1 四山碑銘』, 亞細亞文
　　化社, 238쪽에서 인용.

210

다.296) 그리고 소속 관서로는 大道署, 國學, 音聲署, 典祀署, 司範署 등을
가지고 있었다.297) 경문왕이 16세의 나이로 즉위했다는 것을 고려하면,
그 동생 김위홍은 865년(경문왕 5)에 스무 살도 되지 못했을 것이다.
그런 김위홍에게 재상의 직을 주고 종묘에 재를 올리게 하고 왕을
대신하여 능에 배알하도록 하였는데, 그 소관 부서는 예부일 것이다.
곧 어린 王弟에게 예부령으로 재상을 겸직하게 하고 국정에 참여하게
한 것이다.

한편 정강왕이 즉위하는 해(886년)부터 농민봉기가 시작되었다고
보는 견해도 있는데,298) 이는 「興寧寺 澄曉大師 寶印塔碑」에 근거한
것이다. 이 부분을 비문의 순서대로 나열하면 다음과 같다.

M-① 정강대왕이 禪敎를 흠숭하는 것이 전대에 못지않아 왕의 사람을
　　누차 보내어 멀리서 찬양의 뜻을 표하였다.
M-② 이 무렵의 운수는 혼란기를 맞아 시절이 어려웠으며, 國祚의
　　위태로움이 계란을 쌓아 놓은 것 같아, 곳곳에 불타는 연기와
　　말달리는 먼지가 갑자기 일어나니 요사스런 기운이 절까지 미칠
　　것을 두려워하였다.
M-③ 大順 2년(진성여왕 5, 891) 대사는 상주의 남쪽으로 피난가서
　　조령에 잠시 머물렀다. 이때를 당하여 본산(사자산 흥녕사)이
　　과연 병화를 만나 절이 불타버렸으니, 대사께서 미리 길흉을 점쳐
　　함께 불타는 재난을 면한 것이다.
M-④ 진성대왕이 나라를 다스린 지 2년(888)에 溟州僧正 釋 浦道와
　　東宮內養 安處玄 등을 특별히 파견하여 멀리 말씀을 내리고 멀리서

---

296) 李丙燾, 1977, 『譯註 三國史記』, 乙酉文化社, 578쪽.
297) 『삼국사기』 권38, 職官 上.
298) 추만호, 1992, 『나말려초 선종사상사 연구』, 이론과 실천, 159쪽 ; 추만호,
　　1994, 「신라 하대 사상계의 동향」 『한국사 4』, 한길사, 333~334쪽.

법력을 빌었다. 그리고 陰竹縣의 元香寺를 禪那別觀에 속하게 하였
다.299)

이를 정강왕대에 혼란의 조짐을 보인 것으로 해석할 수도 있으나,
비문의 내용을 자세히 살펴보면 M-②의 것은 M-③으로 이어지는 문장으
로 보이며, M-④에 다시 진성여왕 2년(888)의 내용이 이어지고 있어,
연대와 내용에 착란이 있어 보인다.300) 이 비는 절중이 효공왕 4년(900)
입적한 후 효공왕 10년(906) 한림학사 朴仁範에게 비문을 찬술할 것을
명했으나 이루지 못하였고, 경명왕 8년(924) 崔彦撝가 왕명에 의해 비문
을 완성하였다. 그러나 여러 가지 사정으로 비가 세워지지 못하다가
고려 혜종 1년(944)에 비가 세워졌다. 진성여왕이 즉위하면서 諸州郡
의 1년간 조세면제 조치를 취한 것이나,301) 정강왕·진성여왕의 왕위
계승을 언급한 당시 금석문을 비교하여 보면 M-②의 상황은 정강왕대
보다는 왕실이 위태롭고 농민봉기가 절에까지 미치는 진성여왕 3년
이후의 사정을 언급한 것 같다.302)

50대 定康王 金晃은 경문왕의 2子로 형인 헌강왕의 뒤를 이어 즉위하
였으나, 재위 기간이 1년 남짓했다(886.7~887.7). 정강왕의 후계 왕위는
여동생인 金曼에게 이어졌다.

---

299) 남동신, 1996, 「흥녕사 징효대사 보인탑비」 한국역사연구회 편, 『譯註 羅末麗初
    金石文 (下)』, 혜안, 210~211쪽의 해석 참고.
300) 남동신은 M-③의 일을 대순 2년이 아니라 光啓 2년(정강왕 1, 886)으로 고쳐보고
    있으나(1996, 위의 책, 211쪽의 주53), 간기의 오기보다는 행장 내용의 순서에
    착란이 있었던 것 같다.
301) 『삼국사기』 권11, 眞聖王 원년. 진성여왕대 초기 정국에 대해서는 權英五,
    2004, 「김위홍과 진성여왕대 초기 정국 운영」 『大丘史學』 76 참고.
302) 권영오, 2007, 「진성여왕대 농민봉기와 신라의 붕괴」 『新羅史學報』 11, 239~241
    쪽.

2년 5월에 왕이 질병에 걸려 侍中 俊興에게 이르되, "내 병이 위급하여 다시 일어나지 못할 것이다. 불행히 嗣子가 없으나 나의 누이 曼은 天資가 明銳하고 骨相이 丈夫와 같으니 卿 등은 善德·眞德의 古事를 依倣하여 세우는 것이 좋을 것이다" 하고 7월 5일에 돌아가니 諡를 定康이라 하고 菩提寺 동남에 장사하였다. (『삼국사기』 권11, 정강왕 2년 5월)

김창겸은 정강왕으로서는 왕위계승할 아들이 없는 이상 가장 가까운 친족에게 왕위를 물려줄 수밖에 없었고, 그 순서는 弟, 叔父, 姪이 되었을 것이며, 이에 따라 女弟 曼을 선택한 것으로 보았다. 곧 정강왕에서 진성여왕으로 왕위가 계승된 가장 큰 이유는 당시 왕실 내에서 정강왕과 혈연적으로 가까운 존재가 曼이었기에 부자계승이 어려운 경우 차선책으로 형제계승을 하는 원칙에 의하여 그녀를 왕위계승자로 선택한 것이라고 봄이 타당하다고 하였다.303)

그러나 필자는 왕이 嗣子가 없을 경우 혈연관계는 후계 왕위계승에 있어 기본조건으로, 왕과 가장 가까운 사람에게 왕위가 계승되는 원칙이 있는 것이 아니라 이 조건을 충족하는 다수의 인물 중에서 왕이 결정하였다고 생각한다.304) 곧 전왕과의 혈연관계는 필요조건 정도에 속하기 때문에 이에는 여러 사람들—동생, 사위, 숙부, 조카 등—이 포함될 수 있으며 이들 사이에는 김창겸이 주장하는 '순서'나 '원칙'은 없었고, 기존의 연구에서 언급한 것처럼 상대등이라는 관직이 왕위를 계승할 제1후보자로 간주305)되지도 않았던 것이다. 혈연의 필요조건을 충족하는 후보들 중에서 최종 선택은 왕이 유조 등으로 하였고, 이는

303) 金昌謙, 2003, 『新羅下代 王位繼承 研究』, 景仁文化社, 139~141쪽.
304) 권영오, 2002, 「신라하대 왕위계승과 상대등」 『지역과 역사』 10, 28~29쪽.
305) 이기백, 1974, 『신라정치사회사연구』, 99쪽.

진골귀족들도 인정하는 것이었기 때문에 후계 왕위계승에 대해 정통성 시비를 제기하지 못하였다.

860년 헌안왕은 유조에서 "寡人이 불행히 아들이 없고 딸만 있으니, 우리나라 고사에 비록 善德·眞德 두 女主의 예가 있으나 이는 牝雞의 晨에 가까운 것이라 가히 본받을 일이 되지 못한다"[306]라고 하여 왕위를 사위인 김응렴에게 물려주었다. 그로부터 27년 뒤인 887년 정강왕은 "불행히 嗣子가 없으나 나의 누이 曼은 天資가 明銳하고 骨相이 丈夫와 같으니 卿 등은 善德·眞德의 古事를 依倣하여 세우는 것이 좋을 것이다" 라는 유조를 남겨 여동생 김만이 즉위하였다. 선덕·진덕여왕의 예를 언급하면서도 헌안왕과 정강왕은 정반대의 유조를 남겼고, 그것이 그대로 지켜져 후계 왕위계승이 이루어졌다.

헌안왕의 사위 김응렴이나 정강왕의 여동생 김만은 모두 혈연적으로 후계 왕위계승 후보자에 포함되어 있었고, 이들 사이에는 혈연적 계승 순서나 원칙이 있기 보다는 왕의 정치적 판단인 유조가 결정적 역할을 하였지만, 이때 왕들이 상대등을 고려한 모습은 보이지 않는다. 때문에 경문왕의 즉위 때 왕위계승을 바라는 무리(集烏之苑)는 있었으나 왕위 계승 분쟁(逐鹿之原)은 없었다. 정강왕의 숙부이자 상대등이었던 김위홍은 정강왕의 유조에 따라 질녀인 진성여왕의 즉위를 인정하였으며, 오히려 진성여왕 즉위를 정당화하기 위한『삼대목』편찬을 주도하였다.[307]

국가적인 흉년이 아님에도 불구하고 진성여왕은 즉위 후 諸주군의 1년 조세를 면제시켜 주었다.[308] 이것은 선덕여왕과 성덕왕 때에만 시행된 매우 예외적인 조치로써, 그만큼 국정 운영에 대한 자신감을 반영한 것이다. 이때까지 왕위계승이나 정국 운영에서도 신라는 아직 안정을 유지하고 있었다.

본절의 내용을 요약하면 다음과 같다. 흥덕왕 사후 왕위계승 분쟁에서 패한 김우징은 장보고의 도움으로 민애왕군을 격파하고 839년 신무왕으로 즉위하였지만, 정권의 기반은 대단히 취약하였다. 이는 왕위계승의 정통성을 주장할 수 없었던 신무왕 정권이 왕경인들에게 동조를 얻기 힘들었기 때문이었다. 신무왕의 짧은 재위 기간을 거쳐 문성왕이 즉위하면서 수세적 입장에서 벗어나 왕권 강화를 위한 조치들이 시행되었다. 장보고 세력을 축출하고 비협조적인 귀족들을 숙청하면서 문성왕대의 왕권은 비로소 안정될 수 있었다.

문성왕은 후사가 없었으나 왕의 숙부인 김의정이 유조에 의해 헌안왕으로 즉위하였으며, 헌안왕도 유조에 의해 맏딸의 남편인 김응렴에게 왕위를 물려주었다. 혈연관계로 본다면 경문왕 김응렴의 즉위는 원성왕 손자들의 가문이 치열한 왕위계승 분쟁을 마무리하고 왕실이 범원성왕계로 다시 통합하는 의미를 가진다.

경문왕대에 시행된 정책들은 비교적 성공을 거두어 정국 운영에 자신감을 가진 듯하다. 경문왕은 당의 사신 胡歸厚를 맞이하여 신라의 뛰어난 정경을 시로써 화답하였으며, 헌강왕 때는 '新羅全盛之時'라고 하고 있다. 물론 이러한 표현이 논란은 있겠지만, 진성여왕 3년의 농민봉기 이전까지 신라는 정치적 안정을 유지하고 있었다고 보여진다. 이러한 국정 운영에서의 자신감이 진성여왕을 즉위할 수 있게 한 배경이 되었을 것이다.

왕이 嗣子가 없을 때 후계 왕위는 태자·부군을 지명하여 이어나가거

나, 왕의 가까운 혈연 중에서 국왕이 정치적 요인을 고려하여 선택하였
다. 이때 왕과의 혈연관계는 필요조건으로 왕의 가장 가까운 혈연에게
왕위가 계승되는 원칙이 있는 것이 아니라 이러한 조건을 충족하는
왕의 근친 중에서 왕의 정치적 판단에 의해 후계 왕위계승자가 지명되었
다. 그리고 이에 대한 표면적인 진골귀족들의 반발은 예영계 왕실이
지배하는 하대 중기에는 드러나지 않았다. 왕의 嗣子에 의한 후계 왕위
계승이 이루어지지 않더라도 이러한 원칙들이 하대 중기에는 지켜지면
서 신라의 멸망 때까지 왕위계승은 안정을 되찾았다.

　하대 초기에 왕위계승 분쟁의 시기가 있었으나 이것이 하대 전체
정치사를 보는 이해의 틀이 되어서는 곤란하다. 하대 155년은 선덕왕에
서 민애왕까지를 하대 초기(왕위계승 분쟁기), 신무왕에서 진성여왕
2년까지를 하대 중기(정국 안정기), 진성여왕 3년에서 경순왕까지를
하대 말기(신라의 쇠퇴기)로 시기 구분할 수 있다. 하대 초기의 왕위계승
분쟁을 근거로 하대 155년 전부를 왕위 다툼의 혼란기로 규정하는
연구는 왕위계승 분쟁이 종식된 신무왕 즉위 이후의 정치사 연구에
커다란 공백을 남기게 된다. 하대의 왕위계승이 혼란했다는 것은 중대
에 비해 상대적으로, 그리고 하대 초기에 한정하여 사용되어야 할 것이
다.

IV. 하대 말기 신라의 붕괴와 진성여왕

1. 진성여왕대 초기 정국 운영과 김위홍

진성여왕의 재위기(887.7~897.6)에 신라는 농민봉기가 일어나고 지방세력에 대한 통제 능력을 상실하고 쇠퇴기에 들어섰다. 역사적 전환기로서 진성여왕 재위 10년 동안의 정국 운영에 대한 검토는 신라의 멸망 원인과 관련되어 중요한 의미를 가진다. 그런데 진성여왕 이전과 즉위 초의 정국 운영에 깊숙이 간여하고 이끌어갔던 인물은 진성여왕의 숙부 김위홍이었다. 진성여왕대 초기의 정국 운영은 실로 김위홍이 섭정의 역할을 했다고 해도[1] 과언이 아닐 것이다. 그렇지만 즉위 전 공주 김만의 행적이나 김위홍의 정치적 활동을 검토하거나 이를 진성여왕대 정국 운영과 관련하여 고찰한 연구는 찾아보기 어렵다.

기존의 연구들은[2] 김위홍과 진성여왕의 私的인 관계에 주목하였지

---

1) 金昌謙, 1999, 「新羅下代 孝恭王의 卽位와 非眞骨王의 王位繼承」『史學硏究』 58·59합, 418쪽.
2) 李培鎔, 1985, 「新羅下代 王位繼承과 眞聖女王」『千寬宇先生還曆紀念 韓國史學論叢』, 正音文化社 ; 鄭容淑, 1994, 「신라의 女王들」『한국사시민강좌』15, 일조각 ; 조범환, 2000, 『우리 역사의 여왕들』, 책세상 ; 한국역사연구회 고대사분과, 1994, 「신라는 진성여왕의 실정으로 멸망했는가?」『문답으로 엮은 한국고대사산책』, 역사비평사 ; 이정희, 2002, 「진성여왕을 위한 변명」『10세기 인물열전』, 푸른역사.

만, 이러한 연구들이 엄밀한 사료 검증에 소홀한 면이 없지 않았다.
또한 김위홍은 진성여왕 즉위 8개월 만에 죽었지만, 김위홍이 생존하여
정국을 주도했을 때와 김위홍 사후 정국 불안을 구별하지 않고 파악함으
로써, 진성여왕 말년 혼란의 원인을 모두 김위홍과 진성여왕 사이의
불미스런 관계에 돌리기도 하였다. 이러한 선입견에 따른 결과론적
해석이나 실증적 한계 때문에 진성여왕대 정치적 실상은 바르게 이해되
지 못했으며, 매우 부정적인 평가를 받게 되었다고 생각된다.

또한 '왕위의 정당한 계승자가 없을 경우에 상대등은 왕위를 계승할
제1후보자로 간주되고 있었다'는 주장[3]을 하대에도 확대 적용하려는
견해[4]나, 상대등을 '능히 실력으로 후계자가 될 수 있는 존재'였다는
견해[5]에 따른다면, 김위홍은 어린 조카들이 즉위할 때 병부령이나
상대등의 지위에 있어 왕위계승을 주장하거나 왕위를 찬탈할 수도
있었을 것이다. 그러나 김위홍은 형인 경문왕뿐 아니라 조카인 헌강·정
강·진성왕 3대에 걸쳐 정국 운영에 적극 참여하고 왕권을 뒷받침해
주었던 인물이라는 점에서, 이에 대한 연구는 기존의 하대 상대등과
왕위계승과의 관계에 대한 이해에도 주요한 시사점을 줄 것으로 생각된
다.

---

3) 李基白, 1962, 「上大等考」『역사학보』 19 : 1974, 『新羅政治社會史研究』, 일조각,
    99쪽.
4) 尹炳喜, 1982, 「신라 하대 均貞系의 왕위계승과 金陽」『역사학보』 96, 65쪽 ; 李基
    東, 1984, 「新羅 下代의 王位繼承과 政治過程」『新羅骨品制社會와 花郎徒』, 일조
    각, 148쪽 ; 이배용, 1985, 「신라하대 왕위계승과 진성여왕」『천관우선생환력
    기념 한국사학논총』, 정음문화사, 347쪽.
5) 이기백, 1974, 『신라정치사회사연구』, 일조각, 120쪽.

1) 김위홍과 김만의 활동

(1) 김위홍의 활동

김위홍의 祖는 민애왕 金明에 의해 자결한 희강왕 김제륭이다. 하지만 희강왕의 아들 金啓明은 신무왕의 女인 光和夫人과 혼인하였고, 김계명의 아들인 김응렴은 헌안왕 4년(860) 왕이 베푸는 연회에 참석하여 왕의 질문에 현명하게 답함으로써 왕의 사위가 되었고, 석달 후 헌안왕의 유조에 의해 경문왕으로 즉위하였다. 김위홍은 경문왕으로 즉위하는 김응렴의 同母弟였다. 그리고 누이로 미망인이 된 단의장옹주가 있었다.[6]

김응렴이 헌안왕의 연회에 참석한 것이 『삼국사기』에는 15세, 『삼국유사』에는 20세로 되어 있는데, 『삼국사기』 쪽이 더 타당성이 있어 보인다. 그렇다면 경문왕은 16세에 즉위한 것이고, 그 동생인 김위홍은 이보다 연소한 나이였을 것이다.

〈표 8〉 김위홍의 가계

	曾祖父	曾祖母	祖父	祖母	父	母	婦
이름	金憲貞	包道夫人	金悌隆	文穆夫人	金啓明	光和夫人	鬼好夫人
관직	侍中, 國相, 兵部令		희강왕		侍中		
가계	원성왕의 孫	忠衍大阿干의 女		金忠恭의 女		신무왕의 女	

김위홍이 처음 기록에 보이는 것은 경문왕 5년(865)이다.

---

6) 崔致遠 撰, 「鳳巖寺 智證大師碑」: 南東信, 1992, 「鳳巖寺 智證大師碑」『譯註 韓國古代金石文 Ⅲ』, 가락국사적개발연구원. 申虎澈은 궁예가 경문왕의 庶子로 그의 母는 헌안왕의 차녀였을 것으로 추론하였다(1982, 「弓裔의 政治的 性格」 『韓國學報』 29, 33~36쪽).

또한 이미 영광스럽게 천자의 은택에 젖었으니, 반드시 장차 몸소 선왕의 능에 참배하여야 했다. 그러므로 임금의 행차를 준비하였으나, 어찌 많은 비용을 소모하겠는가. 드디어 太弟相國(원주 : 시호를 높여 惠成大王이라 함)에게 명하여 太廟에 齋를 올리게 하고 대신하여 陵에 배알토록 하셨다. (崔致遠 撰, 「崇福寺碑」)[7]

이 기록은 唐이 咸通 6년(865)에 胡歸厚를 보내 경문왕을 책봉하자, 경문왕이 김위홍에게 명하여 宗廟에 齋를 올리게 하고, 대신하여 陵에 배알토록 한 것이다. 여기서 김위홍을 '太弟相國'이라 표현하였는데, 相國이란 宰相을 표현한 것으로 보인다.[8] 그렇다면 김위홍은 20세 안팎에 이미 재상으로 경문왕 정권에 깊숙이 간여하고 있음을 알 수 있다.[9] 하대에는 왕실 가족에 의한 정치권력의 독점[10]과 연소한 나이에 재상을 역임한 사례는 다수 있었다.

한편 『삼국사기』에 "(경문왕) 5년 4월에 당의 懿宗이 正使 太子右諭德 御史中丞 胡歸厚와 副使 光祿主簿兼監察御史 裴光 등을 보내 先王(헌안왕)을 弔祭하고 겸하여 부의로 帛 1천필을 보내고……大宰相에게 錦綵 30필·의복 1襲·은기 1件, 次宰相에게 금채 20필·의복 1습·은기 1건

---

7) 崔英成, 1998, 『譯註 崔致遠全集 1 四山碑銘』, 아세아문화사, 238쪽에서 인용.

8) 木村誠은 8세기 말 이후에 재상의 지위를 가졌던 것은 상대등·병부령·시중·內省私臣·御龍省私臣 등이 있고, 이런 관직을 갖지 않은 자로서 재상이 된 경우도 있다고 하였다(1977, 「新羅の宰相制度」 『人文學報』 118, 東京都立大學, 31~33쪽).

9) 金昌謙은 경문왕 6년 10월의 이찬 允興 형제의 반란과, 7년 정월 이찬 金銳·金鉉의 모반사건 이후 경문왕이 문한, 근시기구를 설치하면서 권력집중을 시도하였고, 이러한 정책을 수행하기 위해 親弟 위홍을 중용하였다고 하였으나(1988, 「新羅 景文王代 「修造役事」의 政治史的 考察」 『溪村関丙河教授停年紀念 史學論叢』, 70~72쪽), 그 이전에 이미 김위홍은 太弟相國으로 주요한 정치적 활동을 하고 있었다.

10) 이기동, 1996, 「귀족사회의 분열과 왕위쟁탈전」 『한국사 11』, 국사편찬위원회, 22쪽.

220

을 주었다"11)라고 했는데, 이때 재상의 수는 확실하지 않으나 기록에
보이는 대재상이나 차재상 중의 하나는 왕의 동모제인 김위홍일 것이
다.

경문왕 11년(咸通 12년, 871)에 無染이 景文王의 초빙으로 서울로
왔을 때에도 김위홍은 '太弟相國'으로 무염을 맞이하였다.

> 선대왕께서는 冕服 차림으로 절을 하여 스승으로 삼았고, 君夫人과
> 世子, 그리고 太弟相國(원주 : 돌아가신 후에 시호를 惠成大王이라고
> 하였다)과 君公子, 公孫들이 빙 둘러싸고 한결같이 우러렀는데 마치
> 옛날 가람의 벽 그림에 서역의 여러 왕들이 부처님을 모시고 있는
> 모습과 비슷하였다. (崔致遠 撰, 「聖住寺 朗慧和尙塔碑」)12)

이때 김위홍의 서열은 경문왕과 군부인, 세자13) 다음으로, 여러 왕손
들의 앞에 언급되고 있다.

경문왕 11년(871) 왕은 김위홍에게 황룡사탑을 중수할 것을 명하였
다.14) 그 사실을 적은 황룡사탑 찰주본기에는

> 지금의 왕(경문왕)께서 즉위한 지 11년인 咸通 연간 辛卯年에 탑이
> 기울어진 것을 애석하게 여겨 왕의 친동생 上宰相 伊干 金魏弘이 책임자
> 가 되고, 寺主인 惠興을 聞僧이자 脩監典으로 삼아 그들과……15)

---

11) 『삼국사기』 권11, 경문왕 5년 4월.
12) 崔鉛植, 1992, 「聖住寺 朗慧和尙塔碑」 『譯註 韓國古代金石文 Ⅲ』, 133~134쪽.
13) 君夫人은 왕비를 말하며(崔英成, 1997, 『譯註 崔致遠全集 1 四山碑銘』, 아세아문
    화사, 76쪽), 경문왕은 6년 정월에 왕자 晸을 세워 太子로 삼았기 때문에(『삼국
    사기』 권11, 경문왕 6년 정월) 이 기록의 世子는 곧 太子일 것이다.
14) 11년 정월에 왕이 유사에게 명하여 황룡사탑을 改造케 하고 2월에는 月上樓를
    중수케 하였다(『삼국사기』 권11, 경문왕 11년).
15) 鄭炳三, 1992, 「皇龍寺 九層木塔 舍利函記」 『譯註 韓國古代金石文 Ⅲ』, 368

라고 하였다. 이때 김위홍은 上宰相의 관직에다 伊干의 관등을 가졌다. 上宰相은『삼국사기』직관지에는 나오지 않으나『삼국사기』경문왕 5년 기록에 보이는 大宰相과 같은 의미로 보인다.[16] 다음 해(872년) 황룡사탑 수리를 완료하고 새긴 찰주본기에서는 '監脩成塔事 守兵部令 平章事 伊干 臣 金魏弘'으로 표기[17]하였다.

그 외 金石文에 나타나는 김위홍에 관한 기록은 다음과 같은 것이 있다.

　　咸通□년에 太師를 추증받은 景文大王께서 산에 있는데 부르시니 걸음을 옮겨 급히 뜻을 좇으셨다. 하루는 八角堂에서 敎와 禪의 같음과 다름을 물으매 "깊은 궁궐에는 절로 천 개나 되는 迷路가 있어……끝내 없습니다"라고 대답하셨다. 이에……禪을 펼쳐 그림과 같이 단계지어 설명하시니 왕이 마음 깊이 기뻐하시며 깨달으셨다. 이에 앞선 구름이 돌아가 길이 동굴에서 따라 나오듯 서로 만나보고 나서 (법호를) 더해 주셨다. 그때 惠成大王이 王家를 위해 자신의 덕을 덜어 잘 화합했는데……더욱 잘하여…… (「深源寺秀澈和尙塔碑」)[18]

및 373쪽.

16) 신정훈은 하대 병부령이 3명이었고, 1인을 대재상인 상대등이 겸임하였고, 나머지 2인의 병부령을 차재상으로 지칭한 것 같다(2010,『8세기 신라의 정치와 왕권』, 한국학술정보, 274쪽)고 하였으나, 김옹과 김위홍의 예를 볼 때 설득력이 약하다.

17) 朴居勿 撰, 「新羅皇龍寺九層木塔利柱本記」: 黃壽永 編, 1976,『韓國金石遺文』, 一志社, 160~162쪽. 김위홍의 경우 兵部令으로서가 아니라 平章事로서 守를 사용하였던 것이 아닌가하는 견해가 있다. 즉 兵部令 平章事는 1품의 관직이었기 때문에 이에 대응하는 伊伐飡의 관등으로 升階하지 못하였다는 의미로서 守를 해석한다면, 이러한 표기가 자연스러워진다고 한다(李賢淑, 1992,「新羅末 魚袋制의 성립과 운용」『史學硏究』43·4합, 49쪽).

18) 판독 및 해석에 추만호, 1991,「심원사 수철화상 능가보월탑비의 금석학적 분석」『역사민속학』창간호와 鄭炳三, 1992,「深源寺 秀澈和尙塔碑」『譯註 韓國古代金石文 Ⅲ』을 참고했음.

이 구절은 咸通□년[19](연대 미상)에 경문왕이 秀澈和尙을 불러 敎와 禪의 차이점을 물은 부분이다. 이때 "王家를 위해 자신의 덕을 덜어 잘 화합했다(時惠成大王 爲家德損 於克諧謨)"라는 표현에서 김위홍이 왕실의 중심적인 역할을 하고 있음을 알 수 있다. 경문왕대는 관제의 개혁을 통한 국왕의 권력집중이 시도된 시기였다. 그리고 이러한 왕의 개혁 작업을 보필한 것은 왕의 親弟(太弟)로 相國 · 兵部令 平章事였던 伊湌 金魏弘이었다.[20]

875년 7월 경문왕이 재위 15년 만에 죽고 그 아들 金晸이 헌강왕으로 즉위하자 김위홍은 상대등이 되었다.[21] 『삼국사기』에 따라 추정한다면 이때 김위홍의 나이는 30세 이전이었고, 조카인 헌강왕은 10대 초반의 나이였을 것이므로, 헌강왕 정권의 초기는 상대등 김위홍이 중요한 역할을 맡았을 것이다.[22] 애장왕이 13세로 즉위하자 숙부인 병부령 김언승이 섭정을 하였고,[23] 어룡성 사신과 상대등을 거쳐 왕을 살해하고 왕위를 찬탈하였지만(헌덕왕 즉위), 김위홍은 어린 조카가 왕위에 오르자 병부령을 역임하고 상대등이 되어 당대를 성대로 인식할 만큼 훌륭히 국정을 운영하였다.

---

19) 咸通은 헌안왕 4년(860)에서 경문왕 13년(함통 14, 873)까지 사용된 唐 懿宗의 연호이다.
20) 李基東, 1984, 「新羅下代 王位繼承과 政治過程」『新羅骨品制社會와 花郎徒』, 일조각, 174쪽. 丁元卿은 경문왕대가 일단의 안정기를 배경으로 하여 전대의 치열한 왕위쟁탈전에서 남은 후유증을 제거하기 위한 한편, 좁은 의미의 친족집단의식에서 벗어나서 보다 확대된 친족집단의식을 확립하고 그 바탕에서 왕권강화책을 적극적으로 시도하였던 시기로 보았다(1982, 「新羅景文王代의 願塔建立」『釜山直轄市立博物館年報』 5, 62쪽).
21) 『삼국사기』 권11, 헌강왕 원년.
22) 이기동도 실제 정무는 헌강왕의 즉위와 동시에 상대등에 임명된 숙부 위홍의 보좌를 받았던 듯하다고 하였다(1984, 앞의 책, 174쪽).
23) 『삼국사기』 권10, 애장왕 원년.

헌강왕 사후 즉위한 정강왕은 재위 기간이 짧은 것도 있겠지만, 김위홍에 대한 직접적인 기록은 보이지 않는다.

(2) 공주 김만에 관한 기록

진성여왕의 이름은 曼[24) 또는 曼憲[25) · 旦[26) · 坦[27) 등으로 표기되며, 父는 경문왕, 母는 헌안왕의 첫째 딸인 寧花夫人이다.[28) 경문왕의 혼인은 860년 9월의 일이었고, 위로 헌강왕 · 정강왕으로 재위한 두 오빠가 있어, 공주 김만의 출생은 대략 865년 전후였을 것으로 추측할 수 있다.

즉위 전의 공주 김만의 행적은 단편적인 기록만 남아있다. 경문왕 8년(868)에 건립된 전남 담양의 開仙寺 석등에는

경문대왕님과 文懿皇后님, 큰 공주님(大娘)께서는 불을 밝힐 석등을 세우기를 바라셨다. 당 咸通 9년(경문왕 8, 868) 戊子해 음력 2월 저녁에 달빛을 잇게 하고자 前 國子監卿인 沙干 김중용이 油糧業租 3백 석을 날라오니 승려 靈□[29)가 석등을 건립하였다.

---

24) 『삼국사기』 권11, 진성왕 원년. 선덕왕의 이름 德曼, 진덕왕의 이름 勝曼에서 따왔을 것이라는 견해도 있다(박찬흥, 2000년 여름, 「신라에는 왜 여왕이 있었을까」 『내일을 여는 역사』 2, 10쪽).

25) 『삼국유사』 왕력 제51 眞聖女王. 김창겸은 『삼국유사』 왕력의 "名曼憲 卽定康王 之同母妹也"를 "이름은 曼이고, 憲 · 定康王의 同母妹"의 誤記인 것으로 해석하였다(2003, 『新羅 下代 王位繼承 硏究』, 景仁文化社, 70쪽).

26) 『삼국사기』 권11, 眞聖王 원년에 인용된 『崔致遠文集』 제2권, 「謝追贈表」.

27) 崔致遠 撰, 「謝嗣位表」 『東文選』 권33 ; 崔致遠 撰, 「謝恩表」 『東文選』 권33.

28) 『삼국사기』 권11, 경문왕 원년. 또는 文懿王后(『삼국사기』 권11, 헌강왕 원년), 文懿皇后(開仙寺 石燈記), 文資皇后(『삼국유사』 왕력 제49 헌강왕)라고도 한다.

29) 朝鮮總督府, 1919, 『朝鮮金石總覽 (上)』, 87쪽과 黃壽永 編, 1976, 『韓國金石遺文』, 一志社, 228쪽에는 '判'으로 판독하였으나, 현재는 결락되어 보이지 않는다.

224

라는 기록이 있다. 이때 '大娘主'는 '큰 공주님'으로 해석하고 경문왕의
딸인 공주 김만으로 추정한다.30) 이를 진성여왕이 왕위에 오르기 전에
전남 담양의 개선사 석등을 세우는데 경문왕과 함께 시주를 했다고
해석하는 것31)은 다소 과장이다. 이때 공주 김만의 나이는 많아야
3~4세 이하였을 것으로 보이기 때문이다.

그러나 공주 김만이 시주를 한 기록이 있기는 하다. 최치원이 쓴
「華嚴經社會願文」을 보면

드디어 義熙本 화엄경을 베껴 썼는데, 또 國統과 僧錄 등이 있어서
貞元의 새 경을 베껴 썼습니다. 北宮長公主가 이를 듣고 이에 청정한
재물을 희사하여 表具와 두루마리를 잘 꾸미는데 필요한 비용으로
삼으셨습니다. 아름답도다. 천륜의 義가 중하여 이미 모임을 주관하는
영예를 내리시었으며, 달 같은 여동생(月娣)의 은혜가 깊어 經을 치장할
기구들을 마련하시었습니다. (崔致遠, 「華嚴經社會願文」)32)

라고 하여 정강왕 때 김만은 죽은 오빠 헌강왕을 위한 화엄경 사경의
비용을 내고 있다. 이때 김만을 '北宮長公主'라고 표현하고 있는데, 이것

30) 이에 대해서는 鄭早苗, 1983, 「開仙寺石燈記」『朝鮮學報』107 ; 崔鉛植, 1992,
「開仙寺 石燈記」『譯註 韓國古代金石文 Ⅲ』; 이태호 · 황호균, 1995, 「潭陽郡의
불교유적 및 도요지」『潭陽郡의 문화유적 학술조사』, 전남대학교박물관 · 담
양군 ; 구문회, 2000, 「담양 開仙寺石燈記의 재검토」『실학사상연구』15 · 16합
참고. 판독 및 해석에 논란이 있으나 鄭早苗와 崔鉛植의 견해를 주로 참고하였
음. 다만 金昌謙은 字典에 의하면 大娘은 天子의 夫人을 의미한다고 하여,
이를 경문왕 3년(863)에 경문왕과 혼인한 헌안왕의 次女로 보고 있다(1994,
『新羅下代 王位繼承研究』, 성균관대학교 박사학위논문, 44쪽 ; 金昌謙, 2003,
『新羅 下代 王位繼承研究』, 景仁文化社, 63쪽).
31) 조범환, 2000, 『우리 역사의 여왕들』, 책세상, 101쪽 ; 張日圭, 2006, 「숭복사비명
과 경문왕계 왕실」『역사학보』192, 51쪽.
32) 崔英成, 1999, 『譯註 崔致遠全集2 孤雲文集』, 아세아문화사, 233쪽.

은 北宮에 거처하면서 얻은 칭호라고 생각된다. 진성여왕이 北宮에서
죽었다는 기록이 있고,³³⁾ 공주 김만이 즉위 전에 있었던 곳인 만큼
북궁은 왕경 내의 이궁으로 생각할 수 있다. 『삼국유사』에

　　大曆 2년(혜공왕. 3, 767) 7월에 北宮 뜰에 먼저 별 두 개가 떨어지고,
　　또 한 개가 떨어져 별 세 개가 모두 땅 속에 들어갔다. (『삼국유사』
　　권2, 紀異 惠恭王)

라고 했을 때 北宮이 그것일 것이다.³⁴⁾ 공주 김만이 왕궁을 떠나 다른
곳에 거처했다는 기록이 없고, 夫人이라는 칭호도 보이지 않은 것으로
보아 혼인을 하지 않았을 것으로 생각된다.³⁵⁾

---

33) "冬十二月乙巳 王薨於北宮 諡曰眞聖"(『삼국사기』 권11, 진성왕 11년). 북궁을
해인사로 해석한 견해가 있으나 따르지 않는다. 이에 대해서는 丁仲煥, 1970,
「眞聖女王陵考」『考古美術』105 참고.

34) 이 사료를 『삼국사기』 권9, 혜공왕 3년 7월조의 "별 셋이 王庭에 떨어져
서로 부딪치매 그 빛이 불과 같이 흐트러졌다"와 동일한 것으로 본다(李丙燾
譯註, 1983, 『三國史記 (上)』, 乙酉文化社, 193쪽). 『삼국유사』의 '北宮庭中'을
『삼국사기』에서는 '王庭'으로 명기한 것에 주목한다면, 해인사가 北宮海印藪라
고 불렸던 사실 등을 근거로 북궁이 해인사를 가리키는 것이라는 주장(曺偉,
『梅溪集』 권4, 書海印寺田券後 ; 李弘稙, 1971, 「羅末의 戰亂과 緇軍」『韓國古代
史의 硏究』, 新丘文化社, 553~554쪽 ; 한국불교연구원, 1975, 『海印寺』, 일지사,
104~105쪽 ; 金潤坤, 1991, 「羅代의 寺院莊舍」『考古歷史學志』 7, 264쪽)보다
는, 이를 왕궁에서 찾는 견해가 설득력이 있어 보인다(李基東, 1984, 「新羅
金入宅考」『新羅骨品制社會와 花郎徒』, 일조각, 206쪽 ; 崔源植, 1985, 「新羅
下代의 海印寺와 華嚴宗」『한국사연구』 49, 14쪽 ; 李鍾旭, 1990, 「新羅下代의
骨品制와 王京人의 住居」『新羅文化』 7, 181쪽).

35) 長公主는 임금의 누이를 지칭하는 말이라고 한다(『漢書』 권7 「昭帝紀」, "帝姊鄂
邑公主, 益湯沐邑, 爲長公主 ; 同注 師古曰, 帝之姊妹稱長公主, 帝姑稱大長公
主": 崔英成 譯註, 1999, 『崔致遠全集2 孤雲文集』, 아세아문화사, 227쪽). 반면
헌안왕의 장녀를 上公主로 칭하거나(『삼국유사』 권2, 四十八 景文大王), 최치원
찬 「봉암사 지증대사탑비」에 "咸通 5년(경문왕 4, 864) 겨울, 端儀長翁主가
未亡人이라 자칭하고 當來佛에 귀의하였다"라고 하여 경문왕의 누이를 '단의
장옹주'라고 하였는데, 이는 혼인을 했기 때문으로 볼 수 있다.

그렇다면 기존 문헌과 연구의 선입견으로 작용한 김위홍이 '眞聖王의 匹'이라는 것과 진성여왕에게 良貝라는 막내아들이 있었다는 사료에 대해 살펴보자.

A-① 第五十一眞聖女王 金氏 名曼憲 卽定康王之同母妹也 王之匹○○大角干追封惠成大王 丁未立 理十年 丁巳 遜位于小子孝恭王 十二月崩 (『삼국유사』 왕력 제51 진성여왕)

A-② 제51대 진성여왕이 임금이 된 지 몇 해 만에 乳母 鳧好夫人이 그 夫人 魏弘匹干 등 3, 4명의 寵臣들과 더불어 권력을 마음대로 해서 정사를 어지럽히자 도적들이 벌떼처럼 일어났다. (『삼국유사』 권2, 眞聖女大王 居陀知)

김위홍이 진성여왕의 匹로 기록된 것은 사료 A-①이 유일하다. 당대 금석문 자료와 『삼국사기』에서는 보이지 않고,[36] 『삼국유사』도 사료 A-②에서는 김위홍을 진성여왕의 유모인 부호부인의 남편이라고 하였다. 김위홍이 진성여왕과 부호부인 모두를 부인으로 삼을 가능성은 없어 보이기에 두 사료는 서로 모순이 된다.[37] 그런데 『삼국유사』의 왕력편은 진성여왕 전후 기사에서 몇 가지 중요한 오류를 보이고 있다.

---

36) 李培鎔은 聖住寺 碑文에 의하면 위홍이 진성여왕의 夫君이었음이 확실히 판명된다고 하였으나(1985, 「新羅下代 王位繼承과 眞聖女王」 『千寬宇先生還曆紀念 韓國史學論叢』, 正音文化社, 349쪽), 성주사 낭혜화상비에는 위홍을 '太弟相國 (原註 : 追封脅諡惠成大王)'이라 하여, 혜성대왕으로 追諡했다는 기록밖에 없다.

37) 심지어는 김위홍을 진성여왕의 정부로 보기도 하지만(全基雄, 1989, 「新羅下代末의 政治社會와 景文王家」 『釜山史學』 16, 22~23쪽 ; 金昌謙, 2003, 『新羅下代 王位繼承 研究』, 景仁文化社, 71~72쪽), 지나친 비약이다. 李基東은 그녀(부호부인)가 여왕의 최측근으로 궁중에서 봉사하고 있는데도 그녀의 남편이 여왕의 情夫로 행세했다는 것이 상식적으로 이해하기 어렵다고 하였다(2005, 「9세기 신라사 이해의 기본 과제」 『新羅文化』 26, 11쪽).

B-① 第五十 定康王 金氏, 이름은 晃, 閔哀王의 아우. 丙午년에 즉위하였
   으나 이내 崩함. (『삼국유사』 왕력 제50 정강왕)

B-② 第五十二 孝恭王 金氏, 이름은 嶢, 父는 憲康王, 母는 文資王后.
   (『삼국유사』 왕력 제52 효공왕)

B-③ 第五十三 神德王 이름은 景徽, 본명은 秀宗인데 (『삼국유사』 왕력
   제53 신덕왕)

B-①에서 정강왕이 민애왕의 아우라고 하였으나 오류이며, 헌강왕
(金晸)의 아우인 것을 잘못 기록한 것이다. B-②에서 文資王后는 효공
왕의 母가 아니라 祖母이다.[38] B-③은 흥덕왕이 이름을 秀宗에서
景徽로 바꾼 것[39]과 혼돈한 것 같다.[40] 이처럼 진성여왕대를 전후한

---

38) "제48 경문왕 김씨, 이름은 膺廉……妃는 文資皇后로 憲安王의 딸이다"(『삼국유
   사』 왕력 제48 경문왕).
39) "興德王立 諱秀宗 後改爲景徽 憲德王同母弟也"(『삼국사기』 권10, 흥덕왕 원년).
40) 그 외 『삼국유사』 왕력의 오류를 찾아보면 다음과 같은 것도 있다.
   C-① 제24대 진흥왕의 母는 只召夫人 혹은 息道夫人 朴氏이니, 牟梁里 英失角干
       의 딸이다.(『삼국유사』 왕력 제24 진흥왕)
   C-② 제25대 진지왕 母는 朴英失角干의 딸로 息途 또는 色刀夫人이라 하며,
       박씨이다.(『삼국유사』 왕력 제25 진지왕)
   여기서도 박영실 각간의 딸로 진흥왕의 母인 息道夫人 박씨와 진지왕의 母인
   息途 또는 色刀夫人 박씨 둘이 있을 가능성도 있겠지만, 진흥왕의 母는 법흥왕의
   딸로 김씨(『삼국사기』 권4, 진흥왕 원년)이기 때문에, 이것도 역시 사료의
   착각으로 보여진다.
   또한 40대 애장왕에 대해서도 "第四十 哀莊王 金氏 名重熙 一云 清明 父昭聖王
   母桂花王后 辛卯立 理十年 元和四年己丑七月十九日 王之叔父憲德 · 興德兩伊干
   所害而崩"이라고 하였는데, 辛卯年(811년)에 즉위하고, 10년의 치세 후 元和
   4년 己丑年(809)에 살해되었다고 한 것은 즉위년 간지가 잘못된 것이 분명하다.
   이를 『삼국사기』 연표나 신라본기에 따라 庚辰(800년) 立이라 하든지(濱田耕
   策, 2000, 「新羅の下代初期における王權の確立過程とその性格」『朝鮮學報』176
   · 177合, 216쪽), 己卯年(799)의 오류로 보아야 할 것이다(三品彰英 遺撰, 1975,
   『三國遺事考証 (上)』, 塙書房, 252~253쪽).
   李根直은 『삼국유사』의 왕력은 편찬자가 일정한 편찬 원칙을 정한 가운데
   기년을 조정하면서 찬술이 이루어진 것이 아니라 기왕에 소장하고 있던 자료들

시기『삼국유사』왕력에서의 중요한 오류는 진성여왕 기록에 대한 신뢰성에 의문을 갖게 한다.[41]

문헌기록에는 김위홍이 경문왕의 동모제라는 것이 밝혀져 있지 않았고, 정치적 후견인으로서의 김위홍의 지위에도 주목하지 않아 기존의 연구들은 진성여왕이 유모의 남편인 김위홍과 사통했다고 추정하였다. 그러다가 숭복사비와 낭혜화상비 등의 금석문이 부각되고 황룡사목탑 찰주본기가 발견되면서 김위홍이 경문왕의 친동생이라는 사실이 새로 알려졌다. 그러나 여왕의 남편에게 '匹'이라는 용어조차 어울리지 않은 것임에도 불구하고 기존의 연구들은 무비판적으로 받아들인 A-①의 사료를 재검토하려 하지 않았고, 오히려 이러한 선입견을 토대로 새로 발견된 금석문 사료까지도 숙부와 조카딸의 추문으로 확대 해석하였다.

조선시대 유학자 조위가 쓴『매계집』에 나오는 진성여왕과 김위홍, 부호부인에 대한 기록을 살펴보자.

右의 43폭은 경술년 봄에 學祖和尙이 懿旨를 받들어 비로전을 중창할 때 도료장 박중석이 들보 끝의 나무를 엮어 얹은 곳에서 얻었으니, 본사의 買田庄券이다. 역사를 살피건대 乾符는 다만 6년인데 이곳에선 7년을 칭하고, 廣明은 단지 1년인데 여기는 3년을 칭하고, 中和는 단지 4년인데 여기서는 5년을 칭하고, 龍紀는 단지 1년인데 여기는 3년을

을 수정 없이 종합한 후 이를 연대순으로 전재하고 있다고 하였다(1998, 「『삼국유사』왕력의 편찬성격과 시기」『한국사연구』101, 34쪽).

41) 선덕여왕의 경우도『삼국유사』왕력에는 '王之匹 飲葛文王'이라 하였으나, 『삼국유사』권1, 기이 善德王 知機三事 조에는 "왕이 崩하기 전에 여러 신하들이 왕에게 아뢰었다. '어떻게 해서 모란꽃에 향기가 없고, 개구리 우는 것으로 변이 있다는 것을 아셨습니까? 왕이 대답했다. '꽃을 그렸는데 나비가 없으매 그 향기가 없는 것을 알 수 있었다. 이것은 당나라 임금이 나의 배우자가 없는 것을 희롱한 것이다.'……"라고 하여, 선덕여왕의 배우자가 없다고 하였다.

칭하고, 景福은 단지 2년인데 여기는 3년을 칭한 것은 신라가 멀리 해외에 있어 개원반삭이 혹은 해를 넘기고 혹은 해를 거른 연후에 비로소 이르기 때문이다.[42]

그 藪라고 칭한 것은 즉 叢林을 이른 것이다. 乙巳年(헌강왕 11년, 885) 이전은 다만 北宮海印藪라고 칭하다가 庚戌年(진성왕 4년, 890) 이후에는 비로소 惠成大王願堂이라고 칭한 것은, 대개 각간 위홍이 戊申年(진성여왕 2년, 888) 2월에 죽으니 실로 眞聖女主 2년이었다. (眞聖女)主는 위홍이 사사로이 모시는 총애를 생각하여 惠成大王으로 추봉하니 즉 이에 이른 惠成이라는 것은 위홍임이 의심할 바 없고, 康和夫人이라는 것은 또한 반드시 위홍의 妻이다.

진성(여왕)은 효공왕에게 위를 전하고 12월 북궁에서 죽으니 내가 가만히 생각건대 해인사가 위홍의 원당이라. 그러므로 (진성여)주가 위를 버리고 권력을 놓은 후 오로지 사모하는 생각으로 불우지중에 몸을 맡겨 마침내 여기에서 죽으니 그 동혈지지하고자 함이 또한 분명하다. 券內의 문자와 이두가 자못 달라 해석되지 않는 바가 많다.……
(曺偉, 『梅溪集』 권4, 書海印寺田券後)[43]

이는 경술년(성종 21년, 1490) 봄에 해인사 비로전을 중창할 때 도료장 박중석이 들보 끝의 나무를 엮어 얹은 곳에서 얻은 해인사의 買田庄券을 조위가 보고 쓴 것이다.

조위의 역사인식에는 시대적 한계점이 있으며,[44] 헌강왕 11년(885)

---

42) 乾符는 唐 僖宗의 연호로 874~880년(신라 경문왕 14년에서 헌강왕 5년) 사용. 廣明은 唐 僖宗 연호로 880년(헌강왕 6년)에만 사용. 中和는 唐 僖宗의 연호로 881~884년(신라 헌강왕 7년에서 10년)에 사용.

43) 이 전권에 대해서는 今西龍, 1933, 「伽耶山海印寺の新羅時代の田券に就きて」 『新羅史硏究』, 近澤書店 ; 旗田巍, 1972, 「新羅·高麗の田券」 『朝鮮中世社會史の硏究』, 法政大學出版局 ; 李弘稙, 1971, 「羅末의 戰亂과 緇軍」 『韓國古代史의 硏究』, 新丘文化社 ; 하일식, 1997, 「해인사전권(田券)과 妙吉祥塔記」 『역사와 현실』 24의 연구가 있다.

이전에 북궁해인수라고 칭하던 해인사가 진성여왕 4년(890) 이후에 죽은 김위홍의 원당인 혜성대왕원당으로 되었다는 것을 통해 "(진성여)주가 위를 버리고 권력을 놓은 후 오로지 사모하는 생각으로 불우지중에 몸을 맡겨 마침내 여기에서 죽으니 그 동혈지지하고자 함이 또한 분명하다"라고까지 해석한 것은 역사적 상황을 인식하지 못한 지나친 비약이다.[45]

오히려 전권에 의하면 『삼국유사』의 鬼好夫人과 동일인일 것으로 추정되는 康和夫人[46]이 김위홍과 같이 언급되고 있어, 김위홍의 사후 강화부인(부호부인)이 죽은 남편 김위홍을 추념하기 위해 해인사를 그의 원당으로 하였거나, 진성여왕이 숙모 부호부인으로 하여금 김위홍의 원당을 만드는 데 도움을 주었을 가능성도 있다.[47]

---

44) 조위는 경주 무열왕릉을 읊은 시에 "옛날을 돌이켜 보면 음이 양이 되니 德曼(선덕여왕)과 勝曼(진덕여왕)은 참 임금이 아니었네"(『梅溪集』 권2, 武烈王陵)라고 하고 있다. 조위의 자형은 영남 사림파의 종주라고 할 수 있는 김종직으로, 조위 역시 영남 사림파의 역사인식과 크게 다르지 않을 것이다. 조위의 역사인식에 대해서는 李九義, 1995, 「梅溪 曺偉의 역사의식」『상주문화연구』 5 참고.

45) 이에 대해서는 崔源植, 1985, 「新羅 下代의 海印寺와 華嚴宗」『한국사연구』 49, 14쪽의 비판이 있다.

46) 하일식은 『삼국유사』 권2, 眞聖女大王 居陁知에 위홍의 처는 鬼好夫人이라는 기록에 근거하여 강화부인은 부호부인과 별개의 인물로 파악하였다(1997, 「해인사전권(田券)과 妙吉祥塔記」『역사와 현실』 24, 21~22쪽). 그러나 田券을 직접 보았던 조위가 "이에 이른 惠成이라는 것은 위홍임이 의심할바 없고, 康和夫人이라는 것은 또한 반드시 위홍의 妻이다"라고 한 것은 문맥으로 보아 신빙성이 있는 것이라 할 수 있다. 희강왕의 母 順成太后는 美道夫人, 深乃夫人, 巴利夫人(『삼국유사』 왕력 희강왕), 또는 包道夫人(『삼국사기』 권10, 희강왕 원년)의 다른 이름으로 나오는 것을 생각하면 鬼好夫人을 '康和夫人'이라고도 불렀을 가능성은 충분히 있다.

47) 진성여왕은 미망인인 자신의 고모 단의장옹주에게 특별히 왕명을 내려 秀徹和尙을 良州 深源寺에 모시도록 하였는데, 수철이 단의장옹주의 도움을 받아 실제로 실상산문을 성립시켜 갔다고 보고 있다(金杜珍, 1996, 「불교의 변화」『한국사 11』, 국사편찬위원회, 196쪽).

조위가 본 해인사 전권 43폭 중에 오류가 있지만 건부 7년(헌강왕 6, 880), 광명 3년(헌강왕 8, 882), 중화 5년(헌강왕 11, 885), 용기 3년(진성여왕 5, 891), 경복 3년(진성여왕 8, 894)의 것이 있는데, 이를 통해 해인사가 헌강왕 때 3차례, 진성여왕 때 2차례 이상의 토지를 매입했음을 알 수 있다. 885년 이전에는 북궁해인수라고 불렀다고 했으므로 북궁, 즉 공주 김만이 단월이었을 것이다. 그런데 890년 이후 해인사가 혜성대왕원당이라고 한 것은 시주의 주체가 전권에 보이는 김위홍의 부인인 강화부인으로 바뀐 것을 나타내지 않을까 한다. 그렇다면 김위홍이 죽은 후 부호부인(강화부인)이 그를 위해 원당을 건립하였고, 이는 오히려 김위홍이 진성여왕의 匹이라는 기록의 신빙성을 의심하게 하는 자료이다.

한편 진성여왕을 둘러싼 오해 중에서 아들이 있었는지에 대한 문제도 여러 논란이 있다. 진성여왕에게 아들이 있었다는 기록은 『삼국유사』 권2, 기이편의 眞聖女大王 居陁知에만 보이고 있다.

이 왕(진성여왕) 때의 阿飱 良貝는 왕의 막내아들이었다. 唐나라에 사신으로 갈 때에 후백제의 해적들이 津島에서 길을 막는다는 말을 듣고 활 쏘는 사람 50명을 뽑아 따르게 했다.

진성여왕의 父 경문왕은 헌안왕 4년(860) 9월에 헌안왕의 장녀와 혼인하였고, 공주 曼은 위로 晸·晃의 두 오빠가 있어 경문왕의 혼인 후 5년 전후 쯤에 출생했을 것으로 추정한다고 해도 865년 전후가

端儀長翁主는 경문왕 4년(864)에 賢溪山 安樂寺를 지증대사에 시납하였고, 경문왕 7년(867)에도 역시 지증대사에게 전지와 노비를 시납한 적이 있었다(崔致遠 撰, 「鳳巖寺 智證大師碑」 : 南東信, 1992, 「鳳巖寺 智證大師碑」 『譯註 韓國古代金石文 Ⅲ』, 188~189쪽).

232

출생년도가 될 것이다. 그러므로 진성여왕이 887년에 즉위할 때의 연령
은 많아도 20대 초반, 재위 10년 만에 조카에게 양위하고 이 해 12월에
죽었을 때는 30대 초반 정도였을 것이다.

그러나 사료에 의하면 이때 良貝는 배를 타고 중국으로 사신을 가는
나이였다. 진성여왕이 왕위에서 물러날 때도 30대 초반밖에 되지 않았
는데, 이 왕대에 阿飡의 관등을 가진, 『삼국유사』의 내용으로 보아서는
성년이 된 듯한 '막내아들'이 있다고 생각되지는 않는다. 이에 따른다면
아찬의 관등을 가진 막내아들 이외에도 이미 장성한 다른 아들이 존재한
것이 된다. 이것은 진성여왕이 재위 9년에 志學의 나이에도 못 미치는
헌강왕의 서자인 조카 金嶢를 태자로 삼고, 이듬해 전례가 없는 선양으
로 왕위를 물려준 사실과도 부합되지 않는다. 중국 사신으로 파견된
王子는 대개 왕족인 假王子이었으며, 정강왕 때까지 김만을 북궁장공주
라고 불렀음을 고려할 때 진성여왕이 혼인을 하였고, 여러 아들까지
있었다는 『삼국유사』의 기록은 신빙성이 떨어진다고 생각된다.[48]

2) 진성여왕의 즉위와 정국 운영

(1) 진성여왕의 즉위와 김위홍의 정국 주도

정강왕은 경문왕의 둘째 아들로 형인 헌강왕의 뒤를 이어 즉위하였으
나, 재위 기간이 1년 남짓했다.(886.7~887.7) 정강왕의 사후 후계 왕위
는 여동생 金曼에게 이어졌다.

2년 5월에 왕이 질병에 걸려 侍中 俊興에게 이르되, "내 병이 위급하여

---

48) 金昌謙, 2003, 『新羅 下代 王位繼承 硏究』, 景仁文化社, 72쪽, 198쪽 ; 崔根泳, 1996, 「후삼국기의 신라」 『한국사 11』, 국사편찬위원회, 99~100쪽에서는 이를 신빙하고 있다.

다시 일어나지 못할 것이다. 불행히 嗣子가 없으나 나의 누이 曼은
天資가 明銳하고 骨相이 丈夫와 같으니 卿 등은 善德·眞德의 古事를
依倣하여 세우는 것이 좋을 것이다" 하고 7월 5일에 돌아가니 諡를
定康이라 하고 菩提寺 동남에 장사하였다. (『삼국사기』 권11, 정강왕 2년
5월)

860년에 헌안왕은 "寡人이 불행히 아들이 없고 딸만 있으니, 우리나라
고사에 비록 善德·眞德 두 女主의 예가 있으나 이는 牝雞의 晨에 가까운
것이라 가히 본받을 일이 되지 못한다"[49]라고 하여 왕위를 사위인
김응렴에게 물려주었다. 그러나 앞의 사료에서 보듯 886년 정강왕은
헌안왕과는 반대되는 유조를 남기며, 1년 정도의 재위에도 여동생에게
왕위를 물려주려는 정강왕의 유조는 지켜졌다. 후계 왕위계승에 있어
왕의 유조가 우선되었다는 것을 알 수 있다.[50]

그렇다면 헌안왕의 유조 때에는 부정적이었던 여왕의 즉위가 26년
뒤 정강왕의 유조 때에는 가능한 이유가 무엇이었을까? 우선은 경문왕
대의 왕권강화 정책[51]과 경문왕계의 왕실을 계속 유지할 수 있는 방법으
로 파악한 견해[52]가 있다.

그리고 경문왕을 이어 즉위한 헌강왕 때 왕실과 관료들이 자신감에

49) 『삼국사기』 권11, 헌안왕 5년 정월.
50) 권영오, 2002, 「신라하대 왕위계승과 상대등」『지역과 역사』 10 참고.
51) 경문왕대 왕권강화 정책에 대해서는 李基東, 1984, 「羅末麗初 近侍機構와 文翰機
   構의 擴張」『新羅骨品制社會와 花郞徒』, 일조각, 263~264쪽 ; 丁元卿, 1982,
   「新羅景文王代의 願塔建立」『釜山直轄市立博物館年報』 5 ; 田美姬, 1989, 「新羅
   景文王·憲康王代의「能官人」登用政策과 國學」『東亞研究』 17, 57~58쪽 ; 李文
   基, 1999, 「新羅 金氏王室의 少昊金天氏 出自觀念의 標榜과 變化」『歷史敎育論集』
   23·24합, 678~679쪽 ; 金志垠, 2002, 「新羅 景文王의 王權强化政策」『慶州史學』
   21, 39쪽 참고.
52) 全基雄, 1989, 「新羅 下代末의 政治社會와 景文王家」『釜山史學』 16, 12쪽.

234

차있었던 것을 주목할 필요가 있다.

D-① 9월 9일에 왕이 左右近臣으로 더불어 月上樓에 올라 사면을 바라보
니, 서울의 民家는 즐비하게 늘어섰고 歌樂의 소리는 끊임없이
일어났다. 왕이 侍中 敏恭을 돌아보고, "내가 들으니 지금 민간에서
는 집을 기와로 덮고 짚으로 잇지 아니하며, 밥을 짓되 숯으로
하고 나무로써 하지 않는다 하니 사실입니까"라고 물었다. 敏恭이
대답하되, "신도 또한 그와 같이 들었습니다" 하고 인하여 아뢰기
를 "上이 즉위하신 이래로 陰陽이 고르고 風雨가 순조롭고 해마다
풍년이 들어 백성들은 먹을 것이 넉넉하고, 또 邊境이 安穩하고
市井이 환락하니 이는 聖德의 소치입니다" 하니, 왕이 기뻐하여
"이는 卿들의 보좌한 힘일 것이다. 내 무슨 덕이 있으랴" 하였다.
(『삼국사기』 권11, 헌강왕 6년)
D-② 제49대 헌강대왕 때에는 서울로부터 지방에 이르기까지 집과
담이 連하고 草家는 하나도 없었다. 음악과 노래소리가 길에
끊이지 않았고, 바람과 비는 사철 순조로왔다라고 하였다. (『삼국
유사』 권2, 처용랑 망해사)53)

사료 D는 어린 나이에 즉위한 헌강왕을 숙부인 상대등 김위홍이
보좌했고, 이것이 성대를 부를 만큼 성공적이었다는 것을 보여준다.
헌강왕이 사료 D-①에서 "이는 卿들의 보좌한 힘일 것이다. 내 무슨
덕이 있으랴"라고 했을 때, 그 가장 큰 공은 김위홍이었을 것이다.
이는 이로부터 7년 뒤, 헌강왕의 여동생 진성여왕이 즉위하였을 때,
진성여왕이 숙부 김위홍에게 정권을 맡길 수 있었던 까닭을 시사해

53) 『삼국유사』 권1, 又四節遊宅 조에는 "제49대 헌강대왕 때에는 성 안에 초가집은
하나도 없고, 집의 처마와 담이 이웃집과 서로 연해 있었다. 또 노래소리와
피리 부는 소리가 길거리에 가득 차서 밤낮으로 끊이지 않았다"라고 하였다.

준다.

여동생 김만에게 왕위를 물려주려는 정강왕의 유조가 내려질 무렵에
는 경문왕, 헌강왕 때의 이런 분위기의 연장선상에 있었다고 할 수
있다.[54] 오늘날 정치지도자들도 집권 초기의 국민적 기대가 정권 말기
에 바뀔 수 있듯이, 즉위 당시의 진성여왕에 대한 기대는 집권 말기의
평가와 달랐을 수도 있다.[55]

한편 진성여왕의 즉위를 헌강왕의 아들 金嶢(뒤의 효공왕)가 왕위를
계승할 수 있는 연령이 될 때까지의 과도기적인 의미에서 임시방편으로
추대한 것으로 파악한 연구도 있다.[56]

『崔致遠文集』 제2권……又 納旌節表에는 "臣의 長兄 國王 晸이 지난
光啓 3년 7월 5일에 갑자기 聖代를 버리매 臣의 姪男 嶢(효공왕)가

54) 鄭容淑은 경문왕대의 중수사실을 기록한 「皇龍寺利柱本記」에 주목하여, 선덕여
왕은 백제·고구려의 협공 속에서 국가를 수호하는 위업을 쌓았던 왕으로
평가되었을 것이며, 이러한 추모분위기가 진성여왕 즉위에 영향을 미쳤을
것이라고 하였다(1994, 「신라의 女王들」 『한국사시민강좌』 15, 일조각, 60쪽).
이종욱은 여왕은 한대에 한하여 부계성원권을 가졌기에 왕위에 오를 수 있었다
고 하였다(1990, 「新羅下代의 骨品制와 王京人의 住居」 『新羅文化』 7, 173쪽).
金昌謙은 당시 헌강왕·정강왕의 男子孫이 단절된 상황에서 숙부 魏弘에게로
왕위를 계승시키지 않으려는 궁여지책으로 여제계승이 이루어진 듯하다고
하거나(2003, 『新羅 下代 王位繼承 硏究』, 景仁文化社, 354쪽), 왕위계승 원칙상
父子계승이 불가능하면 형제계승을, 그것마저 어려우면 숙부계승함이 순서였
기에 숙부 위홍보다는 女弟 진성여왕이 먼저 유조를 받았던 것으로 봄이
옳은 듯하다고 하였다(1999, 「新羅下代 孝恭王의 卽位와 非眞骨王의 王位繼承」
『史學硏究』 58·59合, 418쪽).
55) 당시의 사회적 분위기가 여왕의 즉위를 매우 부정적으로 받아들이고 있음이
분명하며, 여왕의 즉위 사실이 농민 봉기의 기폭제가 되었다는 주장도 있으나
(신호철, 1994, 「豪族勢力의 成長과 後三國의 鼎立」 『한국고대사연구』 7, 142~
143쪽) 지나치게 결과론적 추론이다.
56) 李培鎔, 1985, 「新羅下代 王位繼承과 眞聖女王」 『千寬宇先生還曆紀念 韓國史學論
叢』, 正音文化社, 350쪽 ; 정용숙, 1994, 앞의 논문, 46쪽 ; 崔英成, 1999, 『譯註
崔致遠全集 2』, 아세아문화사, 102쪽.

출생 후 아직 돌도 되지 못하여 臣의 仲兄 晃(정강왕)이 임시로 나라를
다스리던 바 또 1년을 넘지 못하여 멀리 세상을 떠났습니다"고 하였다.
(『삼국사기』 권11, 眞聖王 원년)

그러나 진성여왕은 처음 헌강왕의 서자인 金嶢의 존재를 모르고
있었던 것 같고,[57] 과도기적이고 임시적인 재위라고 하기에 정강왕의
재위 1년과 진성여왕의 재위 10년의 기간은 너무 길다. 또한 金嶢는
서자 출신으로, 10대 초반의 어린 나이로 즉위하였다.[58] 때문에 진성여
왕 이후의 후사 문제를 해결하기 위한 의도로써 비로소 김요의 존재가
부각된 것으로 보아야 할 것이라는 견해[59]가 타당성이 있어 보인다.
　공주였을 때 김만의 정치적 활동은 기록에 보이지 않는다.[60] 진성여
왕의 오빠인 先王 정강왕은 재위 1년 만에 죽었고, 진성여왕의 즉위는
전왕의 유조에 의한 것이었다. 정강왕은 선덕 · 진덕여왕의 고사를 상기
시키면서 女弟인 진성여왕에게 왕위를 물려주었다. 비록 시기적으로
차이가 있지만 진성여왕 즉위 직후의 정국 운영은 선덕여왕대와 유사한

57) 기록에 의하면 진성여왕이 헌강왕의 서자 金嶢의 존재를 안 것은 즉위 9년(895)
　　이었다(『삼국사기』 권11, 진성왕 9년 10월).
58) 金基興은 요가 헌강왕 6년에 태어났을 가능성이 있다고 보며, 등극시 나이가
　　18세 정도였다고 추정하기도 하였다(2001, 「新羅 處容說話의 역사적 진실」
　　『역사교육』 80, 139~140쪽). 그러나 당에 보낸 「納旌節表」에 따르면 886년
　　헌강왕이 죽었을 때 돌도 되지 못했다고 하는 김요가 897년 즉위할 때는
　　12~13세였을 것이므로, 그렇다면 '年將志學'이라는 표현이 크게 어긋나지
　　않을 것으로 보인다.
59) 全基雄, 1989, 「新羅 下代末의 政治社會와 景文王家」『釜山史學』 16, 12쪽.
60) 咸通 12년(경문왕 11, 871)에 無染이 경문왕의 초빙으로 서울로 왔을 때,
　　경문왕과 왕비 · 세자 · 太弟相國인 김위홍, 여러 왕손들이 맞이하는 모습이
　　보이지만, 공주 金曼에 대한 언급은 없었다(崔致遠 撰,「聖住寺 朗慧和尙塔碑」:
　　崔鉛植, 1992, 「聖住寺 朗慧和尙塔碑」『譯註 韓國古代金石文 III』, 133~134쪽).
　　또한 공주 김만이 왕위계승자로 공인되어 동궁이나 월지궁에 거처했다는
　　기록도 보이지 않는다.

IV. 하대 말기 신라의 붕괴와 진성여왕 237

점이 있다.[61]

E-① (善德王) 원년 2월에 大臣 乙祭로써 國政을 總理케 하였다.

E-② 2년 정월에 왕이 친히 神宮을 제사하고 죄인을 大赦하고 諸州郡의 1년 租稅를 면제하여 주었다.

E-③ 5년 3월에 왕이 편치 못하여 醫藥과 祈禱도 효력이 없었다. 皇龍寺에 百高座를 베풀어 僧을 모아 놓고 仁王經을 강독케 하였고, 100인쯤 僧되는 것을 許하였다. (『삼국사기』 권5, 善德王)

F-① (眞聖王 원년) 죄인을 大赦하고 諸州郡의 1년간 조세를 면제하고 皇龍寺에 百座를 베풀고 왕이 親行하여 설법을 들었다.

F-② 왕이 평소에 角干 魏弘과 通하더니, 이때에 이르러는 항상 入內하여 用事케 하였다.……

F-③ (2년)3월 왕이 병환으로 편치 못하매, 囚徒를 寬省하여 殊死 이하의 죄인을 赦하고 60인의 度僧을 허하였더니 왕의 병이 나았다. (『삼국사기』 권11, 眞聖王)

특히 E-②와 F-①의 1년간 諸州郡의 조세 면제는 선덕여왕·성덕왕[62] ·진성여왕 때에만 시행된 매우 예외적인 조치였다.[63] 또한 황룡사에 百高座를 베풀거나 병이 들어 度僧을 許한 것도 유사한 점이 있다. 그리고 E-①에서 선덕여왕 때 大臣 乙祭가 국정을 總理했다면 F-②처럼

---

61) 정용숙도 진성여왕의 통치가 선덕여왕과 유사한 점이 많다고 지적하고 이는 선덕여왕의 통치를 모범으로 삼고자 하는 뜻이 그 같은 모습으로 나타나게 되었을 것으로 보았다(1994, 「신라의 女王들」『한국사시민강좌』 15, 일조각, 56쪽).

62) 『삼국사기』 권8, 성덕왕 원년.

63) 효소왕 때 국선 夫禮郎이 狄賊에 잡혀갔다가 玄琴과 神笛을 가지고 돌아온 일로 백성들의 租를 3년간 면제해 주었다는 기록도 있으나(『삼국유사』 권3, 塔像 栢栗寺), 다소 설화적인 내용이다.

진성여왕 때는 김위홍이 이 역할을 맡았다고 할 수 있다. 그러나 선덕여왕, 진덕여왕이 노령으로 즉위한[64] 반면 진성여왕은 20대 초반에 즉위한 점이 차이가 있다.

하대에 왕위에 오를 정당한 계승자가 없을 경우에 상대등은 왕위를 계승할 제1후보자로 간주되고 있었다고 하거나,[65] 하대 상대등을 '능히 실력으로 (왕위)후계자가 될 수 있는 존재'였다는 주장[66]에 따른다면 김위홍은 경문왕의 同母弟이자 헌강왕 · 정강왕 · 진성여왕의 숙부로서, 상재상 · 상대등 · 병부령을 역임한 현실적인 정치적 지위나 군사력에서 왕위계승을 주장하거나 찬탈할 수도 있었다. 그러나 김위홍은 진성여왕 즉위 초의 정국 운영에 적극 협조하고 있어, 상대등과 왕위계승에 관한 기존의 견해에 새로운 검토가 요구된다.[67]

흥덕왕 사후 일어난 왕위계승 분쟁은 신무왕의 즉위로 종식되었지만, 재위 6개월 만에 신무왕이 죽고, 그 아들 문성왕으로 이어진 왕위는 父子계승이 되지 못하고 왕의 숙부(김의정=헌안왕), 왕의 사위(김응렴=경문왕)로 계승되었다. 경문왕 사후 왕위는 헌강 · 정강 · 진성여왕 3대가 모두 경문왕의 자녀로 이어지는, 신라 역사상 유례가 없는 연속적인 형제상속이 있었다. 때문에 즉위 후 진성여왕이 우선적으로 해야 했던 일은 여왕 즉위의 정당성을 강조하고 그 불만세력을 포섭하는 일이었을 것이고, 김위홍은 이러한 정책들을 시행하였다.

---

64) 즉위 시 선덕여왕의 연령은 50세를 넘겼을 것으로 본다(정용숙, 1994, 앞의 논문, 63쪽 ; 조범환, 2000, 『우리 역사의 여왕들』, 책세상, 16쪽).

65) 李培鎔, 1985, 「新羅下代 王位繼承과 眞聖女王」『千寬宇先生還曆紀念 韓國史學論叢』, 正音文化社, 347쪽.

66) 李基白, 1974, 『新羅政治社會史研究』, 일조각, 120쪽.

67) 이에 대해서는 권영오, 2002, 「新羅下代 왕위계승과 上大等」『지역과 역사』 10과 권영오, 2003, 「신라 中古 · 中代期 상대등과 왕위계승」『역사와 경계』 47 참고.

진성여왕은 죄인을 大赦하고 조세를 면제하여 민심을 수습하고, 황룡
사에 친행하여 불교를 통한 사상적 안정을 구하였다. 그리고『삼대목』
편찬을 통해 진성여왕 즉위의 정당성을 홍보하려 하였다.[68]

  G-① 왕이 평소에 角干 魏弘과 通하더니, 이때에 이르러는 항상 入內하
      여 用事케하고 이내 그에게 명하여 大矩和尙과 함께 鄕歌를 修集케
      하여 三代目이라 이름하였다. (『삼국사기』 권11, 眞聖王 2년 2월)
  G-② 國仙 邀元郞 · 譽昕郞 · 桂元 · 叔宗郞 등이 金蘭을 유람하는데 은근
      히 君主를 위해서 나라를 다스리려는 뜻이 있었다. 이에 노래
      세 수를 짓고 다시 心弼 舍知를 시켜서 針卷을 주어 大矩和尙에
      보내어 노래 세 수를 짓게 하니 첫째는 玄琴抱曲이요, 둘째는
      大道曲, 셋째는 問群曲이었다. 들어가 왕에게 아뢰니 왕이 크게
      기뻐하고 칭찬하고 상을 주었다. 노래는 알 수가 없다. (『삼국유사』
      권2, 四十八 景文大王)

『삼대목』편찬을 위해 실제 향가를 수집, 정리했을 대구화상은 사료
G-②를 보면 鄕歌를 잘 짓고 花郞과 관련이 있는 것으로 나온다.[69]
임금과 나라를 위해 노래를 지어 바쳤더니 경문왕이 크게 기뻐하며
상을 주었다는 기록에서 볼 때 왕실에 비판적이었다기 보다는 우호적인
성격으로 보인다. 진성여왕의 왕위계승에 대해 최치원은

 68) 全基雄, 1989,「新羅 下代末의 政治社會와 景文王家」『釜山史學』16, 34쪽 ; 全基
     雄, 1994,「新羅下代의 花郞勢力」『新羅文化』10 · 11합, 125쪽 ; 조범환, 2000,
     『우리 역사의 여왕들』, 책세상, 59쪽 및 105쪽 ; 金志垠, 2002,「新羅 景文王의
     王權强化政策」『慶州史學』21, 53쪽.
 69) 전기웅은 대구화상을 승려낭도로 파악하고, 위홍 등 당시 정치세력과 깊은
     관련을 맺고 있었던 인물로 보았다(全基雄, 1994, 위의 논문, 118쪽). 또한
     사료 G-②의 일을 경문왕 즉위 초기로 파악하였는데(全基雄, 1989, 위의 논문,
     9쪽), 그렇다면 이것도 경문왕 즉위의 정당성을 홍보하기 위한 의도가 있었다
     고 볼 수 있다.

뒤미처 정강대왕께서 즉위하시니, (헌강대왕께서) 남기신 숫돌을 통해 공을 이루시며, 부시던 簾에 韻律을 맞추셨다. 이미 왕위를 이어시어 왕업을 지키시며, 장차 남은 사업을 이루시려고 편안한 날이 없으셨고, 이미 이룩한 그 문물이 잃음이 없었다. 그러나 멀리 해 같은 형님(日弟兄)을 좇으시다가 갑자기 서산에 지는 그림자를 만나시니, 높이 달 같은 누이(月妹姉)에 의지하여 길이 동해에 솟을 빛을 전하시었다.

엎드려 생각하건대, 대왕전하(진성여왕)께서는 아름다운 꽃받침이 꽃과 이은 듯하고, 왕가의 계통이 매우 밝으며, 빼어난 坤德을 체득하고, 아름다운 천륜을 계승하시었다. 진실로 이른바 '神珠를 품고 채석을 불린 것'으로서, 이지러진 데는 모두 기우고 좋은 일이라면 닦지 않음이 없으셨다. 그러므로 『寶雨經』에서 金言으로 분명히 수기한 것이라든지, 『大雲經』에 나오는 옥같은 귀글이 완연히 부합된 것과 같음을 얻게 되셨던 것이다. (최치원 찬, 「신라국 초월산 대숭복사비 비명 및 병서」)[70]

고 하였다. 물론 이것은 진성여왕의 즉위에 대한 수사적 표현이다. 하지만 『삼대목』도 '왕명'으로 수집 간행된 향가집이기 때문에 이와 같은 내용과 표현에서 어긋나지 않을 것이다.

그렇다면 『삼대목』은 경문왕의 세 자손, 즉 장자 정(헌강왕)과 차자 황(정강왕)에 이어 공주 만(진성여왕)이 연속적으로 즉위하는 것을 찬양하고 이를 정당화하려는 의도에서 편찬되었을 것이다.[71] 김위홍은 『삼대목』 편찬을 통해 경문왕의 세 자손, 즉 헌강왕 · 정강왕 · 진성여왕 3대의 즉위를 정당화하려 한 것이다.

그리고 김위홍의 정국 주도는 왕의 숙부로서, 상재상 · 상대등과 병부령 등을 역임한 정치적 경력으로, 앞의 선덕여왕 · 진덕여왕의 예를 볼 때도 당연한 것이었다.

---

70) 崔英成, 1998, 『譯註 崔致遠全集 1』, 아세아문화사, 249~251쪽.
71) 權英五, 2007, 「新羅史 時期區分과 『三代目』」『한국고대사연구』 45, 181~184쪽.

H-① 혜공왕이 즉위하니 휘는 乾運, 경덕왕의 嫡子이다. 母는 김씨
만월부인이니 서불한 義忠의 딸이다. 왕의 즉위 시 나이 8세이므로
太后가 섭정하였다. (『삼국사기』 권9, 혜공왕 원년)

H-② 이 해에 진평이 죽었는데, 아들이 없어서 그의 딸 선덕을 세워
왕으로 삼았다. 종실의 대신인 을제가 국정을 총괄하여 맡아보았
다. (『구당서』 권199, 동이열전 신라)[72]

H-③ 애장왕이 즉위하니 휘는 淸明, 소성왕의 태자요, 母는 김씨 桂花夫
人이다. 즉위 시의 나이가 13세이어서 아찬 병부령 언승이 섭정하
였다. (『삼국사기』 권10, 애장왕 원년)

국왕이 어린 나이에 즉위하였을 때 태후나 숙부가 섭정하였고, 여왕
인 선덕여왕의 즉위 때는 종실의 대신 을제가 국정을 총괄하였다. 그렇
다면 김위홍은 '종실의 대신'으로서, '왕의 숙부'로서 국정을 총괄하거
나 섭정의 역할을 하였을 것으로 보인다. 그러므로 "왕이 평소에 角干
魏弘과 通하더니(王素與角干魏弘通), 이때에 이르러는 항상 入內하여
用事케" 했다는 것은 진성여왕이 평소에 숙부인 김위홍을 믿고 의지했
으며, 즉위 후에도 오빠인 헌강·정강왕 때처럼 훌륭한 업적을 보인
김위홍에게 정국 운영을 믿고 맡겼다는 것이지, 이를 남녀간의 정분으
로 해석하는 것[73]은 지나친 비약이다. 굳이 추문으로 파악하자면,
김위홍의 사후 "(진성여왕이) 2, 3인의 소년 美丈夫들을 불러들여 淫亂
하여 이내 그들에게 요직을 주고 國政을 맡기기까지 하였다"라고 하는
부분이지 김위홍은 아니었다.

정강왕은 유조에서 선덕여왕·진덕여왕의 고사를 들었는데, 이것은

72) 『삼국사기』에는 '大臣 乙祭로써 國政을 總理케 하였다'고 표현했다(권5, 善德王
元年 2월).
73) 李弘稙, 1971, 『韓國古代史의 硏究』, 新丘文化社, 554쪽 ; 김갑동, 2000, 『태조
왕건』, 일빛, 49쪽.

242

최초의 여왕으로 즉위한 선덕여왕과 선덕여왕의 종제로서 연이어 즉위한 진덕여왕의 사례를 들어 여왕으로 즉위할 자신의 여동생 김만이 왕위계승자로 적합함을 언급한 것이다. 선덕여왕대 자장이 중국의 太和池에서 만난 神人은 황룡사 9층탑을 세울 것을 권하며 말하기를 "지금 그대 나라는 여자를 임금으로 삼았으므로 덕은 있어도 위엄이 없소. 그 때문에 이웃나라가 침략을 도모하니 그대는 빨리 본국으로 돌아가야 하오"74)라고 하였다.

왕실의 권위를 강조하기 위해 선덕여왕은 황룡사 9층탑을 건립하였으며,75) 진성여왕대에도 왕의 황룡사 親行이 있었다. 경문왕대 황룡사 구층탑의 보수를 계기로 황룡사는 경문왕과 그의 직계 후손들에 의해 중시되었다.76)

I-① 경문왕 6년 춘정월 15일 황룡사에 親幸하여 看燈하였다. (『삼국사기』 권11)

I-② 헌강왕 2년 춘2월 황룡사에서 僧衆을 齋하고 百高座를 베풀고 경을 강설하니, 왕이 親幸하여 들었다. (『삼국사기』 권11)

I-③ 정강왕 2년 춘정월 황룡사에 百高座를 베푸니, 왕이 親幸하여 청강하였다. (『삼국사기』 권11)

I-④ 진성왕 원년 황룡사에 百座를 베풀고 왕이 親幸하여 설법을 들었다. (『삼국사기』 권11)

I-⑤ 진성왕 4년 춘정월 15일 황룡사에 친행하여 看燈하였다. (『삼국사기』 권11)

---

74) 『삼국유사』 권3, 탑상 皇龍寺九層塔.
75) 김상현, 1999, 「황룡사 구층탑의 건립」 『신라의 사상과 문화』, 일지사, 194쪽. 이기백은 선덕여왕 때 황룡사 9층탑을 세운 이유를 대외적으로 국력의 신장을 꾀함과 아울러 대내적으로 왕권의 강화를 도모하는데 있었다고 보았다(1986, 「皇龍寺와 그 創建」 『新羅思想史硏究』, 일조각, 72쪽).
76) 김상현, 1999, 『신라의 사상과 문화』, 일지사, 205쪽.

I-⑥ 제55 경애왕이 즉위하여 同光 2년 甲辰 2월 19일에 황룡사에 百座를 설하고 경을 설하였다. 겸하여 禪僧 300명에게 음식을 먹이고 대왕이 친히 行香을 하고 불공을 드리니 이것이 百座通說禪敎한 시초이다. (『삼국유사』 권2, 景哀王)

황룡사는 중대 말부터 서서히 부각되기 시작하여 하대에 이르러 이전에 가졌던 국찰로서의 기능을 회복한 것으로 추정된다.[77] 낙뢰에 의해 기울어진 황룡사 9층탑을 경문왕은 11년(871) 정월에 개축하도록 명하였다. 경문왕 당시의 황룡사 9층탑의 중수는 廢舊造新한 전면적인 개축이었고, 국가적인 대역사였다.[78] 그리고 이 공사의 책임자는 김위홍이었다.

신라에서 거행된 百座講會와 看燈에 관한 기록 대부분이 하대에 집중되어 있으며, 그 장소는 황룡사였다.[79] 문헌기록에 의하면 하대 155년 동안 왕이 황룡사에 친행한 것은 사료 I의 것이 전부이다. 특히 경문왕과 그의 자녀들인 헌강왕·정강왕·진성여왕은 즉위 초 빠짐없이 황룡사에 친행하였다. 진성여왕이 즉위한 후 황룡사에 친행하였던 것은 황룡사 9층탑의 조성 책임자인 김위홍이 『삼대목』을 편찬하려 한 것과 같은 의도로써 경문왕가의 혈연과 정국 운영의 계승을 표방한 것이라고 볼 수 있다.[80]

77) 蔡尙植, 2001, 「新羅史에 있어서 皇龍寺의 위상과 그 추이」 『황룡사의 종합적 고찰』(신라문화제 학술논문집22), 동국대학교 신라문화연구소, 200~201쪽 ; 金志垠, 2002, 「新羅 景文王의 王權强化政策」 『慶州史學』 21, 36쪽.
78) 김상현, 1999, 『신라의 사상과 문화』, 일지사, 201~202쪽.
79) 이기백, 1986, 『신라사상사연구』, 일조각, 52~57쪽.
80) 또한 헌강·정강·진성여왕 3대에 걸쳐 澄曉大師 折中을 지원했는데, 흥녕사 징효대사 보인탑비에 의하면 "마침내 禪關을 크게 열고 大敎를 천양하여 末世에 있어 마군을 소탕하고, 三朝에 걸쳐 王道를 扶護하여 風竊와 같이 숙연한 위엄을 떨쳤다"라고 하였다(李智冠, 1994, 「寧越 興寧寺 澄曉大師 寶印塔

(2) 김위홍 사후 진성여왕대 정국

진성여왕 2년(888) 2월 김위홍은 진성여왕 즉위 8개월 만에 40초반의 나이로 죽고 惠成大王으로 追諡되었다. 하대의 대왕 추봉 사례를 살펴보면 王父와 왕비의 父,[81] 義父,[82] 김유신까지[83] 대왕으로 추봉되었다. 때문에 불확실한 기록을 근거로 김위홍이 '진성여왕의 匹'이기 때문에 惠成大王으로 추봉되었다는 견해는 재고의 여지가 있다.[84]

> J-① 제51대 진성여왕이 임금이 된지 몇 해 만에 乳母 鳧好夫人이 그 夫人 魏弘匹干 등 3, 4명의 寵臣들과 더불어 권력을 마음대로 해서 정사를 어지럽히자 도적들이 벌떼처럼 일어났다.
>
> J-② 國人이 근심하여 이에 陀羅尼의 은어를 지어 써서 길 위에 던졌다. 왕과 권세를 잡은 신하들은 이것을 얻어 보고 말했다. "이 글은 王居仁이 아니고서야 지을 사람이 있겠는가?"하고 居仁을 옥에 가두었다.……
>
> J-③ 또 陀羅尼 은어는 이러했다. "南無亡國 利尼那帝 判尼判尼蘇判尼 于于三阿干 鳧伊沙婆訶." 해석하는 사람은 이렇게 말하였다. 利尼那帝란 여왕을 가리키는 것이요, 判尼判尼蘇判尼는 두 蘇判을 말한

碑文『校勘 譯註 歷代高僧碑文 高麗篇1』, 伽山文庫). '三朝에 걸쳐 王道를 扶護하여(扶王道於三朝)'라는 표현을 이지관은 정강·진성·효공왕대의 三朝라고 이해했으나(이지관, 위의 글, 299쪽), 비문의 내용 중 징효대사 생전의 일은 헌강·정강·진성여왕대에 집중되어 있어, 이들 세 왕의 재위를 가리키는 것으로 봐야 할 것이다.

81) 53대 神德王妃 貞花夫人의 父 順弘角干 追諡成虎大王(『삼국유사』 왕력), 54대 景明王妃 長沙宅의 父 大尊角干 追封聖僖大王(『삼국유사』 왕력).

82) 53대 神德王의 義父 銳謙角干 追封宣成大王(『삼국유사』 왕력).

83) 김유신을 興武大王으로 추봉한 것은『삼국사기』 권43, 열전 김유신 下에서는 흥덕왕 때로,『삼국유사』 권1, 기이 김유신에서는 景明王 때로 기록하였다.

84) 全基雄도 김위홍의 惠成大王의 추봉은 여왕의 匹로서의 자격 때문만은 아닐 것으로 보았다(1989, 「新羅 下代末의 政治社會와 景文王家」『釜山史學』 16, 23쪽).

것이다. 蘇判은 관작의 이름이요, 于于三阿干은 3, 4명의 총신을 말한 것이요, 鳧伊는 鳧好를 말한 것이다."(『삼국유사』권2, 眞聖女大王居陀知)

K-① (2년 2월) 少(沙?)梁里의 돌이 自行하였다. 왕이 평소에 角干 魏弘과 通하더니, 이때에 이르러는 항상 入內하여 用事케하고 이내 그에게 명하여 大矩和尙과 함께 鄕歌를 修集케하여 三代目이라 이름하였다.

K-② 魏弘이 죽자 惠成大王으로 追諡했다.

K-③ (왕은) 이후에 비밀히 2·3인의 소년 美丈夫들을 불러들여 淫亂하여 이내 그들에게 요직을 주고 國政을 맡기기까지 하였다. 이로 인하여 佞倖이 방자하여지고 貨賂가 공공연히 행하고 상벌이 공평치 못하고 기강이 문란하여지매, 때에 누가 時政을 비방하는 문자를 나열하여 大路上에 게시한 일이 있었다.

K-④ 왕은 사람을 시켜 수색케 하였으나 잡지 못하였다. 어떤 자가 왕에게 고하기를 이는 반드시 失志한 문인의 소위일 것인즉, 아마 대야주의 隱者 巨仁이 아닐까 하였다. 왕은 이에 명하여 거인을 서울 옥에 잡아가두고……

K-⑤ 3월 초하루 戊戌에 일식이 있었다. 왕이 병으로 편치 못하여 囚徒를 寬省하여 殊死 이하의 죄인을 赦하고 60인의 度僧을 허하였더니 왕의 병이 나았다.

K-⑥ 5월에 가뭄이 있었다.

K-⑦ 3년에 국내 諸州郡에서 貢賦를 바치지 아니하여 國庫가 허갈하고 용도가 궁핍하매, 왕이 사자를 보내어 이를 독촉하니 이로 인하여 도처에서 도적이 벌떼와 같이 일어났다. (『삼국사기』권11, 眞聖王)

사료 K-③, K-④는 진성여왕 2년 2월 김위홍의 죽음과 같이 일어난 사건들이 아니라 상당 기간 지난 일들을 김위홍과 관련지어 함께 기록한 것으로 보인다. 사료 K-③에서 "(진성여왕은 위홍이 죽고 난) 이후에(此後)"라고 하였듯이, 다른 사건들은 888년 2월 김위홍의 사후에 일어난 일이었다. 그리고 김위홍의 사후 진성여왕이 미장부 2, 3인을 불러들여 국정을 맡겼다면, 이에 대한 폐해와 비판은 일정 기간이 지나야 일어날 수 있는 일이다. 또한 진성여왕이 즉위한 후 諸州郡의 1년간 조세를 면제했다는 것은 진성여왕 즉위 직전의 국가 경제가 아직까지 나쁘지 않았음을 보여준다.

진성여왕대의 정국 혼란은 김위홍의 사후에, 구체적으로 진성여왕 3년 무렵부터 일어났다고 할 수 있다. 진성여왕 9년(乾寧 2, 895) 최치원이 찬한 「海印寺妙吉祥塔記」에 의하면, "당 19대 황제 昭宗이 중흥을 이룰 때 兵凶의 두 재앙이 서쪽(중국)에서는 멈추고 동쪽(신라)에 왔다"고 하여, 당의 소종 재위기(888~904)에 신라에서 병화가 시작되었다고 하였다.[85] 또한 僧訓이 지은 「五臺山寺吉祥塔詞」에도 "기유년(진성여왕 3, 889)에서 을묘년(진성여왕 9, 895)까지 7년간에 천지가 온통 난리로 어지러워 들판이 전쟁터가 되니 사람들은 방향을 잃고 행동이 짐승과 같았다"[86]라고 하여, 기유년부터 세상이 혼탁하고 어지러워졌다고 하고 있다.

진성여왕 3년 이후 신라가 갑자기 혼란에 빠져 들어간 것은 몇 가지 악재가 겹쳐 일어났을 가능성이 있다. 다음 사료를 살펴보자.

L-① 唐 昭宗 景福 원년은 신라 진성왕 재위 6년인데, 총애받는 신하(嬖竪)들이 (왕의) 곁에 있어 국정을 농간하니 기강이 문란하고 해이해졌다. 기근이 더하여 백성들이 流移하고 도적들이 벌떼같이

85) 「海印寺妙吉祥塔記」에 대해서는 李弘稙, 1971, 『韓國古代史의 硏究』, 新丘文化社, 545~548쪽과 550~551쪽 참고.
86) 鄭炳三, 1992, 「五臺山寺吉祥塔詞」 『譯註 韓國古代金石文 III』, 343쪽.

일어났다. 이에 (甄)萱은 은근히 반심을 품고 무리를 모아 서울
서남쪽 州縣들을 진격하니, 가는 곳마다 호응하여 무리가 한달
사이에 5천인에 이르렀다. 드디어 武珍州를 습격하여 스스로 왕이
되었지만 감히 공공연히 왕을 일컫지 않고 自署하여 新羅西面都
統……食邑五千戶라고 하였다. (『삼국사기』 권50, 열전 견훤)

L-② 唐 昭宗 景福 원년은 신라 진성왕 재위 6년인데, 이때 총애받는
신하(嬖堅)들이 왕의 곁에 있어 국정을 농간하니 기강이 문란하고
해이해졌다. 기근이 더하여 백성들이 流移하고 도적들이 벌떼처
럼 일어났다. 이에 견훤은 몰래 배반할 마음을 품고 무리를 모아
서울 서남쪽 주현을 쳤다. 이르는 곳마다 호응하여 한달 사이에
무리가 5천에 이르렀다. 드디어 武珍州를 습격하여 스스로 왕이
되었으나, 그래도 감히 공공연히 왕이라 일컫지는 못하고 自署하
여 新羅西面都統行全州刺史兼御史中丞上柱國漢南郡開國公이라 했
으니, 龍化(紀?) 원년 己酉였다. 혹은 景福 원년 壬子라고도 한다.
(『삼국유사』 권2, 後百濟 甄萱)

사료 L에 의하면 김위홍의 사후 왕의 총애를 받는 신하들이 왕의
곁에서 정권을 농간하여 기강이 문란하고 해이해졌으며, 기근이 더하여
백성들이 流移하였다. 이에 조세를 독촉한 것은 사태를 더욱 악화시켜
도적이 봉기하게 되었다.[87]

사료를 참고하여 사건을 시간 순으로 재구성해보자. 진성여왕 2년
2월에 김위홍이 죽고(사료 K-②), 3월에 진성여왕은 병이 들었으며(사료

---

[87] 사료 L-①, L-②의 사실도 진성여왕 6년(892)에 모두 일어난 사건이 아니라
889년 이후부터 진행된 사건들을 묶어서 서술한 것이다. 사료 L-②에서 이
일이 용기 원년 기유(진성여왕 3, 889) 혹은 경복 원년 임자(진성여왕 6,
892)라고 한 것에서도 알 수 있다. 李喜寬은 889년은 견훤이 반기를 든 해이고,
892년은 그가 왕이 된 해, 즉 사실상 후백제를 건국한 해라고 판단하였다(2000,
「견훤의 후백제 건국과정상의 몇 가지 문제」『후백제와 견훤』, 서경문화사,
46~47쪽).

K-⑤), 5월부터 기근이 들어 백성들이 流移하였다.(사료 K-⑥, L-①, L-②)
진성여왕 3년에는 공부를 바치지 못해 국고가 비자 이를 독촉하였고,
이로 인하여 도적들이 벌떼처럼 일어났다.(사료 J-①과 사료 K-⑦) 그리
고 국인이 이를 근심하여 시정을 비판하는 다라니가 대로상에 게시되었
고 왕거인 사건이 일어났다.(사료 J-②와 사료 K-③, K-④)[88] 때문에
사료 J와 K-③, K-④는 이러한 일련의 사건들을 김위홍과 관련지어
서술했던 것이지 같은 시기에 있었던 것은 아니었다.[89]

당시 정국을 비난하는 다라니에 "南無亡國 刹尼那帝 判尼判尼蘇判尼
于于三阿干 鳧伊沙婆訶"라고 하였다. 이를 해석하면 "刹尼那帝란 여왕을
가리키는 것이요, 判尼判尼蘇判尼는 두 蘇判을 말한 것이다. 蘇判은
관작의 이름이요, 于于三阿干은 3, 4명의 총신을 말한 것이요, 鳧伊는
鳧好를 말한 것이다"라고 하였다.

이는 당시 정국 혼란의 주범으로 여왕과 두 소판, 3·4명의 총신과
부호부인을 비난한 것이다. 다라니에 부호부인의 이름은 있고 김위홍이

---

88) 왕거인 사건에 대해서는 全基雄, 1994, 「新羅末期 政治·社會의 動搖와 六頭品知
識人」『한국고대사연구』7 참고. 이기동은 진성여왕 2년(888) 김위홍의 사후
왕거인 사건이 있었고, 진성여왕 3년(889) 諸州郡으로부터 공부가 들어오지
않자 국고가 허갈해졌으며, 이에 여왕이 사자를 보내어 공부를 독촉하니
도적이 봉기하였다고 파악하였다(1984, 『新羅骨品制社會와 花郎徒』, 일조각,
177쪽).
신호철은 J-①~③까지의 모든 사건들이 진성여왕 즉위 다음 해 1년 동안
일어났던 기록이며, 이는 여왕의 즉위에 대한 민심의 반발을 의미한 것에
다름 아니며 결국은 전국적인 농민봉기로 폭발되었다고 보았다(1994, 「豪族勢
力의 成長과 後三國의 鼎立」『한국고대사연구』7, 142~143쪽).
89) 『삼국사기』진성왕 6년에도 "진성왕 6년 完山州賊 견훤이 완산주에 웅거하여
스스로 후백제라 칭했는데 武州의 동남쪽 군현이 항복했다"(권11, 진성왕
6년)라고 하여, 견훤의 반란으로부터 후백제의 건국에 이르기까지의 사건이
모두 같은 해에 일어난 것으로 서술되어 있지만, 이것은 10여 년에 걸치는
오랜 기간에 이루어진 것으로 보고 있다(申虎澈, 1996, 「후백제」『한국사
11』, 국사편찬위원회, 109쪽).

없는 것은 이미 죽은 후였기 때문일 것이며, 두 소판은 잘 알 수 없으나, 3명의 아간은 김위홍의 사후 진성여왕이 불러들인 2, 3의 소년 미장부로, 이를 화랑으로 해석하는 견해도 있다.[90]

그리고 사료 J에서 김위홍의 사후 정국의 주도 인물로 김위홍의 부인인 부호부인이 비난받은 것을 주목할 필요가 있다. 이것은 김위홍이 진성여왕 정권 초기에 정국을 주도했으며, 그의 사후에는 부호부인이 진성여왕대의 정국 운영에 깊이 간여한 것으로 볼 수 있다.

부호부인을 진성여왕의 유모라고 표현한 것은 그녀가 실제적인 모후의 역할을 하였음을 암시한다. 신라에서 왕이 어려서 즉위했을 때 왕태후가 섭정한 예(진흥왕, 혜공왕)로 볼 때 가능한 일이다. 병약했던 진성여왕[91]은 즉위 9년인 895년에 조카인 金嶢를 알기 전까지 숙부인 김위홍과 숙모인 부호부인이 가장 가까운 친척이었다. 최치원이 대작한 진성여왕의 「讓位表」에 "오랫동안 병란에 시달린 데다가 병마저 많고 보니, 제가 하고 싶은 대로 추진할 것을 깊이 생각하였으나, 자기와 가까운 사람을 친애하는 것을 피하기 어려웠습니다"[92]라고 하여, 전쟁

---

90) 李培鎔, 1985, 「新羅下代 王位繼承과 眞聖女王」『千寬宇先生還曆紀念 韓國史學論叢』, 正音文化社, 357~358쪽 ; 全基雄, 1989, 「新羅 下代末의 政治社會와 景文王家」『釜山史學』16, 30쪽 ; 全基雄, 1994, 「新羅末期 政治·社會의 動搖와 六頭品 知識人」『한국고대사연구』7, 97쪽.
　　하대 화랑의 국정 참여 예로 화랑 응렴이 낭도의 우두머리인 흥륜사승 範敎師의 도움으로 왕위에 오르거나, 국선 邀元郎 등이 왕을 위해 노래를 지어 바친 것(『삼국유사』권2, 四十八 景文大王), 진성여왕 때 화랑 孝宗의 무리들이 사회활동에 참여한 것(『삼국사기』권48 열전 효녀 지은) 등이 있다(全基雄, 1989, 앞의 논문, 30쪽).
91) "왕이 병으로 편치 못하여 囚徒를 寬省하여 殊死 이하의 죄인을 赦하고 60인의 度僧을 허하였더니 왕의 병이 나았다"(『삼국사기』권11, 眞聖王 2년 3월)라고 하거나, "臣(효공왕)이 생각하건대, 고모 坦은 사사로움이 적고 욕심이 많지 않으며, 병치레가 많은 몸에 한가함을 사랑하였습니다"(崔致遠 撰, 「謝嗣位表」『東文選』권33 : 崔英成, 1999, 앞의 책, 116쪽)라고 한 것을 보면, 진성여왕이 병약했던 것을 짐작할 수 있다.

과 병마에 시달린 진성여왕이 자신의 뜻을 펴기 보다는 가까운 친척에게
의지했음을 알 수 있다.

진성여왕은 초기에는 숙부인 김위홍에게 정국 운영을 맡겼으며, 김위
홍의 사후에는 숙모인 부호부인에게 의지하였다.

> 3년에 국내 諸州郡에서 貢賦를 바치지 아니하여 국고가 허갈하고
> 용도가 궁핍하매, 왕이 사자를 보내어 이를 독촉하니 이로 인하여
> 도처에 도적이 벌떼와 같이 일어났다. 이때 元宗 · 哀奴 등은 사벌주에
> 거하여 반기를 들었다. 왕이 나마 令奇로 하여금 이를 捕捉케 할 새,
> 영기는 賊壘를 바라보고 두려워 진공치 못하고, 촌주 祐連이 애써
> 싸우다 전사하였다. (『삼국사기』 권11, 진성왕 3년)

위 사료는 진성여왕 3년 이후 신라가 국가재정의 고갈과 농민봉기로
지방 통제 능력을 상실하기 시작했음을 보여준다. 왕거인 사건을 유발
시킨 다라니에 '나무망국 찰니나제'의 찰니나제를 여왕을 가리키는
것으로 해석한다면, 이는 당시 여론이 국왕을 비난하는 데까지 악화되
었음을 알 수 있다.

본절의 내용을 요약하면 다음과 같다. 신라는 진성여왕의 재위 동안
기근과 조세 독촉에 반발하여 농민들의 봉기가 일어나고 지방세력에
대한 통제 능력을 상실하면서 쇠퇴기에 들어서게 되었다. 진성여왕은
실패한 정책으로 인한 국정 최고 책임자로서의 정치적, 역사적 평가로
부터 벗어날 수는 없을 것이다. 그러나 그것이 여왕에 대한 유교적
포폄이나 심지어는 도덕적 비난으로까지 이어진 것은 전근대 시대의

---

92) 최영성, 1999, 『譯註 崔致遠全集2 孤雲文集』, 아세아문화사, 102쪽에서 인용.

여성에 대한 편견으로 인한 것이다.

이러한 부정적 평가가 최근까지도 이어진 것은『삼국유사』왕력에 있는 김위홍이 진성여왕의 匹이라는 기록에 의거하고 있다. 그러나 진성여왕 대를 전후한『삼국유사』왕력의 명백한 오류나, 아찬 良貝가 진성여왕의 막내아들이라는 기록이 신빙성이 없다고 볼 때, 이에 대한 엄밀한 사료 검증이 우선적으로 요구된다. 김위홍과 진성여왕의 관계에 대해서도 도덕적 선악이나 시비의 관점을 벗어나 당시의 정치적 배경을 바탕으로 실증적으로 천착할 필요가 있다.

김위홍은 형인 경문왕이 즉위한 이후부터 상재상과 병부령으로서 경문왕대 왕권강화 정책과 개혁 정책에 적극 참여하였으며, 특히 어린 조카 헌강왕의 재위 때에는 상대등으로서 당대를 성대로 자찬할 만큼 훌륭히 국정을 이끌었다. 상대등을 '왕위에 오를 정당한 계승자가 없을 경우에 왕위를 계승할 제1후보자로 간주되고 있었다'라는 견해나 '능히 실력으로 후계자가 될 수 있는 존재였다'는 주장과는 달리, 김위홍은 질녀인 진성여왕의 즉위를 정당화하기 위해『삼대목』을 편찬하고 즉위 초의 정국을 주도하였다. 그러나 진성여왕 즉위 8개월 만에 김위홍이 죽고난 후, 부호부인이 주도하는 정국 운영은 국왕까지도 비난할 만큼 신라의 전통적 권위는 붕괴되었고 정국은 혼란에 빠지게 되었다.

하대 왕실 가족에 의한 정치권력의 독점과, 진성여왕대에 이르면 서자인 조카 김요에게 전례 없는 선양을 해야 할 만큼 경문왕 직계 자손들이 거의 남아 있지 않은 상황에서, 병약한 진성여왕이 정치적으로 혈연적으로 믿고 의지할 사람은 숙부인 김위홍이었고, 그의 사후에는 숙모인 부호부인이었다.

진성여왕대 초기의 정치사를 올바르게 이해하기 위해서는 김위홍의 정치적 업적과 왕실 내의 지위를 당시 정치 사회상과 관련하여 파악해야 하며, 이를 남녀간의 추문으로 해석하거나, 더 나아가 신라 멸망의 원인으로까지 연결한 견해는 재고되어야 마땅할 것이다.

2. 진성여왕대 농민봉기와 신라의 붕괴

『삼국사기』에 의하면 "신라가 말년에 쇠미하여지매(新羅衰季) 정치가 어지럽고 백성들이 흩어지며, 王畿 밖의 주현으로서 叛附가 서로 반반씩이 되었고, 원근에 여러 도적들이 벌떼 같이 일어나고 개미처럼 모이듯 하였다"고 하여,[93] 신라가 국정 운영 능력을 상실하고 王畿를 중심으로 한 지역만을 겨우 유지하고 있는 모습이 보인다. 이 시기는 신라가 하나의 지역 정권으로 몰락하고 후백제와 후고구려가 자립하는 후삼국시대라고 할 수 있다.[94]

본절에서는 진성여왕 3년의 농민봉기로부터 신라가 고려에 항복할 때까지를 신라의 말년으로 보고, 신라 체제 붕괴의 단초를 살펴보고자 한다. 『삼국사기』에서 지적한 신라 멸망의 원인은 불교의 폐해였으며,[95] 조선시대 『동국통감』[96]이나 『동사강목』[97]에서는 진성여왕의 失德을 언급하고 있다. 그러나 어느 것이나 고려 건국의 당위성을 강조하고 유교적 사관이 강하게 개재되어 있다. 오늘날 한국사학계에서는 신라 체제 붕괴의 직접적인 원인으로 진성여왕 3년(889)의 농민봉기를

---

93) 『삼국사기』 권50, 열전 궁예.
94) 한국사에서도 후삼국시대를 '羅末麗初'라는 애매하고 몰역사적 용어를 사용하기보다는 '後三國史'라는 용어를 통해 앞으로 하나의 '독립된 시기'로 인식·사용할 것을 제안한 주장도 있다(신호철, 2000, 「후백제 견훤 왕의 역사적 평가와 그 의미」 『후백제와 견훤』, 서경문화사, 16쪽).
95) 『삼국사기』 권12, 신라본기 경순왕 말미의 사론.
96) 『東國通鑑』 권11, 정강왕 2년 사론.
97) 『東史綱目』 제5상, 정강왕 2년 사론.

드는 것이 일반적이다.

진성여왕 3년에 시작하여 신라를 붕괴시킨 농민봉기는 신라 사회가 안고 있는 구조적 모순의 누적이 근본 원인이겠지만, 농민봉기의 단서를 제공한 직접적인 원인과 진행과정, 그리고 그 속에서 항쟁의 성격이 질적으로 변해가는 모습들을 미시적으로 밝힌 연구는 드물었고,[98] 호족 세력의 성장 배경으로 간략하게 언급하거나 왕조 교체에 얽매인 결과론적 접근이 많았다. 신라 왕조체제의 붕괴를 가져오기 위해서는 당시 기층민들의 대다수가 신라의 지배 질서를 부정하고, 새로운 사회 체제를 선택할 수 있게 조직화된 정치적 대안 세력이 형성되어야 한다. 이때 백성들의 체제 불만이 현실적으로 감당할 수 없을 정도로 악화되어 분출되게 한 계기도 있어야 한다. 이러한 사회변동기적 상황에서 후삼국시대를 열어간 세력들이 농민봉기에 어떻게 대응하였으며, 또한 이들을 자신들의 세력으로 포섭해 나가는 과정도 주목해야 할 과제이다.

본절에서는 진성여왕 3년부터의 농민봉기를 하대 사회의 중요한 전환기로 인식하여 그 이전의 것과 차별화하여 파악하고, 신라의 멸망에 대한 직접적인 원인과 장기적인 원인 중 전자에 초점을 맞추어 신라 사회가 붕괴하는 모습을 살펴보고자 한다. 필자도 신라 사회체제가 붕괴된 근본 원인은 경제적 모순의 누적과 골품제 사회의 불만이라는 데 동의하고 있다. 본절에서는 이러한 인식의 전제하에서도 진성여왕 3년 이후 피상적이고 잠재된 모순의 자각이 폭발하고 새로운 사회로의 건설에 나아가게 한 동력으로 당시의 농민봉기의 전개과정과 그 성격의 변화에 대해 정치사적으로 보다 세밀한 고찰을 해볼까 한다.

---

98) '남한에서는 9세기의 농민항쟁에 대한 연구가 거의 없었다고 해도 과언이 아니다'라는 평가가 나오는 것도 이것을 잘 반영하고 있다(오종록, 1990, 「봉건사회의 농민항쟁(1)」 『북한의 한국사인식Ⅰ』, 한길사, 228쪽).

1) 진성여왕대 농민봉기의 시작

진성여왕 3년의 농민반란은 곧바로 전국적인 규모로 확대되어 후삼
국시대라는 내란기를 연출하는 발단이 되었고, 한편 신라는 이를 수습
하지 못한 채 마침내 경순왕 9년 그 한 반란국가인 고려에 자진 항복하고
말았다고 한다.[99] 한편으로는 신라의 쇠퇴시기를 진성여왕대보다도
훨씬 소급하여 하대의 시작에서부터 언급하기도 한다.[100] 그러나 이는
하대를 신라의 멸망과 직결시켜 이 시기를 지나치게 부정적으로 보려는
인식에서 비롯된 것이다. 신라는 진성여왕 3년(889)의 농민봉기로부터
46년이나 더 지나 935년에 항복하였고, 이때로부터 신라 체제 붕괴의
시작으로 파악해도 충분한 시간이다.

오히려 헌강왕 때 신라는 초가도 없고 노래가 끊이지 않는 매우
풍요롭고 안정된 모습으로 표현되고 있었다.[101] 흥녕사 징효대사탑비
문에 근거하여 정강왕이 즉위하는 해(886)부터 농민봉기가 시작되었다
고 보는 견해도 있으나,[102] 흥녕사 징효대사비문의 이 부분은 연대와
내용에 착란이 보이고 있어 받아들이기 어렵다.[103]

---

99) 李基東, 1981,「新羅 衰亡史觀의 槪要」『韓㳓劤博士停年紀念 史學論叢』, 지식산업
  사 : 1997,『新羅社會史研究』, 일조각, 113쪽.
100) 李丙燾, 1948,『朝鮮史大觀』, 同志社, 141쪽 ; 旗田巍, 1951,『朝鮮史』, 岩波書店,
  59쪽 ; 李基白, 1961,『國史新論』, 泰成社, 118쪽 ; 崔柄憲, 1976,「新羅 下代社會
  의 動搖」『한국사 3』, 국사편찬위원회, 437쪽 ; 金哲埈, 1990,「신라 귀족세력의
  기반」『한국고대사회연구』, 서울대학교출판부, 325쪽 ; 李基東, 1997,「新羅
  興德王代의 政治와 社會」『新羅社會史研究』, 일조각, 138쪽.
101) 권영오, 2007,「신라하대 정치변동 연구」, 부산대학교 박사학위논문, 91~94쪽
  참고.
102) 추만호, 1992,『나말려초 선종사상사 연구』, 이론과 실천, 159쪽 ; 전덕재,
  2006,『한국고대사회경제사』, 태학사, 388쪽.
103) 이에 대해서는 권영오, 앞의 논문, 95~96쪽 참고. 趙仁成은 헌덕왕대 전반기로
  부터 흥덕왕대를 전후한 시기에 불만농민들의 의식에 반란의 씨앗이 뿌려지게
  되었다고 할 수 있지 않았을까 한다고 하면서도, 그렇다고 하여 그것이 곧

그렇다면 신라 왕조의 붕괴가 시작된 것은 언제부터라고 할 수 있을까? 海印寺妙吉祥塔에서 발견된 두 개의 탑지에는 이에 대한 구체적인 연대가 언급되어 있다.

A-① 당나라 19대왕 昭宗이 中興을 이룰 때에 전쟁과 흉년의 두 재앙이 서쪽에서 멈추어 동쪽에 와서, 나쁜 중에 더욱 나쁜 것이 없는 곳이 없었고 굶어 죽고 싸우다 죽은 시체가 들판에 즐비하였다. ……（최치원 撰,「海印寺 妙吉祥塔記」)[104]

A-② 기유년에서 을묘년까지 7년간에 천지가 온통 난리로 어지러워 들판이 전쟁터가 되니, 사람들은 방향을 잃고 행동이 짐승과 같았다.……（沙門 僧訓 撰,「五臺山寺吉祥塔詞」)[105]

진성여왕 9년(乾寧 2, 895) 최치원이 찬한「海印寺妙吉祥塔記」에 의하면, 당의 소종이 재위(888~904)할 때 전쟁과 흉년의 두 재앙이 신라에 왔다고 하고 있다.[106] 또한 僧訓이 지은「五臺山寺吉祥塔詞」에는 구체적으로 기유년(진성여왕 3, 889)부터 재앙과 혼란이 시작되었다고 하고 있다. 그리고 최치원은 당대 혼란의 원인을 전쟁[兵]과 흉년[凶]에서 찾고 있는데, 이 둘은 서로 인과관계가 된다.

지증대사비에 의하면 "대사가 입적한 지 수년이 되었을 때, 산에 사는 백성으로 들도적이 된 자가 있어 처음에는 감히 법문에 맞섰으나

농민반란을 유발한 것은 아니었다고 하였다(1994,「新羅末 農民反亂의 背景에 대한 一試論」『한국고대사연구』7, 31쪽).

104)鄭炳三, 1992,「海印寺 妙吉祥塔記」『譯註 韓國古代金石文 Ⅲ』, 가락국사적개발 연구원, 342쪽.

105)鄭炳三, 1992,「五臺山寺 吉祥塔詞」『譯註 韓國古代金石文 Ⅲ』, 가락국사적개발 연구원, 343쪽.

106)「海印寺妙吉祥塔記」에 대해서는 李弘稙, 1971,「羅末의 戰亂과 緇軍」『韓國古代 史의 硏究』, 新丘文化社, 545~547쪽, 550쪽 참고.

256

끝내 감화하게 되었다"고 하였는데,[107] 지증 도헌은 헌강왕 8년(882)
에 입적하였으므로, 수년 후라면 진성여왕 3년(889) 이후의 농민봉기
시기와 대체로 일치한다. 또한 법륜에 맞섰다고 하는 사람들을 '산에
사는 사람으로 들도적이 된 자(山呿爲野寇)'라고 하였는데, 이는 산에
사는 백성들이 흉년이 들어 토지로부터 이탈되고 도적이 된 것으로
역시 최치원이 지은 사료 A-①의 兵과 凶의 두 재앙이라는 표현과
유사하다.

　한편 신라 말기의 농민봉기와 관련하여 다음과 같은 표현도 주목된
다.

　　42년 경인에 견훤은 古昌郡을 치려고 하여, 군사를 이끌고 石山에서
　　진을 쳤다. 태조는 백보 가량 서로 떨어져서 고을 북쪽 甁山에 진을
　　쳤다. 여러 번 싸워서 견훤이 패했으므로 侍郞 金渥을 잡았다. (『삼국유
　　사』 권2, 紀異 後百濟甄萱)

　고려와 후백제 사이 고창군 전투가 있었던 경인년은 서기 930년으로
신라 경순왕 4년, 고려 태조 13년, 후백제 견훤 39년에 해당한다. 중국은
後唐 明宗 長興 원년, 遼 太宗 天顯 5년이다. 때문에 대부분의 연구자들은
이를 진성여왕 3년(889) 농민봉기가 일어난 해로부터 계산하여 42년인
경인년(930)으로 보고 있다.[108] 이것은 후세 사람들도 진성여왕 3년의

107) 崔致遠 撰,「鳳巖寺 智證大師碑」: 南東信, 1992,「鳳巖寺 智證大師碑」『譯註
　　韓國古代金石文 Ⅲ』, 206쪽.
108) 李載浩 譯, 1969,『三國遺事』, 光文出版社, 272쪽 ; 李丙燾 譯, 1975(修正版),
　　『三國遺事』, 廣曺出版社, 275쪽 ; 三品彰英 遺撰, 1979,『三國遺事考証 (中)』,
　　塙書房, 279쪽 ; 이민수, 1994,『삼국유사』, 을유문화사, 200쪽 ; 김원중, 2002,
　　『삼국유사』, 을유문화사, 221쪽. 다만 리상호는 이를 '견훤 39년'의 오기로
　　보고 있다(리상호, 1960,『삼국유사』, 과학원출판사, 244쪽).

농민봉기를 중요하게 인식하고 있었다는 예가 될 것이다.

당시의 정국상황을 이해하기 위해서는 집권층 내부의 국정 운영 능력과 정치적 구도, 외부의 국제적인 환경 등이 고려되어야 할 것이다. 진성여왕 즉위 직후의 신라 정국은 그리 나쁜 편이 아니었다. 오히려 헌강왕대 번영하는 모습[109]의 연장선상에서 諸州郡의 조세 면제라는 예외적인 조치가 취해졌는데,[110] 이는 그만큼 정국 운영의 자신감을 반영하는 것이라 하겠다. 또한 대외관계도 안정되어 신라는 별다른 이민족의 군사적 위협을 느끼지 못하고 있었다. 백제나 고구려가 신라 와 당의 공격으로 무너졌고, 고려는 몽고·홍건적과 왜구라는 외환이 있었고, 조선도 일본의 강제 병합으로 나라를 잃었지만, 신라는 외침이 아니라 내란이 주된 원인이 되어 멸망에 이른 것이다.

진성여왕의 「양위표」에 의하면 "愚臣이 계승하여 職을 지킴에 미쳐 모든 환란이 한꺼번에 밀어 닥치어, 처음에는 黑水가 경계를 침범하여" 라고 하여, 흑수의 침입이 보인다. 흑수의 침입은 헌강왕 12년(886)에도 있었다.

　　北鎭에서 아뢰기를 "狄國人이 鎭에 들어와 나무 조각을 나무에 걸어 놓고 돌아갔습니다. 이를 입수하여 바칩니다"라고 하였다. 그 나무에는 15자가 씌어 있었는데 "寶露國과 黑水國人이 함께 신라를 향해 和通하고 자 한다"는 것이었다. (『삼국사기』 권11, 헌강왕 12년 봄)

李成市는 이를 발해가 쇠퇴하자 신라 국경 부근에 말갈 여러 부족들이

---

109) 이에 대해서는 권영오, 2007, 「신라하대 정치변동 연구」, 부산대학교 박사학위 논문, 91~94쪽 참고.
110) 죄인을 大赦하고 諸州郡의 1년간 조세를 면제하고 皇龍寺에 百座를 베풀고 왕이 親幸하여 설법을 들었다(『삼국사기』 권11, 眞聖王 원년).

출몰하여 교역을 요구한 사실로 해석하였다.111) 필자는 진성여왕 즉위 초의 흑수 침입은 교역과는 다소 다른 성격이나, 기본적으로 발해의 말갈 통제 정책이 이완되면서 일어난 소규모 충돌 사건으로 생각하며, 그 후 다른 기록이 나타나지 않고 있어 이것이 국가적인 위기로까지 진행된 것은 아니라고 보고 있다.

이러한 정치에서의 안정과 자신감이 여왕 즉위의 배경이 되었을 것이다. 진성여왕대 대규모 농민봉기의 원인으로 여왕의 즉위에 대한 민심의 반발이 커다란 요인으로 작용했을 것이라고 지적하는 연구도 있으나112) 지나친 결과론적 해석이다. 오히려 왕권이 비교적 안정되었다고 여겨지는 경문왕에서 정강왕대까지도 5차례의 반란사건이 『삼국사기』에 기록되어 있으나,113) 진성여왕 재위 11년 동안 중앙에서의 모반사건은 한 차례도 일어나지 않았다.

그러나 진성여왕 2년 김위홍의 사후 정치적 안정은 크게 흔들리기 시작했다. 우선 여왕은 병약했고, 이에 몇 안 되는 가까운 총신에게 의지하고자 했다.114) 진성여왕의 숙모이자 김위홍의 부인인 부호부인이 몇몇의 총신들과 정국을 이끌어 갔으나, 농민들의 봉기가 일어나고

---

111) 李成市, 1997, 『東アジアの王權と交易』, 靑木書店 : 김창석 옮김, 1999, 『동아시아의 왕권과 교역』, 청년사, 164쪽.

112) 신호철, 1994, 「豪族勢力의 成長과 後三國의 鼎立」『한국고대사연구』 7, 142~143쪽 ; 李在云, 2001, 「고운의 생애와 정치활동」『신라 최고의 사상가 최치원 탐구』, 주류성, 32쪽.

113) 경문왕 6년(866)의 이찬 允興 · 叔興 · 季興 형제의 모반사건, 경문왕 8년(868) 이찬 金銳 · 金鉉 등의 謀叛伏誅, 경문왕 14년(874)의 이찬 近宗의 모반사건, 헌강왕 5년(880)의 일길찬 信弘의 모반, 정강왕 2년(887)의 漢州 이찬 金蕘의 모반사건이 있었다.

114) "오랫동안 병란에 시달린데다가 병마저 많고 보니, 제가 하고 싶은 대로 추진할 것을 깊이 생각하였으나, 자기와 가까운 사람을 친애하는 것을 피하기 어려웠습니다"(최치원이 대작한 진성왕의 「讓位表」: 崔英成, 1999, 『譯註 崔致遠全集2 孤雲文集』, 아세아문화사, 102쪽).

정국은 급속히 혼란에 빠졌다.

　B-① 唐 昭宗 景福 원년은 신라 진성왕 재위 6년이다. 이때 왕의 총애를
　　　받는 신하가 곁에 있어 국정을 농간하니 기강이 문란하고 해이해
　　　졌다. 기근이 더하여 백성들이 流移하고 도적들이 벌떼같이 일어
　　　났다. 이에 甄萱은 은근히 반심을 품고 무리를 모아 서울 서남쪽
　　　州縣들을 진격하니, 가는 곳마다 호응하여 무리가 한 달 사이에
　　　5천 인에 이르렀다. (『삼국유사』 권2, 후백제 견훤)
　B-② 제51대 진성여왕이 임금이 된 지 몇 해 만에 乳母 鳧好夫人이
　　　그 夫인 魏弘匝干 등 3, 4명의 寵臣들과 더불어 권력을 마음대로
　　　해서 정사를 어지럽히자 도적들이 벌떼처럼 일어났다. (『삼국유사』
　　　권2, 眞聖女大王 居陀知)

　사료 B에 의하면 진성여왕과 부호부인, 그리고 왕의 총신으로 표현되
는 집권자들의 국정 운영의 실패가 당시 정국을 혼란으로 몰아가는
주요 원인으로 제시되고 있다. 그러나 진성여왕 3년 농민봉기는 앞의
정치적 실정과 더불어 기근이 주요 원인이 되었을 가능성이 크다.115)
　자연재해로 인한 농민들의 봉기는 전근대 사회에서 가끔 볼 수 있는
사건이었다. 전근대의 농민들은 제반 사회경제적 모순으로 자신들의
기본적인 삶조차 영위할 수 없게 되면 호구지책을 찾아 나서게 된다.
그 첫 단계는 유망이고, 모순이 해결되지 않으면 다음 단계로 유망하는
자들은 생존을 위해 자연발생적으로 모여서 도적화되며, 더 나아가면
다음 단계에서는 보다 조직적으로 명분과 조건을 내걸고 지배질서에

---

115) 『삼국사기』 권50, 열전 견훤 조에도 "唐 昭宗 景福 원년은 신라 진성왕 재위
　　 6년인데, 총애받는 신하(嬖竪)들이 (왕의) 곁에 있어 국정을 농간하니 기강이
　　 문란하고 해이해졌다. 기근이 더하여 백성들이 流移하고 도적들이 벌떼같이
　　 일어났다"고 하였다.

260

대항하게 된다.116)

홍덕왕 때 모량리에 사는 손순은 아내와 함께 남의 집에 품을 팔아 곡식을 얻어서 늙은 어머니를 봉양하였는데, 어린아이가 늘 어머니의 음식을 빼앗아 먹자 아이를 매장할 것을 결심할 만큼117) 당시의 농민들은 평소에도 생존을 위한 필요생산물조차 위협받고 있었다. 잉여생산물의 축적이 어려운 소농 이하 계층은 자연재해 앞에 쉽게 자신의 생존기반을 위협 당하였으며, 열악한 농민들의 유리는 국가의 구휼정책에 의해 해소되기도 하고, 몰락한 전호나 자영소농민들은 귀족이나 사원의 대토지에 투탁하거나 노비로 전락하기도 하였다.

C① 분황사의 동쪽 마을에 어떤 여인이 있었는데 나이가 20세 됨직했습니다. 눈먼 어머니를 껴안고 서로 목놓아 슬피 울고 있었으므로 같은 마을 사람들에게 그 이유를 물었더니 이렇게 말했습니다. "이 여자의 집은 가난해서 음식을 빌어서 어머니를 봉양한 지가 몇 해나 되었는데, 마침 흉년을 만나 걸식으로는 살아갈 수 없었으므로 남의 집에 품팔이로 팔리어 곡식 30석을 얻어서 주인집에 맡겨 놓고 복역했습니다. 날이 저물면 쌀을 싸가지고 집으로 와서 밥을 지었고 어머니와 함께 잤으며 새벽이면 주인집에 가서 복역했습니다.……"(『삼국유사』 권5, 貧女養母)
C② 재상의 집에는 녹이 끊이지 않으며 奴童이 3천 명이나 되고 갑병과 소, 말, 돼지도 많이 있다. 가축은 바다 가운데의 산에 방목하였다가 필요시에 활을 쏘아 잡는다. 곡식을 남에게 빌려주어서 늘이며, 상환하는 양이 차지 않으면 노비로 삼아 일을 시킨다. (『新唐書』 권220, 열전145 東夷 新羅)118)

116) 金基德, 1995, 「농민항쟁의 전개와 성격」, 한국역사연구회 엮음, 『한국역사입문2』, 풀빛, 227쪽.
117) 『삼국유사』 권5, 孫順埋兒.

C-①을 보면 집이 가난하지만 몇 년이나 구걸하여 눈먼 어머니를 봉양할 수 있었던 貧女가 진성여왕대 흉년으로 노비로 전락한 것을 알 수 있으며,[119] C-②는 고리대에 의한 채무노비의 모습을 보여주고 있는데, 기근에 처한 농민의 경우는 절박한 생존의 위험에서 더욱 쉽게 중앙과 지방 세력가들의 노비가 되었을 것이다.

『삼국사기』를 보면 진성여왕대의 자연재해는 연이어 일어나고 있었다. 즉위년 겨울에는 눈이 오지 않았는데,[120] 이는 이듬해의 질병이나 기근으로 이어지기도 한다.[121] 진성여왕 2년 2월에 사량리의 돌이 自行하였다는 기록이 나온다.[122] 헌덕왕 8년(816)에도 흉년과 기근에 이어 돌이 움직인 사례가 있었는데,[123] 이것을 김헌창의 난을 암시하는 것으로 생각할 수도 있겠지만, 김헌창의 난은 헌덕왕 14년 3월에 발발하여 시간적인 간격이 너무 떨어져 있다. 그렇다면 진성여왕 2년 2월의 '石自行'은 흉년과 기근에 대한 재이를 암시한다고 볼 수 있으며,[124] 실제로 5월에 가뭄이 있었다.[125]

---

118) 이 기록은 大曆 연간(766~799) 사신으로 신라에 온 顧愔의 것으로 보고 있다(今西龍, 1933, 『新羅史硏究』, 近澤書店, 198쪽).

119) 이에 대해서는 전기웅, 2005, 「眞聖女王代의 花郎 孝宗과 孝女知恩 說話」『한국민족문화』 25, 부산대학교 한국민족문화연구소 참고.

120) 『삼국사기』 권11, 진성왕 원년.

121) "7월에 큰물이 나고 겨울에 눈이 오지 아니하고 국인이 많이 역질에 걸리었다"(『삼국사기』 권11, 경문왕 10년).

122) "(2년 2월) 少(沙?)梁里의 돌이 自行하였다"(『삼국사기』 권11, 진성왕 2년).

123) "시중 憲昌이 (지방으로) 나아가 菁州都督이 되고, 璋如가 대신 시중이 되었다. (이 해) 흉년과 기근으로 唐의 浙東에 건너가 먹을 것을 구한 자가 170인이었다. 漢山州 唐恩縣에서 길이 10척, 너비 8척, 높이 3척 5촌의 大石이 저절로 움직이어 백여 보를 옮겨갔다"(『삼국사기』 권10, 헌덕왕 8년 정월).

124) 李熙德은 이를 중국의 『新唐書』 五行2의 '金不從革'의 재이에 해당하는 것으로 보고, 진성여왕 때의 石自行을 견훤에 의한 후백제 건국과 관련지어 해석하였으나(1999, 『韓國古代 自然觀과 王道政治』, 혜안, 253~256쪽). 이어지는 기록이나 시간적으로 볼 때 잘 연결되지는 않는다.

진성여왕 3년에는 공부를 바치지 않아 사자를 보내 독촉하니 도적들
이 봉기하였다.[126] 이것은 전근대 사회에서 다수 볼 수 있었던 자연재해
에 의한 몰락 농민들의 생존적 차원의 봉기라고 할 수 있다. 소규모의
조직을 이루어 장기적이고 일상적인 활동을 하는 도적 집단인 초적
은[127] 생활난에 쫓긴 농민 측에서 일으킨 하나의 경제적인 자위운동이
라고 할 수 있다.[128] 정부에서 보면 도적이지만 그 대부분은 생명을
유지하려고 한 기민의 봉기일 것이다.[129]

백성들이 흉년과 기근에는 구휼이나 조세를 감면해 주었던 전례[130]
와는 달리 '사자를 보내어' 조세납부를 독촉하는 국가의 정책에 대해
반기를 든 것은 당연하였을 것이다.[131] 그렇다면 국가는 왜 이런 조치들

125) 『삼국사기』 권11, 진성왕 2년.
126) 『삼국사기』 권11, 진성왕 3년.
127) 전덕재, 2006, 『한국고대사회경제사』, 태학사, 384쪽.
128) 윤선태, 1995년 여름, 「신라 귀족의 족병」 『역사비평』 29, 역사문제연구소, 287쪽.
129) 濱田耕策, 1999, 「新羅王權と海上勢力一特に張保皐の淸海鎭と海賊に關聯して」, 唐代史硏究會 編, 『東アジア史に國家と地域』, 刀水書房 : 2002, 『新羅國史の硏究』, 吉川弘文館, 277쪽.
130) 『삼국사기』에서 원성왕대 이후 국가에서 구휼이나 조세 감면을 해준 사례를 찾아보면 원성왕 2년 9월, 원성왕 5년 정월, 원성왕 6년 5월, 원성왕 12년 봄, 헌덕왕 6년 5월, 헌덕왕 9년 10월, 헌안왕 3년 봄, 경문왕 7년 10월, 경문왕 13년 봄이 있다.
131) 이인철은 이때 주군의 관리들이 조세를 착복하고는 중앙정부가 다시 내라고 한다고 농민에게 독촉하여, 이에 농민들이 일어나 조세납부를 거부하면서 정부에 반기를 들었던 것이라 여겨진다고 하였다(1992, 「8·9세기 신라의 지배체제」 『한국고대사연구』 6, 151쪽). 북한 학계는 왕경으로 통하는 주요 길목에서 농민군들이 조세와 공물 등을 빼앗는 투쟁을 힘차게 벌이고 있어 운반할 수 없었던데 보다 중요한 원인이 있었다고 하였다(사회과학원력사연구소, 1991(개정판), 『발해 및 후기 신라사』, 과학백과사전출판사 : 백산자료원, 1997(재발행), 『발해 및 후기 신라사』, 277쪽). 그러나 이때 농민봉기의 주원인은 주군관리들의 중간 포흠보다는 흉년으로 인한 기근과 그럼에도 불구하고 국가가 조세를 독촉하는데 대한 농민들의 불만이 폭발했다고 할

을 취할 수밖에 없었을까? 집권층 내부의 무능과 더불어 진성여왕 즉위년에 諸州郡의 1년간 조세를 면제시켜 준 것을 주목할 필요가 있다. 이 유례가 드문 조세 감면 조치는 여왕 즉위에 대한 민심을 수습하는데 매우 도움이 되었을 것이지만,[132] 국가의 재정은 거의 고갈되었을 것이다.[133]

그런데 그 이듬해 나라 전체에 흉년이 들었다. 재생산 기반이 취약한 농민들로서는 전해의 조세 면제에도 불구하고 흉년과 기근으로 공부를 바칠 수가 없었다. 諸州郡의 조세 면제는 진성여왕 2년 흉년이 들었을 때 실시해야 할 조치였으나, 진성여왕 즉위년에 시행함으로써 국가로 하여금 흉년에 대한 대책을 내놓기 어렵게 하였다. 2년 동안이나 조세를 제대로 거둘 수 없었던 조정은 '국고가 허갈하고 용도가 궁핍하여' 조세를 독촉할 수밖에 없었던 것이다.[134]

자연재해로 인한 농민봉기는 전근대 사회에서 다수 발생하는 것이었지만, 체제를 위협할 정도까지 진행되는 것은 드물었다. 초적은 기아 상태에서 벗어나는 것이 1차적 목표였기 때문에 국가기관이나 사원을 직접 공격 목표로 하지는 않았다. 세력이 약했을 뿐 아니라, 봉기한 농민들이 자신들을 기아 상태로 몰아넣은 것이 자연재해뿐 아니라

수 있다.

132) 諸州郡의 조세 면제는 선덕여왕 · 성덕왕 · 진성여왕의 즉위에만 시행된 매우 예외적인 조치였다. 진성여왕의 것도 흉년이 들어 백성들의 절박한 상황을 구휼하기 위한 것이라기보다는 진성여왕 즉위의 홍보를 위한 정치적인 조치였을 가능성이 크다.

133) 정강왕 원년에 國西지방에 한발이 있어 年事가 나빴다는 기록이 있다(『삼국사기』 권11, 정강왕 원년 8월). 그러나 이것으로 諸州郡의 1년간 조세를 면해주었다고 연결시키기는 어렵다.

134) 최치원이 대작한 진성여왕의 「讓位表」(『東文選』 권43)에서도 "모든 帑廩은 한결같이 비어있고, 나루로 통하는 길은 사방으로 막혀 있는데, 떼배는 8월이 되어도 오지 아니하고, 갈 길은 오히려 九天보다도 멀기만 하여, 진작 梯山航海하여 천자께 아뢰지 못하였습니다"라고 하고 있다.

264

국가 수취체제의 모순에 있다는 것을 자각할 수 있을 때 국가기관을
공격하였다.[135] 실제로 진성여왕 3년 이전의 농민봉기가 조직적으로
사찰이나 국가기관을 약탈했다는 기록은 보이지 않는다. 그래서 자연재
해가 극복된 후에는 헌강왕 6년의 모습처럼 신라사회는 곧 안정을
되찾았다.[136]

그러나 집권자들이 진성여왕 3년 이후의 농민봉기에는 효율적으로
대처할 수 없었다. 기근이 장기화되고 신라 수취체제의 모순들이 노출
되면서, 진성여왕을 중심으로 한 집권층의 대책은 속수무책이 되어갔
다.

2) 진성여왕대 농민봉기의 전개 과정

농민봉기의 원인이 제거되지 못한 상태에서 흉년의 장기화로 항쟁은
지속화되었고, 이것은 농민항쟁의 지향점을 질적으로 변화시켰다. 그
리고 흉년으로 인한 농민의 유망과 도적화 단계에서 국가는 적절한
수습책을 내놓지 못했다. 『삼국사기』나 『삼국유사』에서는 이때 진성여

---

135) 洪承基도 "굶주린 농민을 더 구체적으로 말하면 소작농이나 품팔이꾼이 대부분
이었다. 무엇보다도 이들에게 중요한 것은 굶주린 배를 채우는 일이었다.
이들에게 있어서 정치적인 투쟁이란 애당초부터 한계가 있을 수밖에 없는
것이었다"고 지적하였다(1989,「後三國의 분열과 王建에 의한 통일」『한국사시
민강좌』5, 일조각, 64쪽).

136) "(시중 민공이) 인하여 아뢰기를 '上이 즉위하신 이래로 陰陽이 고르고 風雨가
순조롭고 해마다 풍년이 들어 백성들은 먹을 것이 넉넉하고, 또 邊境이 安穩하
고 市井이 환락하니 이는 聖德의 소치입니다' 하였다"(『삼국사기』권11, 헌강왕
6년 9월).
조인성도 "헌덕왕대 전반기에서 흥덕왕대에 이르는 시기에 비해 문성왕대로
부터 정강왕대까지의 농민들의 처지는 오히려 호전되었다는 느낌을 갖게
된다. 헌강왕이 그 6년에 경주의 번영을 흐뭇해 할 수 있었던 것도 그를
시사하고 있다"고 하였다(1994,「新羅末 農民反亂의 背景에 대한 一試論」『한국
고대사연구』7, 31쪽).

왕 주변의 부호부인과 왕의 총애를 받는 신하들의 국정 농간과 기강
문란을 지적했지만,137) 그것은 집권층의 흉년에 대한 대책을 농민들이
수긍하지 못했다는 의미일 것이다.

그러나 진성여왕대에만 특별히 자연재해가 집중된 것은 아니었
다.138) 그리고 산발적이고 조직화되지 못한 농민봉기로 신라 국가체제
가 심각한 위기에 빠지거나 열악한 경제적 처지에 놓여 있었던 佃戶나
품팔이꾼 등 이른바 '불만농민'139)의 봉기만으로 통치체제가 쉽게
무너지지는 않는다.140) 그리고 심각한 천재지변이 있었더라도 그것은
시중이 정치적 책임(?)을 지고 교체되는 것이 관례였다.141)

D-① 여름 5월에 나라 서쪽 지방에 홍수가 났으므로 사자를 보내 수해를
　　당한 주와 군의 백성들을 위로하고, 1년간의 租와 調를 면제해
　　주었다. (『삼국사기』 권10, 헌덕왕 6년 5월)
D-② 서쪽 변방의 주군에 크게 흉년이 들었다. 도적이 벌떼처럼 일어나
　　니 군사를 내어 이들을 토벌하여 평정시켰다. (『삼국사기』 권10,
　　헌덕왕 7년 8월)

---

137) 『삼국유사』 권2, 후백제 견훤 ; 『삼국유사』 권2, 진성여대왕 거타지.
138) 재위 기간을 고려하지 않은 단순 수치이기는 하지만, 尹善泰에 의하면 천재지변
　　기사가 가장 많은 왕대를 순서대로 나열하면 성덕왕 42회, 경덕왕 28회,
　　혜공왕 28회, 원성왕 27회, 헌덕왕 27회의 순으로 나타난다고 한다(2005,
　　「新羅 中代末~下代初의 地方社會와 佛敎信仰結社」『新羅文化』 26, 120쪽).
139) 洪承基, 1989, 「後三國의 분열과 王建에 의한 통일」『한국사시민강좌』 5, 일조각,
　　62쪽 ; 趙仁成, 1993, 「弓裔의 세력형성과 건국」『震檀學報』 75, 15쪽.
140) 조인성도 이를 지적하여, '미륵불 下生의 이상세계에 대한 종교적인 염원만을
　　지닌 농민들을 이끌고서는 국가를 건설한다든가 혹은 운영한다든가 하는
　　것이 불가능'하다고 하였다(1993, 앞의 논문, 34쪽).
141) 이기백에 의하면 신라하대 39명의 시중 중에서 14명이 天災地異로 퇴임하여
　　매우 큰 비중을 차지하고 있다고 한다(1974, 「新羅 下代의 執事省」『新羅政治社會
　　史硏究』, 일조각, 178쪽).

헌덕왕 6년(814)과 7년에 서쪽 지방에 연이은 흉년이 들었다. 헌덕왕 6년에는 국가에서 조세를 면제해 주었고, 헌덕왕 7년의 것은 연이은 흉년에 생존의 위협에 내몰린 농민들이 벌떼같이 봉기했으나 군사에 의해 토벌되었다. 동시다발적으로 일어난 농민봉기가 지역적 고립성을 극복하고 서로 연결되었다는 모습은 보이지 않으며, 이들의 항쟁이 고립 분산적으로 일어났을 경우 쉽게 국가의 공권력에 의해 진압되었던 것이다.

그러나 진성여왕대의 농민봉기는 전국적으로 광범위한 범위와 장기간의 흉년에 따른 봉기의 지속성으로 국가의 진압이 불가능함에 이른 것이다. 특히 진성여왕 3년 국가의 공부 독촉에 봉기한 농민은 공부를 부담할 정도의 재산을 지닌 자영농이었다고 할 수 있다.[142] 국가의 조세 독촉과 재해로 인한 유이민의 발생은 촌락에 남아 조세를 부담해야 했던 농민층의 부담을 가중시킬 수밖에 없었다.

E-① 태조가 즉위한 지 34일 만에 여러 신하들을 맞이하여 보고 슬퍼하면서 탄식하여 말하기를, "近世에 백성들을 혹독하게 수탈하여 1頃의 租로써 거두어들임이 6石에 이르러 백성들은 즐겨 살 수 없게 되었다. 내가 이를 매우 불쌍히 여기느니 이제부터는 마땅히 什一稅法에 의거하여 田 1負에 租 3升을 내게 하라"고 하였다. (『고려사』 권78, 田制 녹과전 우왕 14년 7월 조준 상서)

E-② 신라 말기에 토지는 고르지 못하고 부세는 중하여 도적들이 떼지어 일어났습니다. (『고려사』 권78, 식화지 祿科田 공양왕 3년 7월 趙浚 상소)

---

142) 李景植은 신라 말 群盜의 성행과 봉기는 자영소농이 자기 보호를 꾀하는 곧 농민가족경영의 자기 관철이라는 동태 속에서 그 의의가 찾아지는 것이라고 하였다(2005, 『韓國 古代 · 中世初期 土地制度史』, 서울대학교출판부, 152쪽).

E-①은 후삼국기 사료이기는 하지만 1頃의 租로써 6석을 거두어들였다는 것은 국가의 공부 독촉에 의해 영세자영농이 유리하고 이에 따라 촌락에 남아 있던 중소 자영농층에게 수취의 부담이 가중되어 '혹독하게 수탈'(暴斂)하였음을 보여준다.[143] E-②의 사료도 이때 조세 부담의 과중을 보여준다. 또 한편으로 이것은 신라말기(新羅之末)가 이전과는 달리 부세 부담이 과중되었다는 것을 구별하여 특기하고 있다고 할 수 있다.

흉년으로 인한 전호나 무전농민의 봉기는 자연발생적이라고도 할 수 있지만 자영농의 봉기는 반체제적으로 발전할 가능성이 있는 것으로,[144] 국가의 불합리한 수취체제에 대해 조세거부 투쟁이라는 의식적 저항으로 발전한 것이다. 그러나 이때의 농민봉기까지만 해도 신라 국가체제가 마비되는 정도에까지 이르지는 않았다. 진성여왕 3년 농민봉기의 초기 모습을 살펴보자.

> 3년에 국내 諸州郡에서 貢賦를 바치지 아니하여 國庫가 허갈하고 용도가 궁핍하매, 왕이 사자를 보내어 이를 독촉하니 이로 인하여 도처에서 도적이 벌떼 같이 일어났다. 이때 원종·애노 등은 사벌주에 거하여 반기를 들었다. 왕이 나마 令奇로 하여금 포착케 할새, 영기는 적루를 바라보고 두려워 진공치 못하고 村主 祐運이 애써 싸우다가 전사하였다. 왕이 영을 내리어 영기를 참하고 나이 십여 세 된 祐運의 아들로 촌주를 승습케 하였다. (『삼국사기』 권11, 眞聖王 3년)

祐運이 어느 지역의 촌주인지는 기록에 나와 있지 않으나, 원종·애노

---

143) 『고려사』 권78, 식화지 田制 租稅조와 『고려사절요』 권1, 태조 원년 가을 7월조에는 이 기사가 泰封의 것이라 하였다.

144) 洪承基, 1989, 「後三國의 분열과 王建에 의한 통일」 『한국사시민강좌』 5, 일조각, 66쪽.

268

의 봉기에 왕군과 함께 참가한 것을 보면 농민봉기가 일어난 곳이나 주변의 촌주였을 가능성이 크다. 곧 그 지역의 촌주가 중앙에서 파견된 지방관을 도와 농민봉기를 진압하고 있다.[145] 조세의 배정·징수·수송의 실무는 지방관의 지휘 하에 재지세력인 吏와 村主가 담당했을 것이다.[146] 이때의 수취체제의 혼란은 조세 징수를 담당한 군현 행정체제의 붕괴보다는 흉년으로 인해 농민들이 이를 납부할 수 없는 상황에 빠진 것이 주된 이유가 되겠다. 진성여왕 3년 원종·애노의 봉기는 왕군이 진압을 두려워할 만큼 큰 규모였으나, 아직 지역 기반을 가진 세력과 연결되지 못한 초보적인 초적의 봉기에 머물고 있음을 보여준다.[147]

이러한 농민봉기가 진압되지 않고 신라가 통제 불능의 상태로 나아간 것은 진성여왕 3년 이후에도 기근이 계속되어 생존의 위협을 느낀 농민들의 봉기가 중단되지 않고 지속되었고, 국가의 지배체제로부터 이탈한 이들을 자신의 세력으로 조직화한 지방세력들의 정치적 영향력은 점점 커져 국가의 공권력을 무력화시켰기 때문이다. 국가는 기근에 허덕이는 농민들을 구제할 능력이 없었고, 농민들도 국가의 구휼에 의존하는 생각을 접고 도적이나 또는 이를 조직화한 지방세력에게

---

145) 李鍾旭,「南山新城碑를 통하여 본 新羅의 地方統治體制」『역사학보』64, 1974, 36쪽. 金周成은 이때 祐運이 자신의 村民을 이끌고 전투에 참여하였을 것으로 보았다(1983,「新羅下代의 地方官司와 村主」『한국사연구』41, 71쪽).
146) 李景植, 2005, 『韓國 古代·中世初期 土地制度史』, 서울대학교출판부, 148쪽.
147) 김석형은 고려 명종 6년(1176) 공주 명학소의 봉기를 설명하면서, 이 농민부대는 이미 토지로부터 이탈된, 즉 통치배들이 '도적'이라고 부르던 산곡간에 자리잡고 있었던 폭동군이었던 것이 아니라 농사를 짓는 그 자리에서 들고 일어난 농민군으로 파악하였는데(김석형, 1960, 『봉건지배계급에 반대한 농민들의 투쟁—고려편』: 1989(재간행), 『봉건 지배계급을 반대한 농민들의 투쟁—고려편』, 열사람, 90쪽) 원종·애노의 성격도 이와 유사했을 것으로 생각된다.

몰려들었다.

진성여왕 3년 이후 계속된 흉년과 기근을 살펴보자.

4년 정월에 해무리가 다섯 겹으로 둘렀다. 15일에 왕이 황룡사에 거동하여 燃燈을 관람하였다. (『삼국사기』 권11, 진성왕 4년)

『삼국사기』 신라본기에서 진성여왕 4년 한해의 기록은 위의 것이 전부이다. 해무리가 다섯 겹으로 두른 것은 천하에 전쟁이 있을 것을 암시한다고 한다.[148] 진성여왕 9년(乾寧 2, 895) 최치원이 찬한 「海印寺妙吉祥塔記」에는 "乾寧 연간(894~897)에 해인사에서 난리가 일어나 나라와 삼보를 지키고자 싸우다 돌아가신 승려와 속인의 아름다운 이름을 좌우에 쓴다"[149]라고 하였다. 해인사 등의 사찰을 습격한 사람들은 일정한 영역을 지배하는 지방의 호족이 아니라 표현 그대로 초적들이나 도적들이었을 것이다.[150] 이들이 사찰까지 습격한 것은 기근이 계속되면서 농민들의 생존조건이 나아지지 못했기 때문이다. 다음 기록을 살펴보자.

F-① 당 소종의 景福 2년(진성여왕 7, 893)에 납정절사 병부시랑 김처회가 (渡唐 中) 바다에 빠져 죽었으므로 곧 혜성군 태수 김준을

---

148) 李熙德, 1999, 『韓國古代 自然觀과 王道政治』, 혜안, 302쪽.
149) 崔致遠 撰, 「海印寺妙吉祥塔記」: 鄭炳三, 1992, 「海印寺妙吉祥塔記」『譯註 韓國古代金石文 Ⅲ』, 343쪽.
150) 鄭淸柱는 호족을 신라 말에 새로운 사회세력으로 등장하여 지방사회에서 일정한 지역에 대한 행정적·경제적·군사적 지배권을 행사하고 있던 독자적인 지방세력으로서, 신라 말·고려 초의 사회변동을 주도한 지배세력으로 규정하고, 장군·城主·帥·賊帥·賊·雄豪·豪傑·豪族 등으로 표현된 세력 중에서 지방에 재지적 기반이 없는 草賊이나 群盜 등은 제외하였다(1996, 『新羅末高麗初 豪族研究』, 일조각, 11쪽).

告奏使로 임명하였다. 이때 최치원은 부성군 태수로 있다가 (왕의) 부름을 받아 (당에 가는) 賀正使가 되었는데, 매년 흉년이 들었기 때문에 도적이 횡행하여 길이 막혀 가지 못하였다. (『삼국사기』 권46, 열전 최치원)

F-② 겨우 적 한 명을 사로잡았는데, 그 이름이 현춘이었다. 아뢰기를 "그 나라는 곡식이 여물지 않아 인민이 굶주림에 고통받고 창고가 모두 비어 왕성이 불안합니다. 그러나 왕이 곡식과 비단을 가져오라고 하여 배를 타고 왔습니다"라고 하였다. (『扶桑略記』 권22, 寬平 6년(진성왕 8, 894) 9월 5~9일)[151]

사료 F-①의 기록은 당에 파견한 김처회가 익사하자 진성여왕 7년 (893)에 혜성군 태수 김준을 告奏使로, 최치원을 하정사로 삼아 당에 파견하려 했으나 길이 막혀 가지 못했다는 것을 보여준다. 그런데 길이 막힌 이유가 매년 흉년이 들고 도적이 횡행하기 때문이라 하였다. '매년 흉년이 들고(比歲饑荒)'라는 표현을 쓴 것을 보면 이전의 흉년이 진성여왕 7년까지 이어지고 있음을 짐작할 수 있다.

사료 F-②를 보면 사로잡힌 현춘이 목숨을 구걸하기 위한 변명도 있었겠지만,[152] 진성여왕 8년에도 신라는 '곡식이 여물지 않아(年穀不登)' 백성들이 굶주리고 창고가 텅 비게 되어 왕성이 불안하였다고 하고 있다. 僧訓이 지은 「五臺山寺吉祥塔詞」에 "기유년(진성여왕 3, 889)에서 을묘년(진성여왕 9, 895)까지 7년간에 천지가 온통 난리로 어지러워 들판이 전쟁터가 되니 사람들은 방향을 잃고 행동이 짐승과 같았다"라는 표현 그대로 진성여왕대의 흉년은 유례없이 장기적으로

151) 『扶桑略記』 권22, 寬平 6년 : 김기섭 외 편, 2005, 『일본 고중세 문헌 속의 한일관계사료집성』, 혜안, 498쪽에서 원문 참고.
152) 濱田耕策은 현춘의 말이 거짓말이 아닐 것으로 생각하고 있다(2002, 『新羅國史の硏究』, 吉川弘文館, 294쪽).

계속되고 있었던 것이다.

계속되는 기근으로 지방뿐 아니라 왕경의 치안까지 불안해지고 있었
다.

> G-① 이때 효종랑이 출유하던 중에 그것을 보고는 돌아와 부모에게
> 청하여 집의 곡식 100석과 옷가지를 실어다 주었다. 또 지은을
> 산 주인에게 몸값을 갚아주어 良民이 되게 하였으며, 낭도 수천
> 명도 각각 곡식 1석씩을 내어 주었다. 대왕이 이를 듣고 또한
> 벼 500석과 집 한 채를 하사하고, 賦役을 면제하여 주었으며,
> 곡식이 많아서 도둑에게 빼앗길까 염려하여 군사를 보내 교대로
> 지켜주도록 관청에게 명하였다. (『삼국사기』 권48, 열전 孝女知恩)
> G-② 郎이 이 말을 듣고 측은하여 곡식 100斛을 보내주니 낭의 부모도
> 또한 옷 한 벌을 보냈으며, 낭의 모든 무리들도 곡식 1000석을
> 거두어 주었다. 이 일이 왕에게 알려지자 그때 진성왕은 곡식
> 500석과 집 한 채를 내려주고 군사를 보내어 그 집을 호위하여
> 도둑을 막도록 하였다. (『삼국유사』 권5, 효선9 貧女養母)

위의 사료는 진성여왕대 남의 집에 몸을 팔아 부모를 공양한 효녀
지은에 관한 이야기이다. 전근대사회에서 흉년이나 기근으로 노비로
전락한 사례는 다수 있지만, 이 사료에서 주목해야 할 것은 왕경에서
왕이 상으로 내려준 곡식마저도 약탈의 위험이 있을 만큼 민심은 살벌하
고 치안 상태가 불안해졌다는 것이다. 실제로 진성여왕 10년(896)에는
서울의 서부 모량리에 적고적이 침입하여 민가를 약탈하였다.[153] 이들
은 바지를 붉게 하여 자신의 정체를 드러낼 만큼 조직적이고 세력을
키워가고 있었다.[154]

---

153) 『삼국사기』 권11, 진성왕 10년.

272

이 시기의 농민봉기가 대부분 실패한 것은 자연발생적이고 산발적이
었으며, 또 그들을 구속하고 있는 기존 계급질서를 무너뜨릴 수 있는
일관된 정치적 이념과 조직된 투쟁이 결여되어 있었기 때문이라고
지적되고 있다.155) 그러나 진성여왕 5년 10월에 北原에 기반을 둔 梁吉이
궁예를 보내어 百餘騎를 거느리고 북원의 동쪽 마을과 명주 관할 10여
군현을 습격하였다는 기록156)은 이제 이들이 식량 약탈을 위한 초적의
무리를 넘어서고 있음을 보여준다. 진성왕 5년(891)에서 진성왕 11년까
지 존립한 지속성이나, 북원과 국원 등 30여 성을 소유한 기반으로
볼 때, 양길은 왕권과 대치할 지역 세력으로 성장했음을 알 수 있다.157)

초기의 기근으로 인한 몰락 농민들의 봉기는 연이은 흉년으로 지속되
었고, 이들의 이탈로 조세 부담이 가중된 자영농도 공부 납부를 거부하
며 국가의 수취체제에 저항하였다.

여기에 골품제와 왕경 중심주의에 대한 누적된 정치적 불만이 표출되
면서 신라 조정에 반기를 든 세력들이 새로운 사회 건설의 이념을
제시하는 단계로 질적인 전환이 이루어졌다.

唐 昭宗 景福 원년은 신라 진성왕 재위 6년인데, 총애받는 신하(嬖竪)
들이 (왕의) 곁에 있어 국정을 농간하니 기강이 문란하고 해이해졌다.

---

154) 사회과학원 력사연구소, 1979, 『조선전사 5』, 과학 · 백과사전출판사, 287쪽.
『삼국유사』 권5, 孫順埋兒 조에 의하면 이들은 (후)백제군이라 하였다. 또한
905년 궁예에 귀부한 甑城(평남 강서군 증산)의 赤衣 黃衣賊 등도 이에 해당된다
고 하겠다(『삼국사기』 권50, 열전 궁예).
155) 金鐘璿, 1997, 『韓國 古代國家의 노예와 농민』, 한림대학교 출판부, 149쪽.
156) 『삼국사기』 권11, 진성왕 5년 10월.
157) 궁예가 진성여왕 5년에 귀복한 竹州의 賊 箕萱도 있지만(『삼국사기』 권50,
열전 궁예), 기훤이 그 후 죽주를 거점으로 지속적으로 한 지역을 점령하고
정치적 강제력을 행사했는지는 기록에 보이지 않아 이에 대한 판단은 유보한
다.

기근이 더하여 백성들이 流移하고 도적들이 벌떼같이 일어났다. 이에 (甄)萱은 은근히 반심을 품고 무리를 모아 서울 서남쪽 州縣들을 진격하니, 가는 곳마다 호응하여 무리가 한달 사이에 5천 인에 이르렀다.

(『삼국사기』 권50, 열전 견훤)

〈표 9〉 진성여왕대 자연재해와 농민봉기

재위 연대	기록	출전	비고
1년	1년간 諸州郡의 조세 면제	『삼국사기』 진성왕	국가의 조세 면제
2년	石自行, 5월에 가뭄	『삼국사기』 진성왕	흉년
3년	조세 독촉, 농민봉기 兵凶의 두 재앙이 동쪽으로 왔다.	『삼국사기』 진성왕 「海印寺妙吉祥塔記」	조세 납부 거부
4년	해무리가 다섯겹	『삼국사기』 진성왕	천하에 전쟁 암시
5년	北原에 기반을 둔 梁吉이 궁예를 보내어 百餘騎를 거느리고 북원의 동쪽 마을과 명주 관할 10여 군현을 습격하였다.	『삼국사기』 진성왕	지역적 기반을 가진 세력 등장
6년	甄萱은 은근히 반심을 품고 무리를 모아 서울 서남쪽 州縣들을 진격하니, 가는 곳마다 호응하여 무리가 한달 사이에 5천 인에 이르렀다.	『삼국유사』 권2, 후백제 견훤	반심을 가진 무리 등장
7년	매년 흉년이 들고 도적이 횡행하여 길이 막혀 (중국에) 가지 못하였다.	『삼국사기』 열전 최치원	매년 흉년이 들었음
8년	아뢰기를 그 나라는 곡식이 여물지 않아 인민이 굶주림에 고통받고 창고가 모두 비어 왕성이 불안합니다.	『扶桑略記』 권22, 寬平 6년 9월 5~9일	이 해에도 곡식이 여물지 않았음
9년	굶어 죽고 싸우다 죽은 시체가 들판에 가득찼다. 기유년에서 을묘년까지 7년간에 천지가 온통 난리로 어지러웠다.	「海印寺妙吉祥塔記」 「五臺山寺吉祥塔詞」	기유년(진성여왕3, 889)에서 을묘년(진성여왕9, 895)까지 7년간 난리 지속
10년	적고적의 침입	『삼국사기』 진성왕	왕성의 치안 불안
11년	양위	『삼국사기』 진성왕	

수취체제의 불만에서 정치적 요구로 나아가면서 조세 거부에 이어 '반심을 품은' 인물, 즉 신라 국가의 지배 질서를 부정하고 새로운 사회

이념을 제시하는 인물들이 등장하였고, 이들은 위의 사료에서 보듯 지역적 기반을 가지고 민중들을 모아갔다. 흉년과 기근이 지속되면서 농민들은 조세납부를 거부하거나 토지에서 이탈하여 유리되었고, 생존 문제가 해결되지 못한 농민의 봉기는 소멸되거나 진압되지 않고 전국적 으로 광범위하게 일어났으며 장기화되었다. 이것이 反신라 세력이 성장 할 토대를 마련한 것이다. 이들에 의해 농민들의 봉기는 생존을 위한 고립 분산적인 단계를 넘어 조직화되고 반신라 항쟁이라는 목적의식 성158)을 띠면서 새로운 사회를 건설할 이념을 제시하는 단계에까지 나아갔다. 자정 능력을 상실한 신라 통치체제는 경제적 모순의 누적이 노출되면서 붕괴되기 시작하였다.

3) 신라 체제 붕괴의 시작

9세기 말 헌강왕대까지 번영의 모습을 보이던 신라가 진성여왕대에 접어들면서 부세행정의 파탄이 급격히 표출하고 조세제도의 혼란이 전국으로 만연하는 상황에 돌입하는 것은 그간 이상과 같은 사태가 장기간 지속되고 그 폐단이 누적되었다가 파열하는 단계의 양상이었 다.159) 진성여왕 즉위년에 신라 조정에서는 1년간의 조세를 면제해 주었는데, 그 이듬해 흉년으로 또 다시 공부가 들어오지 않자 국고는 거의 고갈이 되어버렸다. 때문에 조정은 용도가 궁핍하여 사자를 보내 어 공부를 독촉하였고, 흉년에 국가의 조세 독촉, 그리고 기근까지 계속되자 몰락 농민뿐 아니라 자영농민까지 봉기하였다. 조정이나 농민 들이 모두 인내할 수 없는 상황에 이른 것이다.

진성여왕 3년 이후의 농민봉기가 신라 사회체제의 붕괴를 가져 온

158) 전덕재, 1994, 「신라 하대의 농민항쟁」『한국사 4』, 한길사, 204쪽.
159) 李景植, 2005, 『韓國 古代·中世初期 土地制度史』, 서울대학교출판부, 146쪽.

근본적인 이유는 경제체제의 모순과 이를 해결하지 못한 상부구조의 한계점이 표출된 것이겠지만, 직접적인 계기는 '나쁜 중에 더욱 나쁜 것이 없는 곳이 없었고', '벌떼 같이 일어났다'고 표현할 만큼 전국적으로 농민들의 봉기가 광범위하게 일어나고, 흉년의 장기화로 인한 봉기의 지속화로 항쟁의 성격이 변화된 것에서 찾아야 할 것이다. 농민봉기는 초적의 단계에서 조세거부 투쟁과 신라 국가의 지배 질서를 부정하는 것으로 나아갔고, 허약해진 사회체제는 이때부터 붕괴되기 시작하였다.

하지만 진성여왕 3년 이후의 농민항쟁에도 지역차가 있으며, 항쟁의 지향점에 있어서의 질적인 변화도 고려되어야 한다. 이 시기 농민봉기를 지역세력의 성장 배경으로만 설정하거나, 자연재해로 인한 농민봉기의 발생 시점에서부터 최고 단계의 정치적 지향점을 설정하고, 이들의 변혁 역량을 과대평가하여 후삼국세력과의 연결에 맞추려는 것도 단선적인 역사 해석이다. 농민봉기의 원인과 경과, 그리고 그 질적인 변화과정을 유형별로 고찰하여 농민의식의 변화를 농민항쟁의 지속성과 그 질적인 변화과정 속에서 계기적이고 맥락적으로 고찰해야 할 것이다.160)

이기동이 적절하게 지적하였듯이, 889년의 농민봉기는 822년 김헌창의 반란과 비교하면 훨씬 비조직적인 것이었다고 할 수 있다.161) 822년 김헌창이 반란을 일으켰을 때 무진주·완산주·청주·사벌주의 도독 및 국원경·서원경·금관경의 사신과 제군현의 수령이 그에게 호응하였다. 이들은 김헌창이 웅천주에서 반란을 일으켜 이들 지역을 차례로

160) 전덕재는 신라 하대의 농민항쟁은 농민층의 유망→ 도적화→ 도적봉기→ 농민항쟁→ 후삼국 간 국내전쟁으로 발전하였다고 파악한다(1994, 「신라 하대의 농민항쟁」『한국사 4』, 한길사, 223쪽).
161) 李基東, 2005, 「9세기 신라사 이해의 기본과제」『新羅文化』 26, 19쪽.

276

함락시킨 것이 아니라 이들 지역에서의 김헌창의 호응 세력이 함께
일어났다고 이해된다.162) 결국 중앙귀족세력에 불만을 품은 지방귀족
세력, 정치에서 소외된 무열계 후손들이 주도한 김헌창의 난163)은 실패
한 반면, 생존의 위협에 직면한 농민들의 봉기는 신라사회의 붕괴로까
지 나아갔다. 그것은 당시의 정치 상황과 아울러 농민봉기군들을 지속
적인 항쟁으로 몰아간 경제적 수취체제의 모순이 돌이킬 수 없는 데까지
이른 것이라고 할 수 있다.

그렇다고 해서 신라가 농민반란의 일격으로 당장 쓰러지지는 않았
다.164) 신라가 반란세력인 고려에 항복한 것은 진성여왕 3년 농민봉기로
부터 46년이 지난 935년이었고, 그동안 5명의 왕들이 더 재위에 있었다.
때문에 신라 국가의 지배 질서나 국가의 통치력이 원종·애노의 봉기로
'붕괴되었다'고 보기보다는 '붕괴되기 시작했다'고 표현하는 것이 좋을
듯하다.165)

　　본국이 지금 큰 흉년이 자주 들어 좀도둑이 사방에서 일어나……처음
　엔 쥐같이 숨어서 살살 뒤주를 뒤지고 주머니를 더듬다가 형세를 타
　벌떼 날 듯하며 문득 성을 파괴하고 고을을 노략질하였습니다. 그리하
　여 마침내 연기와 티끌이 국경을 빙 두르고 바람과 비가 제 철을 잃게
　하였는데, 뭇 도둑이 東陵에서 더욱 번성하매 넉넉한 쌀알이 南畝에
　깃들일 수 없었습니다. (「謝嗣位表」『東文選』권33, 표전)

162) 金東洙, 1982, 「新羅 憲德·興德王代의 改革政治」『한국사연구』39, 39~40쪽.
163) 姜聲媛, 1983, 「新羅時代 叛逆의 歷史的 性格」『한국사연구』43, 44~ 45쪽.
164) 이기동, 2005, 앞의 글의 부제가 '왜 신라는 농민반란의 일격으로 쓰러졌는가?'이
다.
165) 李明植은 "촘촘히 따져보면 진성여왕대가 정치적으로 혼란기였다고 하더라도
쉽게 쓰러질 정도는 아니었다. 신라가 회복불능의 지경에 이른 것은 박씨왕대
부터이다"고 하였다(2006, 「新羅末 朴氏王代의 展開와 沒落」『大丘史學』83,
41쪽).

최치원이 대작한 「사사위표」에서 진성여왕 당시의 신라 사회 모습을
짐작할 수 있다. 먼저 나라에 큰 흉년이 자주 들어(大饑頻致)166) 좀도둑
이 사방에서 일어났고, 기후도 고르지 않아 농사를 망치게 하니 그
도적들의 세력은 더욱 커져 반신라적인 세력으로 성장해간 모습이다.
진성여왕대 거듭된 자연재해와 확대되어가는 농민의 봉기가 신라 체제
를 붕괴시키고 있음을 보게 된다.

이러한 세태는 당대의 금석문에서도 발견된다.

H-① 대왕이 마침내 荒壤縣 副守 張連說을 보내어 오로지 차와 향을
갖고 가 멀리 편지를 주며 이르기를, "늘 왕을 보좌할 수 있는
재주를 사모하여 국사의 예를 표하고자 합니다" 하였다. 대사는
煙塵에 쫓겨 世道가 위태롭다 여겨서, 혜능이 薛簡의 맞이함을
거절하듯, 朱豊의 간절함으로써 사양하며 말하기를, "세상이 모두
혼탁하며 시절이 오래도록 혼미합니다. 횃불로는 한밤중의 어두
움을 제거할 수 없으며, 아교로는 황하의 탁류를 막을 수 없습니다.
매번 惡路를 볼 때마다 실로 生途가 싫습니다" 하였다. (「흥녕사
징효대사 보인탑비」)167)

H-② 때는 시대가 厄運을 당하며 세상은 몽매한 때였으므로 災星이
길이 三韓을 비추고 毒露는 항상 4郡에 퍼져 있음인즉, 하물며
岩谷에도 숨어 피난할 곳이 없었다. 乾寧(894~897) 初年에 왕성에
가서 머물면서 담복향을 內佛堂에 살랐고, 光化(898~900) 말년에
는 곧 野郡으로 돌아가서 풀을 깎아낸 遺墟에 전단향을 심기도
하였으나, 유감스러운 것은 魔軍의 시대를 만난 것이었다. (「奉化

166) 성균관대학교 대동문화연구원에서 영인, 발행한 『崔文昌侯全集』에서는 '大饑
頻致'이라 하였고, 최영성의 1999, 『譯註 崔致遠全集2 孤雲文集』, 아세아문화사,
109쪽에서는 '大饑□致'으로 판독하였다.
167) 남동신, 1996, 「흥녕사 징효대사 보인탑비」 『譯註 羅末麗初金石文 (下)』, 혜안,
215~217쪽.

太子寺 朗空大師 白月栖雲塔碑文」)[168]

H-③ 文德 2년(진성여왕 3, 889) 여름에 통효대사가 입적하니 대중들은 모두 검은 색 頭巾을 썼으며, 絶學의 슬픔이 배나 더하였고, 스승을 잃어버린 아쉬움 또한 더욱 간절하였다. 그러므로 정성을 다하여 寶塔을 수축하고, 급히 비석을 세워 항상 松門을 수호하였으며, 여러 차례 草寇들의 洞口 차단을 크게 힐책하였다. (「江陵 地藏禪院 朗圓大師 悟眞塔碑文」)[169]

H-①은 뒤이어 乾寧 7년(효공왕 4, 900) 징효대사의 입적이 나오고 있어, 이 일은 진성여왕 말년의 것으로 생각된다. 징효 折中은 진성여왕이 국사로 봉하는 것을 거절하면서 당시의 세태는 "세상은 모두 혼탁하고 시대는 오랫동안 혼미해졌다(世皆濁矣 時久昏焉)"고 하고 있다. "반딧불로는 능히 한 밤의 어둠을 제거할 수 없고, 아교로써 능히 황하의 탁류를 막을 수 없다"고 한 것은 당시의 농민봉기가 단순히 생존차원적인 약탈이 아니라 체제를 위협하는 수준까지 이르렀음을 암시한 것이다. H-②의 「太子寺 朗空大師 白月栖雲塔碑文」에서는 당시를 '魔軍의 시대'라고 표현하였다. 사료 H-③의 「地藏禪院 朗圓大師碑文」에서는 여러 차례 초구들이 사원을 습격했다고 하였다.

진성여왕 7년(893) 최치원이 賀正使로 임명되었으나 도적이 횡행하여 당에 가지 못했다거나[170] 居陁知가 당에 사신으로 갈 때 백제의 해적들이 津島에서 길을 막았다[171]라고 하는 것은 신라가 대당 외교조

168) 李智冠, 1994, 「奉化 太子寺 朗空大師 白月栖雲塔碑文」『校勘 譯註 歷代高僧碑文 高麗篇1』, 伽山文庫, 386~387쪽.
169) 李智冠, 1994, 「江陵 地藏禪院 朗圓大師 悟眞塔碑文」『校勘 譯註 歷代高僧碑文 高麗篇1』, 伽山文庫, 149쪽.
170) 『삼국사기』권46, 열전 최치원.
171) 『삼국유사』권2, 眞聖女大王 居陁知.

차도 위협받았음을 보여준다.

진성여왕 8년(894) 2월 10여 조의 시무책을 올린 최치원[172]은 그 3년 뒤(진성여왕 11, 897)에 왕을 대신하여 「讓位表」를 쓰면서 이렇게 적고 있다.

愚臣(진성여왕)이 왕위를 계승하여 職을 지킴에 미쳐 모든 환란이 한꺼번에 밀어 닥치어, 처음에는 黑水가 경계를 침범하여 독액을 내뿜었고, 다음에는 도적들이 무리를 이루고 다투어 광분을 부채질하여 관할하는 九州에서 고을을 표방하는 百郡이 다 도적의 난리를 만나서 마치 劫灰를 보는 것 같았습니다. 사람 죽이기를 칼로 삼대를 치듯 하고 땅위에 드러난 백골은 잡초처럼 버려졌으며, 창해의 橫流는 날로 심하고 崑崗의 猛焰은 바람이 사물을 쓰러뜨리듯 하였습니다. 결국 仁鄕이 변하여 병든 나라가 되었습니다.

진성여왕은 이전에는 仁鄕이었던 신라가 자신의 재위 동안 병든 나라(疚國)가 되었다고 하여, 자신의 정치적 실패를 스스로 인정하였다. 「낭혜화상비문」에 의하면 "太尉大王(진성여왕)께서는 은택을 베풀어 海東의 師表가 되시고"라고 하였다.[173] 그런데 왕거인 사건을 유발시킨 다라니에 '나무망국 찰니나제'의 찰니나제를 진성여왕을 가리키는 것으로 해석한다면,[174] 이는 당시 여론이 국왕을 비난하는 데까지 악화되었음을 알 수 있다. 신라의 전통적인 권위를 부정하기 시작한 것이다.

---

172) "8년 2월에 최치원이 時務策 10여 조를 進하니 왕이 嘉納하고 致遠을 拜하여 아찬을 삼았다"(『삼국사기』 권11, 진성왕 8년 2월).

173) "太尉大王 流恩表海"(「有唐新羅國故兩朝國師敎諡大朗慧和尙白月葆光塔碑銘」: 崔英成, 1998, 『譯註 崔致遠全集1』, 아세아문화사, 136쪽).

174) 『삼국유사』 권2, 眞聖女大王 居陀知.

　진성여왕은 재위 11년 6월에 좌우 諸臣에게 이르기를, "近年 이래로 백성들이 곤궁하고 도적들이 봉기하니 이는 나의 不德한 까닭이다. 賢人을 피하여 位를 넘겨주려 함에 나의 뜻은 결정되었다"[175]고 하고, 왕위를 조카인 김요에게 물려주었다. 국왕이 임종이나 쿠데타가 아니라 정치적 실정에 대해 책임을 지고 스스로 왕위에서 물러난 것이다.

　오늘날 한국사학계에서는 경제체제의 구조적 모순 누적과 골품제의 정치 불만 등이 신라의 멸망을 가져왔다고 보는 것이 일반적이다. 그러나 그러한 체제나 구조적 모순이 자동적으로 다음 사회로의 정치적 전환으로 이어지지는 않는다. 당시 사회 규모가 아직 생산력 발전의 여지가 있고, 지배층의 체제 내의 개량이나 양보가 있다면, 그 사회체제를 좀더 유지할 수 있기 때문이다.

　마찬가지로 천년왕국 신라는 단숨에 붕괴되지는 않았으며, 이것은 국가의 통치력과 지방세력, 기층민들의 변혁 역량을 상호 비교하여 파악해야 할 부분이다. 몇 차례 고비가 있었지만 최소한 신라의 중앙권력을 능가하는 세력이 등장하기 전까지 신라는 체제개혁을 통해 왕조를 좀더 연장할 수 있었다.

　이 시기의 농민봉기를 신라 체제 붕괴의 '시작'으로 보는 것은, 아직도 국가의 '급격한 붕괴'를 피할 수 있는 기회가 여러 번 있었음에도 불구하고 이를 실현하지 못한 점에 있다. 귀족들의 경제적 기득권의 양보와 국가 수취체제의 감면 등이 있어야 했으나, 왕실과 지배층이 선택한 것은 사자를 보내어 공부를 독촉하고 왕경과 자신의 기반을 유지하기 위해 수레를 30여 리나 끌고 고려에 투항하는 것[176]이었다.

---

175) 『삼국사기』 권11, 신라본기 眞聖王 11년.

176) "11월에 고려 태조는 왕의 降書를 받고 大相 王鐵 등을 보내어 신라왕을 맞게 하였다. 신라왕은 백료를 이끌고 왕도를 떠나 태조에 귀의할새, 香車와 寶馬는 30여 리에 뻗치어 도로는 人衆으로 막히고 구경꾼들은 담을 두른

본절의 내용을 정리하면 다음과 같다. 전근대 시기 유교 사서들은 신라 멸망의 원인으로 진성여왕 개인의 실정을 꼽는 데 주저함이 없었다. 오늘날 한국사학계에서는 농민봉기와 지방세력의 성장이 신라 붕괴의 직접적인 원인이 되었다고 보는 것이 일반적이다. 이처럼 진성여왕대 농민봉기는 신라의 멸망 과정과 관련하여 언급되고 있다. 그러나 신라의 멸망 원인을 여왕 개인의 도덕적 문제로 몰아가거나, 진성여왕 3년 이전의 자연재해에 의한 농민봉기를 이후의 체제저항적인 것과 동질적으로 파악하는 접근에는 문제점이 있다. 이 시기를 거시적으로 사회, 경제적 모순을 규명하는 동시에, 그러한 모순들이 표면적으로 드러나 멸망에 이르는 과정까지의 질적인 변화 과정을 살피는 정치사의 미시적인 고찰도 필요하다.

신라는 진성여왕 3년(889)의 농민봉기로부터 국정 운영 능력을 상실하는 모습이 나타나기 시작하는데, 이로부터 46년이나 더 지나 935년에 항복하였다. 이 시기를 신라의 붕괴 기간으로 파악할 수 있다. 때문에 진성여왕 3년 이전의 사회 모습을 이후의 신라 붕괴 과정과 차별화하여 파악하고, 진성여왕대 정국 운영의 변화에 대해서도 보다 치밀한 고찰이 필요하다.

신라 지방조직의 반을 확보하여 반란을 일으킨 김헌창의 난이 실패로 끝났지만, 천년왕국 신라를 무너뜨린 것은 사회경제적 모순의 누적과 이에 저항한 농민들의 봉기였다. 자연재해에 노출된 농민들의 유망이나 초적들로부터 시작된 농민봉기는 기근이 계속되면서 장기화되었고, 이 과정에서 국가의 구휼정책 실패와 농민의식의 자각으로 조세 저항이 일어났다. 조정과 농민 모두에게 궁핍이 강요되지만, 왕경의 지배층과 왕실은 자신의 경제적 기득권의 양보를 통해 이를 해결하기 보다는

_____

것 같았다"(『삼국사기』 권12, 경순왕 9년).

농민층의 수탈을 강화하여 벗어나려 하였다.

진성여왕 2년에 흉년이 들었고, 그 다음 해에 국가가 공부를 독촉하자 농민들의 봉기가 시작되었다. 조정에서는 예년처럼 구휼정책이나 조세 감면을 해야 했으나, 진성여왕 즉위년에 諸州郡의 조세를 면제해주는 바람에 국고가 고갈되어 있었다. 흉년에 구휼이나 조세 감면은커녕 조세 독촉을 받은 농민들이 왕경과 그 집권층에 강한 불만을 갖게 된 것은 당연한 일이었다. 이 시기 농민봉기가 앞의 것과 다른 것은 봉기가 지속적으로, 그리고 전국적으로 광범위하게 일어나면서 항쟁의 성격이 변해간 데 있다. 자연재해에 생존권적 차원에서 봉기한 농민항쟁이 광범위하고 장기화되면서 체제 모순의 심화가 노출되었고, 신라 국가체제의 자정 능력이 한계를 드러낸 것이다.

개별화되고 고립화된 농민의 불만을 조직화하고 신라에 반심을 품은 인물들이 등장하였다. 이들은 지방을 근거로 하여 신라의 전통적 권위를 부정하고, 새로운 정치 이념을 제시하였다. 이러한 사회 변동기적 상황에서 농민층의 이해를 대변하며 세력을 모은 이들에 의해 후삼국이 정립되었으며, 지역 정권으로 축소된 신라는 고려에 의해 흡수 통일되고 말았다.

V. 결론

오늘날 한국사학계에서는 上代 · 中代 · 下代의 구분이 신라사 시기 구분을 대표하며, '新羅下代'가 역사적 용어로 정착될 만큼 『삼국사기』의 시기구분이 수용되고 있는 실정이다. 이처럼 신라사의 시기구분으로써 하대를 인용한 연구는 많았지만, 그 설정기준과 사회성격에 대해 엄밀한 사료 검토와 함께 언급한 연구는 드물었다. 羅末麗初라는 용어에서 알 수 있듯이, 하대는 중대와의 연속성보다는 고려 초와의 연결성을 부각하고 중대와 단절론적으로 보아왔다.

그러나 『삼국사기』에 나타난 기록을 살펴보면, 선덕왕의 즉위가 중대와 구분될 만큼의 시대 변화를 가져왔는지 의문을 갖게 한다. 표면적인 정치세력의 교체 보다는 정국 운영의 원리가 질적으로 변화했는지를 살펴야 하며, 『삼국사기』에서 三代의 설정이 당시 신라사회의 성격을 잘 나타내는 시기구분인가라는 근본적인 의문에서부터 재검토할 필요가 있을 것이다. 본서는 이러한 문제의식에서 출발하여 하대 시기의 정치변동을 고찰하고, 이를 바탕으로 기존 하대 정치사 연구들의 문제점과 새로운 인식을 제시하고자 하였다.

본서의 내용을 장, 절별로 요약하면 다음과 같다. Ⅰ장인 서론에서는 기존의 하대 정치사 연구 성과를 정리하고, 몇 가지 과제와 전망을 제시하였다. 신라사 전체나 하대를 대상으로 하는 연구 주제도 이제 시기와 분야가 보다 세분화, 전문화되고 있다. 그러나 각론의 세분화와 사례 연구의 증가에도 불구하고 기존 연구에서 하대 사회 성격이나 정치세력의 존재 형태, 정치 운영원리에 대한 총론의 논의는 활발하지 못하였다. 하대는 귀족연립정치 시기라는 이기백의 견해가 통설화된 후 학계에서는 이에 대한 연구사적 정리도 소홀할 만큼 본격적인 논의가 이루어지지 못하였다. 하대 정치사 연구도 상대등과 왕위계승과의 관계, 그 연장선상에서 하대의 정치를 귀족연립적인 성격으로 규정하는 인식 틀을 넘어서는 논의의 진전이 필요하다.

하대 정치사 연구가 국왕과 귀족들 간의 갈등에만 주목하는 단순구도로 도식화되어서는 하대 사회 전반에 대한 종합적인 인식에 도달하기는 어려울 것이다. 하대 정치사 연구의 논의를 한 단계 더 진전시키기 위해서는 초기의 왕위계승 분쟁이나 말기의 왕조 쇠퇴만을 부각시키는 시각에서 벗어나 155년간의 사회 모습을 전체적으로 조망하고 이를 계기적으로 분석하는 연구가 진행되어야 할 것이다.

그리고 하대를 곧 羅末로 보는 시각을 지양하고 하대 155년간을 좀더 세분하여 정치변동의 모습을 살피려는 노력이 필요하다. 지금까지 하대 정치사 연구는 중대=전제왕권기=전성기, 하대=귀족연립정치=쇠퇴기라는 부정적이고 단절론적인 견해가 주류를 이루어 왔다. 중대의 부각과 하대의 폄하 인식을 극복하고, 신라사 전체의 총체적이고 발전적인 맥락 속에서 중대와 하대, 그리고 하대와 고려로의 전환의 의미를 되새겨 보아야 할 것이다. 그래야만 한국사 전체의 발전 과정 속에서 하대가 차지하는 역사적 의미를 올바르게 파악할 수 있을 것이다.

II장은 신라사 시기구분과 하대의 설정 기준을 史書에서 찾아 검토하고, 기존 연구의 하대 인식에 주요 근거가 되는 왕위계승 분쟁과 상대등

과의 관계를 살핀 것이다. 1절에서는『삼국사기』와『삼국유사』에서의
신라사 시기구분을 살펴보고, 이를 바탕으로 진성여왕대 편찬된『三代
目』과 三代와의 관련을 검토하였다. 신라사를 三代로 구분한 것은『삼국
사기』경순왕 말미의 기사에서 보이며,『삼국유사』에서는 이와는 달리
上古·中古·下古의 세 시기로 신라사를 시기구분하였다.

『삼국사기』에서는 중국과의 사대관계와 유교적 지배 질서를 확립한
태종무열왕의 즉위와 그 자손에 의해 왕위가 계승되어진 시기를 중대로
설정하고 그 전후 시기를 상대와 하대로 구분하였다. 반면『삼국유사』
에서는 불교 왕명의 시기인 中古를 중심으로 上古·中古·下古의 세
시기로 나누었는데, 이에는 역시 불교적인 史觀이 강하게 반영되어있
다. 三代나 三古의 신라사 시기구분은 고려인들의 관점에서 본 것으로,
신라 당대의 인식으로 볼 수 없다.

진성여왕 2년에 편찬된 향가집『三代目』은 경문왕의 세 자녀인 헌강
왕·정강왕·진성여왕 형제 三代의 유례가 없는 연속적인 즉위를 정당
화하기 위해 편찬된 것이다. 이를『삼국사기』에서의 신라사 시기구분인
삼대와 관련시키는 것은 이러한 인식이 고려의 것임을 간과한 것이며,
『삼대목』의 의미를 불교의 말세 시기와 연결시키는 것도 부적절하다.

2절에서는 하대의 왕위계승에서 前王이 嗣子가 없이 죽었을 때 후계
왕위가 계승되는 사례를 상대등과 관련하여 검토한 것이다. 하대에
왕이 後嗣가 없을 때 기존의 연구들은 "왕위의 정당한 계승자가 없을
경우에 상대등은 왕위를 계승할 제1후보자로 간주되고 있었다"라는
이기백의 견해에 따랐다. 그러나 왕이 嗣子가 없이 죽었을 때 상대등이
기 때문에 왕위계승을 주장한 사례는 없었고, 또한 왕들이 후계 왕위계
승자를 지명할 때 상대등을 의식하지도 않았다.

하대에 왕이 적장자가 없을 경우 후계 왕위를 정하는 방법으로는

먼저 왕이 생전에 태자, 부군을 지명하는 것이 있었다. 헌덕왕 때 동모제 김수종(흥덕왕으로 즉위), 진성여왕 때 조카인 김요(효공왕으로 즉위) 의 경우이며, 왕보다 먼저 죽어 즉위하지 못했지만 흥덕왕 때 동모제 김충공(선강태자)도 이에 해당한다.

두 번째, 유조에 의해 왕위를 계승한 경우로 헌안왕·경문왕·진성여 왕의 사례가 있었다. 왕의 유조는 후계 왕위계승자를 결정함에 있어 다른 요소들에 대해 우선하였다.

왕의 사후에 이른바 국인들이 모여 추대한 경우도 있었다. 이때 그 계승 원칙은 분명히 드러나지는 않으나 왕과의 혈연관계가 기본적인 전제 조건이었기 때문에 국인 추대나 비정상적인 찬탈이나 외세에 의한 옹립 때에도 강조되었다. 그러나 혈연관계는 왕위계승에 있어 기본 조건으로, 왕과 가장 가까운 혈연에게 왕위가 계승되는 원칙이 있는 것이 아니라 이 조건을 충족하는 다수의 인물 중에서 왕이 결정하 였다.

신무왕 즉위 이후 신라가 멸망할 때까지 왕위는 여왕이나 박씨 왕의 즉위, 재위 기간이 짧은 왕들의 유조에 의해 후계자를 지명하는 경우도 있었지만 무력분쟁 없이 계승되었다. 때문에 하대 초기 짧은 기간에 나타난 왕위계승 분쟁을 일반화하여 하대 전시기를 왕위 다툼의 시대로 파악한다든가, 나아가 그 왕위 다툼의 가운데 상대등을 놓고 이를 연결 시키려는 결론을 이끌어 낸 기존의 연구는 재고를 요한다.

필자는 신라하대를 선덕왕에서 민애왕까지를 하대 초기(왕위계승 분쟁기), 신무왕에서 진성여왕 2년까지를 하대 중기(하대 정국 안정기), 진성여왕 3년에서 경순왕까지를 하대 말기(신라의 쇠퇴기)로 시기구분 하였다. Ⅲ장은 하대 초기인 선덕왕의 즉위에서부터 중기 정강왕대까지 의 정치변동을 살펴본 것이다.

Ⅲ장 1절에서는 원성왕 김경신의 활동이 드러나기 시작하는 시점인 혜공왕대부터 선덕왕을 이어 왕위에 오르기까지의 정치변동을 살펴보았다. 혜공왕대 초기의 정치는 왕의 母后 滿月夫人의 섭정과 元舅 金邕으로 대표되는 외척들의 권력 장악 시기였다. 혜공왕 7년(771)에 만들어진 聖德大王神鐘銘에는 이들의 집권 모습이 잘 드러나 있다.

그러나 김양상이 상대등으로 임명되는 혜공왕 10년 이후, 11년에 경덕왕과 만월부인·김옹 집권기에 시중을 역임한 金隱居와 廉相·正門의 잇따른 반란이 있었고, 12년에는 경덕왕이 추진한 漢化정책을 버리고 官號를 복고하였으며, 15년에는 김유신 가계의 伸寃운동이 있었다. 김경신은 김유신 가계의 신원운동을 주도하였으며, 혜공왕 16년의 김지정의 난을 진압하는 데 실질적인 역할을 하였다. 이후 김경신은 김양상을 선덕왕으로 추대하고 정치적 실권을 장악하게 된다.

선덕왕은 새로운 정권이 창출되는 과정에서 과도기적 역할을 했던 존재였다. 김경신은 선덕왕대의 정치 실권자로 大閱을 통해 자신의 군사적 우위를 과시하고, 浿江鎭을 개척하여 김유신의 후손 金巖을 패강진두상으로 파견하여 배후의 세력 기반으로 삼았다.

선덕왕의 死後 群臣들은 무열왕계인 上宰 金周元을 추대하였지만, 김경신은 군사력으로 협박하여 이를 철회시키고 왕위에 즉위하였으며, 김주원은 분명한 열세를 확인하고 무력 저항을 시도해 보지도 못한 채 명주로 은퇴하였다. 원성왕이 즉위하자 그의 배후 세력이었던 패강진에서는 赤烏를 진상하여 다른 귀족들과 지방세력들도 즉위를 인정할 것을 선동하였으며, 원성왕은 文武百官에게 爵 1급을 더해주는 조치를 통해 群臣들을 회유하려 하였다.

왕위에 오른 원성왕은 자신의 즉위를 정당화하기 위해 폭우를 천명으로 附會하고, 萬波息笛을 자신의 즉위와 결부시킨 설화를 왕경 일원에 유포시켰다. 만파식적은 중대 무열왕계의 왕위계승과 神聖性을 상징하는 것으로, 이러한 설화가 원성왕의 즉위와 관련하여 다시 부각된 것은 하대를 실질적으로 개창한 원성왕대의 정치 운영이 중대와의 단절이 아닌 계승을 표방한 것으로 볼 수 있다.

Ⅲ장 2절은 하대 가장 치열한 왕위계승 분쟁이 있었던 민애왕의 즉위와 몰락 과정을 고찰한 것이다. 835년 흥덕왕의 후계자인 선강태자 김충공이 사망하고, 836년에는 흥덕왕마저 죽자 왕위계승 분쟁이 일어났다. 이것은 원성왕의 장자인 仁謙系의 김충공·김명 가문과 원성왕의 3자인 禮英系의 김헌정·김제륭 가문, 그리고 역시 예영계인 김균정·김우징 가문 사이의 다툼이었다.

소성왕 이후 왕위를 독점하던 인겸계는 예영계의 두 집안 중에서 김헌정·김제륭 가문과는 제휴하고, 김균정·김우징 가문을 견제하였으며, 이러한 관계가 뒷날 왕위계승 분쟁에서 김명이 김제륭과 연합하여 희강왕을 추대한 배경이 되었다. 김충공이 죽은 후 흥덕왕 10년(835) 김균정을 상대등으로 임명한 것을 김균정이 후계 왕위계승자가 되었다고 파악한 기존의 연구는 재고의 여지가 있다.

인겸계의 왕위계승 구도가 다져지기 전에 흥덕왕이 사망하자 예영계의 김균정이 왕위를 선점하려 하였고, 김명은 김제륭의 지원으로 이를 진압하고 희강왕을 추대하였다. 김명과 김제륭의 연합으로 이들의 병력이 김균정·김우징의 것을 압도할 수 있었고, 이것이 김명이 김제륭을 추대한 이유였다. 그러나 희강왕은 명목상의 왕으로 정치실권은 김명에게 있었으며, 같은 예영계인 김균정·김우징의 잔존세력 처리를 놓고 정치적 갈등을 빚은 끝에 1년 뒤 김명(민애왕)은 희강왕을 자진케 하고 자립하였다.

김우징은 838년 3월에 자신이 직접 5천의 군대를 이끌고 출전하였지만 남원에서 민애왕군의 저항에 막혀 청해진으로 돌아와야 했다. 김충공·김명 가문은 당시 신라 사회에 새롭게 도입되는 선종에서 洪陟과 慧昭를 선택적으로 지원함으로써 전략적 요충지인 지리산 일대에 자신들의 세력권을 형성하려 하였던 것이다. 김우징·장보고군은 만만찮은 민애왕군을 패배시키고 839년 신무왕(김우징)을 즉위시켰지만, 정권의 기반은 대단히 취약하였다.

치열한 왕위계승 분쟁은 신무왕의 즉위로 일단락되고, 신라 사회는 다시 정치적으로 안정을 되찾았다. Ⅲ장 3절은 하대 중기 시기의 정치적 안정과 왕위계승을 다룬 것이다. 왕위계승의 정통성을 주장할 수 없었던 신무왕 정권은 왕경인들에게 동조를 얻기 힘들어 불안정했다. 신무왕의 짧은 재위 기간을 거쳐 문성왕이 즉위하면서 수세적 입장에서 벗어나 장보고 세력을 축출하고 비협조적인 귀족들을 숙청하면서 왕권은 안정될 수 있었다.

문성왕은 후사가 없었으나 왕의 숙부인 김의정이 유조에 의해 헌안왕으로 즉위하였으며, 헌안왕도 유조에 의해 맏딸의 남편인 김응렴에게 왕위를 물려주었다. 혈연관계로 본다면 경문왕 김응렴의 즉위는 원성왕 손자들의 가문이 치열한 왕위계승 분쟁을 마무리하고 왕실이 범원성왕계로 다시 통합되는 의미를 가진다.

경문왕대에 시행된 정책들은 비교적 성공을 거두어 정국 운영에 자신감을 가진 듯하다. 경문왕은 당의 사신 胡歸厚를 맞이하여 신라의 뛰어난 정경을 시로써 화답하였으며, 헌강왕 때는 '新羅全盛之時'라고 하였다. 물론 이러한 표현이 논란은 있겠지만, 진성여왕 3년의 농민봉기 이전까지 신라는 정치적 안정을 유지하고 있었다고 보여진다. 이러한 국정 운영에서의 자신감이 진성여왕을 즉위할 수 있게 한 배경이 되었을 것이다.

왕이 嗣子가 없을 때 후계 왕위는 태자·부군을 지명하여 이어나가거나, 왕의 가까운 혈연 중에서 국왕이 정치적 요인을 고려하여 선택하였다. 이때 왕과의 혈연관계는 필요조건으로 왕의 가장 가까운 혈연에게 왕위가 계승되는 원칙이 있는 것이 아니라 이러한 조건을 충족하는 왕의 근친 중에서 왕의 정치적 판단에 의해 후계 왕위계승자가 지명되었다. 왕의 嗣子에 의한 후계 왕위계승이 이루어지지 않더라도 이러한 원칙들이 하대 중기에는 지켜지면서 신라의 멸망 때까지 왕위계승은 안정을 되찾았다.

하대 초기에 왕위계승 분쟁의 시기가 있었으나 이것이 하대 전체 정치사를 보는 이해의 틀이 되기는 어렵다. 이러한 인식은 왕위계승 분쟁이 종식된 신무왕 즉위 이후의 정치사 연구에 커다란 공백을 남기게 된다. 하대의 왕위계승이 혼란했다는 것은 중대에 비해 상대적으로, 그리고 하대 초기에 한정하여 사용되어야 할 것이다.

Ⅳ장은 신라의 쇠퇴가 가시화되는 진성여왕대의 정국 운영을 살펴본 것이다. Ⅳ장 1절의 내용을 정리하면 다음과 같다. 신라는 진성여왕의 재위 동안 기근과 조세 독촉으로 인한 농민들의 봉기가 일어나고 지방세력들에 대한 통제 능력을 상실하면서 해체기에 들어서게 되었다. 진성여왕대를 전후한『삼국유사』왕력의 명백한 오류나, 아찬 良貝가 진성여왕의 막내아들이라는 기록이 신빙성이 없다고 볼 때,『삼국유사』왕력에 있는 김위홍이 진성여왕의 匹이라는 기록은 보다 엄격한 사료 검증이 요구된다. 김위홍과 진성여왕의 관계에 대해서도 도덕적 선악이나 시비의 관점을 벗어나 당시 신라사회의 정치적 배경을 함께 고찰해야 할 것이다.

김위홍은 형인 경문왕이 즉위한 이후부터 상재상과 병부령으로서 경문왕대 왕권강화와 개혁 정책에 적극 참여하였으며, 특히 어린 조카 헌강왕의 재위 때에는 상대등으로서 당대를 성대로 자찬할 만큼 훌륭히 국정을 이끌었다. 상대등을 '왕위에 오를 정당한 계승자가 없을 경우에 왕위를 계승할 제1후보자로 간주되고 있었다'라는 견해나 '능히 실력으로 후계자가 될 수 있는 존재였다'는 주장과는 달리, 김위홍은 질녀인 진성여왕의 즉위를 정당화하기 위해『삼대목』을 편찬하고 즉위 초의 정국을 주도하였다. 그러나 진성여왕 즉위 8개월 만에 김위홍이 죽고난 후, 부호부인이 주도하는 정국 운영은 국왕까지도 비난할 만큼 신라의 전통적 권위는 붕괴되었고 정국은 혼란에 빠지게 되었다.

하대 왕실 가족에 의한 정치권력의 독점과, 진성여왕대에 이르면 서자인 조카 김요에게 전례 없는 선양을 해야 할 만큼 경문왕 직계 자손들이 거의 남아 있지 않은 상황에서, 병약한 진성여왕이 정치적으로 혈연적으로 믿고 의지할 사람은 숙부인 김위홍이었고, 그의 사후에는 숙모인 부호부인이었다. 진성여왕대 초기의 정치사를 올바르게 이해하기 위해서는 김위홍의 정치적 업적과 왕실 내의 지위를 당시 정치 사회상과 관련하여 파악해야 하며, 이를 남녀간의 추문으로 해석하거나, 더 나아가 신라 멸망의 원인으로까지 연결한 견해는 재고되어야 마땅할 것이다.

Ⅳ장 2절에서는 진성여왕대 농민봉기와 신라의 붕괴 과정을 미시적으로 분석하였다. 진성여왕대 농민봉기는 신라의 멸망과 관련하여 언급되고 있다. 실제로 신라는 진성여왕 3년(889)의 농민봉기에서부터 국정 운영능력을 상실하는 모습을 보이고 있다. 그러나 그 원인을 여왕 개인의 도덕적 문제에서 찾거나, 진성여왕 3년 이전의 자연재해에 의한 농민봉기를 이후의 체제 저항적인 것과 동질적으로 파악하는 접근에는 문제점이 있다.

진성여왕 2년에 흉년이 들었고, 그 다음 해에 국가가 貢賦를 독촉하자

292

농민들이 봉기하였다. 정부에서는 예년처럼 구휼 정책이나 조세 감면을 해야 했으나, 진성여왕 즉위년에 여러 州郡의 조세를 면제해주는 바람에 國庫가 고갈되어 있었다. 흉년에 조세 독촉까지 받은 백성들이 왕실과 그 집권층에 강한 불만을 갖게 된 것은 당연한 일이었다.

농민봉기는 기근이 계속되면서 장기화되었고, 이 과정에서 국가의 구휼정책 실패와 농민의식의 자각으로 조세 저항이 일어났다. 王京의 지배층과 왕실은 이러한 문제를 자신의 경제적 기득권의 양보를 통해 해결하기 보다는 농민들에 대한 수탈을 강화하여 벗어나려 하였다. 농민항쟁이 광범위하고 장기화되면서 체제 모순이 노출되었고, 신라 국가체제의 자정 능력이 한계를 드러내면서 항쟁의 성격도 변해갔다.

고립화된 농민의 불만을 조직화하는 세력이 생겨났고, 신라에 叛心을 품은 인물도 등장하였다. 이들은 봉기한 농민들을 자신의 세력으로 모으고, 지방을 근거로 하여 신라의 전통적 권위를 부정하고 새로운 정치 이념을 제시하면서 후삼국 시대를 열었다.

보론

국정 국사교과서의 하대시기 서술

1. 머리말

『삼국사기』에 의하면 신라하대는 37대 선덕왕이 즉위하는 780년부터 935년 56대 경순왕이 고려에 항복하기까지 155년 동안을 말한다.[1] 이 시기는 한국사에 있어 고대에서 중세사회로의 전환기로 한국사학계의 주목을 받아 왔다. 7차 교육과정 중·고등학교 국정 국사교과서에서 신라하대는 중대의 전제주의 왕권이 쇠퇴하고 신라국가가 점차 해체되어 가던 시기로 파악되거나, 고대사회의 종말기로 여러 사회 모순이 노출된 시기로 그려지고 있다.

그러나 하대를 신라 멸망과 무리하게 연결하면서, 사회 혼란이라는 부정적 선입견이 개입한 부분도 있었다. 지나친 중앙집권적 관점과 역사 발전 진행과정의 진통에 대한 부정적 서술은 왕조사관과 역사의식의 순환론적 사고로 이어질 수도 있다. 국사교과서를 통해 중·고등학교 학생들이 이 시기 역사를 '발전적이고 종합적으로 파악'[2]하는 것이 필요하다고 할 때, 이러한 국사교과서의 서술은 중·고등학교 학생들의

---

1) 『삼국사기』 권12, 경순왕 말미 기사.
2) 국사편찬위원회 1종도서편찬위원회, 2002, 『고등학교 국사교과서』, 교육인적자원부, 머리말. 이하 2002년 중학교 국사교과서, 2002년 고등학교 국사교과서라고 함.

한국사 인식에 단선적이고 편협되게 작용될 우려가 있다.

국사교과서의 서술 내용을 분석한 기존의 연구 성과들3)은 근·현대사의 지배 이데올로기적 관점에 대해서는 많은 비판적 견해를 제시했지만,4) 고대사 부분에서는 학계의 연구 성과 반영에만 관심이 집중되었다. 현행 7차 중·고등학교 국사교과서의 고대사 부분에 대한 학계의 다양한 분석이 없었던 것은 아니나,5) 한국 고대사만 하더라도 학계의 전공은 매우 세분화되어 삼국시대 이전이 그 이후와 다르고, 고구려·백제·신라사 전공자 사이의 소통도 원활한 편은 아니었다. 때문에 국사교과서의 서술이 학계의 연구 성과를 제대로 반영하고 있는지를 검토하는 것은 한국사 전공자들에게도 매우 벅찬 과제이다.

---

3) 이에 대한 연구사적 검토는 김한종, 2002, 「국사교과서 연구의 최근 동향—1990년대 이후를 중심으로」『社會科學敎育硏究』제5호 ; 김한종, 2006, 『역사교육 과정과 교과서 연구』, 선인 참고.

4) 최근의 한국근현대사 교육에 대해서는 김한종 외, 2005, 『한국근현대사교육론』, 선인 참고.

5) 최광식, 「국사교과서 선사·고대편 서술의 문제점」『제7차 교육과정 국사교과서의 서술내용과 개선방안』(한국사연구회 2002년 11월 학술대회 발표문) ; 宋相憲, 「중학교 국사교과서의 前近代 歷史像」(제45회 전국역사학대회 역사교육 연구회 발표문, 2002년 6월) ; 禹仁秀, 2002, 「제7차 교육과정 고등학교 국사교과서의 내용 분석」『역사교육』84.
이익주, 「국사교과서의 정치사 서술 및 인식 검토」 ; 송규진, 「『고등학교 국사』 경제사 부분의 서술체제와 서술내용 분석」 ; 한상권, 「고등학교 국사교과서의 역사인식 및 서술 내용」 ; 강응천, 「고등학교 국사교과서의 문화사 인식 및 서술방식 검토」(이상은 일본교과서바로잡기운동본부·역사문제연구소·전국역사교사모임·한국역사연구회 편, 2003, 『한국사 교과서의 희망을 찾아서』, 역사비평사에 수록되어 있다).
송호정, 「제7차 교육과정 중·고등학교 국사교과서의 선사 및 국가 형성 관련 서술 검토」 ; 김수태, 「제7차 교육과정 중·고등학교 국사교과서의 고대 정치 관련 서술 검토」 ; 全德在, 「제7차 교육과정 중·고등학교 국사교과서의 고대 경제·사회 부분 분석」 ; 金福順, 「제7차 교육과정 중·고등학교 국사교과서의 고대 문화 관련 서술 검토」(이상은 한국고대사학회 편, 2003, 『한국고대사연구』29에 수록되어 있다).

현실적으로 역사연구와 역사교육이 만날 수 있는 가장 편의적인
장은 역사교과서라고 할 수 있고, 개개의 교과서가 다루고 있는 역사서
술이 사론 또는 사관의 문제가 아니라 실증의 측면에서 현재까지의
연구 성과를 제대로 반영하고 있는가를 지적하는 것은 역사연구자들의
의무이기도 하다는 주장도 있다.[6] 본고에서는 7차 교육과정 국정 국사
교과서의 하대시기 서술을 검토해보고, 이를 바탕으로 이 시기 국사교
과서 서술의 개선 방향을 모색해보고자 한다.

2. 중학교 국사교과서의 하대 서술 내용

1) 본문

중학교 국사교과서에서 하대는 Ⅲ. 통일신라와 발해-2.신라의 동요
와 후삼국의 형성 단원[7]에 서술되어 있다. 김한종은 국사교과서의
서술형식이 전반적으로 가치판단이 내포되어 있는 서술을 피하려는
경향을 보이고 있다고 하였다.[8] 그러나 주요 내용의 '신라의 동요',
'흔들리는 신라사회'라는 제목부터 지배층의 시각이 강하게 투영되어
있다. '신라사회의 변화' 정도의 표현이 적절하지 않을까 한다. 고등학교
의 경우 '남북국 시대의 정치변화'-'신라말기의 정국 변동과 호족세력
의 성장'이라는 제목으로 되어 있다. 제목에서의 이러한 부정적 이미지
는 본문으로 그대로 연결된다.

---

6) 金燉, 2001, 「한국사학과 국사교육의 관계 재정립」 『한국사론-21세기 국사교
   육의 새로운 모색』 31, 국사편찬위원회, 56쪽.
7) 〈표 10〉은 국사편찬위원회 1종도서편찬위원회, 2002, 『중학교 국사 교사용
   지도서』, 교육인적자원부, 169쪽에 실린 중학교 국사 2학년 연간 계획(안)이다.
8) 金漢宗, 2000, 「역사의 표현형식과 국사교과서 서술」 『역사교육』 76, 160쪽.

〈표 10〉 중학교 국사 2학년 연간 계획(안)

월	주	단원	주제	차시	주요내용
8	1	Ⅲ. 통일신라와 발해	1. 통일신라와 발해의 발전	1	· 단원개관 · 통일 신라의 제도 정비 무열왕계의 왕위 세습 · 새로운 제도의 마련
				2	· 통일신라의 대외 교류 활발한 대외 교류
9	3~4			3	· 발해의 발전 대조영의 발해 건국 · 해동성국 · 발해의 정치 제도 · 학습정리
			2. 신라의 동요와 후삼국의 형성	4	· 단원개관 · 신라 말기 지식인과 지방세력의 움직임 흔들리는 신라 사회 · 새로 등장한 지방세력들
				5	· 후삼국의 성립 온 나라를 뒤흔든 농민 봉기 · 새로운 사상의 유행 · 후삼국 시대의 개막
10	3~4			6	· 학습정리 · 심화과정 — 발해를 우리 민족의 국가로 보는 이유는? · 단원 종합 수행 과제 — '신라의 삼국 통일'을 어떻게 볼 것인가?

① 신라는 이와 같이 무열왕의 직계 자손에 의해 왕권이 크게 강화되자, 이를 바탕으로 정치적 안정이 이루어지고, 문화도 융성해졌다. (2002년 중학교 국사교과서, 69쪽)

② 통일 후 번영을 계속하던 신라는 8세기 후반부터 귀족들의 권력다툼에 휘말리게 되었다. 소수의 진골귀족에게 권력이 집중되면서 왕과 귀족 사이에, 그리고 귀족들 서로 간에 싸움이 자주 일어났다. 귀족들이 농장을 늘리고 자신의 군대를 키워 서로 다투었지만, 국가는 이를 통제하지 못하였다. (2002년 중학교 국사교과서, 79쪽)

중학교 국사교과서의 서술에서는 신라 중대=안정, 하대=혼란의 모습

이 대비되어져 있다. 특히 ②에 따른다면 신라는 사실상 8세기 후반부터
국가의 통제 기능을 상실한 것처럼 보이는데, 이는 역사적 사실과도
맞지 않다. 국가의 중앙 집권력이 약화된 정도에서 호족세력의 성장을
서술하는 것이 좋을 듯하다.

교과서에서 왕위계승 분쟁에 대한 서술을 살펴보자.

> ③ 이후 신라에서는 왕위 다툼이 심해져서 150여 년 동안 20명의 왕이
> 바뀌는 큰 혼란이 일어나 왕권이 크게 약화되었다. (2002년 중학교
> 국사교과서, 79쪽)

하대 정치사 연구에 큰 영향력을 끼친 이기백은 개설서에서 흥덕왕
사후 벌어진 왕위계승 분쟁을 설명한 후 "이러한 상태였으므로 비록
왕위에 오른다 하더라도 그는 과거와 같이 귀족 전부의 대표자일 수는
없었다. 그를 추대한 일파의 대표자일 뿐이었다. 그러므로 반대파의
보복을 받기가 일쑤였던 것이다. 하대 약 150년 사이에 20인의 왕이
즉위하였고 그 중 상당수의 왕이 내란에 희생되었다는 것은 이 시대의
사회상을 단적으로 말하고 있는 것이다"고 하였다.[9] 교과서의 서술은
대체로 이러한 견해에 따른 것이다.

그러나 하대 시기 왕위계승 분쟁에 의해 피살된 왕은 애장왕·희강왕
·민애왕이며, 굳이 견훤에 의해 피살된 경애왕까지 넣어도 4명이다.
'상당수의 왕'이 내란에 희생되었고, 이것이 당시의 사회상을 '단적으로'
말해준다는 것은 무리한 역사해석이다. 하대의 왕위계승 분쟁은 839년
신무왕의 즉위로 종식되고, 그 뒤 935년 신라의 멸망까지 전왕의 숙부나

---

9) 李基白, 1961, 『國史新論』, 泰成社, 118쪽. 이후 1990(新修版), 『한국사신론』,
일조각, 133쪽에 이르기까지 이기백의 일관된 견해이다.

사위, 여동생, 조카와 심지어는 박씨에게로 왕위가 이어질 때도 무력
분쟁은 일어나지 않았다.[10] 그럼에도 불구하고 이러한 인식을 기반으로
하대의 시대상을 파악하는 것은 이 시기 정치사에 대한 정확한 이해에
기초했다고 보기 어렵다.[11]

　이러한 교과서 서술의 또 다른 위험성은 귀족들 간의 격렬한 왕위
다툼이 골품제의 동요를 가져왔고, 이것이 사회혼란으로 이어졌다는
식의 역사 인식을 심어 줄 수 있다는 데에 있다. 중앙 곧 왕의 권력
집중=안정, 진골귀족들 간의 왕위계승 분쟁=중앙의 혼란, 또는 농민봉
기와 지방세력의 성장=혼란이라는 등식을 만들어 낼 우려가 있는 것이
다. 아래 ④의 서술은 이러한 예를 잘 보여준다.

　④ 귀족들 간의 격심한 왕위 다툼은 신라의 전통적인 신분 질서인
　　 골품제를 뒤흔들어 사회의 혼란을 가져왔다. (2002년 중학교 국사교과
　　 서, 80쪽)

　본문 서술이건 삽화 자료이건 간에 교과서 내용에는 다양한 방식으로
저자의 의도나 목적이 게재된다.[12] 교과서의 이러한 서술대로라면,
골품제의 안정이 곧 사회의 안정이 되는 것이다. 이것은 지나친 중앙의
지배층 시각이 투영된 것이며, 지방세력의 성장과 기층민들의 저항이

---

10) 이기백도 "신무왕 이후 귀족들에게 일반적으로 공인되는 왕위계승의 원칙이
　　 세워졌고", "귀족의 공인 아래 왕위는 왕위대로 상대등은 상대등대로의 질서를
　　 갖추게 되었다"고 하였다(1974,「상대등고」『신라정치사회사연구』, 일조각,
　　 124쪽).
11) 이에 대해서는 권영오, 2002,「신라하대 왕위계승과 상대등」『지역과 역사』
　　 10 ; 권영오, 2004,「김위홍과 진성왕대 초기 정국 운영」『大丘史學』76 참고.
12) 金漢宗, 2001,「역사의 표현형식과 국사교과서 서술」『한국사론』31, 국사편찬
　　 위원회, 221쪽.

골품제의 한계를 뛰어넘으려는 역사 발전의 진통임을 외면한 것이다.

⑤ 이러한 때에 지방에서도 반란이 이어졌다. 9세기 전반에는 웅주(공주) 도독 김헌창이 반란을 일으켰고, 청해진을 지키던 장보고도 중앙 정부에 반기를 들었다. 이 모두가 중앙에서 벌어진 왕위 다툼과 관련하여 일어난 것이었다. (2002년 중학교 국사교과서, 79쪽)

⑤의 문장은 전달 과정에서 김헌창의 난과 장보고의 난이 같은 시기에 일어난 것으로 오해할 소지가 있다. 절대 연대를 넣어주는 것이 선후관계를 이해하는데도 좋을 것이다. 김헌창의 난은 822년(헌덕왕 14), 논란이 있지만 교과서에 인용된 『삼국사기』에 따른다면 장보고의 반란은 846년(문성왕 8), 지방세력의 봉기가 이어진 것은 889년(진성왕 3) 이후부터이기 때문에, 이들이 서로 연관하여 일어났다고 보기에는 무리가 있다.

그리고 본문과 제목에서 무의식적으로 쓰고 있는 '신라 말'이라는 시기가 구체적으로 언제부터인지도 모호하다.

⑥ 신라 말의 사회혼란은 9세기 말 진성 여왕 때에 이르러 더욱 심해졌다. (2002년 중학교 국사교과서, 82쪽)
⑦ 신라 말기, 후삼국 시대에 유행하였던 새로운 사상은? (2002년 중학교 국사교과서 82쪽 왼쪽 주)
⑧ 신라 말에는 사회가 변화하면서 사상도 바뀌어 불교의 새로운 종파인 선종이 크게 발전하였다.……그런데 신라 말에 이르러 왕실보다도 지방 호족들이 선종에 큰 관심을 가지게 되었다.……그리하여 신라 말에는 선종, 유교, 풍수지리설이 서로 결합되어 새로운 사회를 건설하는 데 영향을 주었다. (2002년 중학교 국사교과서, 83쪽)

교과서의 서술로 보아서는 '신라 말'이 신라하대를 지칭하는 것 같으나, 적절치 못한 표현이다. 신라하대로 고치고 읽기자료나 날개 주에서 『삼국사기』의 신라사 시기구분에 대해 설명해주는 것이 나을 듯하다.

그리고 하대 155년간을 모두 신라 말기로 보는 부정적 인식도 문제가 있다. 다음 사료를 보자.

A 9월 9일에 왕이 左右近臣과 더불어 月上樓에 올라 사면을 바라보니, 서울의 民家는 즐비하게 늘어섰고 歌樂의 소리는 끊임없이 일어났다. 왕이 侍中 敏恭을 돌아보고, "내가 들으니 지금 민간에서는 집을 기와로 덮고 짚으로 잇지 아니하며, 밥을 짓되 숯으로 하고 나무로써 하지 않는다 하니 사실입니까?"라고 물었다. 敏恭이 대답하되, "신도 또한 그와 같이 들었습니다" 하고 인하여 아뢰기를 "上이 즉위하신 이래로 陰陽이 고르고 風雨가 순조롭고 해마다 풍년이 들어 백성들은 먹을 것이 넉넉하고, 또 邊境이 安穩하고 市井이 환락하니 이는 聖德의 소치입니다" 하니, 왕이 기뻐하여 "이는 卿들의 보좌한 힘일 것이다. 내 무슨 덕이 있으랴" 하였다. (『삼국사기』 권11, 헌강왕 6년)

B 신라의 전성시대에는 서울에 17만 8천 9백 36호, 1천 3백 60坊, 55里, 35金入宅－부유한 큰 집을 말한다.(원문 주)……또 사절유택이 있었으니, 봄에는 東野宅, 여름에는 谷良宅, 가을에는 仇知宅, 겨울에는 加伊宅에서 놀았다. 제49대 헌강대왕 때에는 성 안에 초가집은 하나도 없고 집은 이웃과 서로 처마와 담이 붙어 있었고, 노래소리와 피리소리가 길거리에 가득하여 밤낮으로 끊이지 않았다. (『삼국유사』 권1, 기이 辰韓·又四節遊宅)

사료에서처럼 헌강왕 때의 신라 사회가 매우 번성하는 모습을 보이고 있어 당시를 말기의 혼란한 상황으로만 보기에는 무리가 있다. 신라말기의 모습을 하대의 시작부터 소급하기 보다는 진성여왕 이후 농민봉기가 일어나는 시기부터 찾는 것이 타당할 것이다.[13] 그러므로 하대 155년간을 좀더 세분하여 그 역사적 단계의 특성을 표현해 주는 서술이 요구된다. 지나치게 세분하여 각 시기의 단절성이 부각될 수도 있겠지만, 신라하대=신라말기라는 부정적이고 도식적 인식에서 벗어나 각 시기가 좀더 인과적이고 맥락적으로 연결될 수 있도록 역사적 사실이 파악되고 이해되어야 할 것이다.

2) 탐구 · 심화활동 · 자료글 · 연표

2002년 중학교 국사교과서 79쪽 '흔들리는 신라 사회' 단원에서 교과서는 '신라 사회의 혼란은 무엇에서 비롯되었나?'라고 묻고 있다. 교과서에 서술된 내용으로 유추해 본다면 왕위계승 분쟁과 귀족들 간의 다툼이 왕권약화와 지방반란을 일으킨 혼란의 원인이라는 답을 유도하고 있다. 정치사를 위주로 서술한 중학교 국사교과서의 한계이겠지만 하대의 사회경제적 모순과 지방사회의 성장, 골품제의 붕괴와 새로운 정치체제의 모색 과정이 생략되어 있고, 이에 대한 기층민들의 반발은 사회혼란을 가져오는 원인으로 표현되어 있는 것이다. 국정 국사교과서의 비중이 학습에 절대적인 중 · 고등학생들에게 왕권강화=국가 안정이라는 국가주의적 역사 인식을 심어줄 우려가 있다.

중학교 국사교과서 84쪽의 읽기자료 '궁예는 왜 달라졌을까?'라는 부분을 살펴보자.

---

13) 이에 대해서는 권영오, 2004, 「김위홍과 진성왕대 초기의 정국운영」『대구사학』 76 ; 권영오, 2007, 「진성여왕대 농민 봉기와 신라의 붕괴」『신라사학보』 11 참고.

⑨-a : 진성여왕 8년(894)에 명주(강릉)에 들어가, 거느린 무리 3500명을 14개 부대로 편성하고……병졸과 더불어 괴로움과 즐거움, 어려움과 편함을 함께 하였고, 관직을 주고 빼앗음에 있어서도 공정하게 하여 사사로움이 없게 하였다. 이로써 뭇 사람들의 마음이 그를 두려워하고 존경하며 사랑하여 장군으로 추대하였다.

⑨-b : 선덕왕 4년(915),[14] 궁예의 부인 강씨가 왕이 법을 지키지 않는 일을 많이 행하므로 얼굴색을 바르게 하고 이야기하니, 궁예가 미워하여 "네가 다른 사람들과 간통하니 무슨 일이냐?" 하니, 강씨가 "어찌 그러한 일이 있으리요." 하였다. 왕이 "내가 신통력으로 보아 안다." 하고 무쇠 방망이를 뜨거운 불에 달구어 강씨를 쳐 죽이고 두 아들까지 죽였다. 이후 의심이 많고 화를 잘 내니, 여러 보좌관과 장수, 관리로부터 평민에 이르기까지 죄 없이 죽음을 당하는 일이 자주 있었고, 부양(평강)·철원 일대의 사람들이 그 피해와 독을 견디지 못하였다. (『삼국사기』)

위의 자료는 궁예에 대한 부정적 측면이 지나치게 강조되어 있고, ⑨-b의 경우는 중학교 수업 시간에 쓸 수 있는 적절한 읽기 자료인지 의문이 든다. ⑨-a에서 나타난 것처럼 대부분 농민봉기 때 모였을 무리들과 동고동락하는 지도자의 모습은 골품제의 틀에 갇힌 왕들에게 기대할 수 없는 것이었다면, 읽기 자료에서 궁예의 이러한 점을 좀더 부각시켜 주어도 될 것이다.

신라 말기의 사료로서 포석정 사건을 중학생 수준에 맞게 해석하여 제시할 수 있을 것이다.

---

14) 神德王의 오류이다. 2002년 발행 당시의 중·고등학교 국사교과서에는 이처럼 몇 가지 단순하지만 중요한 오류를 보여 교과서의 신뢰를 크게 손상시켰다. 2003년판에서부터 이 오류는 정정되었다.

⑩-a : (후백제왕 견훤이) 갑자기 왕경(경주)에 쳐들어왔다. 경애왕은 왕비, 왕실의 친척들과 더불어 포석정에 가서 잔치를 하던 때라 적병이 닥침을 알지 못하였다. 갑자기 어찌할 바를 몰라 왕은 왕비와 함께 후궁으로 달려 들어가고 왕실의 친척들과 공경대부, 부녀자들은 사방으로 흩어져 도망쳤다. 적병에게 사로잡힌 자는 귀하거나 천한 사람 할 것 없이 다 놀라고 두려워 엉금엉금 기면서 노복이 되기를 구걸하였으나 해를 면치 못하였다.

⑩-b : 견훤은 또 그 군사를 놓아 공사의 재물을 거의 다 빼앗고 (자기는) 대궐에 들어가 거처하며 좌우로 하여금 신라왕을 찾아내게 하였다. 경애왕은 궁녀 몇명과 함께 후궁에 숨어 있다가 잡혀갔다.

⑩-c : 경애왕은 견훤의 핍박에 못이겨 자결하고, 왕비와 궁녀들도 해를 입었다. 견훤은 김부를 세워 나라 일을 맡게 하니 이가 곧 경순왕이다. (『삼국사기』 권12, 경애왕 4년 11월)

중학교 국사교과서에서도 궁예가 왕비 강씨를 죽이는 장면은 대단히 잔혹하여[15] 생략과 윤색을 했다. 포석정 사건[16]도 중학생 수준으로 다소 윤색하거나 ⑩-a 정도만 서술한다면 당시 사회를 보여주는 사료로서 적절할 것이다.

2002년 중학교 국사교과서 67쪽의 연표(주요사실)에는 하대의 중요

---

15) 貞明(後梁 末帝 연호) 원년에 夫人 康씨가 왕이 非法을 많이 행하므로 안색을 바르게 하고 諫하니 왕이 미워하여 "네가 다른 사람과 간통을 하니 무슨 일이냐" 하였다. 강씨가 "어찌 그러한 일이 있으리요" 하였다. 왕이 "내가 신통력으로 보아 안다" 하고 무쇠 방망이를 뜨거운 불에 달구어 그 陰部를 쳐서 죽이고, 두 아들까지 죽이었다. 그 후로는 의심이 많고 화를 잘 내니, 여러 관료와 장수, 서리로부터 평민에 이르기 까지 죄 없이 주륙되는 자가 자주 있으며, 부양, 철원 일대의 사람들이 그 해독을 견디지 못하였다(『삼국사기』 권50, 열전 궁예).

16) ⑩-c의 사료를 원문에 충실하게 해석하면 다음과 같다.
(甄)萱은 왕을 핍박하여 自盡케 하고, 왕비를 强淫하고, 부하로 그 婢妾을 亂通케 하고, 왕의 族弟를 세워 국사를 權知케 하니 이가 곧 경순왕이었다.

사건으로 장보고 청해진 설치와 후백제·후고구려·고려의 건국과 발해·신라 멸망이 나오는데, 형식적으로 자리를 차지한 부분이라는 느낌을 받게 한다. 하대 155년간을 초기·중기·말기로 나누어 연표에 그 역사적 단계의 중요한 사건들을 나열해보면, 하대 초기에는 왕위계승분쟁과 독서3품과 설치, 하대 중기에는 정치적 안정기로 선종의 도입(실상사 창건)과 청해진 설치, 하대 말기에는 농민의 봉기, 최치원의 시무책 건의를 넣을 수 있다. 이와 관련하여 중학교 국사교과서 339쪽의 연표에서는 독서삼품과, 장보고의 청해진 설치, 백관의 복색제도 공포, 삼대목의 편찬 등을[17] 제시했다. 중학교 국사교과서 본문에서는 흥덕왕대의 역사적 사실에 대한 언급이 없는 반면 흥덕왕대 백관의 공복색 제정이 하대의 중요한 사건으로 연표에 들어간 것은 일관된 서술이라고 할 수 없다.

중학교 국사교과서 85쪽 학습 정리 용어와 인물에서는 6두품·호족·선종·풍수지리설—장보고·견훤·궁예를 제시했다. 그러나 용어와 인물이 연결되려 한다면 6두품—최치원, 지방세력·호족—장보고·궁예·견훤, 선종—도의, 풍수지리설—도선 등으로 연결되어야 할 것이다.

중학교 국사교과서 77쪽 학습정리 3.탐구활동의 내용을 살펴보자.

다음은 상대등과 시중에 관한 기록이다. 상대등과 시중의 권한과 역할이 각 시기에 따라 어떻게 변했을까? 다음 기록의 내용과 교과서의 내용을 참고하여 추론해보자

·법흥왕 18년(531) : 이찬 철부를 상대등으로 삼아 나라 일을 총괄하게 하였다.

---

17) 이것은 2002년 고등학교 국사교과서 399~400쪽 연표와 똑같다.

· 진덕왕 5년(651) : 중시(시중)을 두었다.

· 혜공왕 16년(780) : 2월에 이찬 김지정이 반란을 일으켜 사람들을
  모아 궁궐을 포위하였다. 4월에 상대등 김양상이 이찬 김경신과
  함께 군대를 동원하여 김지정을 죽였다.(김양상은 나중에 선덕왕
  이 되었고, 김경신은 원성왕이 되었다)

위에 제시된 자료만 가지고는 상대등과 시중이 각 시기에 따라 어떻게
변했는지 알기 어렵다. 중학생이 이 사료를 가지고 상대등과 시중의
권한과 역할이 변화된 것을 추론할 수 있다면 놀라운 역사적 사고력을
가지고 있는 것이다.

또한 82쪽 왼쪽 날개 주에서는 다음과 같이 문제제기를 하고 있다.

· 농민 봉기는 왜 전국적으로 일어났나?

· 신라 말기, 후삼국 시대에 유행하였던 새로운 사상은?

(2002년 중학교 국사교과서, 82쪽, 왼쪽 날개 주)

그런데 이것은 85쪽 3.탐구활동의 것과 사실상 중복된다.

1. 다음 내용을 통해 신라말에 농민들이 봉기한 원인을 말해 보자.

· 원성왕 4년(788) : 가을, 서쪽 지방에서 가뭄과 벌레의 피해로 농사
  를 망쳐, 이 지역 농민들이 도처에서 일어났다.

· 헌덕왕 7년(815) : 서쪽 변방 지역의 주·군에 큰 흉년이 들어 도적
  이 벌떼처럼 일어났다.

· 진성 여왕 3년(889) : 여러 주와 군에서 공물과 조세를 보내 오지
  않아 정부가 조세를 독촉하자, 곳곳에서 도적들이 벌 떼처럼 일어
  났다.

2. 신라 말에 선종 불교, 유교, 풍수지리설이 새로운 사회의 건설에

어떤 영향을 끼쳤는지 조사하여 정리해 보자

(2002년 중학교 국사교과서, 85쪽 학습정리 중 3.탐구활동)

위 탐구활동 1에서 제시한 사례 중 원성왕, 헌덕왕 때의 농민봉기는
전근대사회에서 가끔 볼 수 있는 자연재해에 의한 개별적 자연발생적인
것이고, 진성여왕대의 것은 자연재해뿐 아니라 국가의 조세 독촉과
이에 대한 피지배층의 자각적 체제 저항의 것이기 때문에 봉기의 원인에
차이가 있다.18)

3) 그림

7차 교육과정의 중학교 국사교과서가 이전에 비해 판형이 커지고,
시각 자료들이 보충되었다고 하지만, 그 시대를 적절히 반영하는 자료
가 제시되었는지는 의문이다. 이것은 고등학교와 중학교 국사교과서의
사진, 그림, 지도 자료가 중복되지 않게 하려는 편집의도가 있기는
하지만, 그 시대를 대표하는 유물, 유적이 빠진 반면 성격이 비슷한
자료의 중복이 여전히 보이고 있기 때문이다.

78쪽의 금동제 용머리 당간19) 그림은 용도도 어렵고, 이것이 지방세
력의 성장을 반영하고 있다는 교과서의 설명을 중학생이 이해할 수
있을까 의문이 든다. 7차 교육과정 중학교 국사교과서에서 문화사 관련

---

18) 權英五, 2007,「진성여왕대 농민 봉기와 신라의 붕괴」『新羅史學報』11 참고.
19) 『중학교 국사 교사용 지도서』에 의하면 이 유물은 국보이며, 높이 174cm.
　　현재 대구박물관에 복원 전시되어 있으며, 정식 명칭은 금동용두보당이라고
　　되어 있다(교육인적자원부 1종도서편찬위원회, 2002, 『중학교 국사 교사용
　　지도서』, 교육인적자원부, 236쪽). 그러나 교사용 지도서의 설명은 현재 리움
　　미술관에 소장되어 있는 국보 제136호 금동 용두 보당(金銅龍頭寶幢)을 말하는
　　것이며, 교과서의 것은 국립대구박물관에 전시되어 있는 보물 제1410호 금동
　　당간 용두(金銅幢竿龍頭)이다.

내용이 빠진 것을 고려한다면 중학생의 수준에서 당과 당간, 당간지주 등의 용도를 알기에도 어려움이 있다. 좀더 이해가 쉽게 될 수 있는 대표적인 문화재가 들어갔으면 한다.

79쪽 성주사와 83쪽 실상사 모두 선종 사찰의 사진이기 때문에 성격이 중복된다.[20] 흥덕왕릉이나 도선과 관련된 사진이 들어가는 것이 적절할 것 같다. 흥덕왕릉의 경우 드물게 피장자를 알 수 있을 뿐 아니라 신라 왕릉의 정형을 보여주고 있어, 흥덕왕대의 사치금지 규정이나 골품제를 설명하면서 중요한 자료로 제시될 수 있을 것이다. 그리고 최치원에 관한 서술은 중학교 교과서에 반복하여 나타난다.[21] 이와 관련된 그림(영정이나 책), 최치원이 지은 사산비명의 일부를 제시하는 것도 좋을 듯하다.[22]

---

20) 2002년 중학교 국사교과서는 83쪽에 5교9산의 지도가 들어갔으나, 2003년부터는 실상사의 사진이 들어갔다.

21) 최치원의 좌절 : 최치원은 당나라 유학을 마치고 고국에 돌아온 후, 계속하여 혼란한 세상을 만나 발이 묶이고 걸핏하면 허물을 뒤집어쓰니, 때를 만나지 못한 것을 가슴 아파하여 다시는 관직에 나갈 생각을 하지 않게 되었다(2002년 중학교 국사교과서 80쪽 왼쪽 주).
6두품 세력은 진골 위주의 사회 체제에 특히 반발을 보인 계층이었다.……6두품 출신인 최치원이 정계를 떠나 유랑 생활을 한 것도 이 때문이었다(2002년 중학교 국사교과서, 80쪽).
최치원이 진성 여왕에게 개혁안을 건의한 것은 이러한 혼란을 수습하려는 의도에서였다(2002년 중학교 국사교과서, 82쪽).

22) 金福順은 "중학교와 고등학교의 계기성으로 인해 도판이 중복되지 못하는 경우가 생기면서 도판 가운데 대표성을 지닌 작품들 즉 석굴암본존불, 서산마애삼존불과 같은 것도 실리지 못한 경우도 있다는 점이다. 이렇게 중복되어 실지 못하는 경우에는 도판자료를 뺄 것이 아니라 같은 자료라도 다른 각도에서 연출을 해서 찍은 다음, 새로운 내용으로 보완한다면 오히려 좋은 평가를 받을 것이다"라고 지적하였다(2003, 「제7차 교육과정 중·고등학교 국사교과서의 고대 문화 관련 서술 검토」『한국고대사연구』29, 146~147쪽).

3. 고등학교 국사교과서의 하대 서술 내용

제7차 교육과정 고등학교 국사교과서23)는 정치 · 경제 · 사회 · 문화로 분류하여 서술했다는 점에서 앞의 교과서와 큰 차별성이 있다.24) 그러나 서술 체계를 바꾸었음에도 불구하고 8, 9학년과 10학년에서 교육하는 내용이 중복되는 점을 피할 수는 없으며,25) 정치사의 경우 더욱 그러하다. 신라하대는 Ⅲ. 통치구조와 정치활동(대단원)−1 고대의 정치(중단원)−5.남북국시대의 정치변화(주제)로 단원이 구성되어 있다. 하대와 관련된 부분은 65~66쪽 '신라말기의 정치변동과 호족세력의 성장'과 66~67쪽 '후삼국의 성립'이라는 단원이다. 그 외 73쪽 '고려의 성립과 민족의 재통일' 단원에서 단편적 언급이 있다.

7차 교육과정 고등학교 국사교과서에도 하대의 정치상황은 매우 부정적으로 서술되어 있다.

⑪ 8세기 후반 이후 신라에서는 국가 기강이 해이해지면서 중앙 귀족들 간의 권력 싸움이 치열해지고, 중앙 정부의 지방에 대한 통제력이 약화되면서 지방에서 군사력과 경제력 그리고 새로운 사상을 갖춘 호족 세력이 성장하였다. (2002년 고등학교 국사교과서, 65쪽)

교과서의 서술은 마치 8세기 후반부터 신라 사회가 지방세력을 제어하지 못하고 있는 것처럼 비춰지고 있는데, 이것은 지방세력의 성장을

---

23) 7차 교육과정 고등학교 국사교과서는 2002년부터 보급되기 시작했으나, 매년 약간의 내용 수정을 거쳤고, 2006년에는 근현대 부분을 분류사에 넣어 처음의 체제와 많은 변화가 생겼다. 본고에서는 2002년 발행의 것을 기본으로 하고 2005년까지의 것을 참고로 하여 검토하였다.

24) 2002년 고등학교 국사교과서 머리말.

25) 안병우, 2003,「바람직한 한국사 교육을 위하여」일본교과서바로잡기운동본부 외 편,『한국사 교과서의 희망을 찾아서』, 역사비평사, 22쪽.

지나치게 소급한 것이다.26)

⑫ 고려의 성립은 고대 사회에서 중세 사회로 이행하는 우리 역사의
내재적 발전을 의미한다. 신라 말의 6두품 출신 지식인과 호족
출신을 중심으로 성립한 고려는 골품 위주의 신라 사회보다 개방적
이었고, 통치 체제도 과거제를 실시하는 등 효율성과 합리성이
강화되는 방향으로 정비되었다. 특히 사상적으로도 유교 정치 이념
을 수용하여 고대적 성격을 벗어날 수 있었다. (2002년 고등학교
국사교과서, 70쪽)

이것은 Ⅲ. 통치 구조와 정치 활동의 2.중세의 정치에 대한 단원개관의
내용이다. 사상적으로 고려가 유교 정치 이념을 수용하여 고대적 성격
을 벗어날 수 있었다고 하였는데, 이것은 앞에 서술한 신라가 "(신문왕
은) 나아가 유교 정치 이념의 확립을 위하여 유교 사상을 강조하고,
유교 교육을 위하여 국학을 설립하였다"27)라고 한 것과 어긋난다. 신문
왕대 군현제의 확립을 중세의 기점으로 삼은 주장도 있으며,28) 신문왕
대 유교 정치 이념의 '확립'을 위한 조치들이 있었다면, 고려의 그것은
이의 재정비로 해석할 수도 있으므로 시대구분의 근거로 삼기에는
무리이다.

---

26) 이인철은 "신라 하대의 사회가 전기간에 걸쳐 혼란 속에 있었던 것처럼 이해하
는 것은 옳지 않다는 것이다. 신라의 지방사회가 혼란에 빠지게 된 것은
9세기말 이후였기 때문이다. 즉 중앙의 정세가 8세기말부터 혼란해진 것과는
달리, 9세기말 이전에 신라의 지방사회는 비교적 안정된 가운데 율령체제가
운영되고 있었다"고 하였다(1992, 「8·9세기 신라의 지배체제」『한국고대사
연구』 6, 168쪽).
27) 2002년 고등학교 국사교과서, 61쪽.
28) 박종기, 1996, 「한국사의 중세기점과 중세사회론」『경제사학』 21.

⑬ 귀족들은 불교를 적극 후원하였다. 귀족 출신의 한 여성은 자신의 재산으로 불사에 드는 막대한 비용을 지원하기도 하였다. (2002년 고등학교 국사교과서, 195쪽)

귀족들의 범위를 어디까지로 할 것인지 분명하지 않고, 시대상이 잡히지 않는 서술이다. 왕실이나 진골 여인들의 불사 기부는 중대로부터 하대에 이르기까지 다수의 사례가 있고, 다른 신분의 創寺도 이어졌기 때문에 '귀족 출신의 한 여성'이라는 막연한 표현보다는 좀더 구체적인 사례를 제시하여 설명하는 것이 역사 이해에 도움을 줄 것이다.29)

⑭a : 9세기 이후 자주 발생한 자연 재해는 농민의 처지를 더욱 어렵게 하였다. 이러한 가운데 지방의 유력자들을 중심으로 곳곳에서 무장 조직이 결성되고, 이들을 아우른 큰 세력가들이 호족으로 등장하였다.

⑭b : 중앙 정부는 지배 체제를 다시 확고히 하고자 수리 시설을 정비하고 자연 재해가 심한 지역에는 조세를 면제해 주었다. 또 굶주리는 농민들을 구휼하고 연해에 출몰하는 해적으로부터 농민을 보호함으로써 백성의 생활을 안정시키고자 하였다. 그러나 이러한 대책들은 큰 효과를 거두지 못하였다. (2002년 고등학교 국사교과서, 195~196쪽)

9세기 이후 자연재해의 발생과 지방 유력자의 무장조직, 호족들의 성장을 언급하고, 그 뒤에 국가 지배체제를 다시 확고히 하기 위해

---

29) 禹仁秀는 이에 대해 "여성이 지원한 것을 특기하려 한 것인지, 막대한 비용의 지원을 특기하려 한 것인지, 여성이 자신의 재산을 가지고 있었다는 점을 특기하려 한 것인지 모호하게 서술되어 있다"고 하고, 이러한 부분은 글의 완성도를 떨어뜨릴 뿐 아니라 긴장감을 주지 못한다고 하였다(2002, 「제7차 교육과정 고등학교 국사교과서의 내용 분석」『역사교육』84, 22쪽).

수리시설 정비, 조세면제, 농민구휼과 해적 방비 등의 조치가 취해졌다
고 했는데, 구체적으로 어느 시기인지를 밝히지 않고 애매하게 처리하
였다. 국가의 대책들이 효과를 거두지 못한 상태에서 자연재해가 누적
되었고, 농민봉기의 발생과 곳곳에서 이를 조직화한 지방세력이 성장할
수 있었던 시기는 진성여왕 3년(889년) 이후의 시기부터이다.[30] 역사적
사실과 인과관계를 고려할 때 교과서의 서술은 ⑭-a와 ⑭-b의 순서가
바뀌어야 할 것이다.

⑮ 진골귀족들은 경제 기반을 확대하여 사병을 거느리고 권력 싸움을
   벌였다. 혜공왕이 죽고 상대등 김양상이 선덕왕으로 즉위하면서
   진골귀족들 사이에는 힘만 있으면 누구나 왕이 될 수 있다는 생각이
   널리 퍼졌다. 이에 경제력과 군사력을 확보한 귀족들은 왕위 쟁탈전
   을 벌였다. 왕권이 약화되고 귀족 연합적인 정치가 운영되었으며,
   집사부 시중보다 상대등의 권력이 더 커졌다. (2002년 고등학교 국사,
   65쪽)

이기백은 신라사를 구분하여 상대를 귀족연합, 중대를 전제왕권,
하대를 귀족연립적 성격[31]으로 파악하였다. 그러나 중대의 전제왕권
에 대해서도 '이는 학계에서 논쟁이 되고 있는 것이므로 굳이 사용한다
면 '전제적 왕권' 정도가 좋으리라 생각한다'는 지적이 있었다.[32] 필자
는 하대를 이기백이 주장한 귀족연립이거나 교과서처럼 '귀족연합적인

---

30) 權英五, 2007, 「진성여왕대 농민봉기와 신라의 붕괴」『신라사학보』 11 참고.
31) 이기백, 1974, 「신라 혜공왕대의 정치적 변혁」『신라정치사회사연구』, 일조각,
   253~254쪽.
32) 최광식, 「국사교과서의 선사·고대편 서술의 문제점」『제7차 교육과정 국사교
   과서의 서술내용과 개선 방안』(한국사연구회 2002년 11월 학술대회 발표문),
   11쪽.

정치'가 운영되었다는 표현을 쓰는 것에 대해서도 의문을 갖고 있다.33)

그리고 하대에서는 집사부 시중보다 상대등의 권력이 더 커졌다고 한 것은 중대에는 상대등보다 집사부 시중의 권력이 더 컸다는 의미로 해석될 수 있는 부분이다. 신라 전시기에 걸쳐 상대등은 최고 관직의 자리를 내어 준 적이 없으며, 집사부가 최고 행정관부도 아니고, 중시가 수상도 아니었다.34) 이에 대해 이기백도 "과거에 필자는 (집사부를) '최고관부'라고 표현해 왔으나, 중시를 수상이라 표현하는 것이 부적당한 것인 이상 이를 '핵심관부'로 표현을 바꾸어야 할 것으로 생각한다"고 하였다.35) 따라서 중대에 왕권이 강화되면서 시중의 권력이 세진 것은 사실이지만 상대등을 능가하는 수준이었는가는 의문이며, 비교 대상이 적절치 못하다.

⑯ 궁예는 권력 투쟁에서 밀려난 신라 왕족의 후예로서 처음에는 북원 (원주) 지방의 도적 집단인 양길의 아래에 들어가 강원도, 경기도 일대의 중부 지방을 점령하였다. (2002년 고등학교 국사교과서, 66쪽)

궁예의 출생을 신라의 왕자였다고 한 것에 대해 의문을 제기하거나 낙향한 진골귀족으로 보는 견해36)도 있다. 때문에 견훤처럼37) 각주로

---

33) 김수태는 "더욱이 신라하대 왕권이 약화되고 귀족연합적인 정치가 운영되고 있다고 설명한 것은 잘못된 이해였다"고 지적했지만(2003, 「제7차 교육과정 중·고등학교 국사교과서의 고대 정치 관련 서술 검토」『한국고대사연구』 29, 72쪽), 구체적인 근거를 밝히지는 않았다.

34) 李仁哲, 1991, 「新羅의 群臣會議와 宰相制度」『韓國學報』65 : 1993,『新羅政治制度史研究』, 一志社, 106쪽.

35) 이기백, 1996,『한국고대정치사회사연구』, 일조각, 320쪽의 주115.

36) 洪淳昶, 1982,「變革期의 정치와 종교-후삼국시대를 중심으로」『人文研究』 2, 영남대학교, 227~228쪽 ; 崔圭成, 1987,「궁예정권의 성격과 국호의 변경」 『論文集』19, 祥明女大, 289~290쪽 ; 趙仁成, 1996,「태봉」『한국사 11』, 국사편찬위원회, 130쪽.

이설을 처리해 주는 것이 좋겠다.

고등학교 국사교과서 240쪽의 1.고대의 문화 단원개관에서 과제로 '3. 신라의 금속 공예가 발달한 배경을 추론해 보자'와 '4. 발해의 돌사자상을 통해 발해 문화의 계통을 살펴보자' 문항은 고등학교 학생들에게 너무 어려운 과제이다. 하대 선종의 도입과 부도의 유행을 서로 연관시켜 해석하게 하는 과제가 들어가면 적절할 것이다.

> ⑰ 신라 말기에는 선종이 널리 퍼지면서 승려들의 사리를 봉안하는 승탑과 탑비가 유행하였다. 팔각원당형을 기본형으로 삼고 있는 승탑과 승려의 일대기를 비에 새겨 세운 탑비는 세련되고 균형감이 뛰어나 이 시기 조형 미술을 대표한다. 이런 승탑과 탑비는 지방 호족들의 정치적 역량이 성장하였음을 반영하고 있다. (2002년 고등학교 국사교과서, 255쪽)

위의 설명과 관련하여 고등학교 국사교과서에서는 256쪽에 쌍봉사 철감선사 승탑 사진이 나와 있다. 澈鑑선사 道允은 문성왕 17년(855년) 무렵에 화순의 쌍봉사로 와서 10여 년간 종풍을 떨치다가 경문왕 8년(868년)에 입적했다. 철감 도윤이 머물던 기간에 쌍봉사의 사세가 널리 퍼지자 경문왕이 귀의하여 받들었고, 그가 죽은 후에는 철감이라는 시호를 내렸다.[38] 쌍봉사 철감선사 승탑은 도윤이 죽고 난 후 얼마

---

37) 견훤 : 본래 상주 지방의 호족 집안에서 태어나 신라 서남 지역 방위군의 장군으로 나가 세력을 키웠다. 그의 출신에 대해서는 상주의 농민 출신, 광주의 호족 출신 등 여러 설이 제기되고 있다(2002년 고등학교 국사교과서, 66쪽).

38) "이때 景文大王이 이 소문을 듣고 귀의하여 (쌍봉화상을) 받들고 은혜를 베풂이 날로 융숭하였는데, 咸通 9년 4월 18일에 갑자기 문인에게 이렇게 하직을 고했다……말을 마치자 편안히 떠나시니, 춘추는 71세, 승랍은 44세였다. 오색의 광명이 선사의 입에서 나와 서리었다가 하늘에 흩어지니, 今上의

314

안 되어 만들어졌을 것으로 추정되는데, 경문왕이 받들어 모시고 죽은
후 철감이라는 시호를 내린 만큼 이 승탑과 부도비도 역시 왕실과
국가의 지원으로 이루어졌을 것이다. 이것을 지방 호족들의 정치적
역량이 성장하였음을 반영하고 있다고 보기에는 무리이다.

⑱ 일반 서민들 사이에서는 설화 문학이 구전되었는데 에밀레종 설화
나 설씨녀 이야기, 효녀 지은의 이야기들에서 이 시대 종교와 백성
들의 어려운 삶을 찾아볼 수 있다. (2002년 고등학교 국사교과서, 259쪽)

이 설화들은 당대 백성들의 생활모습을 살필 수 있는 좋은 자료임에도
불구하고 교과서에는 다른 설명이 나와 있지 않아 나열식의 건조한
서술이 되고 말았다. 읽기 자료나 심화과정에서 원 사료를 제시하면
좋을 것이다.

〈표 11〉 신라하대 관련 심화과정 주제

대단원	중단원	하대 관련 심화과정 주제
Ⅲ 통치 구조와 정치활동	1 고대의 정치	* 골품제의 모순
Ⅳ 경제구조와 경제생활	1 고대의 경제	* 토지와 농민을 둘러싼 국왕과 귀족 간의 갈등 * 해상세력의 성장
Ⅴ 사회구조와 사회생활	1 고대의 사회	* 골품제의 성립 배경
Ⅵ 민족문화의 발달	1 고대의 문화	* 6두품 출신 도당 유학생들의 활동 * 신라 말기 선종 불교의 영향

고등학교 국사교과서의 경우 중단원마다 심화과정이 설정되어 있는

은총이 法侶들에게 입혀지고 은혜가 禪林에 비내려졌다. 칙명으로 시호를
澈鑑이라 하였고, 탑호는 澄昭였다."(『祖堂集』권17, 雙峰화상 : 대한불교조
계종 역경위원회, 1983, 『한글 대장경』184, 동국역경원, 87~89쪽).

데, 하대의 것이 의외로 많은 비중을 차지하고 있다. 그러나 〈표 11〉에서
보듯이 골품제에 관한 심화과정이 중복되어 있고, 단원에 적절한 주제
인지 의문이 드는 것도 있다. 그리고 심화과정의 내용이 관련 자료
혹은 사료 1-2개를 제공하고 그것을 통해 추론 혹은 탐구하는 과제를
부여하는 방식으로 일관하고 있어, 그 자체만으로는 심화된 탐구를
기대하기 어렵다.[39]

⑲-a : 장보고는 신라로 돌아와 흥덕왕을 찾아와 만나서 말하기를 "중
    국에서는 널리 우리나라 사람들을 노비로 삼으니 청해진을 만들
    어 적으로 하여금 사람들을 약탈하지 못하도록 하기를 원하나이
    다."라고 하였다. 청해는 신라의 요충으로 지금의 완도를 말하는
    데, 대왕은 그 말을 따라 장보고에게 군사 만명을 거느리고 해상을
    방비하게 하니 그 후로는 해상으로 나간 사람들이 잡혀가는 일이
    없었다. 「삼국사기」
⑲-b : 청해진 대사 궁복(장보고)이 자기 딸을 왕비로 맞지 않는 것을
    원망하고 청해진을 근거로 반란을 일으켰다.……(문성왕) 13년
    (851) 2월에 청해진을 파하고 그 곳 백성들을 벽골군으로 옮겼다.
    「삼국사기」
    (2002년 고등학교 국사교과서, 145쪽 심화과정 해상세력의 성장)

위의 장보고에 관한 심화과정 서술도 145쪽 경제사 분야에서 언급되
고 있지만, 정치사 부분으로 옮기거나 한쪽으로 통합하여 서술하는
것이 좋을 듯하다. 한 시대의 역사상을 교과서에서 정치·경제·사회·
문화로 나누어 싣게 됨으로써 중복이 될 수 있음을 보여준다.

---

39) 양정현, 2005, 「중등 사회과 '수준별 교육과정' 편성과 운영」 『社會科敎育』
    44권 3호, 80~81쪽.

4. 국사교과서의 하대 서술 체제

중·고등학교 국사교과서는 제1차, 2차 교육과정 때는 검정교과서로 발행되다가, 제3차 교육과정 때 국정교과서로 바뀌었으며, 1979년부터 는 교과서 제도의 개정에 따라 1종도서로 바뀌었다. 2002년 중·고등학 교 국사교과서는 이에 의해 발행되었는데, 중·고등학교 교과서 모두 저작권자는 교육인적자원부이며, 편찬자는 국사편찬위원회 1종도서편 찬위원회이다. 1종 도서는 국정과는 달리 연구, 개발을 전문연구기관에 서 담당한다는 것을 표방하고 있으나 발행권과 공급권을 국가가 가지고 있다는 점에서 사실상 국정교과서이다.[40] 2002년 6월 25일 개정된 교과 용도서에관한규정(대통령령 제17634호)에 의해 중·고등학교 국사교 과서는 다시 '국정도서'가 되었다.[41]

2002년부터 제7차 교육과정에 입각해 중·고등학교 국사교과서[42]가 전면 개편되었지만, 하대 부분에 대한 국사교과서의 서술 내용은 제6차 교육과정의 그것에 비해 분량의 차이가 있을 뿐 그 대략적인 내용은

40) 김한종, 2002, 「국사교과서 연구의 최근 동향」『사회과학교육연구』제5호, 61쪽. 국정 국사교과서의 발행 문제에 대해서는 柳承烈, 2001, 「국사 교과서 편찬과 자유 발행제」『한국사론』31, 국사편찬위원회 참고.

41) 2002년 6월 25일에 개정된 교과용도서에관한규정(대통령령 제17634호)에 의하면 '국정도서라 함은 교육인적자원부가 저작권을 가진 도서를 말한다'(제2 조 4항), '국정도서는 교육인적자원부가 편찬한다. 다만, 교육인적자원부장관 이 필요하다고 인정하는 국정도서는 연구기관 또는 대학 등에 위탁하여 편찬할 수 있다'(제5조 국정도서의 편찬)라고 하였다.

42) 역사학계에서도 우리나라 역사 개설서를 '한국사'라고 하는 것이 일반화된 마당에 여전히 교과서를 '국사'라고 이름 붙이는 것은 한국사 교과서를 국가의 통제 아래 두려는 의도를 보여주는 것이라고 생각된다. 尹世哲은 우리의 '국사科'도 反歷史的인 정치적 발상에서 나왔다는 점에서 그 명칭의 존속 여부가 재고되어야 할 것이라고 하였다(1997, 「한국사연구와 한국사교육론」 『한국사 인식과 역사이론』(김용섭교수정년기념 한국사학논총 1), 지식산업 사, 662쪽).

바뀌지 않았다. 7차 중학교 국사교과서의 경우 하대가 포함된 II, III단원
의 집필자는 양기석이며, 학습정리·심화과정·단원종합 수행과제의
부분은 양정현·이명희·최상훈이 맡았다. 2002년 발행 7차 고등학교
국사의 경우 대단원별로 집필자를 밝혀 책임소재를 분명하게 하였다.[43]

하대 시기에 한정되지는 않았지만, 7차 교육과정 국사교과서의 고대
사 내용에 대해서는 이미 여러 단체 및 학자들이 그 분석을 내놓은
바 있다. 그러나 그 대부분은 '분석의 중심은 제7차 교육과정 국사교과서
의 내용이 역사적 사실을 얼마나 정확하고 체계적으로 서술하고 있는가
에 있다'[44]고 할 만큼, 한국사학계의 연구 성과를 교과서에 정확히
반영하고 있느냐에 중점을 두고 있다. 그러다보니 교과서 서술의 관점
이나 방식, 학생의 역사 이해에 대해서는 별다른 관심을 가지지 못하였
다.[45]

7차 교육과정 국사교과서의 고대사 부분을 분석한 한국사 연구자들
은

　　교과서의 읽기 자료나 심화과정 등을 역사교사들이 담당하는 경우가
　　일반적이다 보니, 자연히 전문성의 부족으로 오역이나 학계의 연구성
　　과를 제대로 전달하지 못하는 경우도 충분히 생각해볼 수 있다

---

43) III단원 정치사 집필자는 정만조·구덕회, IV단원 경제사는 최완기·김종철,
　　V단원 사회사는 신영우·김병규, VI단원 문화사는 고영진·정병삼·최병도
　　·신병철이다.
44) 송호정, 2003, 「제7차 교육과정 중·고등학교 국사교과서의 선사 및 국가
　　형성 관련 서술 검토」『한국고대사연구』 29, 7쪽 ; 全德在, 2003, 「제7차 교육과
　　정 중·고등학교 국사교과서의 고대 경제·사회 부분 분석」『한국고대사연구』
　　29, 84쪽.
45) 김한종, 2001, 「역사의 표현형식과 국사교과서 기술」『한국사론』 31, 국사편찬
　　위원회, 219쪽.

라는 문제를 제기하였다.[46] 이것은 국사교과서의 집필을 한국사 전공자
들의 독점 영역으로 인식하고 있는 것에서 비롯된다. 그러나 지극히
세분화되어 있는 한국사 학계의 현황으로 볼 때 국사교과서의 한 시대
또는 한 분야의 전시기를 한명의 필자가 감당하는 것은 벅찬 실정이다.
7차 교육과정 국사교과서의 선사 · 고대편의 서술을 검토한 최광식은
"(고등학교 국사교과서) 고대사 부분은 분류사로 되어 있어 대개 고대사
전공자가 아닌 비전공자에 의해 집필이 되어 내용상 잘못된 부분이
상당히 나타난다"고 하였다.[47] 이처럼 전공 시기가 다른 연구자를 한국
고대사 연구자가 '비전공자'로 언급하는 것이 현재 한국사 학계의 현실
이다. 더구나 한국고대사의 연구 분야도 매우 세분화되어 있다는 점을
고려한다면, 집필자의 전공 시기가 '신라하대'가 아니라면 이 시기에
대한 깊이 있는 서술도 어려운 점이 있을 것이다.

이에 대한 대안으로 한국사 연구자들은

> 다른 분야의 연구자들이 다른 시대의 부분을 함께 맡아 서술할
> 수도 있지만, 그 경우에 기존의 개설서를 읽고 이해하는 수준을 넘어서
> 보다 많은 노력을 기울여야 했던 것이 아닐까 한다. 따라서 현재의
> 단계에서는 가능하다면 필자를 보다 세분화하여 관련 전공자가 집필을
> 담당할 필요가 있지 않을까 한다.[48]

---

46) 전덕재, 「제7차 교육과정 중 · 고등학교 국사교과서의 고대 경제 · 사회 부분
    분석」, 84쪽.
47) 최광식, 「국사교과서 선사 · 고대편 서술의 문제점」『제7차 교육과정 국사교과
    서의 서술내용과 개선 방안』(한국사연구회 2002년 11월 학술대회 발표문),
    6쪽.
48) 김수태, 2003, 「제7차 교육과정 중 · 고등학교 국사교과서의 고대 정치 관련
    서술 검토」『한국고대사연구』 29, 79쪽.

라고 하였다.

그러나 역사교사들은 시대사 전공자들이 쓴 국정 국사교과서에 대해 한국사 전체를 조망하여 쓰기보다는 자신이 맡은 분야의 시대에 대한 소개, 학계의 통설을 요약하다 보니 일관된 흐름을 찾기 어려웠고, 낱낱의 사건과 제도로 점철되기 일쑤였다고 비판하였다.[49]

한국사 전공자들은 좀더 세분화된 전공자들의 집필을 요구하고 있지만, 이것은 6차 이전 교과서에서 보여지는 모호하게 절충된 교과서 서술 내용이나 역사적 사실들의 나열 등으로 교과서 분량이 더 늘어나지 않을까 우려된다.[50] 7차 교육과정의 국사 수업시수에서 볼 때, 중·고등학교 모두 현행 국사교과서의 분량은 과도한 편이며, 이를 고려한다면 서술 분량은 더욱 줄어들어야 할 것이다.[51]

한국사 전공 학자가 국사교과서를 집필한다고 해도 자신의 전공 시대나 분야 이외에는 개설서 수준의 집필 밖에는 할 수 없다는 한계점을 그들 스스로 인정하고 있는 현실에서, 국사교과서 서술에 역사교사나 역사교육 전공자가 참여하는 것이 전문성의 부족을 가져왔다는

---

49) 윤종배, 2008, 「교사의 교육과정, 배움 책과 대안 교과서」 『역사, 무엇을 어떻게 가르칠까』, 휴머니스트, 80쪽.

50) 강성주는 제6차 교육과정 가운데 가장 큰 문제점으로 개설서를 아주 간단하게 요약해 놓은 듯한 엄청나게 많은 역사적 사실이 나열되어 있는 국사교과서를 지적하였다(2000, 『역사교육, 무엇을 어떻게 가르칠까』, 소화, 219쪽). 김한종도 내용상의 체계를 위해 이전보다 서술 분량을 늘린다든지 깊이를 더하는 경향도 나타났고, 이로 인해 교사나 학생들의 학습량을 늘리거나 이해에 부담을 더하는 결과를 초래하기도 하였다고 지적했다(2002, 「국사교과서 연구의 최근 동향」 『사회과학교육연구』 제5호, 72쪽).

51) 7차 교육과정에서 중학교 국사 시수는 2학년에서 주당 1시간, 3학년에서 주당 2시간이 배정되어 있고, 국사교과서의 분량은 4·6배판의 판형에 357쪽이다. 고등학교는 1학년에 주당 2시간이 배정되어 있고, 교과서 분량은 4·6배판의 판형에 435쪽이다. 이것은 6차 교육과정 때 중학교 국사가 2, 3학년에 주당 2시간 씩이었던 것이 1시간 줄어들었으며, 고등학교의 경우도 6단위에서 4단위로 주당 1시간의 수업시수가 줄어든 것이다.

지적은 그 근거가 약하다고 볼 수 있다. 교과서 서술이 연구자를 위한 것이 아니라 교육적 목적을 위한 것이므로 당연히 修辭的인 장치를 비롯하여 적절한 계열의 구성, 독자로서 학생의 인지능력에 대한 고려, 적합하고 관련성 있는 내용선정, 텍스트로서 가지는 한계와 문제점 등 많은 변수를 고려해야 하는 것[52]임을 생각할 때, 중·고등학교 국사 교과서 서술에서 역사교육 전공자나 현장 교사들의 참여는 더욱 늘어나는 것이 바람직하다. 이것은 국사교과서의 서술이 집필자의 수나 한국사의 전공 영역이 문제가 되는 것이 아니라 국사교과서의 내용 구성이 학습자의 역사인식과 역사사고력 향상에 어떻게 기여할 것인가에 대한 문제의식과 내용 구성의 구조화와 계열화를 통해 해결해야 한다는 것을 의미한다.[53]

한편 7차 교육과정 국사교과서 집필에 학습정리·심화과정·단원종합 수행과제의 일정 부분에 역사교사들이 참여하였지만, 그 역할은 매우 제한적이었다. 이에 대해 교사들은 국정 국사교과서 제도의 문제점을 지적하고, 새로운 교과서 개발은 교육 과정 단계에서부터 교과서 실제 집필에 이르기까지 교사의 손에 이뤄져야 한다는 주장을 제기하면서,[54] 자신들의 대안 교과서를 내어 놓기도 하였다.[55]

국사교과서의 서술은 한국사 전공자들이 독점해야 한다는 식의 인식

52) 宋相憲, 2001, 「한국사 시대구분과 역사교과서 서술」 『시대전환과 역사인식』 (윤세철교수정년기념 역사학논총 1), 솔, 33쪽.
53) 윤세철은 "역사 연구성과는 역사교육에 널려 있는 자료일 뿐이다. 여기서 전문역사가가 할 일은 역사(한국사) 연구 성과를 교육에 의미 있는 형태로 정리 또는 구성하여 제시하는데 참여하는 것이다"라고 하였다(1997, 「한국사 연구와 한국사교육론」 『한국사 인식과 역사이론』(김용섭교수정년기념 한국사학논총 1), 지식산업사, 668쪽).
54) 전국역사교사모임, 2003, 『"살아있는 한국사 교과서" 백서』, 4~5쪽.
55) 전국역사교사모임, 2002, 『살아있는 한국사 교과서 (1·2)』, 휴머니스트.

에서 벗어나야 할 것이지만, 그렇다고 해서 역사학과 역사교육의 차별
성만을 강조하는 것도 바람직하지 못하다.[56] 국사교과서의 서술은
한국사 연구자들의 전유물도 아니며, 역사교육 연구자들과 역사교사들
의 독점이나 과점의 주장도 합리적이지 못하다. 김돈이 적절하게 지적
하였듯이, 한국사학과 국사교육의 관계는 결국 '역사의 교과적 가치와
특성' 및 '역사학의 내용과 체계'가 불가분의 관계에 있다는 점을 다시
한번 확인하고 '광의의 역사교육'에서 각기 이루어진 연구 성과를 공유
하는데 있다고 할 수 있다.[57]

　내용 구성을 살펴보면 7차 교육과정 중학교 국사교과서의 가장 큰
특징은 정치사 위주의 서술로 바뀌었다는 것이다. 그러나 현행 중학교
국사교과서의 하대 부분은 지나치게 지배층 위주의 중앙 국가권력의
안정을 강조하고, 지방세력과 기층 민중의 저항은 정치 불안으로 표현
하고 있다. 하대의 경우 사회·경제·문화가 빠지고 기층민들의 삶의
모습이 누락된 역사교과서 서술은 지루할 수밖에 없으며, 애초부터
한계가 있었다.[58] 때문에 국사 시수를 한 시간 줄이면서 단순히 줄일
양을 찾다가 사회사·경제사·문화사 등을 다 없애고 뼈대만 남은 정치
사를 강조하게 된 느낌이라는 비판을 받기도 한다.[59] 초·중·고등학교

---

56) 한국사와 역사교육의 차별 문제에 대해서는 李景植, 2001, 「한국에서 역사학과
　　역사교육의 隔遠問題」『역사교육의 방향과 역사교육』, 솔 참고.
57) 김돈, 2001, 「韓國史學과 國史敎育의 관계 재정립」『한국사론』31, 국사편찬위원
　　회, 62쪽.
58) 이기백은 중학교 국사교과서의 정치사에 있어서도 사건과 인물을 중심으로
　　교육하는 것이 더 바람직하다고 주장했다. 애국심이란 결국 학생 개개인의
　　심정에 호소하는 것이고, 그것이 역사적인 인물들이 정치적인 사건을 처리하
　　는 과정에서 나타난 바가 호소력을 가질 것이기 때문으로 보았다(1997, 「초·중
　　등학교에서의 역사교육」『학술원논문집 인문사회과학편』36 ; 2002, 『韓國傳
　　統文化論』, 일조각, 318쪽).
59) 2000, 『역사교육, 무엇을 어떻게 가르칠까』, 소화, 세미나 속기록 중 220쪽
　　강성주 발언. 김한종은 실제로는 '정치사 중심의 통사적 구성'이 아니라 단순히

322

국사교육의 계열성을 염두에 둔다고 하더라도 학생들의 종합적인 이해를 위해 중학교 국사교과서의 서술은 경제·사회·문화사를 지금보다 좀더 보완하여 종합적으로 서술하는 것이 나을 듯하다.

고등학교 교과서의 하대의 부분도 중학교에 비해 사실의 나열로 인한 양적인 증가는 있었지만 그 내용의 질적인 심화는 크게 이루어지지 못한 것 같다. 고등학교 국사교과서의 경우 하대의 사회 모순은 65쪽 '신라 말기의 정치 변동'과 '호족 세력의 성장'이라는 단원과 195쪽에 '사회구조와 사회생활' 등에 중복되어 서술되어 있다. 정치사라고 하더라도 그 하나만을 떼어 놓고 그 시대 상황을 설명하기가 매우 어렵다. 정치사 설명만으로는 단조로운 나열이 되기 쉬우며, 사회와 문화, 경제 부분에서도 그 시대적 배경으로 정치를 언급하지 않을 수 없어 결국 중복 서술을 하게 된다.

고등학교 국사교과서의 분류사적 서술은 학계에서조차 전시대를 통괄하는 정치·경제·사회·문화 등의 분류사를 내놓지 못하고 있는 상황에서 현 교과서가 상당히 선도적인 시도를 감행한 것으로 새로운 기획의도라고 평가할 수 있다.[60] 분류사적 서술은 역사의 생생한 모습을 전해주고 여러 각도에서 문제를 바라보는 폭 넓은 안목을 갖게 한다는 점에 강점이 있지만 역사를 체계적, 종합적으로 이해하는 데는 취약점이 있다.[61] 분류사 체제의 가장 큰 문제점은 내용의 중복과

사회나 문화 분야의 역사만을 제외한 것으로, 역사를 종합적으로 이해하기 어렵게 하였으며, 학생의 흥미나 관심을 고려하지 않았다는 문제점을 낳았다고 비판하였다(2006,『역사교육과정과 교과서연구』, 선인, 78~79쪽).
60) 이익주, 2003,「국사교과서의 정치사 서술 및 인식 검토」일본교과서바로잡기 운동본부 외 편,『한국사 교과서의 희망을 찾아서』, 역사비평사, 99쪽 ; 송규진,「『고등학교 국사』경제사 부분의 서술체제와 서술내용 분석」『한국사 교과서의 희망을 찾아서』, 102쪽.
61) 김영한, 2000,「대학에서의 역사 교육」『역사교육, 무엇을 어떻게 가르칠까』,

누락 및 어느 분야에 특정 내용을 배정할 것인가의 문제이다.[62] 7차 교육과정 고등학교 국사교과서는 분류사의 장점을 살려내지 못하고 6차 교육과정 국사교과서의 체제를 재구성하는 데 그침으로써 역사의 발전을 체계적으로 서술하려는 분류사 본연의 목적을 달성하기 어렵게 되었다는 비판을 받고 있다.[63] 실제로 하대의 경우 신라 국가체제의 붕괴를 가져온 근본 원인인 농민봉기의 경제적 배경과 이를 조직화한 지방세력의 성장, 새로운 사상인 선종불교와 풍수지리설의 도입을 신라 사회 내부의 모순인 골품제와 연결하여 설명하는 과정에서 서술의 중복이 나타나고 있다.

그리고 하대와 관련하여 국사교과서의 시대구분에 대한 문제점을 지적할 수 있다.[64] 고등학교 국사교과서 단원 제목에 보이는 '대외항쟁과 신라의 삼국통일', '남북국시대의 정치변화'에서 신라의 삼국통일과 남북국시대는 서로 병행하여 쓰기가 곤란한 시대용어이다. 중학교는 통일신라와 발해라고 하였는데, 역사발전의 체계적인 이해 수단으로써 시대구분을 마다하고 편의적인 왕조사 구분을 택한 것도 바람직한 것은 아니다.[65]

소화, 177쪽.

62) 최상훈, 2002, 「(우인수) '고등학교 국사교과서 내용 분석'에 대한 토론문」 『역사교육』 82, 283쪽.

63) 이익주, 「국사교과서의 정치사 서술 및 인식 검토」 『한국사 교과서의 희망을 찾아서』, 89쪽. 이익주는 이에 대한 대안으로 내용의 중복을 피하려고만 할 것이 아니라 오히려 분류사 간의 연결점을 적극 개발함으로써 분류사이면서도 종합적인 이해가 가능하도록 해야 할 것이라고 했다.

64) 국사교과서의 시대구분 문제에 대해서는 鄭善影, 「역사교육에서 시대구분의 의미와 과제」; 김한종, 「국사교과서의 시대구분과 역사학습」; 최상훈, 「중·고등학생의 시대구분 이해 실태」(이상은 1996, 『역사교육』 59에 수록); 宋相憲, 2001, 「韓國史 時代區分과 國史敎科書 敍述」 『시대전환과 역사인식』(윤세철 교수정년기념 역사학논총 1), 솔 참고.

65) 중학교는 6차 교육과정(1995~2000) 국사교과서에서 왕조사적 단원 구분이

324

　7차 교육과정 중학교 국사교과서는 시대구분에 대한 언급이 없이 왕조사적 구분을 하였고, 고등학교 국사교과서에는 고려를 중세의 시작으로 기술하였지만 그 기준을 명확하게 밝힌 것은 아니었다. 때문에 "시대구분법을 적용하면서도 설정된 시기에 대한 기준이나 그 시기가 지니는 특성 등에 대한 개념적, 개관적 설명이 없는 점"이 문제점으로 지적되고 있다. 이배용은 고등학교 국사교과서를 분석하면서 "일관되고 총체적인 시대구분의 기준을 세우지 못한 결과 왕조의 초기에 나타나는 정치적, 사회적 변화를 제시할 뿐이다. 따라서 외형상으로는 시대구분법에 의한 보편적 역사 서술의 방법을 따른 듯하나 실질적으로는 이전의 왕조별 단원 구성과 달라진 점이 없어 보인다"라고 하였다.[66]

　한국사의 고대와 중세의 전환기라고 파악했음에도 불구하고 고등학교 국사교과서에서는 신라중대와 하대의 구분이 제도의 문란과 같은 표면적인 현상 말고는 그 질적인 변화의 모습이 잘 드러나지 못하고 있다.[67] 역사전공자들과 달리 시대구분에 관한한, 학생의 입장에서는 어떤 시대의 명칭이 중요한 것이 아니라 각 시대의 시대상을 파악하고 시대간의 발전이나 인과적 관련을 아는 것이 중요하다.[68] 고등학교

　　아닌 제목을 붙였는데, 상권의 대단원 제목만 열거하면 다음과 같다.
　　Ⅰ우리 나라 역사와 우리의 생활 Ⅱ고조선의 성장 Ⅲ중앙 집권 국가의 형성 Ⅳ통일 국가의 성립 Ⅴ귀족 사회의 변천 Ⅵ북방 민족과의 전쟁 Ⅶ양반 사회의 성립 Ⅷ사림 세력의 집권
　　하대는 Ⅳ통일 국가의 성립(대단원)의 4.고려의 재통일(중단원)에 서술되어 있다.
66) 이배용, 2000, 「고등학교 역사 교육의 과제와 전망」『역사교육, 무엇을 어떻게 가르칠까』, 소화, 92~94쪽.
67) 이익주는 '7차 국사교과서'의 경우 실제 서술에서 발전에 대한 언급이 종종 보이지만 그 구체적인 내용에 대한 설명은 보이지 않는데, 이것은 이 책이 가지고 있는 시대구분에 대한 의식의 한계에서 비롯되는 것이라고 하였다(「국사교과서의 정치사 서술 및 인식 검토」『한국사 교과서의 희망을 찾아서』, 89쪽).

국사교과서 IV. 경제 구조와 경제 생활 단원에서도 하대의 경제적 변동
은 찾아보기 어렵다. 경제적 토대가 시대구분의 가장 중요한 기준의
하나임을 고려할 때, 고등학교 국사교과서가 중요한 시대구분적 전환기
의 경제적 토대에 대해 소홀하게 언급한 것은 문제점으로 지적될 수
있다. 그러다보니 비록 민란이 농민봉기로 표기가 바뀌었을 뿐 왕조
교체의 원인을 지배층의 정치적 문란에서 구하는 것은 앞의 교과서와
같다.

한국사에 있어 중세의 시작을 어디로 보느냐에 따라 하대의 교과서
서술은 확연히 달라진다. 예를 들면 통일신라 시기를 한국사의 중세로
설정할 경우 하대는 고대사회의 붕괴가 아니라 중세체제의 재편으로
자리매김되는 것이다. 역사인식에 있어 중요한 시대구분에 대한 서술이
중학교나 고등학교 국사교과서 모두에서 왕조사적 구분이나 그 기준을
애매하게 제시하고 있는 것은 국사교과서가 국정에서 검인정이나 자유
발행제로 바뀌어 다양한 필자들의 견해들이 제시될 때 좀더 나은 방향으
로 진전될 수 있을 것이다.

그리고 중·고등학교 국사교과서 모두 하대 사회에 대해서는 부정적
서술이 주를 이루고 있다. 고등학교 국사교과서의 III. 통치구조와 정치
활동 단원의 길잡이에서는 정치사 이해의 방향을 이렇게 서술했다.

우리 역사에서 정치사를 올바로 이해하기 위해서는 각 시기별로
정치 세력의 존재 형태와 성격, 통치 체제의 정비와 운영, 각 시대의
과제를 극복하기 위한 노력, 백성들의 생활 안정을 위한 정국의 운영
방향 등을 종합적으로 이해해야 할 것이다.
아울러 역사의 전개 과정에서 이루어진 이러한 정치 활동은 우리

68) 宋相憲, 2001, 「한국사 시대구분과 역사교과서 서술」『시대전환과 역사인식』,
솔, 44쪽.

326

사회가 스스로의 힘으로 발전해 온 과정이고, 통치 구조의 변화 과정도
당시의 사회 모순을 해결하기 위하여 우리 조상들이 노력한 결과로
나타난 것임을 인식해야 한다. (2002년 고등학교 국사교과서, 45쪽)

그러나 단원목표와는 달리 하대 시기 교과서 본문의 내용은 정치기구
의 변천과 지배세력의 교체와 갈등이 중심이 되고 있다. 국사 교과의
목표와 교과서의 단원 이해, 그리고 국사 교실 수업이 연결되지 못할
우려가 들 수 있는 부분이다. 학생들에게 왕조의 쇠퇴=민족·국가의
쇠퇴라는 의식을 심어줄 수도 있다.[69] 앞에서 언급했던 것처럼 새로운
사회를 만들기 위한 기층민들의 저항과 지도자들의 모습을 좀더 발전적
이고 긍정적으로 보여줄 필요가 있다.

중학교 국사교과서에서도 하대의 서술이 지배층만 부각시키는 것에
서 벗어나 생산 민중과 그 지배체제에 저항한 사람들의 모습을 긍정적으
로 그려낼 수 있어야 한다. 하대 농민을 포함하여 다양한 형태로 존재한
인간 집단의 삶의 모습을 종합적이고 유기적으로 파악하여 그 시대의
사회상을 그려나가야 하며, 왕위계승 분쟁과 왕조의 교체에만 주목하는
단편적 이해는 바람직하지 않다. 이러한 현행 중학교 국사교과서의
하대 서술은 역사교육이 학생들의 삶과 밀착된 주제를 선정하여 다양한
인간 집단들의 구체적인 생활상이 조명될 수 있어야 한다는 문제의식[70]
과는 거리가 있어 보인다.

---

69) 안병우는 포스트모더니즘 역사학을 언급하면서 "국가와 민족 담론이 내포한
   위험성을 경고하고, 거기에서 벗어나 복수의 주체, '다차원적이고 다중적인
   관계 속에서 이루어지는 인간의 삶' 자체를 교육의 중심에 놓자는 주장은
   지금까지의 역사연구와 교육이 가진 문제점의 하나를 的實하게 지적한 것으로
   보인다"라고 하였다(「바람직한 한국사 교육을 위하여」『한국사 교과서의
   희망을 찾아서』, 18쪽).
70) 양정현, 2002, 「국사 교과서 국정 체제의 문제점과 대안 모색」『역사와 경계』
   44, 88쪽.

그리고 하대의 역사적 사실들이 국사교과서 속에서 건조하고 나열식
으로 서술되어 있는 경우가 많다. 하대 시기의 국사교과서 서술이
역사전환기에 처한 인물들의 이야기와 문화재 자료들이 등장하여 더욱
실감나게 복원될 수 있어야 하지만, 현행 국사교과서 체제하에서 이러
한 것은 교과서의 분량을 늘이는 요인으로 작용할 뿐 아니라 평면적이고
제한된 수의 시각자료 이외에는 특별한 대안을 제시하고 있지 못하는
실정이다.

우리나라 역사교과서는 대부분 설명 텍스트이며, 설명 형식만을 통해
많은 정보를 제공하는 텍스트는 학생들의 비판적 읽기와 쓰기에 별다른
도움이 되지 않는다고 한다.[71] 비록 장기적이고 어려운 과제이기는
하지만 하대의 교과서 서술도 의사소통이 부족한 설명적 텍스트 서술의
대안으로 내러티브 텍스트(narrative text) 형식을 포함하여 다양한 방법
이 시도될 필요가 있다.[72]

이를 위해 현행 종이 교과서 보다는 좀더 다양한 자료들이 주어져야
한다. 교과서만이 유일한 정보원이고, 최고의 교육자료로 군림하던
시절이 점점 퇴색되고 있다.[73] 문자 및 인쇄매체에 근간을 둔 지금까지
의 역사학과 역사교육이 담당해온 역할과 의미를 어떠한 방식으로든
되돌아보아야 할 때[74]이다. 국사교과서의 보충 자료로 제공되지만,

71) 김한종·이영효, 2005, 「비판적 역사 읽기와 역사 쓰기」『역사교육과 역사인
   식』, 책과함께, 165쪽.
72) 역사수업에서 나타나는 내러티브의 형식에 대해서는 양호환, 1998, 「내러티브
   의 특성과 역사 학습에의 활용」『사회과학교육』 2, 서울대학교 교육종합연구
   원 사회교육연구소 ; 김한종, 1999, 「역사 수업도구로서 내러티브의 구성 형식
   과 원리」『사회과교육학연구』 3, 한국사회과교육연구회 ; 이영효, 2005, 「내러
   티브 양식의 역사서술 체제 개발」『역사교육과 역사인식』, 책과함께 참고.
73) 류승렬, 「국사 교과서 편찬 체제의 문제와 개선 방향」『21세기 국사교육의
   새로운 모색』(역사교육연구회 2000년도 추계학술대회 발표문), 36쪽.
74) 김돈, 2001, 「한국사학과 국사교육의 관계 재정립」『한국사론』 31, 국사편찬위

현재 수업 중 활용도가 떨어지는 사회과부도나 역사부도 등의 종이책을 대신하여 동영상과 사진, 그림을 제공하는 CD나 DVD 등으로 대체하거나 e-book 형태[75]의 다양한 보완 교재의 개발이 이루어질 수 있도록 교과서 개념을 확장해야 한다.

국사교과서에 내러티브적 서술 형식이 나타나지 않는 것은 지면이 한정되어 있는 것도 하나의 원인으로 지적되고 있다.[76] 심화과정의 글도, 앞의 분석에서 본 바와 같이 전후맥락이 생략되고 몇 개의 사례를 좁은 교과서 지문 속에서 단순 비교만을 묻고 있어, 실질적인 심화학습 자료로 부족한 바가 있다. 실제로 현장 교실에서 심화과정의 활용도는 떨어질 것으로 보인다.[77] 이를 보완하기 위해 멀티미디어를 활용한 다양한 학습자료의 개발이 요청되며, 교사 개인이나 교사모임에서의 자료 개발이 활발히 진행되고 있으나 부담이 큰 것은 사실이다. 교사용 지도서, 사회과부도, 역사부도 등의 자료들을 대신하거나 보완하여 멀티미디어 자료를 제공한다면, 교과서의 분량도 줄이고 교사와 학생들의 심화학습에도 도움을 줄 것이다.

원회, 61쪽.

75) 고등학교의 경우 교육인적자원부 · 정보통신부 · 국사편찬위원회 · 한국전산원이 공동으로 국사전자교과서 CD를 제작 보급하였다. 그러나 그 수록 내용은 국사교과서에 지도안과 형성평가를 추가한 정도여서 기존의 교사용지도서 수준을 크게 벗어나지 못하고 있다.

76) 김한종, 2001, 「역사의 표현형식과 국사교과서 기술」 『한국사론』 31, 국사편찬위원회, 239쪽.

77) 김한종, 2006, 『역사교육과정과 교과서연구』, 선인, 76쪽. 양정현은 현장에서의 시행 여부를 보면 심화과정의 경우 최소한의 수준, 형식적인 수준으로나마 시행하는 비율이 10%를 넘지 못하며, 시행하고 있다고 응답하는 경우도 취지에 부합하는 형식으로 운영하는 경우는 거의 볼 수 없었다고 하고 있다(2005, 「중등 사회과 '수준별 교육과정' 편성과 운영」 『社會科教育』 44권 3호, 86쪽).

5. 맺음말

본고에서는 하대 시기를 7차 교육과정 중·고등학교 국정 국사교과서가 어떻게 서술하고 있는가를 내용 분석을 중심으로 고찰하였다. 하대 시기의 국사교과서 서술은 이미 고등학교 국사교과서의 머리말에서 밝혔듯이 '발전적이고 종합적으로 파악'하는 것이 바람직하지만, 본문의 내용은 사회혼란의 부정적 시기로 서술되어 있다. 이러한 국사교과서 서술의 위험성은 그 사실의 판단 뿐 아니라 중앙 곧 왕의 권력집중=안정, 진골귀족들 간의 왕위계승 분쟁=중앙의 혼란, 또는 농민봉기와 지방세력의 성장=혼란이라는 인식을 심어 줄 우려가 있다.

분류사 체제인 고등학교 국사교과서의 경우도 신라중대의 긍정과 하대의 폄하가 두드러지게 나타나며, 정치사를 위주로 교과서 내용 체제를 구성한 중학교 국사교과서의 경우는 지배층 내부의 세력 갈등과 왕위 교체에 주목함으로써 지나친 중앙의 지배층 시각이 투영되어 있다. 지방세력의 성장과 기층민들의 저항이 골품제의 한계를 뛰어넘으려는 역사 발전의 진통임을 의식하고, 새로운 사회를 만들기 위한 이들의 모습을 교과서 서술에서 발전적이고 긍정적으로 보여줄 필요가 있다.

한국사의 고대와 중세의 전환기로 설정했음에도 불구하고 국사교과서에서 하대의 모습은 그 전후 사회와의 차별성을 드러내는데 미흡한 서술에 그치고 말았다. 국사교과서의 하대 시기의 서술은 농민을 포함하여 다양한 형태로 존재한 인간 집단의 삶의 모습을 맥락적으로 파악하여 그 시대의 시대상을 그려나가야 하며, 정치뿐 아니라 경제·사회·문화가 어우러진 체계적이고 종합적인 서술로 채워져야 할 것이다.

좋은 교과서를 만들기 위해서는 여러 조건들이 충족되어야 하겠지만,

한국사 전공자들의 교과서 집필 독점 인식에서 벗어나 역사교육 연구자
들과 교육 현장의 역사교사들이 서로를 배타적으로 보지 않고 폭넓게
참여하는 것이 필요하다. 아울러 나열식, 설명식의 서술방법을 개선하
기 위한 노력과 종이 교과서를 보완하는 다양한 보조 교재의 개발에
적극 나서야 할 것이다. 그럴 경우 하대에 대한 국사교과서의 내용은
새로운 사회를 만들어가는 사람들의 삶의 모습이 살아나는 서술이
될 것이다.

참고문헌

1. 사료

『慶尙道地理志』『慶尙道續撰地理誌』『高麗史』『高麗史節要』『大東地志』
『東京通誌』『東國通鑑』『東文選』『東史綱目』『動安居士集』『梅溪集』
『三國史記』『三國史節要』『三國遺事』『世宗實錄地理志』『新增東國輿地勝覽』
『樂學軌範』『帝王韻紀』『海東高僧傳』

『景德傳燈錄』『舊唐書』『新唐書』『入唐求法巡禮行記』『冊府元龜』『續高僧傳』
『續日本紀』『續日本後紀』『祖堂集』

2. 자료집 및 편역서

국립문화재연구소 미술공예실, 2005,『한국금석문자료집 (상)』, 국립문화재연구소.

국사편찬위원회, 1988,『中國正史 朝鮮傳 譯註 2』.

국사편찬위원회, 1989,『中國正史 朝鮮傳 譯註 3』.

國史編纂委員會, 1996,『韓國金石文資料集 Ⅲ(統一新羅 · 渤海篇)』.

국사편찬위원회, 2006,『韓國古代史料集成－中國篇 5 · 6 · 7』, 학연문화사.

權悳永 編著, 2002,『韓國古代 金石文綜合索引』, 學硏文化社.

김기섭 외, 2005,『일본 고중세 문헌 속의 한일관계사료집성』, 혜안.

金煐泰, 1992,『三國新羅時代佛敎金石文考證』, 民族社.

金龍善 編著, 1993(1997 改訂版),『高麗墓誌銘集成』, 翰林大學校 아시아文化硏究所.

金貞培 校勘, 1973, 『校勘 三國史記』, 民族文化推進會.

盧明鎬 외, 2000, 『韓國古代中世古文書硏究 (上·下)』, 서울대학교출판부.

리상호, 1960, 『삼국유사』, 과학원출판사.

성균관대학교 大東文化硏究院, 1972, 『崔文昌侯全集』.

李基白 編著, 1987, 『韓國上代古文書資料集成』, 一志社.

李蘭暎, 1968, 『韓國金石文追補』, 中央大出版部 : 1976(再版), 亞細亞文化社.

李丙燾 譯註, 1983, 『三國史記 (上·下)』, 乙酉文化社.

이재호, 1997, 『삼국유사 (1·2)』, 솔.

李智冠, 1993, 『校勘 譯註 歷代高僧碑文 新羅篇』, 伽山文庫.

李智冠, 1994, 『校勘 譯註 歷代高僧碑文 高麗篇 1』, 伽山文庫.

李智冠, 1995, 『校勘 譯註 歷代高僧碑文 高麗篇 2』, 伽山文庫.

李佑成 校譯, 1995, 『新羅四山碑銘』, 亞細亞文化社.

장동익, 2004, 『日本古中世高麗資料硏究』, 서울대학교출판부.

鄭求福·盧重國·申東河·金泰植·權悳永, 1996~1997, 『譯註 三國史記 1~4』, 韓國
    精神文化硏究院.

趙東元, 1979~1993, 『韓國金石文大系 (1~7권)』, 원광대학교출판부.

趙東元 編著, 1998, 『韓國 金石文論著總覽』, 성균관대학교 출판부.

朝鮮總督府 編, 1919, 『朝鮮金石總覽 (上)』 : 1976, 亞細亞文化社 영인.

崔根泳 외, 1994, 『日本 六國史 韓國關係記事 原文』, 駕洛國史蹟開發硏究院.

崔根泳 외, 1994, 『日本 六國史 韓國關係記事 譯註』, 駕洛國史蹟開發硏究院.

崔英成 註解, 1987, 『註解 四山碑銘』, 亞細亞文化社.

崔英成, 1998, 『譯註 崔致遠全集 1 四山碑銘』, 아세아문화사.

崔英成, 1999, 『譯註 崔致遠全集 2 孤雲文集』, 아세아문화사.

河廷龍·李根直, 1997, 『三國遺事 校勘硏究』, 신서원.

韓國古代社會硏究所 編, 1992, 『譯註 韓國古代金石文 III』, 駕洛國史蹟開發硏究院.

한국역사연구회 편, 1996, 『譯註 羅末麗初金石文 (上·下)』, 혜안.

해상왕장보고연구회 편, 2001, 『7~10世紀 韓中日交易硏究文獻目錄·資料集』.

해상왕장보고연구회 편, 2003, 『7~10世紀 韓·中·日交易關係 資料 譯註－韓國·
    中國篇』.

해상왕장보고연구회 편, 2003,『7~10世紀 韓·中·日交易關係 資料 譯註 —日本篇』.

許興植, 1984,『韓國金石全文 古代』, 亞細亞文化社.

黃壽永, 1976,『韓國金石遺文』, 一志社.

3. 저서

1) 국내

郭丞勳, 2002,『統一新羅時代의 政治變動과 佛敎』, 國學資料院.

곽승훈, 2005,『최치원의 중국사 탐구와 사산비명 찬술』, 韓國史學.

곽승훈, 2006,『신라 금속문 연구』, 韓國史學.

權悳永, 1997,『古代韓中外交史』, 一潮閣.

김갑동, 2000,『태조왕건』, 일빛.

金琪燮, 2007,『韓國 古代·中世 戶等制 硏究』, 혜안.

金杜珍 외, 2005,『금석문을 통한 신라사 연구』, 한국학중앙연구원.

金福順, 2002,『한국고대불교사연구』, 民族社.

金庠基, 1948,『東方文化交流史論攷』, 乙酉文化社.

金相鉉, 1991,『新羅華嚴思想史硏究』, 民族社.

김상현, 1999,『신라의 사상과 문화』, 一志社.

김석형, 1960,『봉건지배계급에 반대한 농민들의 투쟁—고려편』: 1989(재간
                행),『봉건 지배계급을 반대한 농민들의 투쟁—고려편』, 열사람.

金壽泰, 1996,『新羅中代 政治史硏究』, 一潮閣.

김수태 외 공저, 2001,『성주사와 낭혜』, 서경문화사.

김용선 엮음, 2008,『궁예의 나라 태봉』, 일조각.

김정배 엮음, 1991,『북한의 우리 고대사 인식 (Ⅰ·Ⅱ)』, 대륙연구소출판부.

김정배 엮음, 1994,『북한의 고대사 연구와 성과』, 대륙연구소출판부.

김정배 편저, 2006,『한국고대사입문 (1·2·3)』, 신서원.

金鐘璿, 1997,『韓國 古代國家의 노예와 농민』, 한림대학교 출판부.

金昌謙, 2003,『新羅 下代 王位繼承 硏究』, 景仁文化社.

金哲埈, 1990,『韓國古代史硏究』, 서울대학교출판부.

金哲埈, 1990,『韓國古代社會硏究』, 서울대학교출판부.

노태돈, 1998, 『한국사를 통해 본 우리와 세계에 대한 인식』, 풀빛.

노태돈, 1999, 『고구려사 연구』, 사계절.

노태돈, 2009, 『한국 고대사의 이론과 쟁점』, 집문당.

류렬, 1997, 『향가연구(조선어학전서)』, 사회과학원 언어학연구소 : 2003, 『향가
　　　연구』, 박이정.

류영철, 2005, 『高麗의 後三國統一過程 硏究』, 경인문화사.

백제연구소 편, 2000, 『후백제와 견훤』, 서경문화사.

사회과학원 력사연구소, 1979, 『조선전사 5』, 과학 · 백과사전출판사.

사회과학원 력사연구소, 1991년 개정판, 『발해 및 후기 신라사』, 과학백과사전출
　　　판사 : 1997, 백산자료원 재발행, 『발해 및 후기 신라사』.

서영교, 2010, 『핼리혜성과 신라의 왕위쟁탈전』, 글항아리.

孫晋泰, 1948, 『朝鮮民族史槪論 (上)』, 乙酉文化社.

신정훈, 2010, 『8세기 신라의 정치와 왕권』, 한국학술정보.

申瀅植, 1981, 『三國史記硏究』, 一潮閣.

申瀅植, 1984, 『韓國古代史의 新硏究』, 一潮閣.

申瀅植, 1990, 『統一新羅史硏究』, 三知院.

신형식, 2004, 『新羅通史』, 주류성.

신호철, 2002, 『後三國時代 豪族硏究』, 개신.

신호철, 2008, 『후삼국사』, 개신.

아시아해양사학회, 2007, 『장보고 대사의 활동과 그 시대에 관한 문화사적
　　　연구 (1 · 2)』, 해상왕장보고기념사업회.

歷史學會 編, 1991, 『北韓의 古代史硏究』, 一潮閣.

역사학회 엮음, 2007, 『한국 역사학의 성과와 과제』, 일조각.

李景植, 2005, 『韓國 古代 · 中世初期 土地制度史』, 서울대학교출판부.

李基東, 1984, 『新羅骨品制社會와 花郎徒』, 一潮閣.

李基東, 1997, 『新羅社會史硏究』, 一潮閣.

李基白, 1961, 『國史新論』, 泰成社.

李基白, 1968, 『高麗兵制史硏究』, 一潮閣.

李基白, 1974, 『新羅政治社會史硏究』, 一潮閣.

李基白・李基東, 1982,『韓國史講座 古代篇』, 一潮閣.

李基白, 1986,『新羅思想史研究』, 一潮閣.

李基白, 1995(증보판),『韓國古代史論』, 一潮閣.

李基白 외, 1995,『韓國史時代區分論』, 소화.

李基白, 1996,『韓國古代政治社會史研究』, 一潮閣.

李基白, 2002,『韓國傳統文化論』, 一潮閣.

李基白, 2004,『韓國古典研究 -『三國遺事』와『高麗史』兵志』, 一潮閣.

李明植, 1992,『新羅政治史研究』, 螢雪出版社.

李明植, 2003,『新羅政治變遷史研究』, 螢雪出版社.

李文基, 1997,『新羅兵制史研究』, 一潮閣.

李丙燾, 1959,『韓國史 古代篇』, 乙酉文化社.

李佑成, 1991,『韓國中世社會研究』, 一潮閣.

李仁哲, 1993,『新羅政治制度史研究』, 一志社.

이인철, 2003,『신라 정치 경제사 연구』, 일지사.

李在範, 2007,『後三國時代 弓裔政權 研究』, 혜안.

李鍾旭, 1999,『新羅骨品制研究』, 一潮閣.

李弘稙, 1971,『韓國古代史의 研究』, 新丘文化社.

이화여자대학교 한국문화연구원 편, 2005,『한국사연구 50년』, 혜안.

李熙德, 1999,『韓國古代 自然觀과 王道政治』, 혜안.

장일규, 2008,『최치원의 사회사상 연구』, 신서원.

章輝玉, 1991,『海東高僧傳研究』, 民族社.

全基雄, 1996,『羅末麗初의 政治社會와 文人知識人層』, 혜안.

전남대학교박물관・담양군, 1995,『潭陽郡의 문화유적 학술조사』.

전덕재, 2006,『한국고대사회경제사』, 태학사.

田鳳德, 1968,『韓國法制史研究』, 서울大學校出版部.

전북전통문화연구소, 2001,『후백제 견훤정권과 전주』, 주류성.

鄭淸柱, 1996,『新羅末高麗初 豪族研究』, 一潮閣.

조인성, 2007,『태봉의 궁예정권』, 푸른역사.

崔在錫, 1983,『韓國家族制度史研究』, 一志社.

조범환, 2000, 『우리 역사의 여왕들』, 책세상.

曹凡煥, 2001, 『新羅禪宗硏究』, 一潮閣.

蔡尙植, 1991, 『高麗後期佛教史硏究』, 一潮閣.

추만호, 1992, 『나말려초 선종사상사 연구』, 이론과실천.

한국고대사학회, 2007, 『한국고대사연구의 새 동향』, 서경문화사.

韓國佛教硏究院, 1975, 『海印寺』, 一志社.

한국사연구회 편, 2008, 『새로운 한국사 길잡이 (上)』, 지식산업사.

한국사학회·동국대학교 신라문화연구소 편, 2001, 『신라 최고의 사상가 최치원 탐구』, 주류성.

한국역사연구회 엮음, 1995, 『한국역사입문 2』, 풀빛.

韓國精神文化硏究院 歷史硏究室, 1995, 『韓國史의 時代區分에 관한 硏究』.

한림과학원 엮음, 2007, 『고병익·이기백의 학문과 역사연구』, 한림대 출판부.

해상왕장보고연구회 편, 2002, 『張保皐關係硏究論文選集－中國篇·日本篇』, 해상왕장보고기념사업회.

황선영, 2002, 『나말여초 정치제도사 연구』, 국학자료원.

黃壽永, 1974, 『韓國의 佛教美術』, 同和出版公社.

2) 국외

今西龍, 1933, 『新羅史硏究』, 近澤書店 : 이부오·하시모토 시게루(橋本繁) 옮김, 2008, 『이마니시 류의 신라사 연구』, 서경문화사.

旗田巍, 1951, 『朝鮮史』, 岩波書店.

旗田巍, 1972, 『朝鮮中世社會史の硏究』, 法政大學出版局.

末松保和, 1954, 『新羅史の諸問題』, 東洋文庫.

李成市, 1997, 『東アジアの王權と交易』, 靑木書店 : 김창석 옮김, 1999, 『동아시아의 왕권과 교역』, 청년사.

李成市 지음·박경희 옮김, 2002, 『만들어진 고대』, 삼인.

井上秀雄, 1972, 『古代朝鮮』, 日本放送出版協會 : 金東旭·金森襄作 共譯, 1981, 『古代韓國史』, 日新社.

井上秀雄, 1974, 『新羅史基礎硏究』, 東出版.

坪井良平, 1974, 『朝鮮鐘』, 角川書店.

三品彰英 遺撰, 1975, 『三國遺事考証 (上)』, 塙書房.

三品彰英 遺撰, 1979, 『三國遺事考証 (中)』, 塙書房.

村上四男 撰, 1994~1995, 『三國遺事考証 下之一・下之二・下之三』, 塙書房.

濱田耕策, 2002, 『新羅國史の研究』, 吉川弘文館.

4. 논문

1) 국내

姜鳳龍, 1997, 「新羅下代 浿江鎭의 設置와 運營」 『韓國古代史研究』 46.

姜鳳龍, 2004, 「장보고의 암살과 서남해지역 해양세력의 동향」 『장보고연구논
　　　　총』 III.

姜聲媛, 1983, 「新羅時代 叛逆의 歷史的 性格」 『韓國史研究』 43.

高慶錫, 2006, 「淸海鎭 張保皐勢力 硏究」, 서울대학교 박사학위논문.

高柄翊, 1969, 「三國史記에 있어서의 歷史敍述」 『金載元博士 回甲紀念論叢』.

고영진, 1995, 「조선사회의 정치・사상적 변화와 시기구분」 『역사와 현실』
　　　　18.

구문회, 2000, 「담양 開仙寺石燈記의 재검토」 『實學思想硏究』 15・16合.

권덕영, 2000, 「筆寫本 『花郎世紀』 진위 논쟁 10년」 『韓國學報』 99.

권덕영, 2004, 「僞書 "帝王年代曆"의 發見과 그 意味」 『史學硏究』 75.

권덕영, 2005, 「장보고 연구의 현황과 과제」 『장보고연구논총』 IV, 해군사관학교
　　　　해군해양연구소.

권덕영, 2005, 「8, 9세기 '君子國'에 온 唐나라 使節」 『新羅文化』 25.

權悳永, 2007, 「한국고대사 기초자료 정리와 편찬 현황」 『文化史學』 27.

권덕영, 2008, 「신라 하대 朴氏勢力의 동향과 '朴氏 王室'」 『韓國古代史研究』
　　　　49.

권덕영, 2008, 「新羅 관련 唐 金石文의 기초적 검토」 『韓國史硏究』 142.

권덕영, 2009, 「「大唐故金氏夫人墓銘」과 관련한 몇 가지 문제」 『韓國古代史硏究』
　　　　54.

권덕영, 2010, 「한국고대사 관련 中國 金石文 조사 연구」 『史學硏究』 97.

338

權英五, 2003, 「신라 中古·中代期 상대등과 왕위계승」『역사와 경계』 47.

權英五, 2007, 「新羅史 時期區分과『三代目』」『韓國古代史研究』 45.

권영오, 2007, 「진성여왕대 농민 봉기와 신라의 붕괴」『新羅史學報』 11.

권영오, 2009, 「신라하대 중기(839~888) 왕위계승과 정국의 안정」『지역과 역사』 24.

권영오, 2009, 「신라하대 정치사연구의 성과와 과제」『新羅史學報』 17.

金敬愛, 2006, 「新羅 元聖王의 卽位와 下代 王室의 成立」『韓國古代史研究』 41.

金琪燮, 1999, 「統一新羅 土地分給制의 전개와 中世의 起點」『釜大史學』 23.

김기흥, 1995, 「한국고대사 연구 50년(1945~1995)」『韓國學報』 79, 一志社.

金基興, 1999, 「新羅의 聖骨」『歷史學報』 164.

金基興, 2001, 「新羅 處容說話의 역사적 진실」『歷史敎育』 80.

金杜珍, 1996, 「불교의 변화」『한국사 11』, 국사편찬위원회.

金東洙, 1982, 「新羅 憲德·興德王代의 改革政治」『韓國史研究』 39.

金福順, 2000, 「『三國遺事』「興法」篇과 中古期의 설정」『慶州史學』 19.

金相鉉, 1981, 「萬波息笛說話의 形成과 意義」『韓國史研究』 34.

金相鉉, 1994, 「佛國寺에 관한 文獻資料의 檢討」『芝村金甲周敎授華甲紀念史學論叢』.

金相鉉, 2004, 「文獻으로 본 韓國古代 金石文」『文化史學』 21.

金相鉉, 2006, 「九世紀 후반의 海印寺와 新羅 王室의 후원」『新羅文化』 28.

김수미, 2009, 「신라 金庾信系의 정치적 위상과 추이」『歷史學研究』 35.

김수태, 2003, 「제7차 교육과정 중·고등학교 국사교과서의 고대 정치 관련 서술 검토」『韓國古代史研究』 29.

김영하, 1994, 「삼국과 남북국의 사회성격」『한국사 3』, 한길사.

金瑛河, 1995, 「韓國 古代社會의 政治構造」『韓國古代史研究』 8.

김영하, 1996, 「古代史硏究 半世紀의 궤적과 논리」『光復 50周年 國學과 成果』, 한국정신문화연구원.

金容燮, 1983, 「前近代의 土地制度」『한국학연구입문』.

金潤坤, 1991, 「羅代의 寺院莊舍」『考古歷史學志』 7.

金貞淑, 1984, 「金周元世系의 成立과 그 變遷」『白山學報』 28.

金周成, 1983, 「新羅下代의 地方官司와 村主」『韓國史研究』 41.

金志垠, 2002, 「新羅 景文王의 王權强化政策」『慶州史學』 21.

金昌謙, 1988, 「新羅 景文王代「修造役事」의 政治史的 考察」『溪村閔丙河敎授停年紀念 史學論叢』.

金昌謙, 1993, 「新羅時代 太子制度의 性格」『韓國上古史學報』 13.

金昌謙, 1994, 「新羅下代 王位繼承硏究」, 성균관대학교 박사학위논문.

金昌謙, 1995, 「新羅 元聖王의 卽位와 金周元系의 動向」『阜村 申延澈敎授停年退任 紀念 史學論叢』, 일월서각.

金昌謙, 1997, 「新羅 '溟州郡王'考」『成大史林』 12·13합.

김창겸, 2001, 「新羅 下代 王位繼承의 性格」『慶州文化硏究』 4.

金昌謙, 2005, 「합천 해인사 비로자나불좌상의 '大角干'銘 墨書」『新羅史學報』 4.

金昌謙, 2005, 「신라 憲安王의 卽位와 그 治績」『新羅文化』 26.

金昌謙, 2006, 「확대되는 한국고대사, 2005년 회고와 전망」『歷史學報』 191.

김창겸, 2009, 「신라 경문왕에 대한 연구의 현황과 제안」『한국고대사연구의 현단계』(石門 李基東敎授 停年紀念論叢), 주류성.

金昌謙, 2010, 「신라시대 金庾信의 興武大王 追封과 '新金氏'」『新羅史學報』 18.

金興三, 2008, 「신라말 崛山門 梵日과 金周元系 관련설의 비판적 검토」『韓國古代史研究』 50.

南東信, 2002, 「羅末麗初 전환기의 지식인 崔致遠」『강좌한국고대사 8』, 駕洛國史蹟開發研究院.

文暻鉉, 1990, 「新羅 朴氏의 骨品에 대하여」『歷史敎育論集』 13·14.

文暻鉉, 1992, 「神武王의 登極과 金昕」『趙恒來敎授華甲紀念 韓國史學論叢』.

文明大, 1976, 「新羅 神印宗의 硏究」『震檀學報』 41.

文明大, 1981, 「金泉 葛項寺 石佛坐像의 考察」『東國史學』 15·16合.

文昌魯, 2005, 「고대사연구 60년의 동향과 과제」『韓國古代史研究』 40.

閔泳珪, 1962, 「新羅興德王陵碑斷石記」『歷史學報』 17·18合.

朴南守, 1992, 「신라 화백회의의 기능과 성격」『水邨朴永錫敎授華甲紀念 韓國史學論叢 (上)』.

朴南守, 2007,「신라 화백회의 연구현황과 중층적 회의구조」『新羅文化』30.

朴淳敎, 1999,「金春秋의 執權過程 硏究」, 慶北大學校 博士學位論文.

박용국, 2005,「新羅 憲德王代 金憲昌의 亂과 晉州地域」『退溪學과 韓國文化』
      37.

박찬흥, 2000,「신라에는 왜 여왕이 있었을까」『내일을 여는 역사』2.

方東仁, 1979,「浿江鎭의 管轄範圍에 관하여」『靑坡 盧道陽博士 古稀紀念論文集』.

邊善雄, 1973,「皇龍寺 9層塔誌의 硏究」『국회도서관보』10권 10호.

邊太燮, 1964,「廟制의 變遷을 通하여 본 新羅社會의 發展過程」『歷史敎育』8.

徐榮敎, 1994,「9世紀 중반 新羅朝廷의 海上勢力 統制」『慶州史學』13.

서영교, 2007,「혜성의 출현과 신라하대 왕위쟁탈전」『역사와 경계』62.

徐毅植, 1989,「古代·中世初 支配勢力硏究의 動向과「국사」敎科書의 敍述」『歷史
      敎育』45.

徐毅植, 1996,「統一新羅期의 開府와 眞骨의 受封」『歷史敎育』59.

徐毅植, 2003,「古代史와 歷史敎育」『강좌 한국고대사 1』, 가락국사적개발연구
      원.

선석열, 2007,「신라의 왕위계승 원리」『역사와 세계』32.

孫興鎬, 2003,「9世紀 前半 新羅의 政局變化와 金陽의 政治活動」『歷史敎育論集』
      30.

송은일, 2004,「新羅下代 景文王系의 成立」『全南史學』22.

宋銀日, 2005,「신라하대 憲康王의 친정체제 구축과 魏弘」『新羅史學報』5.

송은일, 2006,「眞聖王代『三代目』의 修撰」『역사학연구』27.

宋銀日, 2007,「新羅 下代 景文王系 집권기의 정치운영」, 전남대 박사학위논문.

송은일, 2008,「최치원의「鸞郞碑銘」찬술과 그 의도」『역사학연구』34.

申政勳, 2001,「新羅 惠恭王代 政治的 推移와 天災地變의 性格」『동서사학』8.

申政勳, 2001,「新羅 宣德王代 政治的 推移와 天災地變의 性格」『大丘史學』65.

신정훈, 2003,「新羅 元聖王 卽位初의 政治的 推移와 그 性格」『白山學報』68.

申政勳, 2003,「8世紀 統一新羅의 政治的 推移와 天災地變의 性格」, 중앙대학교
      박사학위논문.

辛種遠, 1987,「新羅五臺山事蹟과 聖德王의 卽位背景」『崔永禧先生華甲紀念 韓國

史論叢』, 探求堂.

申瀅植, 1971, 「新羅王位繼承考」『柳洪烈博士華甲紀念論叢』.

申瀅植, 1974, 「新刊 紹介 新羅政治社會史研究(李基白 著)」『歷史教育』 16.

申瀅植, 1977, 「新羅史의 時代區分」『韓國史研究』 18.

申瀅植, 1993, 「統一新羅와 渤海」『韓國史論』 23, 국사편찬위원회.

申虎澈, 1982, 「弓裔의 政治的 性格」『韓國學報』 29.

申虎澈, 1989, 「신라의 멸망과 견훤」『忠北史學』 2.

申虎澈, 1994, 「豪族勢力의 成長과 後三國의 鼎立」『韓國古代史研究』 7.

申虎澈, 1996, 「후백제」『한국사 11』, 국사편찬위원회.

신호철, 2000, 「後三國時代 豪族과 國王」『震檀學報』 89.

신호철, 2008, 「신라의 멸망원인」『한국고대사연구』 50.

엄국현, 2002, 「《三代目》을 어떻게 읽을 것인가」『韓國民族文化研究』 19·20, 부산대학교 한국민족문화연구소.

嚴元大, 1997, 「崔致遠 연구사에 대한 분석」坡田韓國學堂 編, 『孤雲의 思想과 文學』.

吳星, 1979, 「新羅 元聖王系의 王位交替」『全海宗博士華甲紀念史學論叢』, 一潮閣.

오종록, 1990, 「봉건사회의 농민항쟁 (1)」『북한의 역사인식 I』, 한길사.

오종록, 1995, 「중세 후기로서의 조선사회」『역사와 현실』 18.

尹炳喜, 1982, 「新羅 下代 均貞系의 王位繼承과 金陽」『歷史學報』 96.

윤선태, 1995년 여름, 「신라 귀족의 족병」『역사비평』 29, 역사문제연구소.

尹善泰, 2000, 「新羅 '崇福寺碑'의 復元—結·苫의 細註와 관련하여」『佛敎美術』 16.

尹善泰, 2005, 「新羅 中代末~下代初의 地方社會와 佛敎信仰結社」『新羅文化』 26.

음선혁, 1997, 「新羅 敬順王의 즉위와 高麗 歸附의 정치적 성격」『全南史學』 11.

이강래, 2004, 「후백제의 당대 인식」『韓國古代史研究』 35.

李光奎, 1976, 「新羅王室의 婚姻體系」『社會科學論文集』 1.

李九義, 1995, 「梅溪 曺偉의 역사의식」『상주문화연구』 5.

李根直, 1998, 「『삼국유사』왕력의 편찬성격과 시기」『韓國史研究』 101.

342

이기동, 1988, 「신라의 성립과 변천」『韓國古代史論』(한길역사강좌12), 한길사.

李基東, 1989, 「古代」『國史館論叢』 10.

李基東, 1996, 「중대에서 하대로」『한국사 11』, 국사편찬위원회.

李基東, 1996, 「귀족사회의 분열과 왕위쟁탈전」『한국사 11』, 국사편찬위원회.

李基東, 2005, 「9세기 신라사 이해의 기본과제」『新羅文化』 26.

李基東, 2006, 「후삼국시대의 전개와 新羅의 終焉」『新羅文化』 27.

李基東·金杜珍, 2006, 「고대」『한국의 학술연구 역사학-인문·사회과학편 7』, 대한민국 학술원.

李基東, 2009, 「新羅史 연구 百年을 되돌아보며」『新羅文化祭學術論文集』 30.

李基白, 1987, 「金大問과 金長淸」『韓國史市民講座』 1, 一潮閣.

李基白, 1989, 「연구생활의 회고-學問的 苦鬪의 연속」『韓國史市民講座』 4, 一潮閣.

李基白, 1993, 「統一新羅時代의 專制政治」『韓國史上의 政治形態』, 일조각.

李基白, 1995, 「新羅 專制政治의 崩壞過程」『학술원논문집-인문·사회과학편』 34.

李道學, 2005, 「新羅史의 時代區分과 '中代'」『新羅文化』 25.

李萬烈, 1975, 「回顧와 展望」『韓國史研究彙報』 9.

李明植, 1984, 「新羅 下代 金周元系의 政治的 立場」『大丘史學』 26.

李明植, 1992, 「新羅 元聖王系의 分枝化와 王權崩壞」『中齋張忠植博士華甲紀念論叢』, 檀國大學校出版部.

李明植, 2006, 「新羅末 朴氏王代의 展開와 沒落」『大丘史學』 83.

李文基, 1984, 「新羅時代의 兼職制」『大丘史學』 26.

李文基, 1999, 「新羅 金氏王室의 小昊金天氏 出自觀念의 標榜과 變化」『歷史教育論集』 23·24합집.

李文基, 2005, 「崔致遠 撰 9세기 후반 佛國寺 關聯資料의 檢討」『新羅文化』 26.

李文基, 2007, 「新羅 孝恭王(嶢)의 太子冊封과 王位繼承」『歷史教育論集』 39.

李培鎔, 1985, 「新羅 下代 王位繼承과 眞聖女王」『千寬宇先生還曆紀念 韓國史學論叢』, 正音文化社.

李相信, 1998, 「時代區分의 가능성과 歷史學的 기능」『歷史學報』 157.

李永澤, 1979, 「張保皐 海上勢力에 관한 考察」『韓國海洋大學校論文集』14.

李泳鎬, 1990, 「新羅 惠恭王 12년 官號復故의 意味」『大丘史學』39.

李泳鎬, 1990, 「新羅 惠恭王代 政變의 새로운 解釋」『歷史敎育論集』13·14합.

李泳鎬, 1992, 「新羅 貴族會議와 上大等」『韓國古代史研究』6.

李泳鎬, 1995, 「新羅 中代의 政治와 權力構造」, 慶北大學校 博士學位論文.

李泳鎬, 1999, 「統一新羅 政治史 研究의 현황과 방향」『白山學報』52.

李泳鎬, 2000, 「新羅 中代의 成立과 展開」『慶北史學』23.

李龍範, 1969, 「處容說話의 一考察」『震檀學報』32.

李仁哲, 1991, 「新羅의 群臣會議와 宰相制度」『韓國學報』65.

李仁哲, 1992, 「8·9세기 新羅의 支配體制」『韓國古代史研究』6.

李仁哲, 2000, 「新羅統一期 私的土地所有關係의 展開」『歷史學報』165.

이정신, 2000, 「신라하대 농민항쟁의 특징」 *International Journal of Korean History*
    1, 고려대 민족문화연구원.

李鍾旭, 1974, 「南山新城碑를 통하여 본 新羅의 地方統治體制」『歷史學報』64.

李鍾旭, 1987, 「회고와 전망」『歷史學報』116.

李鍾旭, 1990, 「新羅下代의 骨品制와 王京人의 住居」『新羅文化』7.

李鍾恒, 1975, 「新羅의 下代에 있어서의 王種의 絶滅에 대하여」『法史學研究』
    2.

李賢淑, 1992, 「新羅末 魚袋制의 成立과 運用」『史學研究』43·44合.

李鉉澤, 1989, 「孤雲의 儒敎觀」『孤雲 崔致遠』, 民音社.

李昊榮, 1974, 「新羅中代王室과 奉德寺」『史學志』8.

李昊榮, 1975, 「聖德大王神鐘銘의 解釋에 관한 몇 가지 문제」『考古美術』125.

林起煥, 1992, 「6·7세기 高句麗 政治勢力의 동향」『韓國古代史研究』5.

張日圭, 2006, 「숭복사비명과 경문왕계 왕실」『歷史學報』192.

全基雄, 1987, 「羅末麗初의 地方社會와 知州諸軍事」『慶南史學』4.

全基雄, 1989, 「新羅 下代末의 政治社會와 景文王家」『釜山史學』16.

全基雄, 1991, 「羅末麗初 政治社會史의 理解」『考古歷史學志』7.

全基雄, 1994, 「新羅下代의 花郎勢力」『新羅文化』10·11합.

全基雄, 1996, 「羅末麗初 政治史의 연구와 이해방향」『지역과 역사』1, 부산경남

역사연구소.

全基雄, 2005, 「眞聖女王代의 花郎 孝宗과 孝女知恩 說話」『韓國民族文化』25, 부산대학교 한국민족문화연구소.

全基雄, 2005, 「憲康王代 정치사회와 '處容郎 望海寺'條 설화」『新羅文化』26.

全基雄, 2006, 「신라말 효공왕대의 정치사회 변동」『新羅文化』27.

전기웅, 2008, 「신라의 멸망과 朴氏王室」『韓國民族文化』31, 부산대 한국 민족문화연구소.

전기웅, 2008, 「신라 말의 두 기둥-위홍과 예겸」『동아시아사의 인물과 라이벌』, 아세아문화사.

전덕재, 1994, 「신라 하대의 농민항쟁」『한국사 4』, 한길사.

全德在, 1997, 「新羅下代 鎭의 設置와 性格」『軍史』35.

全德在, 2003, 「서평 : 金昌謙 著 ≪新羅 下代 王位繼承研究≫」『韓國史研究』123.

全德在, 2004, 「新羅 和白會議의 성격과 그 변화」『歷史學報』182.

全德在, 2009, 「이기백의 사학과 한국고대사 연구」『韓國古代史研究』53.

전덕재, 2009, 「신라 정치사회사의 전개에 대한 고전적 이해와 한계」 『韓國史研究』144.

田美姬, 1989, 「新羅 景文王·憲康王代의 「能官人」 登用政策과 國學」『東亞研究』17.

全海宗, 1970, 「中國과 韓國의 王朝交替에 대하여」『白山學報』8.

鄭容淑, 1994, 「신라의 女王들」『韓國史市民講座』15, 一潮閣.

丁元卿, 1982, 「新羅景文王代의 願塔建立」『釜山直轄市立博物館年報』5.

丁仲煥, 1969, 「新羅 聖骨考」『李弘稙紀念 韓國史學論叢』, 新丘文化社.

丁仲煥, 1970, 「眞聖女王陵考」『考古美術』105.

曹凡煥, 1991, 「新羅末 朴氏王의 登場과 그 政治的 性格」『歷史學報』129.

曹凡煥, 1994, 「新羅末 敬順王의 高麗歸附」『李基白先生古稀紀念 韓國史學論叢 (上)』, 일조각.

曹凡煥, 1999, 「新羅 下代 景文王의 佛教政策」『新羅文化』16.

曹凡煥, 1999, 「新羅末 花郎勢力과 王位繼承」『史學研究』57.

曹凡煥, 2007, 「金庾信의 가계와 후손들의 활동」『新羅史學報』11.

趙法鍾, 2006,「후백제와 태봉관련 연구동향과 전망」『新羅文化』 27.

趙二玉, 1996,「統一新羅 北方開拓과 浿江鎭」『白山學報』 46.

趙仁成, 1993,「弓裔의 세력형성과 건국」『震檀學報』 75.

趙仁成, 1994,「新羅末 農民反亂의 背景에 대한 一試論」『韓國古代史硏究』 7.

주보돈, 1994,「남북국시대의 지배체제와 정치」『한국사 3』, 한길사.

朱甫暾, 1994,「毗曇의 亂과 善德王代 政治運營」『李基白先生古稀紀念 韓國史學論叢 (上)』, 一潮閣.

朱甫暾, 1997,「新羅史 50年의 成果와 展望」『慶州史學』 16.

朱甫暾, 2008,「新羅 下代 金憲昌의 亂과 그 性格」『한국고대사연구』 51.

池憲英, 1990,「〈三代目〉硏究 序說」『東方學志』 68.

채미하, 2001,「新羅 下代의 五廟制」『종교연구』 25.

蔡尙植, 1984,「統一新羅期의 成典寺院의 구조와 기능」『釜山史學』 8.

蔡尙植, 1993,「한국 중세불교의 이해방향」『考古歷史學志』 9.

蔡尙植, 2001,「新羅史에 있어서 皇龍寺의 위상과 그 추이」『황룡사의 종합적 고찰』, 신라문화제 학술논문집22.

채웅석, 1995,「명종대 권력구조와 정치운영」『역사와 현실』 17.

채웅석, 2007,「통일신라에서 고려로의 왕조교체를 어떻게 평가할 것인가」『한국사시민강좌』 40.

崔圭成, 1987,「궁예정권의 성격과 국호의 변경」『論文集』 19, 祥明女大.

崔根泳, 1996,「후삼국기의 신라」『한국사 11』, 국사편찬위원회.

崔柄憲, 1972,「新羅下代 禪宗九山派의 成立」『韓國史硏究』 7.

崔柄憲, 1976,「新羅 下代社會의 動搖」『한국사 3』, 국사편찬위원회.

崔柄憲, 1997,「孤雲 崔致遠 硏究의 문제점과 과제」『圓佛敎思想』 21.

崔源植, 1985,「新羅 下代의 海印寺와 華嚴宗」『韓國史硏究』 49.

최재석, 1988,「신라 골품제에 대하여」『한국 고·중세사회의 구조와 변동』, 문학과지성사.

崔在錫, 1990,「統一新羅·渤海와 日本의 關係」『정신문화연구』 63.

최재석·안호룡, 1990,「新羅 王位繼承의 系譜認識과 政治勢力」『한국의 사회조직과 종교사상』, 문학과지성사.

최홍조, 2004, 「新羅 哀莊王代의 政治變動과 金彦昇」『韓國古代史研究』 34.

추만호, 1991, 「심원사 수철화상 능가보월탑비의 금석학적 분석」『역사민속학』 창간호.

추만호, 1994, 「신라 하대 사상계의 동향」『한국사 4』, 한길사.

하일식, 1996, 「신라 정치체제의 운영원리」『역사와 현실』 20.

하일식, 1997, 「해인사전권(田券)과 妙吉祥塔記」『역사와 현실』 24.

하일식, 2000, 「당 중심의 세계질서와 신라인의 자기 인식」『역사와 현실』 37.

韓基汶, 1999, 「『祖堂集』과 新羅·高麗 高僧의 行蹟」『한국중세사연구』 6.

韓永愚, 1994, 「고려시대의 역사인식과 역사서술」『한국의 역사가와 역사상 (상)』, 창작과비평사.

洪淳昶, 1982, 「變革期의 정치와 종교―후삼국시대를 중심으로」『人文研究』 2, 영남대학교.

洪承基, 1989, 「後三國의 분열과 王建에 의한 통일」『韓國史市民講座』 5, 일조각.

황선영, 2006, 「新羅下代 景文王家의 王位繼承과 政治的 推移」『新羅文化』 27.

Vladimir Tikhonov, 1996, 「景文王의 儒·佛·仙 融和政策」『아시아문화』 12.

2) 국외

武田幸男, 1975, 「新羅骨品制의 再檢討」『東洋文化研究所紀要』 67책, 東京大.

武田幸男, 1995, 「新羅興德王代의 色服·車騎·器用·屋舍制―とくに唐制との 關連を中心に」『榎一雄還曆記念 東洋史論叢』, 山川出版社.

木村誠, 1977, 「新羅の宰相制度」『人文學報』 118, 東京都立大學.

木村誠, 1978, 「新羅上大等の成立過程」『古代東アジア史論集 (上)』.

木村誠, 1979, 「統一新羅の郡縣制と浿江地方經營」『旗田巍先生古稀記念 朝鮮歷史論集 (上)』, 龍溪書舍.

濱田耕策, 1981, 「新羅の聖德大王神鐘と中代の王室」『朐沫集』 3.

濱田耕策, 2000, 「新羅の下代初期における王權の確立過程とその性格」『朝鮮學報』 176·177合.

鄭早苗, 1983, 「開仙寺石燈記」『朝鮮學報』 107.

鈴木靖民, 1967,「金順貞·金邕論」『朝鮮學報』45.

蒲生京子, 1976,「新羅末期の張保皐の擡頭と反亂」『朝鮮史研究會論文集』17.

(* 단행본에 수록된 논문은 생략함)

348

출 전

찾아보기

352

354

민족문화 학술총서를 내면서

21세기의 새로운 미래를 향해 나아가는 현 시점에서 한국학 연구는 새로운 전기를 맞이하고 있다. 한국은 물론이고, 아시아·구미 지역에서도 한국학에 대한 관심은 고조되고 있으며 여러 분야에서 다각도로 심층적인 분석이 이루어지고 있다. 이러한 추세에 발맞추어 우리나라의 한국학 연구자들도 지금까지의 연구를 기반으로 하여 방법론뿐 아니라, 연구 영역에서도 보다 심도 있는 연구가 요청되고 있는 형편이다. 따라서 우리는 동아시아 속의 한국, 더 나아가 세계 속의 한국이라는 관점에서 민족문화의 주체적 발전과 세계 문화와의 상호 관련성을 중시하는 방향에서 연구를 진행해야 할 것이다.

본 한국민족문화연구소는 한국문화연구소와 민족문화연구소를 하나로 합치면서 새롭게 도약의 발판을 마련한 이래 지금까지 민족문화의 산실로서 중요한 역할을 수행해 왔다. 그런 중에 기초 자료의 보존과 보급을 위한 자료총서, 기층 문화에 대한 보고서, 민족문화총서 및 정기학술지 등을 간행함으로써 연구소의 본래 기능을 확충시켜 왔다. 이제 이러한 성과를 바탕으로 한국학 연구자의 연구 성과를 보다 집약적으로 발전시켜 나아가기 위해서 민족문화 학술총서를 간행하고자 한다.

민족문화 학술총서는 한국 민족문화 전반에 관한 각각의 연구를 체계적으로 정리함으로써 본 연구소의 연구 기능을 극대화하는 역할을 할 것으로 기대한다. 또한 본 학술총서의 간행을 계기로 부산대학교 한국학 연구자들의 연구 분위기를 활성화하고 학술 활동의 새로운 장이 되기를 바란다.

아울러 본 학술총서는 한국학 연구의 외연적 범위를 확대하는 의미에서 한국학 관련 학문과의 상호 교류의 장이자, 학제간 연구의 중심 기능을 수행함으로써 명실상부한 한국학 학술총서로서 자리잡을 수 있도록 해야 할 것이다.

1997년 11월 20일
부산대학교 한국민족문화연구소